电网企业管理岗位培训教材（试用）

DIANWANG QIYE
CAIWU KUAIJI JICHU

电网企业
财务会计基础

上册

中国南方电网有限责任公司　组编
贵州电网公司　编

中国电力出版社
www.cepp.com.cn

内容提要

根据电网生产经营管理、改革和发展的需要，为培养和造就高素质的管理人才队伍，增强管理人员岗位履职能力，结合电网企业规章制度、岗位规范和中国南方电网有限责任公司各类B级（主管级、科级）、C级（一般管理人员）管理人员培训课程体系，组织编写了一套《电网企业管理岗位培训教材（试用）》，教材分生产运行类、基建规划类、经营管理类、行政党群和人力资源类四大类44个专业，主要包括B、C级公共必修课、专业基础课和岗位主修课教材50余册。

本书为《电网企业管理岗位培训教材（试用）》（电网企业财务会计基础）分册，属于经营管理类财务管理专业B、C级专业基础课程，共三篇33章，分上、下册，其中上册的主要内容有：第一篇电网企业财务管理，介绍电网企业财务管理概述、流动资产管理、对外投资管理、固定资产管理、流动负债管理、长期负债管理、所有者权益管理、收益分配管理、全面预算管理、业绩评价、税务筹划、财务预警管理和财务风险控制、经济活动分析、财务战略、企业财务通则和应收账款管理、存货管理、固定资产投资决策、职工薪酬管理、全面预算管理、业绩评价、财务战略等案例。为便于自学、培训和考核，在本书最后附有案例。

本书可作为电网企业（供电企业）经营管理类出纳管理、固定资产核算管理、工程项目财务管理、物资设备财务管理、成本核算管理、纳税管理、收入核算管理、财务报表管理、财务稽核管理、财务预算管理、财务信息化管理、会计档案管理、资金管理、职工薪酬管理、电价管理等专业B级（主管级、科级）、C级（一般管理人员）管理岗位人员的专业基础课培训教材和自学必备用书，也可作为电网企业（供电企业）相关类别管理人员和高等院校相关专业的工商管理教学参考书。

图书在版编目（CIP）数据

电网企业财务会计基础. 上册/中国南方电网有限责任公司组编；贵州电网公司编. —北京：中国电力出版社，2009

电网企业管理岗位培训教材：试用

ISBN 978-7-5083-9339-1

Ⅰ. 电…　Ⅱ. ①中…②贵…　Ⅲ. 电力工业-工业企业管理-财务会计-技术培训-教材　Ⅳ. F407.616.72

中国版本图书馆CIP数据核字（2009）第147114号

中国电力出版社出版、发行

（北京三里河路6号　100044　http://www.cepp.com.cn）

航远印刷有限公司印刷

各地新华书店经售

*

2010年1月第一版　　2010年1月北京第一次印刷

710毫米×980毫米　16开本　19.5印张　404千字

印数0001—3000册　　定价**43.00**元

前言

中国南方电网有限责任公司（以下简称“中国南方电网公司”）于2002年12月29日正式挂牌成立并开始运作。公司经营范围为广东、广西、云南、贵州和海南，负责投资、建设和经营管理南方区域电网，经营相关的输配电业务，参与投资、建设和经营相关的跨区域输变电和联网工程；从事电力购销业务，负责电力交易与调度；从事国内外投融资业务；自主开展外贸流通经营、国际合作、对外工程承包和对外劳务合作等业务。

中国南方电网公司成立以来，认真贯彻落实中央人才工作会议、全国组织工作会议和全国干部教育培训工作会议精神，坚持党管干部、党管人才的原则，大力实施人才强企战略，始终把教育培训作为一项基础性、战略性的工作来抓。在公司党组的正确领导下，公司的教育培训工作深入实践科学发展观，坚持以南网方略统揽全局，以提升员工素质、加强人才队伍建设为目标，以能力建设为核心，大力实施系统性、针对性、人性化、差别化的大规模分类分层培训，构建具有南网特色的教育培训体系，为公司智力资本运作与扩张提供了有力支撑，为推进公司科学发展提供了坚强的政治保证、人才保证和智力支持。

中国南方电网公司的教育培训体系由培训管理、师资、课程、基地和网络五大子系统构成。课程子系统作为其中的重要一环，是开展员工培训的坚实基础和知识源泉。中国南方电网公司的课程体系具有分类分层、重点突出、适当超前等特点。自2006年起，中国南方电网公司就着手组织内、外部专家，启动建设B级（主管级、科级）和C级（一般管理人员）管理人员岗位培训课程体系，共规划了生产运行、基建规划、经营管理、行政党群和人力资源等四大类共44个专业260余门B、C级管理人员公共必修课、专业基础课程和岗位主修课程，确定了管理人员履行岗位职责所必备的现代管理知识和专业管理能力，为提高B、C级管理人员岗位履职能力奠定了基础。

根据中国南方电网公司B、C级管理人员课程体系，我们针对B、C级管理人员编制了一套《电网企业管理岗位培训教材（试用）》，共50余册，分：公共必修课、专业基础课和岗位主修课教材三大类别。其中，广东电网公司组织编写了生产运行类中的生产技术管理、安全监督管理、调度管理、通信管理、信息管理、农电管理六个专业和基建规划类中的规划专业共 15 册教材；云南电网公司组织编写了行政党群和人力资源类中的行政管理、党群管理、人力资源、纪检监察四个专业共 8 册教材；贵州电网公司组织编写了经营管理类中的电力营销、审计、物流、财务、法律五个专业共 22 册教材；超高压输电公司组织编写了基建规划类中基建专业共 2 册教材；广西电网公司、海南电网公司组织编写了 C 级公共必修课教材。

本套教材按照“在什么工种岗位、懂什么技能，在什么管理岗位、懂什么管理”的要求，从管理人员知识结构出发，以通用管理知识和专业管理技能为主体，面向生产，面向实际，着力提高管理人员的执行能力、组织管理能力和岗位履职能力，体现了教育培训为生产经营中心工作服务的原则，有利于提升 B、C 级管理者知识、技能和价值观三方面的素质，有利于弥补 B、C 级管理者“能力短板”，有利于学以致用、解决实际工作中遇到的问题。《电网企业管理岗位培训教材（试用）》的出版，是中国南方电网公司教育培训工作落实培训“三个转变”和教育培训五年规划的要求，是加强教育培训体系建设的重要成果，必将为提升中国南方电网公司教育培训工作的层次、水平和创建教育培训品牌发挥积极的作用。

本套教材在编写过程中得到中国南方电网公司系统内、外部各有关单位和专家的大力支持和帮助，在此一并表示感谢。欢迎大家在使用过程中对本套教材提出宝贵建议和意见，以使我们不断改进，日臻完善。

中国南方电网有限责任公司

二〇〇九年七月

编者的话

为了认真贯彻《2008—2012年中国南方电网有限责任公司教育培训规划》，根据中国南方电网公司B级（主管级、科级）、C级（一般管理人员）管理人员岗位培训课程体系中所规划的生产运行类、基建规划类、经营管理类、行政党群和人力资源类四大类共44个专业260余门B、C级公共必修课或专业基础课程、岗位主修课程，以及所确定了管理人员履行岗位职责所必备的专业管理知识和业务管理能力，中国南方电网公司人事部组织广东电网公司、云南电网公司、贵州电网公司、超高压输电公司、广西电网公司和海南电网公司等专家和管理技术人员，编制了一套50余册的B、C级公共必修课、专业基础课和岗位主修课教材，即《电网企业管理岗位培训教材（试用）》。

根据中国南方电网公司"强本、创新、领先"的发展思路，为夯实培训基础，按照中国南方电网公司B、C级管理人员教育培训课程体系开发工作的总体安排，贵州电网公司承担了经营管理类五个专业的课程开发任务。为此，贵州电网公司成立了以廖新和副总经理为组长的课程体系开发工作领导小组。在贵州电网公司人事部、市场交易部、财务部、审计部、企业管理部、物资公司、电力培训中心、送变电工程公司等部门和单位的大力支持下，编写完成了电力营销、物资（物流）管理、财务管理、审计管理、法律法规五个专业的B、C级管理人员岗位培训教材共22册。

本书是在中国南方电网公司人事部组织部署和贵州电网公司直接领导下完成了编写、审定、编辑等工作。此书为《电网企业管理岗位培训教材（试用）》（电网企业财务会计基础）分册，属于经营管理类出纳管理、固定资产核算管理、工程项目财务管理、物资设备财务管理、成本核算管理、纳税管理、收入核算管理、财务报表管理、财务稽核管理、财务预算管理、财务信息化管理、会计档案管理、资金管理、职工薪酬管理、电价管理等专业B、C级专业基础课程，分上、下册，其中上册的主要内容有：第一篇电网企业财务管理，介绍电网企业财务管理概述、流动资产管理、对外投资管理、固定资产管理、流动负债管理、长期负债管理、所有者权益管理、收益分配管理、全面预算管理、业绩评价、税务筹划、财务预警管理和财务风险控制、经济活动分析、财务战略、企业财务通则和应收账款管理、存货管理、固定资产投资决策、职工薪酬管理、全面预算管理、业绩评价、财务战略等案例。下册的主要内容有：第二篇会计制度变迁与我国会计法规体系，介绍世界有关各国会计法规和会计制度变迁、我国会计制度变迁、我国会计制度概述、《会计法》主要内容、《企业财务会计报告条例》主要内容、《企业会计准则：基本准则》主要内容、《企业会计准则：一般业务具体会计准则》概述和《企业会计准则：财务会计报告具体会计准则》概述以及美国“安然”公司会计造假案例、上市公司“银广厦”会计造假案例。第三篇电网企业财务管理相关知识，介绍电力生产概论、国外电网企业运营模式与管理体制、我国电力体制改革、国有资产管理法律制度、结算管理制度、票据管理、财务管理中发票管理、财经应用文写作、《公司法》、《合同法》、《电力法》、《审计法》、《破产法》、《证券法》、《票据法》、《发票管理办法》以及结算票据、电能销售发票、财务工作计划等案例。为便于自学、培训和考核，在各章末均附有复习思考题和案例。

本书结合中国南方电网公司企业财务会计管理岗位需求，将现代财务管理融入电力系统财务管理工作中，坚持理论联系实际，紧扣电网企业财务会计管理工作的需要，讲究实用，简明易懂，具有较强的针对性和实用性，主要适用于电网财务会计管理人员专业基础培训，也可作为在职人员学习财务管理的参考资料。

本书由梁明海主编，童立民、彭菲副主编，由梁明海、童立民、夏玉惠、彭菲、张春、张祺、徐曼、陈宏明共同编写。

本书由余遐强、陈东具体组织编审，胡伏秋、王鑫根、邹志敏、李红亮、高欣、郑萍、卢宏彬、程超、李心平、李永初、马允芬等负责审核。在编审过程中得到中国南方电网公司财务部、广东电网公司、云南电网公司、海南电网公司、超高压输电公司等单位的大力支持及帮助，在此表示衷心感谢！

由于编者水平有限，教材中难免存在疏漏与错误，恳请各位专家和读者批评指正。

编　者

二〇〇九年七月

目　录

前言
编者的话

第一篇　电网企业财务管理

第一章　电网企业财务管理概述……2
　第一节　电网企业概述……2
　第二节　电网企业生产经营流程及特点……3
　第三节　电网企业规模效应与竞争优势……6
　第四节　电网企业财务管理特征……7
　第五节　电网企业财务活动和财务关系……9
　第六节　电网企业财务管理目标……12
　第七节　电网企业财务管理体制……21
　第八节　电网企业财务管理环境……24
第二章　电网企业流动资产管理……29
　第一节　电网企业流动资产日常管理……29
　第二节　电网企业流动资产管理具体内容……31
第三章　电网企业对外投资管理……54
　第一节　电网企业对外投资概述……54
　第二节　电网企业对外投资日常管理……57
第四章　电网企业固定资产管理……59
　第一节　电网企业固定资产概述……59
　第二节　电网企业固定资产日常管理……66
　第三节　电网企业固定资产折旧管理……74
　第四节　电网企业现金流量计算……79

第五节　电网企业固定资产投资决策基本方法……83
第六节　电网企业固定资产投资决策……86
第五章　电网企业流动负债管理……91
第一节　电网企业流动负债管理概述……91
第二节　电网企业职工薪酬管理……94
第三节　电网企业应交税费管理……98
第四节　电网企业其他流动负债管理……98
第五节　电网企业内部往来管理……99
第六章　电网企业长期负债管理……100
第一节　电网企业长期负债管理概述……100
第二节　电网企业借款费用管理……102
第三节　电网企业长期借款管理……105
第四节　电网企业长期债券管理……106
第五节　电网企业上级拨入资金管理……107
第六节　电网企业长期应付款和专项应付款管理……108
第七章　电网企业所有者权益管理……111
第一节　电网企业所有者权益管理概述……111
第二节　电网企业实收资本（或股本）管理……112
第三节　电网企业资本公积管理……113
第四节　电网企业留存收益管理……116
第八章　电网企业收益分配管理……118
第一节　电网企业收益分配管理概述……118
第二节　电网企业收入管理……118
第三节　电网企业其他业务销售管理……120
第四节　电网企业补贴收入管理……121
第五节　电网企业营业外收支管理……124
第六节　电网企业期间费用管理……125
第七节　电网企业所得税管理……127
第八节　电网企业利润管理……129
第九节　电网企业利润分配管理……129
第九章　电网企业全面预算管理……133
第一节　全面预算管理定义与作用……133
第二节　电网企业预算管理分类……135
第三节　电网企业全面预算管理方法……136
第四节　电网企业全面预算管理工作组织……139
第五节　电网企业全面预算管理考核与评价……141

第六节　电网企业全面预算管理创新 …… 146
第十章　电网企业业绩评价 …… 149
第一节　企业业绩评价理论与发展 …… 149
第二节　电网企业业绩评价系统设计 …… 156
第三节　电网企业战略性业绩评价系统 …… 164
第四节　电网企业业绩评价方法选择 …… 166
第五节　电网企业业绩评价策略 …… 174
第十一章　电网企业税务筹划 …… 177
第一节　电网企业税务筹划概念 …… 177
第二节　电网企业税务筹划方法 …… 184
第三节　电网企业增值税筹划 …… 189
第四节　电网企业所得税筹划 …… 193
第五节　电网企业营业税筹划 …… 199
第六节　电网企业个人所得税筹划 …… 199
第七节　电网企业其他税费筹划 …… 202
第十二章　电网企业财务预警管理和财务风险控制 …… 204
第一节　电网企业危机与危机预警 …… 204
第二节　电网企业财务危机与财务预警 …… 208
第三节　电网企业财务预警系统设计 …… 209
第四节　电网企业财务预警运用 …… 211
第五节　电网企业财务风险控制基本框架 …… 212
第六节　电网企业资本结构决策 …… 215
第七节　电网企业信用风险管理 …… 219
第十三章　电网企业经济活动分析 …… 221
第一节　电网企业经济活动分析概述 …… 221
第二节　电网企业营业收入完成情况分析 …… 224
第三节　电网企业成本完成情况分析 …… 225
第四节　电网企业重要经营指标分析 …… 227
第五节　电网企业经济活动综合分析 …… 236
第十四章　电网企业财务战略 …… 240
第一节　电网企业财务战略概述 …… 240
第二节　电网企业投资战略 …… 242
第三节　电网企业融资战略 …… 244
第四节　电网企业财务发展战略 …… 247
附录 …… 251
附录一　企业财务通则 …… 251

附录二　某省电网公司应收账款管理案例……262
附录三　某省电网公司存货管理案例……266
附录四　某省电网公司固定资产投资决策案例……269
附录五　某省电网公司职工薪酬管理案例……272
附录六　某省电网公司全面预算管理案例……277
附录七　某省电网公司业绩评价案例……286
附录八　某省电网公司财务战略案例……291
参考文献……295
附表　《电网企业管理岗位培训教材（试用）》使用对照表……296

第一篇　电网企业财务管理

第一章

电网企业财务管理概述

第一节　电网企业概述

我国已进入全面建设小康社会、加快推进社会主义现代化建设的新的发展阶段。在加入WTO后我国对外开放全方位、深层次迅速推进，随着改革的深入和电力市场供求状况的变化，我国现行的电力体制已难以适应社会主义市场经济体制的要求。为此，国家2002年推出了“厂网分开，竞价上网，打破垄断，引入竞争”的电力体制改革方案，并开始实施。此次电力体制改革的总体目标就是，打破垄断，引入竞争，提高效率，降低成本，健全电价机制，优化资源配置，促进电力发展，推进全国联网，构建政府监管下的政企分开、公平竞争、开放有序、健康发展的电力市场体系。

根据国务院《国务院关于印发电力体制改革方案的通知》（国发［2002］5号），国家电网公司成立于2002年12月29日，以建设运营电网为核心业务，承担着为经济社会发展提供坚强电力保障的基本使命。公司经营区域覆盖26个省、自治区、直辖市，覆盖国土面积的88%以上，直接服务客户1.45亿户，供电人口超过10亿。

中国南方电网有限责任公司于2002年12月29日正式挂牌成立并开始运作，公司经营范围为广东、广西、云南、贵州和海南五省（区），负责投资、建设和经营管理南方区域电网，经营相关的输配电业务，参与投资、建设和经营相关的跨区域输变电和联网工程；从事电力购销业务，负责电力交易与调度；从事国内外投融资业务；自主开展外贸流通经营、国际合作、对外工程承包和对外劳务合作等业务。公司总部设在广州，下设3个直属机构即电力调度通信中心、技术研究中心、电力交易中心，两个分公司即超高压输电公司和调峰调频发电公司，六个全资子公司即广东电网公司、广西电网公司、云南电网公司、贵州电网公司、海南电网公司、南网国际公司，控股南方电网财务公司。

与其他行业不同的是，电能由发电企业向最终消费者的流动是通过电网来完成的。电能既不能存储，也无法转移，于是发挥分销作用的电网与电力生产存在密切的联系。或者说，电能实际上是以网络方式进行生产的。从经济角度来看，网络的不同组成部分存在密切的互补关系。只有相应的接点和线路按照既定的方式协同运作，才能生产出物品和劳务。电力行业在这一方面表现得非常明显。为使电能输送到消费者，发电企业、输电商和售电商必须相互配合，这种由技术联系所导致的强互补性决定了电网在整个电力行业的支柱地位。电力市场的网络互补性是单向的。电能只能从发电商沿纵向经输电商、供电商传递到最终消费者，无法由后向向前向流动。

总的来看，电网企业有以下特征：

一、规模经济

电网是一种互补性很强的网络，因为需要覆盖很多的接点和线路，初始投资很高，由此产生的规模经济客观上决定了在一个地区中，由一个电网输电要比由多个电网输电成本更低。

二、网络外部性

当一个消费者直接关心其他经济个体的生产或消费时，就产生了网络外部性。在电话网络中，网络的用户越多，用户之间的沟通就越便利，每个用户的预期收益也越高。这种外部性被称为直接的网络外部性，只有一个网络具有双向互补性时，才会存在这种直接外部性。在单向互补的网络中，消费者的收益与网络连接的其他用户的数量没有直接关系。由于电网的互补性是单向的，只要电能能够安全稳定地输送到终端消费者消费者并不关心电网连接的用户数量。由于电网的规模与消费者的支付意愿没有直接关系，因此，如果由私人经营，电网的经营厂商就不会有动力去扩大网络的规模。然而，电网的规模过小会影响网络的稳定性、供应的安全性以及传输成本，产生间接外部性。纠正这种间接外部性是政府对电网进行管制的一个原因。

三、专用性高

在目前的情况下，除了运输电能之外，电网很难用于其他用途，因此专用性很高。这就降低了电网的经济价值，增加了投资电网的风险，加之在现有的技术条件下，电网具有显著的规模经济特征，对初始投资的需求量较大，因此形成了较高的进入壁垒。私人企业一般缺乏投资电网的激励和能力。

四、公共物品属性

电网是一种具有较强互补性的网络，网络的技术水平、安全系数稳定性以及电能传输的效率既没有排他性，也没有竞争性，不管支付与否，连接在电网上的每个用户都可以等质量地享受，使得电网经营者用来改进电网性能的投资无法获得应有的回报。如果由私人来提供电网服务，电网的服务质量就会低于社会要求的水平。从这个角度来看，电网也需要由政府经营或管制。

第二节 电网企业生产经营流程及特点

一、电网企业特点

（一）产品特殊性

电力产品有两个显著特征，一是不能储存，生产、消费行为必须同时进行；二是电力产品的终端用户有涉及社会的方方面面，电力产品的销售价格受到较多的非市场因素的影响，这个特征又称为准公共特征。准公共品价格变动涉及面较广，公众敏感性强，对社会经济的影响较大，必须引起政府对价格的管制，政府对电力价格的管理制主要在售电侧，对于发电侧，实行“竞价上网”比较容易，政府不必直接管制电价，但发电侧价格要受到售电侧价格的影响，当电网高度垄断时，电网的风险很可能要转移到电源侧，当发电商过多地承担了风险或亏损，则肯定影响电源的发展。造成电力供应不足，严重时则要爆发电力危机。美国加州电力危机正说明了这点。所以说，电力产品的准公共品特点给电力改革增加了难度，这也是电力体制改革滞后于整个经济体制改革的原因之一。

（二）管理特殊性

管理特殊性主要体现在以下两个方面：

首先，电力产品的生产、消费的特点决定了发电、送电、配电和变电是同步进行的，电力产品不能库存，也不具备追溯性，电网中的电能无法区分其来源和生产者。这种一体化的特性要求高度的管理信息集成。它的管理行为必须覆盖从发电到送电的全过程。这要求 MIS 将企业各个部分和企业生产过程组合成为一个相互关联的有机体，集成从原料购入和用户需求响应到发电、送电、变电、配电、服务资金结算等企业运行的全过程。

其次，电力产品虽然单一，但其生产、传输过程却极为复杂。对外存在着物资、配件的采购供应，存在着面向用户的、具有高可靠性要求的商品化电力输出；在内部，各个生产、辅助部门存在着强配合的严密的并行协同关系。这要求电力企业的 MIS 具有高度敏捷性，能够建立支持企业间动态联盟的敏捷供应链，以确保上述供与求关系、服务与被服务关系的正常。

（三）电网企业是关联性强的行业

电能是一种不能大规模储存的能源，因此电力的生产、输送和消费都是通过电力网络同时完成的，在电力生产的过程中，既不存在半成品，也不存在库存品。为了使电力生产、流通和消费等环节能够很好地相互衔接，电力工业需要采用大量的自动化控制技术和设备，以实现发、输、供、用各环节的相互紧密配合，协调统一地进行。

为了确保电网自身的安全和稳定运行，保证供电的数量和质量，必须严格保持发电、输电、供电和用电之间的动态平衡，这是电力行业生产经营中区别于其他行业的又一重要特征。由于电力用户的需求具有波动性，电力生产经营必须根据用户的需要，随时生产、随时输送和使用。因此，电力生产经营一方面要对电力负荷进行预测，及时应付用电量的变化，维护整个设备系统的正常运转；另一方面，还必须保留一定的备用容量，而在保留备用生产能力的同时，又要注意防止资源的浪费。正因为电力工业具有很强的关联性，长期以来，在传统的电力管理体制下各国在电力工业的管理上大都采用垂直一体化的管理模式，通过这种管理模式，来实现发、输、供的有效协调及动态管理。

（四）电网企业是技术和资金密集型行业

无论是电力设施的建设，还是电力生产的运行以及电力设备的维护，都需要采用大量的高新技术以及大量的资金支持。电力行业是国家基础产业中所需投资最大、资金占用比率最高的行业之一。由于电力的设备专用性强，资金占用量大，因此电力行业具有很强的进入壁垒和退出壁垒。

二、电网企业行为特征

电力改革是将传统的一体化模式分离，形成竞争和买卖选择的不同实体。改革带来许多在过去垄断一体化经营模式中不曾有的新问题。电力生产、输送、配电以及电力作为一种特殊商品的属性特征表明，电网企业在电力系统安全、市场化运行及电力公益服务方面处于中心地位。

（一）电力市场体系中电网企业的地位，厂网分开使发电环节从传统体系中分离出来，形成了完全商业化运营的发电企业，输配供环节则形成了电网企业

电网企业承担了原一体化组织中除发电功能之外的全部职能。形式上新诞生的电网企业和发电企业成为平等的企业组织，但是在新关系体系中的电网企业有着特殊的地位和作用。

电力市场化改革改变了电力系统内各组织之间的关系。层级命令体系结构的改变，打破了成员之间的原有利益关系，考验着命令体系的同源统一性，影响着电网规划、运行、管理的协调发展。

发电形成众多的独立集团后，发电企业集团之间为了各自的企业利益，将形成激烈的竞争关系；电网企业作为发电的下游，兼具电力产品输送和销售职能，它将和发电企业集团之间形成相互追逐利益的新型关系，但是电力固有的物理传输模式没有改变。电力生产和交易的特殊性，使电网企业在充当电力产品输送和销售渠道的同时，还需要为已经成为竞争主体的发电企业构建实现发电竞争和市场交易的平台。电网企业一方面要参与利益追逐，另一方面更要为维护有效的命令体系、建立协调的市场交易方式和承担电力公益服务工作。因此，应该建立以电网企业为主导的运营管理体系，形成以电网为系统运行中枢的电力生产运营方式。电网企业将在既面对企业经济利益又承担公正主导行业，以及充当社会公益职能中寻求发展策略。

（二）电网企业职能

当前，电力处于厂网产权实质性分开、发电端竞价上网全面展开的阶段。因此，在以法规形式保证电力系统安全运行、电力市场公平竞争以及电力供应的公益性特征实现的同时，电网企业应通过健全职能来实现安全运行、公平竞争和公益性服务的行业综合目标。

电网企业职能之一：保障电力系统安全运行。

电力行业公益性、基础性特征和电力网络系统复杂、生产同时性特点，决定电力系统事故影响巨大、后果严重。电力系统事故不仅会给电力企业造成重大的经济损失，还会带来巨大的政治、经济和社会影响。因此，坚持统一调度、强化全系统安全管理和科学运行维护电网是电网企业应有职能。

电网企业职能之二：统一规划。

过去电力系统规划工作由国家计划审批，由一体化的电力部门统一完成，在一定意义上维持着整体的协调和长远发展的基础。市场化改革，尤其是相对整体的协调和长远发展的基础。市场化改革，尤其是成为市场竞争主体的发电企业对电源点的抢滩占地意

识的增强，挑战着统一整体规划的权威性。因此，强调统一规划、培育投融资能力和承担电网的建设管理是电网企业应有职能。

电网企业职能之三：维护电力市场公平竞争。

我国电力体制市场化改革是通过“打破垄断，引入竞争”，来实现提高效率、降低成本的目的，以及在政府监管下实现公平竞争、降低成本的目的，在政府监管下实现公平竞争、健康发展的电力市场体系。电网资源公开、公平的使用是实现公平竞争的基础。建立电力公平交易的电力市场平台，是电网企业市场条件下的新职能。

电网企业需要建设既能统一调度又能为各市场竞争主体提供公平、公正、公开的电力交易平台，其中包括公开网络资源的方法、健全公平调度的规则、保证市场交易透明的机制和迅速便捷的结算功能。

当前的区域电力市场建设，要求电网企业承担调度、交易、结算一体化运营责任。电网企业将是政府调控电力市场、实现电力资源合理调配的有力工具，其在电力市场交易中作用的优劣将直接影响电力市场化运行的成败。

电网企业职能之四：承担电力普遍、公益性服务。

多年来，电力行业一直履行着社会普遍服务的义务，如“村村通电”、“电力扶贫共富”等工程都体现出电力较强的公益性特征。市场化后，各电力企业成为市场主体，市场竞争日趋激烈，在追求利润最大化的前提下，发电企业履行社会普遍服务受到制约，电网企业作为直接与用户连接的对象，则成了承担公益性服务的主体。

新环境及新型关系，要求电网企业在实现电力社会普遍服务方面达到三层目标：一是可获得性，即无论何时何地，都应当得到电力的服务；二是非歧视性，即所有用户都应被同等对待；三是可承受性，即服务的价格应当为大多数用户所能承受。

尽管电网企业达到这三层意义上的标准，将会面临繁重的任务，但不可不为，这是确保我国经济、社会实现电力社会普遍服务的内涵，满足和提高电力社会普遍服务水准，通过充实、规范公益性服务的标准履行构建和谐社会的社会责任。

第三节　电网企业规模效应与竞争优势

电力工业是具有明显规模效应的产业，这一点主要体现在电网的建设上。电网是连接电力生产、电力输送和电力供应的基本设施，通过电网，电力从生产到消费才形成了一个有机整体。电网建设初期的投资大，而且由于网络规模小，其技术性能和经济效益也相对较低。随着电网规模的扩大，不仅能够逐步降低投资，而且能够逐步改善电网的技术性能，提高经济效益。世界各国电力工业发展的历史已经证明，不断扩大电网能够获得众多优点：一是能够更好地实现各地区之间互通有无、互为备用，从而减少整个电网内的发电备用容量，节约投资；二是随着电网规模的扩大，可以在不同地区间互相提供支援，增强整个电网抵抗事故的能力，提高电网运行的安全性和可靠性；三是随着电网覆盖范围的增加，可以利用时差改善电网负荷率，提高发供电设施的利用率；四是大电网能够承受较大的冲击负荷，可以提高供电的可靠性和供电的质量。此外，大电网可以将水电、核电等电力生产方式连接起来，根据不同电力生产的特点，实行经济调度，优化电源结构，合理利用不同能源，提高经济效益；大电网也为大容量、高参数的大机组的发展提供了强有力的支持。由于电力工业是以网络设施为基础，而且发展大规模电网既能实现资源的优化配置，又能提高电力供应的稳定性可靠性，改善电能质量，提高电力工业的整体效益，因此从理论上讲，它具有明显的强自然垄断特点。在电网建设和管理上，通常是由少数几家甚至一家企业来投资经营，国际上除了日本、美国等少数国家之外，多数国家的电网都是由国家投资兴建。在管理上，也都是采取了少数或者独家经营方式。多年来，我国除了农村小电网外，大电网都是由国家统一投资、建设和运营的。

第四节　电网企业财务管理特征

随着我国经济体制改革的不断深入，企业管理以财务管理为核心，已成为企业家和经济界人士的共识。而财务管理之所以成为企业管理的核心 ，因为它是通过价值形态对企业资金运动的一项综合性的管理，渗透和贯穿于企业一切经济活动之中。企业资金的筹集、使用和分配，都与财务管理有关；企业的生产、经营、进、销、调、存的每一环节都离不开财务的反映和调控。企业的经济核算、财务监督，更是企业内部管理的中枢，它在企业管理中的核心地位是一种客观要求。财务管理是企业管理的重要组成部分，渗透到企业的各个领域、各个环节之中，企业财务管理的目标，就是要让企业财务管理在一定环境和条件下所应达到的预期结果，它是企业整个财务管理工作的定向机制、出发点和归宿。财务管理直接关系到企业的生存与发展，例如对企业资金的管理，资金是企业的“血液”，企业资金运动的特点是循环往复地“流动”，资金活，生产经营就活，一“活”带百“活”，一“通”就百“通”，如果资金不流动，就会“沉淀”与“流失”，得不到补偿增值。财务管理是一个完整的循环活动过程，一般包括财务预测、财务分析、财务计划、财务决策、财务控制、财务监督、财务检查、财务诊断等环节。财务管理区别于经济管理中的其他管理工作，具有涉及面广、综合性强、灵敏度高等特点。因此，抓企业管理应以抓财务管理为基础，为入手点，这样既可以抓得实在，又抓住了重点。

由于电力生产的技术原因，电网企业具有天然的垄断性，厂网分开后，发电侧竞争初步形成，需求侧竞争已经在大用户中试点。随着电力体制改革的推进，电网企业尤其是一些大型的省级电网企业，正逐步实现“由传统体制转为现代企业集团、由政企合一管理转为现代企业制度、由被动满足需求转为主动谋求发展”的现代化经营发展模式。电网企业内外环境的巨大改变，已使得电网企业逐渐面临着巨大的市场、政策、经营等各方面的风险。因而，在新的历史时期，面对各种日益变化、充满不确定性的经济环境，考虑并分析电网企业财务管理所要面对的各种困境和风险及其应对措施，把握电网企业财务管理特征，对于电网企业的持续稳定发展无疑是具有重要意义的。

一方面，政府监管的力度在逐年加大，电力体制改革、电力市场放开、电价机制变革和监管机制的健全很可能改变电网企业的经营模式，从而给公司带来巨大的经营风险。同时，社会监督的压力也在不断加大，社会公众和新闻舆论对电力企业给予了大大超出一般行业的关注度，对电力企业的一举一动都有着高度的敏感性，这便对电力企业的经营运作提出了更高的要求。因此，如何更好地应对难以预知的市场、社会与政策等方面的外部环境，提高电网企业的抗风险能力，提升电网企业的社会形象，是电网企业在未来很长一段时期内必须深入思考的问题。

另一方面，对于电网企业本身而言，大部分省级电网公司资产规模庞大，动辄数百亿甚至上千亿元。同时，电网建设任务繁重，自有资金供应不足，融资压力普遍偏大，如何更好地管理和利用现有资产，高效地利用存量资金支撑电网发展和稳定运行的需要，是电力企业进一步提升经营业绩的关键所在。当内部控制理念在企业管理中的重要性已广泛地为实务界所接受之时，电网公司作为在全国范围内大规模集团化运作管理的企业，强化内部控制规范经营管理的重要性早已不言而喻。风险管理则是内部控制理论新发展的重要组成部分。因此，构建内部控制框架，开展风险管理，是电网企业应对外部环境和自身发展的内在要求，它不仅有利于实现企业当前的经济目标，更有利于从根本上提高企业的整体管理水平，从而为公司的长远、可持续发展奠定坚实的基础。

电网企业普遍都是当地的大型企业，人们可以概括出四个方面的“大”：一是资产规模大，所有省级电网企业的资产规模都是过百亿，而且不同电压等级的输电线路、配电线路、变电站、配电站遍布全省各地，分布广，坐落分散；二是负债大，电网企业每年有巨额的建设投资需求，比如江苏“十一五”期间电网投资规模达千亿，根据电网建设适度超前的要求，仅靠当年的折旧和自留利润不足以支撑，需要大量的贷款，大部分省级电网企业的负债率都超过 50%，有的甚至达到 80%；三是资金流量大，每年 2000 亿 kWh 的电量采购与销售带来上千亿的现金流入和流出；四是物资流量大，大规模的电网建设项目和千亿资产的日常运行维护需要配送大量的电网物资。在这样的情况下，电力企业的财务管理工作存在不少困境和很大风险。

按照国家电价政策，一方面，近年来由于电煤等燃料价格上涨，引起发电成本持续攀升，煤电联动政策、标杆电价政策，电厂可再生能源脱硫电价补偿以及其他新型能源的发电，上网电价逐步升高，加之购电结构的变化，就导致上游侵蚀了电网企业的利益。另一方面，由于电量大，每一次优惠电价的出台都会造成电网企业利益的巨额损失。如此，售电价减去购电价得出来的购销价差就是被侵蚀了的输配电价。本已狭窄的电价空间，被左扶持右优惠如环保扶持、老少边穷优惠、农村优惠等作用下，空间越来越狭小，电网企业的利益无疑是受到了侵害。

电网企业销售收入规模大，资金流量也大，这就伴随着资金风险的加大。一是资金的安全性风险，即资金遗失、偷盗或是被挪用的可能。由于电费收入来源众多，面对千家万户，分布城乡各地，电费收取的方式也多种多样，电费的回收运行在一个开放的、受各种因素干扰的环境中，社会经济的景气度，社会成员的诚信度等各种因素都会影响电费的回收，电费的归集与上划过程复杂等一系列因素，电网企业资金的安全性处处受到威胁。二是资金的充足性风险，前已述及，无论是电量采购还是日常运行，无论是技术改造还是工程建设项目，都要产生持续大规模的资金需求，就可能导致企业的资金紧张和短缺。三是资金效率风险，一方面是投出的资金由于规划决策不合理造成的资金使用无效，另一方面是资金沉淀量过大导致资金整体效率低下。

电网企业的资产不仅规模大，而且分布地域广泛，变动频繁，外力破坏、偷盗、自然灾害引起的资产毁损等，造成对其的管理十分困难。很重要的一点是固定资产管理并不是财务一个部门能够完成的，需要建设、生运等其他各个部门的配合，并且这样的沟通是定期动态的。然而协调的工作在部门之间并非易事，信息的传递总是存在着障碍和很长的时滞，资产管理也就成了电网企业的难题。

随着大量的电网建设项目竣工投产，电网企业的折旧成本、生产运行费用、财务费用等大幅度上升。由于售电收入的绝大部分都是用于支付购电费用，再加上必须确保逐年增长目标利润的完成，因此剩余的成本空间相当有限，电网企业成本控制的压力日渐增大。成本不应该再被看作是一种耗费，而应是一种资源，这样的资源应该被投入到最能够产生效益的环节，否则就是浪费资源，就是无序消耗。

农村“两改一同价”后，农电资产进入电网企业统一管理的范围内，原先村办电网的大量不良资产和债务有待妥善处理解决，农村电网的运行安全与管理漏洞都要由电网企业来负责，农网改造所需的大量资金也需要电网企业进行筹集投入，农电财务基础工作和主业财务管理水平的巨大差距也需要电网企业努力去弥补，电网企业承担了大量的改造农网、改善农电经营管理水平的责任风险。

第五节 电网企业财务活动和财务关系

企业再生产过程表现为资金运动的过程，而资金运动过程的各阶段是与一定的财务活动相对应的，即资金运动是通过一定的财务活动来实现的。企业的资金运动，表现为各种财产之间的增减变动，体现了人与人之间的经济利益关系，即财务关系。因此，财务管理是基于企业再生产过程中客观存在的财务活动和财务关系而产生的，是企业组织财务活动、处理与各方面财务关系所形成的一项经济管理工作。

一、企业财务活动

企业财务活动是指资金的筹集、投放、使用、回收及分配等一系列行为。从整体上讲，企业财务活动包括以下四个方面：

1. 企业筹资活动

企业从各种渠道以各种形式筹集资金，是资金运动的起点。所谓筹资是指企业为了满足投资和用资的需要，筹措和集中所需资金的过程。

总体来讲，企业可以从两方面筹资并形成两种性质的资金来源：一是权益资金，它是企业通过向投资者吸收直接投资、发行投票、企业内部留存收益等方式取得的自有资金；二是负债资金，它是企业通过向银行借款、发行债券、应付款项等各种方式取得债务资金。企业通过吸收直接投资、发行股票、向银行借款、发行债券筹集资金，表现为企业资金的流入。企业偿还借款、支付利息、投资以及付出各种筹资费用等，则表现为企业资金的流出。这种因为资金筹集而产生的资金收支，便是由企业筹资引起的财务活动。

在筹资过程中，企业应做好筹资规划，以保证投资所需资金；同时，还要通过筹资渠道、筹资方式或工具的选择，合理确定筹资结构，以降低筹资的成本和风险，实现预期经营目标。

2. 企业投资活动

企业筹集资金的目的是为了把资金用于经营活动以谋求最大的盈利。所谓投资是指企业将筹集的资金投入使用的过程，包括内部使用资金和对外投放资金。企业筹集来的资金，若投入到生产经营性资产上，便会形成企业的对内投资，如购置设备、兴建厂房、购进电力、建设送配电设施、支付工资等；企业若把资金投放于金融性资产，便形成对外投资，如购买其他企业的股票、其他企业的债券、政府公债、投资基金或与其他企业联营等。无论是购买内部所需要的各种资产，还是购买各种证券，企业都需要支付相应的资金。而当运用这些资产从事生产和销售活动，把产品、商品售出或收回对外投资时，便可取得收入，收回资金。这种因企业投资而产生的资金收支便是由投资引起的财务活动。

3. 企业经营活动

在企业的日常生产经营过程中，会发生一系列的资金收付。首先，企业要采购材料或商品，支付工资和其他营业费用，以便从事生产和销售活动；其次，当企业把所经营的产品或商品售出后，便可取得收入，收回资金；最后，如果企业现有资金不能满足企业经营的需要，还要采取短期借款、赊购等方式筹集所需要的资金。

上述经营活动的各个环节都会产生企业资金的收付。这就是因企业经营而引起的财务活动，也称为资金营运活动。

4. 企业分配活动

企业在经营过程中会产生利润，对外投资也会给企业带来利润，这表现为企业有了资产的增值或负债的减少。企业获得的利润要按规定的程序进行分配。首先要依法纳税；其次要用来弥补亏损、提取公积金、公益金；最后要向投资者分配利润。这种因利润分配而产生的资金收支便属于由利润分配引起的财务活动。

上述互相联系又有一定区别的四个方面相互依存，构成了完整的企业财务活动，是企业财务管理的基本内容。

二、企业财务关系

企业财务关系是指企业在组织财务活动过程中与有关各方所发生的经济利益关系。企业的筹资活动、投资活动、经营活动和利润分配活动，与企业各方面存在着广泛的纵横向联系，这种财务关系可概括为以下几个方面。

1. 企业与投资者之间的财务关系

企业与投资者之间的财务关系是指企业的投资者向企业投入资金，企业向投资者支付投资报酬所形成的经济关系。企业的所有者主要包括国家、法人、个人和其他组织。企业的所有者要按照投资合同、协议、章程的约定履行出资义务以便及时形成企业的资本，企业则利用资本营运以便实现预期利润。所有者的出资不同，对企业承担的责任不同，相应享有企业的权利和利益也不相同。

2. 企业与债权人之间的财务关系

企业与债权人之间的财务关系是指企业向债权人借入资金，并按借款合同的规定按时支付利息和归还本金所形成的经济关系。企业的债权人主要有债权持有人、贷款机构、商业信用提供者、其他向企业出借资金的单位和个人。企业利用债权人的资金，要及时向债权人支付利息；当债务到期时，要按时向债权人归还本金。企业与其债权人的财务关系在性质上属于债权关系。

3. 企业与政府之间的财务关系

政府作为社会管理者，依法行使行政职能。依据这一身份，政府向企业征税并无偿参与企业利润的分配，企业必须按照税法规定向中央和地方政府缴纳各种税款。这种关系是一种强制与无偿的分配关系。

4. 企业与受资者之间的财务关系

企业与受资者之间的财务关系是企业通过购买股票等形式向其他企业投资所形成的经济关系。企业向其他单位投资，应按约定履行义务，并依据其出资份额参与受资看的经营管理和利润分配。企业与受资者之间的财务关系是一种所有权性质的投资与受资关系。

5. 企业与债务人之间的财务关系

企业与债务人之间的财务关系是指企业将其资金以购买债券、提供借款或商业信用等形式出借给其他单位所形成的经济关系。企业将资金借出后，有权要求债务人按约定的条件支付利息和归还本金。企业与债务人的关系体现的是债权与债务关系。

6. 企业内部各单位之间的财务关系

企业内部各单位之间的财务关系是指企业内部各单位之间在生产经营各环节中提供产品或劳务所形成的经济关系。企业内部各职能部门和生产单位之间既分工又合作，形成企业系统这一经济单元。在实行企业内经济核算制和内部经营责任制的条件下，企业各个部门以及各个生产单位都有相对独立的经济利益，各个部门以及各个生产单位之间相互提供劳务和产品也要估价结算。这种在企业内部形成的资金结算关系，体现了企业内部各单位之间的利益关系。

7. 企业与职工之间的财务关系

企业与职工之间的财务关系是指企业向职工支付劳动报酬过程中所形成的经济关系。职工是企业的劳动者，凭借自身提供的劳动参加企业增值的分配。企业根据劳动者提供的劳动数量与质量，用其收入支付工资、津贴和资金，并按规定提取公益金，这种企业与职工之间的财务关系，体现了职工个人与集体在劳动成果上的分配关系。

第六节 电网企业财务管理目标

财务管理的目标又称理财目标，是指企业进行财务活动所要达到的根本目的，它决定着企业财务管理的基本方向和基本内容。在充分认识财务活动客观规律的基础上，根据实际情况和未来变动趋势确定财务管理目标，是财务管理主体必须首先解决的一个理论与实践问题。财务管理的目标决定了财务管理的内容和职能，以及它所使用的概念和方法。

一、企业经营目标及其对财务管理的要求

企业财务管理作为企业整个运行链条中的重要一环，直接受制于企业的经营目标。换句话说，企业的经营目标不仅是企业理财工作努力的方向，而且是衡量和评价各项财务决策是否可行的标准。

企业是以盈利为目的经济组织，其出发点和归宿是盈利。企业一旦成立，就会面临市场竞争，自始至终处于生存和倒闭、发展和萎缩的矛盾之中。企业只有生存下去，才能获利；只有不断发展，才能求得生存；只有获利，才有生存的价值。因此，企业目标可以具体细分为生存、发展和获利。

1. 生存目标对财务管理的要求

企业只有生存，才可能获利。企业生存的“土壤”是市场，它包括商品市场、金融市场、人力资源市场、技术市场等。企业在市场中生存下去的基本条件是以收抵支。企业一方面付出货币，从市场上取得所需的资源；另一方面提供市场需要的商品或服务，从市场上换回货币。企业从市场获得的货币至少要等于付出的货币，以便维持继续经营，这是企业长期存续的基本条件。因此，企业的生命力在于它能不断创新，以独特的产品和服务取得收入并且不断降低成本，减少货币的流出。如果出现相反的情况，企业没有足够的货币从市场换取必要的资源，企业就会萎缩，甚至无法维持最低的运营条件而终止。如果企业长期亏损，扭亏无望。就失去了存在的意义。为避免进一步扩大损失，企业应主动终止营业。

企业生存的另一个基本条件是到期偿债。企业为扩大业务规模或满足经营周转的临时需要，可以向其他个人或法人借债。国家为维持市场经济秩序，通过立法规定债务人必须“偿还到期债务”，必要时“破产偿债”。企业如果不能偿还到期债务，就可能被债权人接管或被法院判定破产。

因此，企业生存的主要威胁来自两方面：一方面是长期亏损，它是企业终止的内在原因；另一方面是不能偿还到期债务，它是企业终止的直接原因。亏损企业为维持运营被迫进行偿债性融资，借新债还旧债，如不能扭亏为盈，迟早会借不到钱而无法周转，从而不能偿还到期债务。盈利企业也可能出现“无力支付”的情况。主要是借款扩大业

务规模：冒险失败，为偿债必须出售不可缺少的厂房和设备，使生产经营无法继续下去。

力求保持以收抵支和偿还到期债务的能力降低破产的风险，使企业能够长期、稳定地生存下去，是对财务管理的第一个要求。

2. 发展目标对财务管理的要求

企业是在发展中求得生存的。企业的生产经营如"逆水行舟"，不进则退。在科技不断进步的现代经济中，产品不断更新换代企业必须不断推出更好、更新、更受顾客欢迎的产品，才能在市场中立足。在竞争激烈的市场上。各个企业此消彼长、优胜劣汰。一个企业如不能发展，不能提高产品和服务的质量。不能扩大自己的市场份额，就会被其他企业挤出市场。企业的停滞是其死亡的前奏。

企业的发展集中表现为扩大利润。扩大利润的根本途径是扩大销售的数量，降低销售的成本，这就要求不断更新设备、工艺和技术，并不断提高各种人员的素质，也就是要投入更多、更好的物质资源、人力资源，并改进技术和管理。在市场经济中，各种资源的取得都需要付出货币。企业的发展离不开资金。

因此，筹集企业发展所需的资金，是对财务管理的第二个要求。

3. 获利目标对财务管理的要求

从财务角度看，盈利就是使资产获得超过其投资的回报。在市场经济中，没有"免费使用"的资金，资金的每项来源都有其成本。每项资产都是投资的载体，都应获得相应的报酬。财务人员必须有效地利用企业正常营销产生的资金和从外部获得的资金。

因此，通过合理、有效地使用资金使企业获利，是对财务管理的第三个要求。

综上所述，企业的目标是生存、发展和获利。企业的这些目标要求财务管理完成筹措资金并有效地投放和使用资金的任务。企业的成功乃至于生存，在很大程度生取决于过去和现在的财务政策。财务管理不仅与资产的获得及合理使用的决策有关，而且与企业的生产、销售管理发生直接联系。

二、财务管理目标具体内容

财务管理目标是在特定的理财环境中，通过组织财务活动，处理财务关系所要达到的目的。从根本上说，财务目标取决于企业生存目的或企业目标，取决于特定的社会经济模式。企业财务目标具有体制性特征，整个社会经济体制、经济模式和企业所采用的组织制度在很大程度上决定企业财务目标的取向。根据现代企业财务管理理论和实践的发展，最具代表性的财务管理目标主要有以下几种观点。

1. 利润最大化

利润额是企业在一定期间全部收入和全部费用的差额，是按照收入与费用配比原则加以计算的，在一定程度上体现了经济效益的高低。利润代表了企业新创造的财富，是投资者获得红利的来源，也是企业补充资本、扩大经营规模的源泉。因此，以利润最大化作为财务管理目标有其合理性。企业追求利润最大化，就必须合理配置经济资源，严格经济核算，加强经营管理，改进生产技术，提高劳动生产率，降低产品成本，提高经济效益。但是，由于利润指标自身的局限性，以利润最大化作为财务管理目标存在以下缺点：

（1）利润最大化没有考虑利润取得的时间，没有考虑资金的时间价值。例如，今年获利 100 万元和明年获利 100 万元对企业的影响是不同的，更不同于后年获利 100 万元对企业造成的影响。

（2）利润最大化中的利润额是一个绝对数，没有考虑所获利润和投入资本额的匹配关系。例如同样获利 100 万元，一个企业投入资本 500 万元，另一个企业投入 800 万元就是明显的例子。显然，若利润不与投入资本额联系起来，就不能合理地说明企业经济效益水平的高低，不便于在不同时期、不同企业之间进行比较。

（3）没有考虑获取利润所承担风险的大小。例如同样投入 500 万元，本年获利 100 万元的两个企业，一个获利全部转化为现金，不存在发生坏账的风险；另一个则全部是账龄 2 年以上的应收账款，可能发生坏账损失。显然，若不考虑风险，则难以作出正确判断。一般而言，报酬越高，风险越大。追求利润最大化，往往会增加企业经营风险。

由于利润最大化往往会使企业财务决策带有短期行为的倾向，即片面追求企业当前利润的最大化，忽视企业的长远发展。因此，将利润最大化作为企业管理目标存在一定的片面性。

2. 资本利润率最大化或每股盈余最大化

资本利润率是税后净利润与权益资本的比率。每股盈余是税后净利润与普通股股数的比值。这两个指标把企业实现的利润同投入的资本或股本数进行对比，能够说明企业的盈利率，可用于对不同资本规模企业的横向比较，或同一企业不同期间的纵向比较，以便揭示盈利水平存在的差异。但该指标存在以下两个缺陷：

（1）资本利润率和每股盈余仍没有考虑风险因素。

（2）资本利润率最大化或每股盈余最大化没有考虑资金的时间价值。

3. 企业价值最大化

这种观点认为：企业价值最大化是财务管理的目标。

所谓企业价值最大化是指通过企业财务上的合理经营，采用最优的财务政策，充分考虑资金的时间价值和风险与报酬的关系，在保证企业长期稳定发展的基础上，使企业总价值达到最大。其基本思想是将企业长期稳定发展摆在首位、强调在企业价值增长中满足各方利益关系。

现代企业理论认为，企业是多边契约关系的总和，股东、债权人、经理阶层、一般员工等缺一不可。各方都有各自的利益，共同参与构成企业的利益制衡机制。企业财务目标应与企业多个利益集团有关，是这些利益集团相互作用、相互妥协的结果，但在一定时期一定环境下，某一集团利益可能会占主导作用，但从企业长远发展来看，不能只强调某一集团的利益，而置其他集团利益于不顾。然而，企业价值最大化这一目标具有与相关利益者利益相一致，保证企业战略发展的长期性、考虑风险及货币时间价值的风险性和时间性等特征。因此，以企业价值最大化作为企业的理财目标是现代企业发展的必然要求，它是企业财务目标的最优选择。同时，以企业价值最大化作为企业的理想目标，有利于企业长期、稳定、健康地发展，它具有深刻的现实意义。它也体现了现代企业制度的要求。现代企业制度的建立，要求企业产权实现明晰化，并在此基础上建立股东对经营者及债权人对企业的监督和约束机制，建立产权的归属主体并由此而带来的收益的享有权与承担风险和责任对称性，要求企业的各个利益主体基于维护自身利益的需要，会使企业形成一个相互制衡的机制，在企业价值最大化时，达到各自利益的均衡。另外，企业价值最大化是一个动态的指标，它促使企业在生命周期内追求价值的持续增长，具有长期性、可持续发展性。

企业价值最大化的观点克服了上述两种观点的全部缺点，是现代企业财务管理的最优目标。这是因为：企业价值最大化考虑了货币的时间价值；企业价值最大化以现金流量为对象，根据收付实现制，充分考虑了货币的时间价值，科学地对取得报酬的时间进行了计量。价值最大化目标科学地考虑了收入流量的风险，通过对风险与报酬的合理衡量，使企业价值达到最大。区分了期望未来现金流量的“质量”差异。企业价值最大化克服了企业在追求利润上的短期行为，原因是：不仅当前的利润会影响企业的价值，预期未来的利润对企业价值的影响所起的作用更大。

综上所述，电网企业财务管理的总体目标，是围绕企业既定的财务战略，组织财务活动，处理财务关系，有效控制财务风险，最终实现企业价值最大化。它意味着企业财务管理体制科学、制度完整、任务明确，在市场经济中要能够做到信息反应灵、创新意识浓、财务措施严、任务完成好。

三、企业财务管理基本要求和基本内容

为了实现电网企业的总体目标，其财务管理需要明确基本要求，确定基本内容。

1. 企业财务管理基本要求

根据新颁《企业财务通则》第三条第一款规定的精神，企业财务管理的基本要求包括以下三项：

（1）确定内部财务管理体制。

企业内部财务管理体制是规定企业内部财务关系的基本规则和制度安排，具体包括企业内部财务管理主体及其财务责任、财务权限、财务关系、财务管理要素、财务运行机制等方面的内容。它又可分为投资者财务管理体制和经营者财务管理体制两个层次。

1）投资者财务管理体制。投资者与企业是投资与被投资的关系，具有与财产所有权相联系的权力，主要包括：对投入资本进行运营并决定收益分配的权力；决定企业战略、经营方向、方针和政策的权力；选择企业主要经营者及对其进行奖惩、激励的权力。同时，投资者应当维护企业法人财产权的独立性，并承担与其投资相适应的有限责任。

2）经营者财务管理体制。企业是以营利为目的的法人，拥有独立的法人财产权，由经营者实施经营和管理，并对投资者、债权人、职工、国家等相关利益主体承担着不同的责任和义务。为此，企业根据生产经营特点、环境条件及战略要求、经营规模及组织形式，在法人内部各层次、各机构、各环节之间，采取集权模式或者分权模式设置财务权限，并明确对应的财务责任和利益。它更多地体现经营者财务管理的意图。

企业集团经济体系是一个控制系统，它在自我运行的同时调控着物资系统、生产经营以及资本流转系统。该系统活动要求以财务体制为保障。因此，在企业集团内部，母公司（即集团公司）对子公司之间存在着投资者财务管理体制，母公司或者子公司本身存在着经营者财务管理体制。前者对子公司的发展规模、经营方向、财务目标、投融资决策及利润分配政策构成决定性的影响，后者对企业经营者、财务负责人、财务及其他机构的财务权限及其责任、管理方式、内部分配等进行制度安排。

企业内部财务管理体制是组织财务活动、处理财务关系的根本制度，是构建企业内部财务制度的基础和框架。建立和完善现代企业制度，要求管理要科学化，因此企业财务管理首先要确定内部财务管理体制。

（2）建立健全内部财务管理制度。

企业内部财务管理制度，是企业遵循内部财务管理体制，贯彻国家统一的企业财务规章，由投资者与经营者根据法律法规共同制定的企业内部具体的财务管理实施办法。它与国家制定的通用的企业财务规章、制度不同，前者贯彻实施后者的原则，解决企业的个别性财务问题；后者解决普遍性问题，为前者提供通用的财务准则和规范。企业内部财务管理制度包含投资者财务制度和经营者财务制度两个层次。

1）投资者财务制度，是按照投资者的意图和要求制定的，其主要功能是维护投资者的权益，约束经营者的财务行为，明确投资者和经营者的权利与相应责任，规定企业重大事项的财务管理程序与财务政策，是企业处理财务关系的依据。

2）经营者财务制度，是按照企业生产经营特点和经营者管理要求制定的，其主要功能在于规范经营者、其他职工以及企业内部相关机构在资产营运、成本费用控制等具体财务活动中的行为，包括财务权限与责任、财务事项处理程序与方法，以保证企业生产经营正常运转。

从实际情况看，一般企业在库存现金、银行借款、银行账户、应收账款、低值易耗品、原材料或者商品采购、固定资产、对外投资、成本控制、费用报销等方面需要制定内部财务制度。集团公司在企业集团中发挥投资中心、融资中心、资金结算中心、资本运营监控中心、财务会计管理中心等的作用，往往还需要在投资、融资、担保、资金结算、企业股权、知识产权、资产处置、税费计缴与基金账户、财务预算、收益分配、财务人员配备等方面制定集团财务管理制度。

（3）有效控制企业财务风险。

财务风险主要包括偿债风险、投资风险和利润分配风险，是企业风险的核心。只要某项财务活动的未来结果具有不肯定、不准确或没有把握的可能，就有财务风险的存在。在市场经济条件下，企业财务管理活动大部分是在有风险的情况下进行的。但风险与报酬存在着一定的关系，而且有些风险是可以规避或者化解的。企业对财务风险的管理在于建立预测、防范、监控、化解财务风险的机制，在充分预测、评估的基础上，采取一定的措施，消除、转移、分散或者接受财务风险，使企业财务活动在风险中获得较高的报酬，从而实现财务目标。

企业财务管理应当朝着企业价值最大化目标，创造性地开展财务管理。在市场经济条件下，评价现金流量的财务效果，应当综合考虑资金的时间价值因素；对购建或者处置的资产，应当考虑风险与报酬的关系；在产品系列开发决策时，应当运用价值工程评估产品功能与产品成本的关系及其对销售的影响；在日常财务管理中，应当树立财务信誉，塑造企业形象，注重企业长远的经济利益，并推进知识产权产业化，实现无形资产的经济价值；对企业并购重组，应当充分考虑商标权、专利权、专有技术、企业信誉等潜在的无形资产的影响，利用资产评估方法正确评估企业的整体价值，维护企业及投资者的权益；在财务分析、考核经营业绩或者评价决策效果时，应当权衡资金的成本水平。总之，通过企业财务上的合理经营，采用最优的财务政策，充分考虑资金的时间价值和风险与报酬的关系，在保证企业长远发展的基础上，使企业拥有的资本总价值达到最大。从创建内部财务管理条件上讲，应当将控制企业财务风险的措施、方法、程序、管理要求等，予以制度化。

2. 企业财务管理基本内容

根据新颁《企业财务通则》第三条第二款规定的精神，企业财务管理的基本内容如下。

（1）制订财务战略，发挥财务职能。

财务战略是为了使企业能在较长时期内生存和发展，在充分估计影响企业长期发展的内外环境中各种因素的基础上，为达到财务目标而制订的指导财务活动的总规划和总原则。也就是说，对企业财务管理所作的长远规划，是围绕财务目标而实施的全局性的行动方案。它由战略思想、战略目标和战略计划三个基本要素构成，具体内容主要可以根据企业财务管理要素确定。作为企业发展战略的组成部分，财务战略可以分为紧缩型战略、稳定型战略和发展型战略三种类型，制约着企业财务活动的基本特征和发展方向。因此，在市场经济条件下，加强财务战略管理，对企业财务管理具有重要意义。

财务职能是指利用价值形式来组织财务活动，协调财务关系，为实现企业的发展战略和财务目标服务。发挥企业的财务职能，就是要做好财务预测、决策、预算、控制、分析、监督和考核等工作，充分发挥企业财务管理的组织、协调、配置和平衡的作用，正确处理好企业内部资源条件、外部经济环境和企业目标之间的平衡关系，并从动态平衡中求发展，促使企业顺利实现发展战略和财务目标。实践证明，财务职能越健全的企业，财务管理越有效，企业抵御市场风险的能力和市场竞争力也就越强。

（2）合理筹集资金，有效营运资产。

资金是企业运行的血液，一旦流量不足，企业就会出现财务危机，生产经营就会面临停顿，甚至导致企业清算。因此，筹集资金，组织资金供应，是企业财务管理的首要任务。企业应当根据自己生产经营和发展战略的需要确定合理的资金需要量，依法、合理地筹集所需要的资金。所谓“依法”，就是要在法律、行政法规和规章允许的范围内筹集资金。企业进行筹资活动，根据不同筹资渠道和方式，需要遵守的法律、行政法规和规章主要有《公司法》、《证券法》、《外汇管理条例》、《贷款通则》等等。所谓“合理”，就是要考虑资金成本因素，利用财务杠杆，选择有利的筹资渠道和可行的筹资方式，以尽可能低的资金成本及时筹集所需要的资金。

企业资金利用效果取决于资产是否有效营运。资产营运过程也是资源配置过程，主要是包括现金流量管理与投资管理。企业对筹集的资金实行统一集中管理，按不同环节、不同业务的合理需要调度资金，有计划地安排现金流量，防止现金收支脱节。在组织财务活动中，注意开展资产结构动态管理，保持资产与负债的适配性，结合生产经营的特点，合理安排采购业务，积极控制存货规模，及时回收应收款项，避免盲目投资，提高固定资产利用效能，推进科技成果产业化，实现知识产权的经济价值，从而不断调整和改善资产结构，提高资产质量，实现资源优化配置的效益。

（3）控制成本耗费，增加企业收益。

企业收益是补偿成本耗费的来源，也是企业向投资者回报，改善职工生产条件和经济待遇，并实现企业扩大再生产所需资本积累的保障。为了实现利润最大化和企业价值最大化的财务目标，企业在市场竞争中需要努力开源节流，一方面采用适用先进的市场营销策略与手段，尽可能开拓国内、国际市场，扩大各项业务，以增加企业收益的来源；另一方面要开发自主知识产权，提高产品或服务质量，树立企业信誉，创造核心竞争力，以提高企业收益的质量；同时，建立激励与约束机制，调动职工发明创造和增收节支的积极性，控制企业收益流失。

企业为了获得各项收入，必然需要支付相关成本、费用，包括材料、人工等直接成本，销售及管理等各项费用以及依法缴纳的税金。企业在各项业务收入既定的情况下，成本消耗越少，企业收益越大。同时，相同产品的单位成本消耗越少，意味着其越具有市场竞争优势，更容易实现销售目标。因此，降低成本消耗，是企业财务管理的一项艰巨任务。企业通过革新生产技术，改进工艺流程，采用现代物流管理，实行存货决策控制，盘活各项闲置或者低效的资产，提高劳动生产率，实行必要的成本、费用管理责任制度，都可以降低材料、燃料消耗，减少资产损失和资源浪费，节约成本、费用，从而增加企业收益。

（4）规范收益分配，增强企业活力。

企业既是投资者获得投资回报的载体，又是经营者和其他职工提供劳动、创造价值并取得报酬的载体，还是依法缴纳税费的义务人。理顺企业与国家、投资者、经营者和其他职工之间的分配关系，建立有效的激励机制，对调动各方面的积极性，改善企业财务管理的内部微观环境，增强企业竞争能力和发展能力，具有重要意义。

现实生活中，一些企业虚盈实亏，满足了经营者和其他职工业绩考核和收入增长的需要，内部分配过分向个人倾斜，却侵蚀了投资者的权益。一些企业对拥有杰出管理能力的经营者和核心技术研发人员缺乏激励措施，导致企业人才流失，创新能力不足，市场竞争能力缺乏。一些企业虚亏实盈，实际控制人截留、隐瞒企业收益，任意支付奖励、提成、佣金等，中饱私囊，侵蚀国家税基，损害企业和普通职工的利益。一些经营者借企业改革之机，擅自实行股权激励，私分或者贱卖企业资产，或者随意拖欠、扣发职工劳动报酬，损害其他相关利益主体的权益。凡此种种，导致财务关系混乱，最终恶化企业经营环境，损害了企业长远发展的利益，应当依法予以理顺。

（5）规范重组清算财务行为，妥善处理各方权益。

企业重组清算，是在市场经济条件下实施扩张经营、战略收缩或者增强内力而进行的资本运作措施。这是企业适应市场变化而采取的行动。在扩张经营情况下，企业资本聚集，资产和经营的规模增加，现金流量增大，业务部门或者分支机构增加，财务风险和管理难度也随之倍增。在战略收缩情况下，企业资本减少，资产和经营规模萎缩，现金流量变小，还可能关闭、出售所属机构或者业务部门，甚至对所属企业实施清算，以退出某一市场领域。在增强内力情况下，企业对内部的业务流程进行再造，对内部机构和人员重新调整，对内部经济资源重新配置，以形成并提高企业整体竞争能力。

企业重组清算，不论是主动的，还是被动的，都必然产生一系列财务问题，引起现有利益格局的调整。因此，企业为了顺利实施重组清算，有效控制财务风险，应当妥善处理各项财务事项，维护国家、投资者、债权人和企业职工各方的合法权益。

（6）加强财务监督，实施财务控制。

财务监督，就是根据法律、法规和国家财经纪律以及企业内部财务管理制度，对企业生产经营活动和财务收支的合理性、合法性、有效性进行调节和检查，以确保企业遵纪守法地实现发展战略和财务目标。由于企业的生产经营活动必须借助于价值形式才能进行，因此运用现金收支和财务指标实施监督，可以及时发现和反映企业在经营活动和财务活动出现的问题。财务监督为实施财务控制，改进财务管理，提高经济效益提供了保障，是企业财务管理的一项保障性手段。

财务控制，就是以财务预算和制度规定为依据，按照一定的程序和方式，对企业财务活动进行约束和调节，确保企业及其内部机构和人员全面落实财务预算。其特征是以价值形式为控制手段，以不同岗位、部门和层次的不同经济业务为综合控制对象，以控制日常现金流量为主要内容。财务控制是企业落实财务预算，开展财务管理的重要环节。

（7）加强财务信息工作，提高财务管理水平。

财务信息管理是国家综合经济管理部门和企业经营者运用现代信息技术和管理手段，对企业财务信息进行收集、整理、分析、预测和监督的活动。在企业财务管理中加强财务信息管理，就是要将计算机科学、信息科学和财务管理科学结合起来。对企业而言，在整合各项业务流程的基础上，对企业物流、资金流、信息流进行一体化管理和集成运作，从而加强财务管理的及时性、有效性和规范性，提高企业整体决策水平；对国家综合经济管理部门而言，加快企业财务信息收集、整理、分析过程，提高信息处理能力，及时监测企业经济运行状况，评估企业内部财务控制的有效性，更好地服务于国家宏观经济管理，并促进企业进一步改善财务管理状况，实现和谐健康发展。

财务信息管理，从计算机在财务中的运用，到建立财务业务一体化的信息处理系统，再到实现统筹企业资源计划，存在循序渐进的过程，需要具备一定的内外部条件。企业可以结合自身经营特点和所具备的客观条件，逐步推行信息化财务管理。主管财政机关要逐步完善企业财务信息体系，加强对企业经济运行情况的分析，探索建立企业财务预警制度，增强企业财务信息为宏观经济管理和决策的服务功能。

四、财务管理目标协调

企业财务活动涉及不同的利益主体，其中最主要的是股东、经营者和债权人，这三者构成了企业最重要的财务关系，企业是所有者即股东的企业，也是经营者和债权人等利益相关者的企业；财务管理目标是股东的目标，也应当兼顾经营者和债权人的目标，但经营者、债权人与股东的目标并不完全一致，企业只有协调好这三个方面的矛盾，才能实现“股东财富最大化”的目标。

1. 股东和经营者的矛盾与协调

股东为企业提供资本金，目标是使其财富最大化。经营者则希望在提高企业价值或股东财富的同时，提高自己的报酬、荣誉和社会地位，增加闲暇时间，降低劳动强度。经营者有可能为了自己的目标而背离股东目标，如借口工作需要乱花股东的钱，装修豪华的办公室，买高档汽车，增加享受成本等；或者蓄意压低股票价格，以自己的名义借款买回，导致股东财富受损，自己则从中渔利。为了解决或弱化这一矛盾，股东通常可以采取监督和激励两种办法来协调自己和经营者的目标。监督是通过公司的监事会来检查公司财务，当经营者的行为损害股东利益时，要求董事和经理予以纠正，解聘有关责任人员；另外，股东也可以支付审计费，聘请注册会计师审查企业财务情况，监督经营者的财务行为。激励是把经营者的报酬同其绩效挂钩，通过“股权激励”等形式，使经营者自觉自愿采取各种措施提高股票市价，从而达到股东财富最大化的目标。

2. 股东和债权人的矛盾与协调

债权人把资金交给企业，其目标是到期收回本金，并获得约定的利息收入。企业借款的目的是用它扩大经营规模，投入到有风险的经营项目。资金一旦到了企业手里，债权人就失去了控制权，股东可以通过经营者为自身利益而伤害债权人利益。如不经过债权人同意，投资于比预期风险高的新项目，若侥幸成功，超额利润会被股东独吞；若不幸失败，债权人寻求立法保护，如破产时优先接管，优先于股东分配剩余财产等；另一方面还可以在借款合同中加入限制性条款，如规定资金用途，规定不得发行新债的数额，当发现公司有意侵蚀其债权价值时，提前收回借款，拒绝进一步合作等。

五、财务管理目标与社会责任

企业财务管理目标与社会目标在许多方面是一致的，企业在追求自己的目标时，必然为社会提供服务，自然会使社会受益。如企业为了生存，必须生产出符合社会需要的产品，满足消费者的需求；企业为了发展，要扩大规模，自然会增加职工人数，解决社会就业问题；企业为了获利，必须提高劳动生产率，改进产品质量，改善服务，从而提高社会生产效率和公众的生活质量。但企业财务管理目标与社会目标也有不一致的地方。例如，企业为了获利，可能利用垄断地位制定过高价格；可能不顾职工的健康和利益；可能造成环境污染；可能损害其他企业的利益等。国家要保护所有公民的正当权益，股东只是社会中的一部分人，他们在谋求自己利益的时候，不能损害他人利益。为此，国家颁布一系列保护公众利益的法律法规，如《反垄断法》、《环境保护法》、《消费者权益保护法》和《产品质量法》等。通过这些法律法规来强制企业承担社会责任，调节股东和社会公众的利益。

第七节 电网企业财务管理体制

新颁《企业财务通则》第二章企业财务管理体制共 6 条，明确了建立企业财务管理体制的基本原则和要求，确立了企业财务运行的重要制度，界定了投资者和经营者在企业财务管理体制中的定位和职责。

一、企业财务管理体制概述

企业财务管理体制，是协调企业利益相关主体之间财务关系的基本规则和制度安排，是构建企业财务管理制度的基础和框架。新颁《企业财务通则》中的财务管理体制，分为宏观和微观两个层面：一是微观财务管理体制，即企业内部财务管理体制，它是规定企业内部财务关系的基本规则和制度安排，主要由投资者和经营者通过企业章程、内部财务制度等正式或非正式的契约确立；二是宏观财务管理体制，它是协调财政部门与企业之间财务关系的基本规则和制度安排，主要由国家以法律法规、规章、规范性文件等形式予以确立，旨在对企业符合市场需求的行为予以引导和扶持。

宏观和微观财务管理体制的制定主体和确立方式虽然不同，但一旦形成，都具有“硬约束力”，是企业利益相关主体必须共同遵守的“宪法”。换而言之，企业财务管理体制的确定过程，是企业财权的分配调整过程，直接决定了财务管理机制、具体财务制度的构建。

二、企业宏观财务管理体制历史演变

国家与企业的利润分配和资金投入关系的变化，是贯穿我国企业宏观财务管理体制演变的两条主线。在财政与企业的利润分配上，经历了以下演变过程。

1. 统收统支阶段

在改革开放以前，我国实行高度统一的计划经济管理体制，企业财务由国家财政统收统支，国营企业实现的利润是国家财政收入最主要的来源。

2. 利润留成阶段

1978 年开始，为了扩大企业自主权，促进企业增收节支，保证完成国家财政收入，国务院决定在按职工全年工资总额的一定比例提取企业基金的基础上，实行利润留成办法，企业以利润留成资金按“6∶4”比例用于生产发展、职工福利和职工奖励。

3. 利改税阶段

1981 年开始实行“以税代利”，逐步将企业上缴国家财政的利润，改为以流转税、所得税等各种税收形式确定下来，税后利润作为预算外资金，留给企业按规定用途安排使用。之后为了缓解国家重点建设财政资金紧缺的局面，增强宏观经济调控能力，党中央和国务院决定，1982 年开始对预算外资金征收 15%的“国家能源交通重点建设基金”。

4. 承包经营阶段

1988 年，为了转变企业经营机制，增强企业活力，按照所有权与经营权分离的原则，国务院决定实行企业承包经营责任制，按照“包死基数、确保上缴、超收多留、欠收自补”的原则，确定国家与企业的分配关系。企业承包上缴利润可以采用“递增包干”、“基数包干，超收分成”、“微利企业上缴利润定额包干”、“亏损企业减亏或补贴包干”等形式。鉴于预算外资金每年平均以 23%的速度增长，大大超过预算内财政收入的增长速度，党中央和国务院决定从 1989 年开始对预算外资金征收 10%的“国家预算调节基金”。从 1993 年 7 月 1 日开始，企业实行财务制度改革，全面改革计划经济管理体制下形成的企业财务管理模式和财务制度体系，但仍未触及企业承包经营的财务管理体制。

5. 统一税制阶段

1994 年 1 月 1 日起，国家实行财税改革，统一内资企业所得税制度。根据国务院的决定，作为过渡措施，对 1993 年底以前注册的多数国有全资老企业，实行税后利润不上交的办法，同时提出要“逐步建立国有资产投资收益按股分红、按资分利或税后利润上交的分配制度”。

伴随着企业利润分配体制的演变，国家对企业流动资金的管理体制也逐步改革，大体经历了以下三个历史时期：

一是财政主导时期：在 1983 年 7 月之前，企业的流动资金基本上实行以财政为主体、以定额为基础的管理体制。财政拨款是企业自有流动资金的唯一来源，也是企业生产经营过程中流动资金的主要来源，银行信贷在企业流动资金中占有的比重一般较小，甚至没有。

二是银行主导时期：1983 年 7 月之后，根据国务院的决定，企业的流动资金改由银行统一管理和供应，并从全额供应转变为差额供应，即企业每年根据其利润留成的一定比例补充自有流动资金，不足部分由银行补足，将原来计划经济的资金供给制转变为资金借贷制。但由于企业流动资金补偿机制未充分建立、金融市场发育不完善等原因，“银行统管”最终变成了“银行统包”，企业从过分依赖财政转向过分依赖银行。这个时期，财政对企业的资金支持主要以周转金的形式进行。自 1998 年 12 月财政部门清理整顿周转金以来，这部分资金供应已逐步取消。

三是企业自主筹资时期：1987 年之后，国家允许企业发行股票和债券筹集流动资金，但发行条件较为严格。之后，随着上海和深圳证券交易所的成立以及其他融资渠道的拓宽，企业筹措运营资金的渠道和方式逐渐多了起来，并且随着企业管理体制的改革，各级政府不断落实企业的自主经营权，企业逐步通过市场自主筹资。

从以上演变历程看，宏观财务管理体制的发展趋势，是从直接管理企业的生产经营和财务运行，到赋予企业越来越多的经营自主权，直至承认企业的法人财产权。这与国家经济管理体制由计划经济向市场经济转变的轨迹是一致的，但由于改革是渐进式的，目前企业宏观财务管理体制，一方面受传统体制留下的“后遗症”影响，没有与微观财务管理体制划清界限，仍然存在直接干预企业内部微观事务的现象，不适应现代企业制度的需要；另一方面又受到“国际接轨论”的片面影响，将企业宏观财务管理职能与市场经济对立起来，认为财政部门只能对国有企业实施管理，或者认为财政部门对企业的管理关系只存在于税收和会计领域。凡此种种，不利于规范企业财务秩序，不利于创造企业公平竞争环境，不利于完善与社会主义市场经济相适应的企业基本经济制度。

三、企业微观财务管理体制模式沿革

随着企业宏观财务管理体制的改变，企业微观财务管理体制的模式也经历了以下变化。

1. 单一的国营企业模式

改革开放之前，国营企业基本垄断了整个经济领域。顾名思义，“国营企业”就是国家直接经营的企业。在高度集中的“统收统支”模式下，国营企业就是一个个的工厂和车间，是政府机构的附属物，严格意义上的微观财务管理体制并不存在。

2. 多种所有制和治理结构并存的过渡模式

1979 年以来，先后颁布了《全民所有制工业企业法》和三大外商投资企业法，从法律层面上肯定了企业的法人资格，区分投资者和经营者两个层次的企业微观财务管理体制得以初步确立。例如，《全民所有制工业企业法》赋予政府或政府主管部门和厂长（经理）相应职权，厂长（经理）兼有经营者和部分投资者职权，企业通过职工代表大会、工会等其他形式，对厂长（经理）进行监督。《中外合资经营企业法》构建了中外合营各方、董事会、正副总经理（正副厂长）的企业治理结构。企业的所有制和内部财务管理体制呈现多元化趋势。

3. 以公司制为主的现代企业模式

1993 年颁布的《公司法》，构建了企业以“新三会”即股东（大）会、董事会、监事会为主线的管理体制，奠定了现代企业制度的基础。同年实施的《企业财务通则》及其引发的财务制度改革，为现代企业制度的推行，进一步创造了条件。之后，全民所有制企业按照《公司法》进行了大规模的公司制改建，确立了更规范的微观财务管理体制，绝大多数新成立的国有企业和外商投资企业，以及许多集体、私营企业，也是按照《公司法》组建的。公司制企业明晰的微观财务管理体制，由此成为主流。

综上所述，企业微观财务管理体制的演变与宏观财务管理体制有着密不可分的关系，宏观财务管理体制决定着微观财务管理体制的模式，并为其提供有效的体制保障。

电网公司作为由中央管理的国有特大型企业，从事国民经济的基础产业和国计民生的公用事业，关系到国民经济命脉、国家能源安全与社会稳定大局，在国民经济和社会发展中发挥着举足轻重的作用。电网公司是社会主义市场经济环境下以电网为主营业务的运营商，是区域电力市场交易的主体，在接受政府监管的同时，积极培育电力市场，协助政府维护电力市场秩序，实现电力市场的规范化运营。其自身财务管理体制的演变也是基本随着国家宏观管理体制的改变而不断改进，公司制的清晰的微观财务管理体制也是在不断完善中。

第八节 电网企业财务管理环境

财务管理环境也称理财环境，是指对企业财务活动和财务管理产生影响作用的内外部条件或因素。企业只有在所处环境中各种因素的综合作用下，实现财务活动的协调平衡，才能更好地生存和发展。

理财环境按其所涉及的范围，可分为宏观理财环境和微观理财环境。宏观理财环境中的各种因素，通常存在于企业外部，如国家经济发展水平、产业政策和金融市场状况等，一般对各类企业的财务管理都会产生影响；微观理财环境中的各种因素，有的存在于企业外部，有的存在于企业内部，如企业组织形式、产品销售状况和材料供应情况等，一般只对特定企业的财务管理产生影响。

理财环境按其稳定性可分为两种情况：一是相对稳定的理财环境，如经济体制、产业政策、法律制度和地理环境等。企业一旦认清这些环境因素，如无特殊情况，即可在财务管理中作为已知条件或不变因素来对待。二是处于显著变动状态的理财环境，如产品销路、材料来源、市场物价和资金供求状况等。这些因素在市场经济中不仅经常发生变化，而且变化的速度非常大，会对企业财务状况产生重大影响。财务管理人员应将重点放在这些可变因素，及时捕捉和发现这些因素的变化，分析其变动趋势，判明其对企业财务可能造成的影响，以便及时采取相应的对策。

财务管理环境涉及的范围很广，主要有法律环境、金融市场环境和经济环境。

一、法律环境

财务管理的法律环境是指企业理财活动所应遵守的各种法律、法规和规章。国家管理经济活动和经济关系的手段包括行政手段、经济手段和法律手段三种。随着经济改革的不断深化，行政手段逐渐减少，经济手段特别是法律手段日益增多，建立一个完整的法律体系来维护市场秩序很有必要。企业的各项理财活动，无论是筹资、投资还是利润分配，都应当遵守有关的法律规范。

1. 企业组织法规

企业必须依法成立，才能合法经营，获得良好的法律环境。组建不同类型的企业，要依照不同的法律规范，包括《公司法》、《中外合作经营企业法》和《私营企业条例》等。例如，《公司法》对公司的设立条件、设立程序、组织机构、组织变更和终止的条件、程序都做了明确的规定，包括股东人数、法定资本最低限额和资本筹集方式等只有按其规定的条件和程序设立的企业，才能成为公司。《公司法》还对公司生产经营的主要方面作出了规定，包括股票的发行和交易、债券的发行和转让、公司的财务会计要求和利润分配等。公司一旦成立，其主要活动包括财务管理活动都要按照《公司法》的规定来进行。《公司法》是公司财务管理最主要的法律规范，其他企业也应按照相应的法律来开展其理财活动。

2. 税务法规

税收制度特别是工商税收制度，是企业财务管理重要的外部条件。我国自 1994 年 1 月开始实行一系列新的税收法律法规，主要包括《企业所得税法》、《增值税暂行条例》、《营业税暂行条例》、《消费税暂行条例》、《资源税暂行条例》、《进出口关税条例》、《税收征收管理法》等。国家各税种的设置及税率的调整，对生产经营具有调节作用。企业财务决策应当主动适应税收政策导向，通过精心安排和筹划，在不违反税法的前提下，尽可能地降低企业的税收负担。

3. 财务法规

《会计法》、《企业财务通则》、《企业财务会计报告条例》及《证券法》、《合同法》等法律法规的颁布，给企业的财务活动带来了重大影响。其中，《企业财务通则》是各类企业开展财务活动、实施财务管理的基本规范；具体行业财务制度则是根据财务通则的规定，为适应不同行业特点和管理要求所制定的行业规范。企业财务管理人员应当认真研究相关财务管理法规制度的精神和具体要求，在守法的前提下充分行使法规制度所赋予的理财自主权，改善企业的经营管理，实现企业的财务目标。

二、金融市场环境

金融市场是资金融通的场所，即资金供应者和资金需求者双方通过某种形式融通资金的场所。

1. 金融市场组成

金融市场由金融市场主体、金融市场工具和调节融资活动的市场机制三要素组成。

（1）金融市场主体。

金融市场主体是指资金供应者、资金需求者及金融中介机构，包括政府部门、金融机构、企事业单位、城乡居民和其他组织。金融中介是连接筹资人和投资人的桥梁，分为银行和非银行金融机构。银行金融机构主要包括中国人民银行、国有商业银行、国家政策性银行、股份制银行和外资银行等；非银行金融机构主要有保险公司、信托投资公司、信用合作社、邮政储蓄机构、证券公司及证券交易所等。

不同的金融中介机构进行资金交易，所需法律手续不同，交易条件不同，交易成本不同，交易的数量和完成交易的时间也有差别。因此，企业必须选择适合自身情况的主要交易机构和场所，以相对节省交易费用，加快交易进程。

（2）金融市场工具。

金融市场工具是指资金供应者将资金让渡给资金需求者的凭证和证明，包括各种债券、股票、票据、可转让存单、借款合同、抵押契约等。不同金融工具用于不同的资金供求场合，具有不同的法律效力和流通功能，企业为此承担风险和付出的成本不同，必须选择适合自身情况的金融工具，以相对降低风险和成本。

（3）调节融资活动的市场机制。

在金融市场上，从资金的借贷关系看，利率是一定时期运用资金这一资源的交易价格。利率作为资金这种特殊商品的价格标准，实质上是资源的再分配。因此，利率在资金分配及企业财务决策中起着重要作用，可按照不同的标准对利率进行分类：

1）按利率之间的变动关系，分为基准利率和套算利率。基准利率是指在多种利率并存条件下起决定作用的利率。所谓起决定作用的利率是指该种利率变动，会导致其他利率发生相应的变动。因此，了解基准利率水平的变化趋势，就可了解全部利率的变化趋势。基准利率在西方通常是中央银行的再贴现率，在我国是中国人民银行对商业银行的贷款利率。套算利率是指在基准利率确定后，各金融机构根据基准利率和借贷款项的特点而换算出来的利率。例如，某商业银行规定，向信用分别为 AAA 级、AA 级、A 级的企业贷款，实际利率（套算利率）应分别在基准利率基础上浮动 0.5%、1%、1.5%。

2）按债权人取得的报酬情况，分为实际利率和名义利率。实际利率是指在物价不变即货币购买力不变条件下的利率；或者是在物价有变化时，扣除物价变动效应后的利率。名义利率则包含物价变动因素。两者之间的关系是

名义利率＝实际利率＋预计物价变动率

3）按利率与市场资金供求关系，分为固定利率和浮动利率。固定利率是指在借贷期内固定不变的利率。若在借贷期内发生通货膨胀，实行固定利率会使债权人的利益受到损害。浮动利率是指在借贷期内可以随物价变动加以调整的利率。在通货膨胀条件下采用浮动利率，可减少债权人的损失。

4）按利率变动与市场的关系，分为市场利率和法定利率。市场利率是指根据资金市场上的供求关系，随着市场变化而自由变动的利率。法定利率是指由政府金融管理部门或者中央银行确定的利率。

正如任何商品的价格均由供应和需求两方面来决定一样，资金这种特殊商品的价格——利率，也主要是由供给与需求来决定的。除这两个因素外，经济周期、通货膨胀、国家金融财政政策、国际经济政治关系、国家利率管制程度等，对利率的变动均有不同程度的影响。因此，资金的利率通常由纯利率、通货膨胀补偿（或称通货膨胀贴水）、风险报酬三部分组成。其中风险报酬又分违约风险报酬、流动性风险报酬和期限风险报酬三种。

利率的一般计算公式可表示为

利率＝纯利率＋通货膨胀补偿率＋风险报酬率

纯利率是指没有风险和通货膨胀情况下的均衡点利率；通货膨胀补偿率是指由于持续的通货膨胀会不断降低货币的实际购买力，为补偿其购买力损失而要求提高的利率；违约风险报酬率是指借款人无法按时支付利率或偿还本金给投资人带来风险，投资人为了弥补这些风险而要求提高的利率；流动性风险报酬率是指由于债务人资产的流动性不好给债权人带来风险，为补偿这种风险而提高的利率；期限风险报酬率是指对于一项负债，到期日越长，债权人承受的不确定因素就越多，所承受的风险也越大，为弥补这种风险而要求提高的利率。

2. 金融市场与企业理财的关系

（1）金融市场是企业投资和筹资的场所。

金融市场上有许多种融通资金的方式，且比较灵活。企业需要资金时，可以到金融

市场选择适合自己需要的方式筹资。企业有了剩余资金，也可以灵活选择投资方式，为其资金寻找出路，以求增加企业收益。

（2）企业通过金融市场使长短期资金互相转化。

企业持有的股票和债券是长期投资，在金融市场上可以随时抛售变现，成为短期资金；远期票据则通过贴现变为现金。大额可转让定期存单，可以在金融市场卖出，成为短期资金。同样，短期资金也可以在金融市场上转变为股票、债券等长期资产。

（3）金融市场为企业理财提供有意义的信息。

金融环境对企业理财活动影响极大。金融市场的发育程度，各种融资方式的开放情况，各种有价证券等金融手段的利用情况，承兑、抵押、转让、贴现等各种票据业务的开展程度，对企业资金能否正常流通有极大的影响。企业财务管理人员应该熟悉各种类型金融市场的管理规则，有效地利用金融市场来组织资金供应；同时还要遵守国家金融主管机关对于金融市场的宏观调控和指导，发挥金融市场的积极作用，限制其消极作用。

三、经济环境

本节所说的经济环境主要是指企业从事财务活动的宏观经济环境，具体包括以下几个方面。

1. 国家经济政策

政府具有调控宏观经济的职能。社会经济发展规划、政府产业政策、经济体制改革措施及财经法规，对企业的生产经营和财务活动都有重大影响。国家的各项经济政策都是用以促进国民经济发展的，但对不同地区和不同行业的政策存在着一定的差异，企业在财务决策时要认真研究国家的经济政策，按照政策导向行事，趋利除弊，做到既有利于国民经济发展，又有利于增强企业自身的经济实力。

2. 经济发展状况

经济发展状况对企业理财有着重大影响，社会经济发展存在着周期性是人所共知的现象，我国的经济发展与运行也呈现出周期性的波动现象。过去曾经历过若干次投资膨胀、生产高涨，以致国家采取控制投资、紧缩银根等措施。在经济快速发展时期，为企业扩大规模、调整方向、打开市场以及拓宽财务活动领域带来了机遇。同时，经济的快速发展与资金紧张又是一对客观存在的矛盾，这又给企业的财务管理带来了严峻的挑战。此外，由于国际经济交流与合作的发展，全球经济活动日趋融合，西方经济周期的影响不同程度地波及到我国的一些企业。因此，企业财务管理人员应熟悉国内外经济环境，把握经济发展周期，为实现企业经营目标和经营战略服务。

3. 通货膨胀

通货膨胀不仅危害消费者，也给企业理财带来很大困难。例如，通货膨胀会引起企业利润虚增，造成企业资金流失；引起资金占用量增加，加大企业资金需求；引起利率上升，加大企业资金成本；引起有价证券价格下降，增加企业筹资难度等。企业对通货膨胀本身无能为力，只有政府才能控制通货膨胀。作为财务管理人员，应对通货膨胀的发生及其影响有所预期，并采取积极主动的应对措施，减轻其不利影响。

4. 竞争

竞争广泛存在于市场经济之中，任何企业都无法回避。市场经济竞争不仅最终体现为产品和劳务的竞争，而且表现为人才竞争、技术竞争、资金竞争、信息竞争和管理竞争。市场经济是一种竞争经济，竞争是市场经济系统得以运行的动力，并由此推动经济发展。但对企业来说，竞争既是机会，也是威胁。作为企业财务人员应认真研究本企业及竞争对手的特点，弄清自身的优势和劣势，分析造成这种情况的原因，探求对策，为企业进行财务决策、制定财务策略提供可靠的依据，使企业在竞争中立于不败之地。

第二章

电网企业流动资产管理

第一节 电网企业流动资产日常管理

一、流动资产概念

流动资产是指企业可以在一年内或超过一年的一个营业周期内变现或者耗用的资产，属于生产经营过程中短期置存的资产，是企业资产的重要组成部分。

流动资产在企业的再生产过程中以各种不同的形态同时存在，这些不同的存在形态就是流动资产的组成部分，具体包括以下4部分内容。

1. 货币资金

货币资金是指企业在再生产过程中由于种种原因而持有的、停留在货币形态的资金，包括库存现金和银行存款及其他货币资金。货币资金是企业资产的重要组成部分，是企业资产中流动性较强的一种资产。任何企业要进行生产经营活动都必须拥有货币资金，持有货币资金是进行生产经营活动的基本条件。

2. 应收及预付款项

应收及预付款项是指在商业信用条件下企业延期收回和预先支付的款项，如应收票据、应收账款、其他应收款、预付账款、待摊费用等。

3. 存货

存货是指企业在再生产过程中为销售或者耗用而储备的物资，包括材料、事故备品、低值易耗品、修理用备件、外购商品等。

4. 交易性金融资产

交易性金融资产是指以公允价值计量且其变动计入当期损益的金融资产，包括为交易目的所持有的债券投资、股票投资、基金投资、权证投资等和直接指定为以公允价值计量且其变动计入当期损益的金融资产。

二、流动资产特点

流动资产在一个生产周期中就能完成一次循环，并随着再生产过程周而复始地进周转。从循环周转情况看，流动资产具有以下特点。

1. 流动资产占用形态具有变动性

流动资产在企业再生产过程中是不断地循环的。在供应阶段，企业用现金购进原材料等劳动对象，相应的流动资产则从现金形态转化为存货（储备形态）；在生产阶段，原材料等劳动对象投入生产，随着对劳动对象的加工，最后生产出成品，流动资产则从储备形态依次转化为半成品形态和成品形态；在销售阶段，企业将产成品销售出去并收回货款，流动资产则从存货形态又转化为现金形态。流动资产占用形态的不断变化，形成流动资金周而复始的运动。

2. 流动资产占用数量具有波动性

在企业再生产的过程中，随着供产销的变化，流动资产的占用数量有高有低，起伏不定，具有波动性。季节性企业如此，非季节性企业也如此。随着流动资产占用量的变动，要考虑合理安排流动资金的来源和供需平衡的问题。

3. 流动资产周转与生产经营周期具有一致性

企业的生产经营过程，也是劳动对象等物质要素的消耗过程。劳动对象投入生产后，它的实物形态便发生了变化，或者构成了产品的实体，或者有助于产品的形成。其价值也随之全部地转移到了所生产的产品上去，构成产品价值的一部分。当产品销售取得收入后，这部分价值便一次性得到了补偿。完成一次生产经营周期，流动资产也完成一次循环。所以，流动资产完成一次循环的时间与生产经营周期具有一致性。生产经营周期决定着流动资金的循环时间，流动资产周转又综合反映企业供产销全过程。

研究流动资产的循环与生产经营周期的一致性，有助于通过合理组织供产销过程，加速流动资产周转，充分发挥流动资产促进生产经营活动的积极作用。

掌握流动资产的上述特点，有助于企业有效地管理流动资产。既要考虑合理配置生产经营过程各个阶段所需要的流动资产，又要注意保持各种流动资产的比例关系。通过合理组织供产销过程，实现加速流动资产周转，提高流动资产利用效果的目的。

三、流动资产管理要求

企业的流动资产数额大，涉及面广。为了提高其使用效果，财务管理部门必须对流动资产进行全面的控制和管理。为此，应贯彻以下几项要求。

1. 正确地预测流动资产需要量

流动资产的需要量是指企业在一定时期内为保证生产经营正常进行所需要的流动资产数量。在流动资产管理中，必须保证企业完成生产经营任务的合理资金需要。凡是企业供、产、销各职能部门的合理需要，应该千方百计地保证予以满足，促进生产经营的发展。与此同时，又要合理节约资金，提高资金使用效果。流动资产的管理必须正确处理保证生产经营需要和节约合理使用资金两者之间的关系。这就要求，企业应根据生产经营规模和合理节约使用资金的要求正确预测流动资产的需要量。

2. 合理地筹集生产经营所需要资金

企业确定了流动资产需要量后，应及时筹集资金，以保证资金的需求。在筹资过程中，应认真比较选择不同的筹资渠道和筹资方式，力争以较小的代价筹集到企业所需的资金。

3. 有效地将流动资产管理与流动资金管理相结合

流动资产是流动资金赖以存在的物质形态。财务部门要管好流动资金，必须深入生产、了解企业生产经营过程，关心流动资产的管理。只有各项流动资产安全完整、使用合理，流动资金才能完整无缺，占用减少，效率提高。另一方面，财务部门还必须促使管理流动资产、使用流动资金的部门树立经济核算思想，关心流动资金管理。所以，要管好流动资金，必须做到管理流动资金的部门和人参与管理流动资产；同时，管理流动资产的部门和人，也应参与管理流动资金，把流动资金管理与流动资产管理结合起来。为此，流动资金的管理，必须在实行财务管理部门集中统一管理的同时，建立有关部门的责任制度，实行对口分级的管理。

4. 科学地控制流动资产的数量，加速流动资产的循环和周转

在一定的生产规模和供产销条件下，企业所需的流动资产数量主要取决于流动资产的周转速度。周转速度越快，所需要的流动资产数量越少；周转速度越慢，所需要的流动资产数量越多。加速流动资产的周转，企业就能以占用较少的流动资产超额完成任务，做到增产不增资，增产少增资；同时可以将节约下来的资金用到其他项目上去，以提高企业的经济效益。因此，企业应在科学地控制流动资产数量的基础上，加速流动资产的循环和周转，提高流动资产的利用效果。

第二节 电网企业流动资产管理具体内容

一、电网企业货币资金管理

货币资金是企业资产的重要组成部分，是企业资产中流动性较强的一种资产。任何企业要进行生产经营活动都必须拥有货币资金，持有货币资金是进行生产经营活动的基本条件，包括库存现金和银行存款及其他货币资金。货币资金管理的目标是存量合理、管理集中、在线监控、保证安全。货币资金管理的原则是合理规划、统筹运作、效益优先、有偿使用。

（一）现金及其管理意义

现金是指在生产过程中暂时停留在货币形态的资金，包括库存现金、银行存款、银行本票和银行汇票等。现金是流动资产的重要组成部分，其价值形态是企业资金循环的始点，也是企业资金循环的终点。

现金是变现能力最强的资产，可以用来满足生产经营开支的各种需要，也是还本付息和履行纳税义务的保证。因此，拥有足够数量的现金对于降低企业风险，增强企业资产的流动性和债务的可清偿性有着重要的意义。但是，现金属于非盈利性资产，即使是银行存款，其利率也是非常低的。现金持有量过多，它所提供的流动性边际效益便会随之下降，进而导致企业的收益水平降低。企业必须合理确定现金持有量，使现金收支不但在数量上平衡，而且在时间上也要相互衔接，以便在保证企业经营活动所需现金的同时，尽量减少企业闲置的现金数量，提高资金收益率。因此，积极地组织现金的管理，对于实现财务管理的目标具有十分重要的意义。

（二）现金持有动机与成本

现金的持有动机，企业持有一定数量的现金，主要基于以下三个方面的动机。

1. 交易动机

交易动机是指企业为维持正常生产经营而需要保持的现金支付能力。企业为了组织日常生产经营活动，必须保持一定数量的现金余额，用于购买原材料、支付工资、缴纳税款、偿付到期债务、派发现金股利等。由于企业每天的现金流入量和现金流出量在时间上、数额上通常存在一定程度的差异性，为满足日常支付的需要，企业持有一定数量的现金是十分必要的。一般来说，企业为满足交易动机所持有的现金余额主要取决于企业的销售水平。企业销售扩大，销售额增加，所需现金余额也随之增加。

2. 转换成本

现金的转换成本是企业用现金购入有价证券及转让有价证券换取现金时付出的交易费用，即现金同有价证券之间相互转换的成本，如委托买卖佣金、委托手续费、证券过户费、实物交割手续费等。严格地讲，转换成本并非都是固定费用，有的具有变动成本的性质，如委托佣金和手续费，这些费用通常是按职委托成交金额计算的。因此，在证券总额既定的条件下，无论变现次数怎样变动，所需支付的委托佣金总额是相同的。因此，那些依据委托成交金额计算的转换成本与证券变现次数关系不大，属于决策无关成本。这样，与证券变现次数密切关联的转换成本便只包括其中的固定性交易费用。

转换成本与证券变现次数呈线性关系，即转换成本总额等于证券变现次数乘以每次的转换成本。证券转换成本与现金持有量的关系是：在现金需要总量既定的前提下，每次现金持有量即有价证券变现额的多少，必然对有价证券的变现次数产生影响。现金持有量越少，证券变现的次数越多，相应的转换成本就越大；反之，现金持有量越多，证券变现的次数就越少，需要的转换成本开支也就越小。因此，现金持有量的不同必然通过证券变现次数多少而对转换成本产生影响。

3. 短缺成本

现金的短缺成本是在现金持有量不足而又无法及时通过有价证券变现等方式加以补充而给企业造成的损失，包括直接损失和间接损失。现金的短缺成本随现金持有量的增加而下降，随现金持有量的减少而上升，即与现金持有量呈负相关。但现金是否会发生短缺、短缺多少、概率多大及各种短缺情形发生时可能的损失如何，都存在很大的不确定性和难以计量性。

通过上述分析可以看出，在现金需要总量既定的前提下，现金持有量越多，持有成本就越大，但由于证券变现次数减少，需要的转换成本也就越小，同时由于现金发生短缺的可能性较小，短缺成本就越小；而减少现金持有量，尽管可以降低现金的持有成本，但转换成本却会随证券变现次数的增加相应增加，同时短缺成本可能会越大。持有成本与转换成本、短缺成本随现金持有量变动所呈现出的相反趋势，要求企业必须对现金与有价证券的分割比例进行合理安排，从而使现金相关总成本保持最低。换言之，能够使现金管理的总成本，即现金持有成本、转换成本和短缺成本之和最小的现金持有量，就是所谓的最佳现金持有量。

（三）最佳现金持有量确定

基于交易、预防、投机等动机的需要，企业必须保持一定数量的现金余额。现金作为盈利性最差的资产，其数额过多会导致企业盈利水平下降；其数额过少，又可能出现现金短缺，从而影响生产经营。因此，最佳现金持有量的确定，必须对收益和风险进行权衡。确定最佳现金持有量的模式主要有成本分析模式、存货模式、随机模式三种。

1. 成本分析模式

成本分析模式是根据现金的相关总成本最低的原则来分析、预测最佳现金持有量的一种方法。成本分析模式只考虑持有一定数量的现金而产生的机会成本和短缺成本，而不考虑固定的管理费用和转换成本。机会成本（因持有现金而丧失的再投资收益）与现金持有量成正比例变动，即机会成本等于现金持有量乘以有价证券的利率（或企业要求的报酬率）。短缺成本同现金持有量呈负相关，现金持有量越大，现金短缺成本越小；反之，现金持有量越小，现金短缺成本越大。需考虑的现金成本与现金持有量之间的关系，如图 2-1 所示。

从图 2-1 可以看出，由于各项成本同现金持有量的变动关系不同，使得总成本曲线呈抛物线型，抛物线的最低点，即为成本最低点，该点所对应的现金持有量便是最佳现金持有量，此时总成本最低。

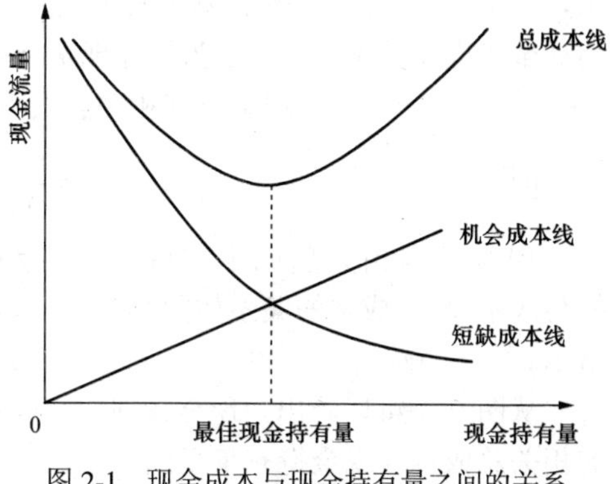

图 2-1 现金成本与现金持有量之间的关系

在实际工作中，运用该模式确定最佳现金持有量的具体步骤如下：

（1）根据现金持有量测算并确定有关成本数值；

（2）按照现金持有量及其有关成本资料编制最佳现金持有量测算表；

（3）在测算表中找出相关总成本最低的现金持有量，即最佳现金持有量。

2. 存货模式

确定现金最佳持有量的存货模式法来源于存货的经济批量模型，该模型最早由美国理财专家 W.J.Baumal 于 1952 年提出，故又称 Baumal 模型。

存货模式的基本原理也是现金相关总成本最小化。在现金的成本中，管理费用相对稳定，同现金持有量的多少关系不大，因此在存货模式中将其视为决策无关成本而不予考虑；另外，由于现金的短缺成本的不确定性和难以计量性，在存货模式中对短缺成本也不予考虑。在存货模式中，只对机会成本和转换成本予以考虑。也就是说，能够使现金的机会成本和转换成本之和保持最低的现金持有量就是最佳现金持有量。

运用存货模式确定最佳现金持有量时，需对该模式的有效性限定一些假设条件：

（1）企业所需要的现金可通过证券变现取得，而证券变现的不确定性很小；

（2）企业预算期内现金需要总量可以预测；

（3）现金的支出过程比较稳定，波动较小，每当现金余额降至零时，均可通过部分有价证券变现得以补足；

（4）证券的利率或报酬率及每次的固定交易费用可以获悉。

如果这些假设条件基本得到满足，企业便可以利用存货模式来确定现金的最佳持有量。

存货模式下的现金余额呈锯齿状，如图 2-2 所示。企业出售价值 C 的有价证券并将所获得的现金放于其活期存款账户。随着公司现金的使用，现金余额逐步降为零，然后企业再出售价值为 C 的有价证券，并把所得到的现金存放于活期存款账户，于是这一模型不断重复，经过一段时间后，平均的现金余额将是 $C/2$。

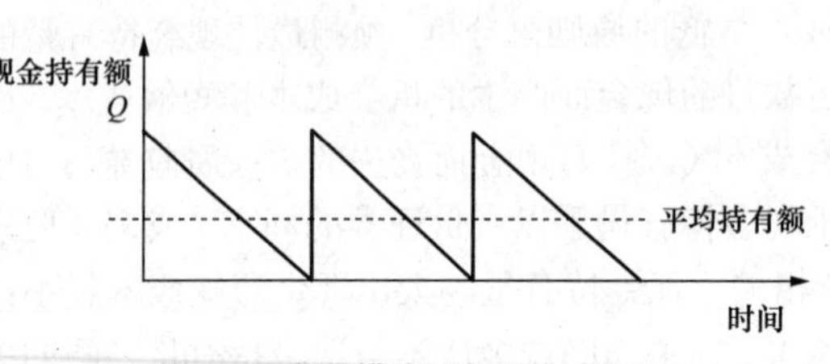

图 2-2　存货模式下的现金余额

假设，T 为一定时期内现金总需求量，b 为每次现金与有价证券的转换成本，i 为短期有价证券的利息率（机会成本），TC 为现金管理相关总成本，C 为最佳现金持有量（每次证券变现的数量），则

现金管理相关总成本＝机会成本＋转换成本

即

$$TC=\frac{C}{2}\cdot i+\frac{T}{C}\cdot b \tag{2-1}$$

现金管理相关总成本与持有机会成本、转换成本的关系如图 2-3 所示。

从图 2-3 可以看出，现金管理的相关总成本与现金持有量呈凹形曲线关系。持有现金的机会成本与证券变现的转换成本相等时，现金管理的相关总成本最低，此时的现金持有量为最佳现金持有量，即

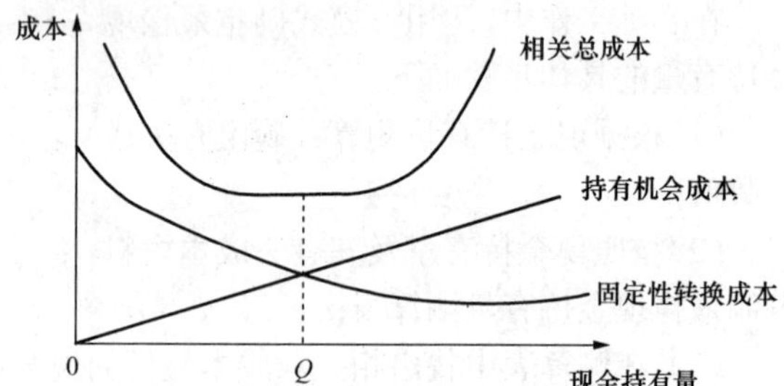

图 2-3　现金管理总成本与机会成本、转换成本之间的关系

$$C=\sqrt{\frac{2bT}{i}} \tag{2-2}$$

将式（2-2）代入式（2-1）得出最佳现金相关总成本。

3. 随机模式

上面确定最佳现金持有量的方法都是基于现金收支比较均衡且数额可以预测。对企业来说，现金需求量往往波动大且难以预知。随机模式是在现金需求量难以预知的情况下进行现金持有量控制的一种方法。这种方法的基本原理是根据企业的历史资料和现实需要制定一个现金控制区域即制定出现金持有量的上限和下限将现金量控制在上下限

之内。当现金量达到控制上限则用现金购入有价证券使现金持有量下降；当现金量降到控制下限则抛售有价证券换回现金使现金持有量回升；若现金量在控制上下限之间，便不必进行现金和有价证券的转换，保持各自的存量。这种对现金持有量的控制，见图2-4。

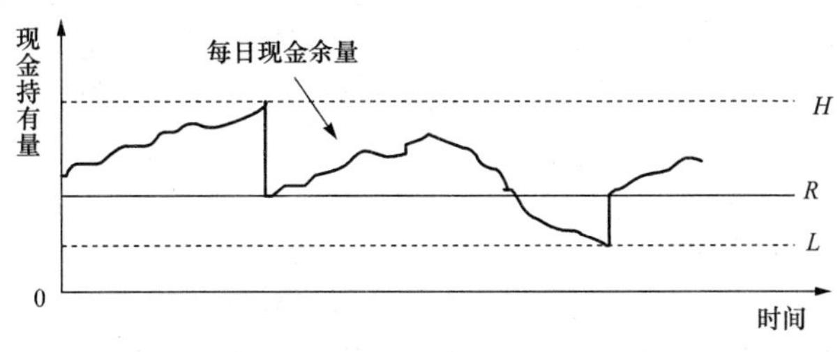

图 2-4　随机模式下现金控制原理

在图 2-4 中，虚线 H 为现金存量的上限，虚线 L 为现金存量的下限，实线 R 为最优现金返回线。可以看到，企业的现金存量（表现为现金每日余额）是随机波动的，当其达到了现金控制的上限时，企业应用现金购买有价证券使现金量落回到现金返回线 R 的水平；当现金存量降至现金控制的下限时，企业则应转让有价证券换回现金使其存量回升至现金返回线的水平，现金存量在上下限之间的波动属控制范围内的合理变化不予考虑。

最优现金返回线 R 可按现金管理总成本最低的原则确定即持有现金的机会成本和转换成本之和最低。另外，在确定最优现金返回线时还要把现金持有量可能波动的幅度考虑在内。

现金返回线 R 的计算公式为

$$R=\sqrt[3]{\frac{3b\delta^2}{4i}}+L \tag{2-3}$$

现金存量的上限 H 的计算公式为

$$H=3R-2L$$

式中　b ——每次有价证券的固定转换成本；

　　　i ——有价证券的日利息率。

而下限 L 的确定.则要受到企业每日的最低现金需要，管理人员的风险承受偏好等多种因素的影响。

（四）现金日常管理

企业在确定了最佳现金持有量后还应采取各种措施加强现金的日常管理。现金日常管理的主要目的是加速现金周转速度提高现金使用效率。

1. 现金回收管理

为了提高现金的使用效率加速现金周转，企业应尽量加速账款的收回，即尽可能缩短从客户汇款或开出支票到企业收回客户汇款或将其支票兑现的过程，一般来说企业账款的收回需要经过4个时点，即客户开出付款票据、企业收到票据、票据交存银行和企业收到现金，见图2-5。

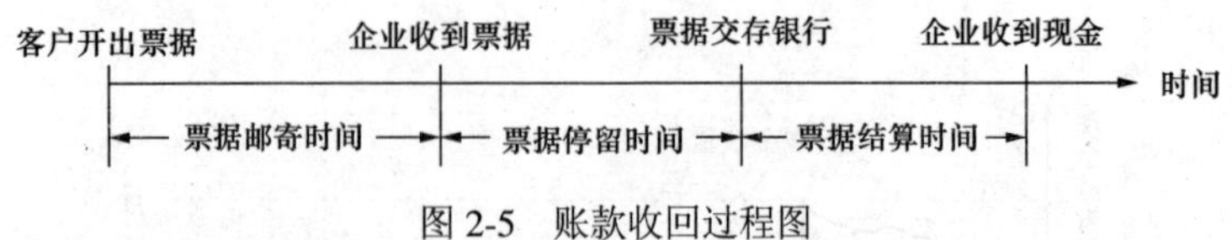

图2-5 账款收回过程图

为实现加速收款必须在以下三个方面采取得力的收款措施：

1）减少客户付款时间；

2）减少企业收到顾客开来的票据在企业停留的时间；

3）加速资金存入自己的银行账户的过程。前两项措施所需时间的长短不但与客户、企业、银行之间的距离有关而且与收款的效率有关。在实际工作中，缩短这两段时间的方法一般有锁箱法和银行业务集中法等。

（1）锁箱法。

锁箱法又称邮政信箱法，即通过承租多个专门的邮政信箱，以缩短从收到客户付款到存入当地银行的时间的一种现金控制办法。其具体操作一般包括以下几方面：

1）在企业业务比较集中的地区租用当地加锁的专用邮政信箱，并开立分行存款户；

2）通知客户将付款邮寄到指定的邮政信箱；

3）授权企业邮政信箱所在地的开户行，每天收取邮政信箱的汇款并存入企业账户，然后将扣除补偿性余额以后的现金及一切附带资料定期送往企业总部。

锁箱法的优点是由于客户将票据直接寄往客户所在地的邮箱而不是企业总部，这不但缩短了票据邮寄时间，还免除了企业办理收账货款存入银行等手续，因而缩短了票据邮寄时间及票据在企业内部的停留时间。但采用这种方法成本较高，因为被授权开启邮政信箱的当地银行除了要求扣除相应的补偿性余额外，还要收取办理额外服务的劳务费，导致现金管理成本的增加。因此，是否采用信箱法，需要权衡提前回笼的现金产生的收益与增加的成本而定。

（2）银行业务集中法。

银行业务集中法是指通过设立多个策略性的收款中心来代替通常在企业总部设立的单一收款中心以加速账款回收的一种方法，这种方法的目的是缩短从客户寄出账款到现金收入企业账户这一过程的时间。其具体做法如下：

1）企业以服务地区和销售地区的账单数量为判断依据在收款额比较集中的地区设立若干收款中心，并指定一个收款中心（通常是设在企业总部所在地的收账中心）的银行为集中银行。

2）通知客户在接到企业发出的账单后直接将货款（汇款或邮寄支票）送到最近的收款中心，即可而不必送到公司总部所在地的收账中心。

3）收款中心将每天收到的货款存入当地银行或委托当地银行办理支票兑现。当地银行在进行票据交换处理后，立即转给企业总部或企业开立的主要存款账户的商业银行。

银行业务集中法的优点是可以缩短客户邮寄票据所需要的时间和票据托收所需时间，也就缩短了现金从客户到企业的中间周转时间，但采用银行业务集中法须在多处设立收账中心而每个收账中心的地区银行都要求有一定的补偿性余额，这样开设的收账中心越多，由补偿性余额带来的闲置资金也就越多；设置收账中心需要一定的人力和物力，从而增加了相应的费用支出。

因此，企业应在权衡利弊得失的基础上作出是否采用银行业务集中法的决策，这可以通过计算分散收账收益净额指标作出判断。分散收账收益净额的计算公式为

分散收账收益净额＝［（分散收账前应收账款投资额－分散收账后应收账款投资额）－各收账中心补偿性余额之和］×企业综合资金成本率－因增设收账中心每年增加费用额

除上述措施外，还有一些加速收现的办法，如可以采用电汇金额较大的货款专人处理，企业内部往来多边结算，集中较低，减少不必要的银行账户等。

2. 现金支出管理

企业现金支出的管理主要包括金额上的管理和时间上的管理。现金支出管理的原则与现金回收管理的原则恰好相反，它的主要任务是尽量减少现金的支出数额并尽量延缓现金支出的时间。当然这种延缓必须是合理合法的，否则企业延期支付账款所得到的收益将远远低于由此而遭受的损失。现金支出管理主要有以下几种措施。

（1）巧妙运用“浮游量”。

所谓现金的浮游量是指企业账户上现金余额与银行账户上所示的存款余额之间的差额。出现浮游量的主要原因是因为公司开出支票，收款人收到支票并将其送交银行直至银行办理完款项划转，通常需要一定时间。因此“浮游量”实际上是企业与银行双方出账与入账的时间差造成的。在这个时间差内，企业虽已开出支票却仍可动用银行存款上的这笔资金以实现充分利用现金的目的。当一个企业在同一国家内有多个银行存款户时则可选用一个能使支票流通在外时间最长的银行来支付货款以此扩大“浮游量”。因此，公司若能正确预测“浮游量”并有多种通道扩大“浮游量”，则可节约大量的现金。

（2）恰当控制应付款的支出时间。

这是指企业在不影响自身信誉的前提下适当延缓应付款的支付时间。比如，在采购材料时若其付款条件是“2/10，*n*/30”，则企业应安排在发票开出日期后的第10天付款，这样企业既可最大限度地节约现金，又可享受2%的现金折扣。

（3）采用汇票结算方式付款。

在使用支票付款时，只要受票人将支票存入银行，付款人就要无条件地付款，但汇票不是“见票即付”的付款方式，在受票人将汇票送达银行后，银行要将汇票送交付款人承兑并由付款人将一笔相当于汇票金额的资金存入银行才会付款给受票人，这样就有可能合法地延期付款。

（4）合理安排工资支付模式。

企业通常会为支付工资而在银行单独开设一个存款账户，这个存款账户余额的多少无疑会影响企业的现金余额。企业应合理预测所开出的支付工资的支票到银行兑现的具体时间。假设某公司在每月12日支付工资，根据经验12日、13日、14日及14日以后的兑现率分别为30%、25%、25%和20%。这样企业就不需在12日一次性准备全部工资而可分期分批划入兑现银行，以达到有效利用现金的目的。

3. 现金收支的综合控制

企业在现金回收和现金支出进行科学管理的基础上再对现金进行综合性调控对于正确使用现金无疑是十分必要的。企业在对现金收支进行综合性调调控应从以下几方面入手。

（1）力争现金的流入与流出同步。

现金流入与流出发生的时间越趋于一致。企业出于交易动机所持有的现金余额水平越低从而越能提高现金的使用效率。

（2）实行内部牵制制度。

在现金管理中，必须实行“管账的不管钱，管钱的不管账”的原则，使出纳人员与会计人员相互牵制、互相监督，凡在库存现金收付时，应坚持复核制度以减少差错，堵塞漏洞。

（3）及时进行现金的清理。

库存现金的收支应做到日清月结，确保库存现金的账面余额与实际库存额相互符合；银行存款账余额与银行对账单余额相互符合现金银行存款日记账数额与现金银行存款总账数额相互符合。

（4）遵守国家规定的库存现金使用范围。

根据我国《现金管理条例》及有关规定企业库存现金使用范围有：

1）支付职工工资、津贴；

2）支付个人劳务报酬；

3）根据国家规定颁发给个人的科学技术、文化艺术、体育等各种奖金；

4）支付各种劳动福利费用及国家规定的对个人的其他支出；

5）向个人收购农副产品和其他物资的价款；

6）出差人员必须随身携带的差旅费；

7）结算起点（1000元）以下的零星支出；

8）中国人民银行确定需要支付现金的其他支出。

（5）做好银行存款的管理。

根据现金管理规定企业超过库存现金限额的现金应存入银行由银行统一管理。为此每个企业都应按规定在银行开立账户。企业银行存款主要有以下三种类型：

1）结算户存款。这是指企业为从事结算业务而存入银行的款项，其资金主要来自企业出售商品的货款，提供劳务的收入，从银行取得的贷款，发行证券筹措的资本等。

结算户存款企业可随时支取具有与库存现金一样灵活的购买力。但其存款利率低，过量的结算户存款会造成相应的利息损失。

2）单位定期存款。这是指企业按银行规定的存储期限存入银行的款项。企业向开户行办理定期存款应将存款金额从结算户转入专户存储，由银行签发存单，存款到期凭存单支取且只能转入结算户而不能直接提取为库存现金。单位定期存款的利率较高但使用不太方便，因此只有一定时期内部准备动用的闲置现金才予以定期存储。

3）专项存款。这是指企业将具有特定来源和专门用途的资金存入银行而形成的存款。例如，新工艺的中间试验费和重要科学研究补助费等存款。

二、电网企业应收款项管理

（一）应收账款功能

应收账款的功能是指它在企业生产经营中所具有的作用。应收账款的功能主要是增加销售和减少存货，两者相辅相成，都是现代市场经济条件下企业营销战略的重要衍生物。

企业销售商品的形式多种多样，但不外乎有现销方式与赊销方式两种基本类型。现销方式最大的优点是应计现金流入量与实际现金流入量完全吻合，既能避免呆坏账损失又能及时地将收回的款项投入再增值过程，因而它是最受企业欢迎的一种销售结算方式。然而在竞争激烈的市场经济条件下单纯地依赖现销方式会使企业丧失许多有利机会，久之将使企业市场销路萎缩，竞争力下降，长期利益受到严重损害。因此适时地采取赊销方式用以弥补现销方式的缺陷成为不可避免的趋势，采用赊销方式意味着销售产品的同时向采购方提供可以在一定期限内免费使用资金的好处。资金的数额相当于产品售价。这对于购买方来说具有很大的吸引力。因此，赊销是一种重要的促销手段，对于企业销售产品、开拓并占领市场具有重要意义，在企业销售新产品、开拓新市场时为适应市场竞争的需要适时地采取各种有效的赊销方式就显得尤为重要，但同时也应看到相对于现销方式，赊销方式毕竟意味着应计现金流入量与实际现金流入量时间上的不一致，企业在采用赊销方式进行应收账款投资时必须把握一个合理的限度。

（二）应收账款成本

企业在采取赊销方式促进销售的同时会因持有应收账款而付出一定的代价，即应收账款的成本，其内容包括以下三个方面。

1. 机会成本

应收账款的机会成本是指因资金投放在应收账款上而丧失的再投资收益，如投资于有价证券所能获得的利息收入。该成本的大小通常与企业维持赊销业务所需要的资金数量（即应收账款投资额）、资金成本率或再投资收益率有关，其计算公式为

$$应收账款的机会成本=维持赊销业务所需要资金\times资金成本率$$

式中，资金成本率一般可按有价证券利息率计算；维持赊销业务所需要的资金数量可按下列步骤计算。

（1）计算应收账款周转率

应收账款周转率=营业收入/平均应收账款余额

（2）计算应收账款平均余额

应收账款平均余额=（应收账款余额年初数+应收账款余额年末数）/2

（3）计算维持赊销业务所需要的资金

维持赊销业务所需资金额=应收账款平均余额×变动成本率

=应收账款平均余额×变动成本/销售收入

2. 管理成本

应收账款的管理成本是指企业对应收账款进行管理而耗费的开支主要包括对客户的信用调查费用、收账费用和其他费用。其中，收账费用一般与赊销业务数额高低，赊销期限长短有关，即赊销业务额越大，赊销期限越长收账费用越大；赊销业务额越低，赊销期限越短，收账费用也就越小。

3. 坏账成本

应收账款是基于商业信用而产生存在无法收回的可能性，由此而给应收账款持有企业带来的损失即为坏账成本，这一成本的大小一般与应收账款数额的高低呈同方向变动即应收账款数额越高坏账成本就越大；应收账款数额越低坏账成本也就越小。因此，为规避坏账给企业生产经营活动的稳定性带来的不利影响，企业应按应收账款余额的一定比例提取坏账准备。

（三）电力产品销售的特征

电力产品既然具有其不同于一般商品的特殊属性，那么在它的交易过程中肯定也存在其特殊的地方。刚才提到电力商品是生产、交换、消费一次完成的商品，它的消费具有时间上和量上的延续性，这就决定电力产品的交易不能像普通商品那样一手交钱一手交货。目前，供电企业所普遍采取的结算方式是先用电后交费，电费的结算和缴纳按时间计算，一般是一月结一次或者一个季度结算一次。这就是说，在第一章中讲到的典型的赊销模式也就是信用销售模式，这种模式建立在客户在享有电能的使用后，会遵守信用在供电公司规定的期限内为所消耗的电能付出货币代价这样一个基础之上。

从计划经济时代以来，国家就是以先用电后交费这样一种付费模式，经过几十年发展变化，由计划经济体制向市场经济体制的转变，供电部门由国家行政事业部门转变为股份制国有企业，尽管有很多其他的交费形式出现，这种先用电后交费的交费模式始终没有发生太大的变化。这首先是由电力产品交换的特点决定的。其次，在人民百姓的电力消费观念中，这种交费模式已经根深蒂固，要想让老百姓转变这种消费观念是一件十分困难的事情。第三，这种交费模式具有一定的合理性。前面说过，信用销售是市场经济发展的产物，是市场销售发展的一种高级形式。如果将电力收费改为先交费后用电的模式，对于居民生活来说，可能只是转变消费观念的问题，但对于工业及商业用电来说就会带来不小的麻烦。工业及商业行业最重要的就是流动资金的周转，保证现金流量的正常运转对于一个企业来说是至关重要的，如果预先缴纳了电费，就相当于积压了流动资金，减少了周转资金的流量，势必对企业的经营活动造成一定的压力，特别是工业用电，通常是按季度或年度结算，而且用电量非常大，电费额十分可观，所以让他们预交电费几乎是不可能的事情。

这种先用电后交费的模式存在并具有其存在的合理性，但是它也有致命的缺点，就是存在电费无法回收的风险。由于建立在客户在享有电能的使用后，会遵守信用在供电公司规定的期限内为所消耗的电能付出货币代价这样一个基础之上，那么就不排除有的用户会违背承诺拒缴或延迟缴纳电费，这样就会影响到供电企业的资金回收，给企业经营造成一定的压力，这种情况出现得越多，压力就越大。然而，令人遗憾的是，目前这种情况已经十分严重。

（四）电费拖欠主要原因

对供电企业电费欠收来说，冰冻三尺非一日之寒。应当肯定，通过这些年的广泛宣传与积极努力，绝大多数客户对“电是商品”、“用电需交钱”的认识越来越深刻，按时交纳电费的自觉性和积极性不断提高。

但至今仍有部分客户总是抱着一些错误的认识和观念，能拖就拖，助长了拖欠电费的风气，使欠费时所发生的局势难有改观。欠费情况主要有以下几点：

(1) 部分国有企业经营困难导致欠费。目前，各地供电企业都有一部分国有老企业包袱沉重，经营困难，无力缴付欠费。

(2) 权力机关欠费。各地党政、司法等权力机关因财政困难、经费不足，欠费现象比较普遍。

(3) 政治原因特殊欠费。在抗击自然灾害和有重大社会政治活动、传统节日期间、夏秋农忙时节，供电企业从保电保稳定的角度出发，对欠费客户就不能采取通常的停电等催费措施，导致客户欠费。

(4) 部分企业恶意拖欠电费。由于银行进行商业化改革，企业贷款困难。有些企业经营并不困难，却把拖欠电费作为解决无息流动资金的一种手段，来创造更好的经济效益。他们认为电是国家的，拖欠电费也是拖欠国家的，过去可以拖欠银行贷款，现在就可以拖欠电费。

(5) 利用政策、法规空当恶意拖欠电费。按照现行的政策和规定，从用电客户开始用电到因未交电费而实施停电，这期间至少需要 2 个月的时间，一些临时用电和短期用电客户，则突击用上 1～2 月，则人去楼空，溜之大吉。

(6) 企业破产和改制不规范欠费。随着国有老企业破产、改制步伐的加快，由于程序运作不规范，电费呆账坏账损失进一步增加。

(7) 通过变更用电主体故意拖欠电费。为逃避沉重的电费债务，有的企业“偷梁换柱”，变更企业名称和法定代表人拖逃电费或借助政府的改制政策，合理合法的规避电费债务。

（五）电网企业目前针对电力欠费作出的对策

针对目前电费回收工作的严峻形势，各地供电企业纷纷出台一系列的政策，加强对电费回收工作的管理力度，以期解决困扰多年的欠费问题。电网企业所采取的对策主要有以下几点。

1. 停电

停电是供电企业最古老的追收电费的手段。对经多次催交，仍不缴纳电费的用户，供电企业可按规定停止供电。停电前，应书面通知欠费者，在通知规定的时间停电时，停电所引起损失由欠费者自负。

2. 运用法律手段保护企业的合法权益

对长期拖欠电费而又无力清偿者或濒临倒闭破产未清偿电费者，除应采取停电措施外，电网企业应向人民法院提起诉讼，追回拖欠的电费。

3. 电费回收与用户的申请相结合

在用户办理新装增容或变更用电时，电网企业应先核查用户缴纳电费的情况。对能及时交清电费的，必须在交清电费并签订由主管上级担保交清电费协议后，方可受理其用电申请。

4. 电费回收与计划用电管理相结合

根据用户缴纳电费状况，实行与其计划用电指标挂钩的原则。对常年能按时交清电费的，在计划用电指标分配时，应优先予以安排。当电网出现电力不足或供需之间出现缺口需限电时，尽可能少限或不限电；对拖欠电费的，除继续按有关规定完整催欠外，可从第 2 月开始扣减期限用电指标或改供议价电。用户交清欠费后，应及时恢复原指标用电，电费交清前扣减的指标一律不补。

5. 争取政府部门的支持

受过去计划经济的影响，长期以来在供电与收费方面行政干预过多，政府及有关部门欠费现象比较普遍，电费回收工作很难，供电企业迫于压力又不敢采取停电措施。因此，电费征收，一要争取政府和有关部门起模范表率作用；二要争取政府部门的支持和配合，不替欠费用户说情，而要协助解决，帮助催收。

6. 将电费回收与职工待遇挂钩

回收电费是供电企业的重要任务。公司与下属各供电所年初签订责任状，将当年电费回收任务、目标进行细化和量化，按月考核电费回收率，并与下拨经费挂钩。各供电所实行所长负责制，考核到各抄收管理人员，采取工资、奖金、出勤补助与电费回收率和电能损耗率挂钩，按月兑现，年终总评。为鼓励职工在完成当年任务后对老电费进行清收，按拖欠时间长短收回金额的一定比例给予奖励，有效调动职工清欠电费的积极性。

7. 推广使用 CI 卡电能表

在加强“电是商品，用电必须按时交钱”宣传的同时，不少公司开始配备 CI 卡预付费售电系统，在部分用户特别是长期欠费的用户，试点推广使用预付费智能电能表，用户凭售电卡到供电所购电，先购后用。

8. 严格执行违约金制度

部颁《供电营业规则》规定：“用户在供电企业规定的期限内未交清电费时，应承担电费滞纳的违约责任。电费违约金从逾期之日起计算至交纳日止。”严格执行违约金制度是加速电费回收的一种有效手段。供电企业与每个用户都签订《供用电合同》，对电费收缴约定并载明了违约加收违约金的具体规定，严格按“合同”执行，绝不能时紧时松，更不能因某些领导出面说情就迁就照顾，放弃原则。执行违约金制度，客户缴费时先计提违约金，再算清当月电费，做到月收月清，不能等到年终再算总账。对客户的陈欠电费，根据实际情况与其签订《还款协议书》，分月补收，视同当月电费，执行同样制度。对不愿签订还款协议，又不愿接受违约金制度的用户，收费人员也不能放弃原则，必要时依法采取限、停电措施。

9. 推进一户一表工程

长期以来，机关单位、团体和厂矿的城镇居民生活用电按院落单位总表计量收费，农村居民按台区低压总表计量收费，供电企业没有直管服务到户，用电实行“大锅饭”。随着体制改革、房产改革等，应逐步取消了中间管电环节，实行一户一表。对新增用户，一律按一户一表设计安装。

10. 以“三千”精神感动用户

电费回收除正常定时定点坐收、委托银行代办外，抄收人员要发扬千方百计、千辛万苦、千言万语的精神，及时登门催收。对那些平时不在家的用户，早、中、晚上门催收，特别对交费意识不强、有钱不交、长期拖欠的“难缠户”、“钉子户”深入到用户，苦口婆心地宣讲有关电力法规、政策。对确有困难的用户以实际行动帮助解决用电上存在的难处，化解矛盾，增进用户对供电企业的理解和支持。在催收电费过程中，特别注意规范职业道德，主动为用户义务处理一些力所能及的用电故障，以融洽与用户的关系。

11. 加大宣传力度

利用广播、电视、报纸等各种传媒手段，宣传《电力法》、《电力供应与使用条例》、《供电营业规则》，做到家喻户晓，人人皆知，使广大用户树立法律意识，依法用电，知道用电不按时交费是违法行为。对交费积极的单位和个人给予表扬和一定的物质奖励，奖励资金可从收取的违约金提取。对交费不积极的欠费大户和刁蛮户给予曝光并跟踪报道，用新闻舆论导向督促其按时交费。

（六）电网企业电费回收管理现状

1. 各种对策的不足

针对目前电费回收工作陷入的困境，电网企业尝试了各种各样的方法，这些对策的实施，在一定程度上缓解了电费回收工作的压力，在陈欠电费的追讨工作中也显示出了一定的成效，加速了资金的回笼。但是电力收费难，拖欠电费严重的情况并没有得到根本性的改善，原因是现行的各种手段都有它致命的缺陷和不足之处。

首先，停电是最普遍的资金回收手段，但是电力企业经营的就是电力的销售，停电本身就是对自己销售额的一种打击，势必影响自己的经济效益。其次，不是谁的电都停得了的，在保持稳定的大前提下，有些电是不敢停也不能停的。

采取法律手段追讨资金，保护自己的经济利益。且不说这条路能不能行得通，就是那旷日持久的官司就已经是极低的工作效率了，费用问题还不算。

将电费回收工作与职工待遇挂钩，肯定会对职工的工作热情产生一定的激励，使他们更加努力地回收电费，但同时也给职工的工作增添了负担，甚至形成巨大的压力，使职工不堪重负。

加快推进一户一表的改造确实可以一定程度上降低电费回收工作的难度，但是一户一表的改造主要是针对居民生活用电，不涉及大工业及商业用电，而欠费最严重的就是这一块儿，所以对主要部分的电费回收工作的影响不大。其实一户一表改造最主要的目的是降低电能损耗，提高供电服务质量，防止窃电、漏电。

推广使用CI卡业务同上面的分析类似。CI卡业务实际上是要改变目前这种先用电后交费的模式，实行预付费制。前面已经分析过了，信用销售是市场经济发展到一定阶段的必然产物，具有一定的先进性。对于居民生活或是小商业用电，可以采用这种预付费制以降低风险，但是对大工业商业或是用电量比较大的单位，采用预付费制将会严重影响他们的资金周转，基本上是行不通的。

“三千精神”是在电费回收工作者的工作态度上和情感上做文章。从服务用户、服务社会、端正行风的角度讲，“三千”精神无可厚非，应该值得提倡。作为经济活动，不得不令人强烈地感到：债权人与债务人关系的本末倒置，是与社会主义市场经济极不匹配的。有报道说很多企业效益并不差，明明有钱缴纳电费，可就是拖欠不交。催收人员一次一次地上门收费，虽几经“三千”但总是被各种借口搪塞。可见，“三千精神”也是收效甚微。

至于违约金的问题就更不用说了，正常的电费都无法收缴，违约金会那么容易拿到手吗？

2. 对电费回收核心问题的思考

多年来，电费回收工作一直是电力经营企业的一项重要工作，电费回收的好坏，直接关系到电力企业的经济效益。电费回收不上来，等于电力企业卖丢了电，无异于商家做生意赔了本；电费不按时上交，电网企业无法正常运转，发电企业无法正常发电，一系列的恶性循环，最终将影响到全社会的正常用电，影响到广大客户的切身利益。因此，电力经营企业一直非常重视电费回收工作，面对不同特点、不同性质、不同困难的用电客户，制订多项政策，谋划各种策略，来促进和保证电费的回收。

但是，通过对现行各种管理方法和对策的分析，发现了诸多的问题，迫使人们不得不重新审视和思考。

目前供电企业电费回收工作的难点和核心是对陈欠电费的追讨，既产生欠费后对应收账款的管理。加强应收账款的管理，是保证资金回笼、避免经济损失的重要举措，同时也是建立在已经发生欠费这一基础之上的无奈之举。

通过分析，在送电之前进行风险控制管理工作，应该说相对简单很多，成本低的很多。形成拖欠以后的追讨工作，则要复杂很多，成本会高得惊人。所以，应该把信用管理的重点放在对客户赊销前的管理，即事前控制上。如果能找到一种避免形成电费拖欠的管理办法，就可以节省出可观的追讨成本，抑制电费的拖欠，从而大大简化我们的电费回收工作。

（七）信用政策

制订合理的信用政策是加强应收账款管理提高应收账款投资效益的重要前提。信用政策即应收账款的管理政策，是指企业为对应收账款投资进行规划与控制而确立的基本原则与行为规范。它包括信用标准、信用条件和收账政策三部分内容。

1. 信用标准概述

信用标准是客户获得企业商业信用所应具备的最低条件，通常以预期的坏账损失率表示，如果客户达不到信用标准，便不能享受企业的商业信用或只能享受较低优惠的信用。

企业在制定信用标准时往往面临着两难的选择，如果企业把信用标准定得过高将使许多客户因信用品质达不到所设定的标准而被拒之门外，其结果尽管有利于降低违约风险及收账费用，但不利于销售收入的扩大和企业市场竞争力的提高；相反如果企业采用较低的信用标准虽然有利于扩大企业的销量，提高市场竞争力和市场占有率但同时会导致坏账损失风险的加大和收账费用的增加。其实这也是成本收益的对称性关系在企业信用标准制定方面的客观反映。

企业在设定客户的信用标准时一般可以采用经验判断法和信用评分法两种基本方法。

2. 基于信用政策的电网企业应收账款日常管理

制订合理的信用政策，优化应收账款的投资决策，是提高应收账款投资效率，减少损失的基础保障，在此基础上为了更加有效地促进应收账款投资的循环，企业还必须进一步强化日常管理工作，健全应收账款管理的责任制度与控制措施以期顺利地实现应收账款的基本目标。

根据中国电力企业联合会公布的统计数字，截止 2004 年 5 月，国家两大电网企业应收电费余额累计高达 307 亿元，其中国家电网公司 237 亿元，南方电网公司 70 亿元，在各省（区）欠费排行榜中，广东高居榜首达 40 亿元，湖南次之达 30 亿元。欠费的行业主要集中在冶金、化工、煤炭、有色和建材等行业，欠费占总欠费的比例超过 70%。随着经济结构调整的不断深入，差别电价、煤电联动电价等政策实行，企业破产、重组、关停的数量不断增加，电网企业电费回收面临的压力和风险越来越大，应收电费管理已成为电网企业迫切需要和研究解决的难题。

（1）电网企业应收电费信用管理现状。

电作为特殊商品区别于其他商品的特征在于先用电，后收取电费。但电一经客户使用，销售行为即已成立，就自然地成为国家的课税对象。因此，加强电费管理，搞好电费回收，防止电费流失，对于电网企业的正常经营和维护电网企业的合法权益非常重要。近年来，电网企业不断加大收费力度，采取了多种加强应收电费管理措施。如普遍推广了预付费方式，通过电卡表、负荷控制装置等应用，转变客户用电观念，逐步将先用电后收费，转变为先交费、后供电，交多少费供多少电；通过加强规范《供用电合同》的管理制度，规范与客户签订的《供用电合同》条款，明确电费缴纳和违约处罚条款，对长期欠费客户应积极采取法律手段，保证电费回收和收缴电费时供电企业员工的人身、财产安全和正常的生产经营秩序；实行"一户一表"工程改造工作。拓宽用电市场，满足经济发展和人民生活质量不断提高对电力的需求，促进电费缴纳工作的正常化、规范化……但全国范围内拖欠电费的形势仍然十分严峻。根据国务院国有资产监督管理委员会最新统计数据，若不考虑 2004 年中央企业清产核资中准予核销的应收电费坏账，近年来电网企业应收电费呈现的是逐年上升趋势图。由此，人们不得不反思现行的应收电费管理制度。

近年来，电网企业在应收电费内部管理中逐渐强化了市场经济意识，供电企业的法律意识、服务意识和水平有所转变；操作技术上推广使用预付费购电方式，并通过建立《电费回收管理办法》将电费回收管理纳入企业经营考核，从制度规范企业自身管理，堵塞电费收缴管理漏洞。但在应收电费外部管理中却有所弱化，在国家宏观调控产业结构中，由于社会信用制度不健全，客户信用机制没有建立，加上地方政府领导对本地企业的"地方保护"色彩严重，每当电力部门要采取停电措施时，一些地方政府部门往往会以企业难、社会安定等为由出面干涉，致使这类企业欠费像滚雪球越滚越大。时间越拖越长，最终无力清还电费，而且最终结果往往是拖欠电费不会影响企业声誉和企业的生产经营，变相地鼓励了客户靠拖欠电费获取不当利益，直接影响了电网企业的应收电费管理工作。

社会信用制度匮乏，不仅反映在电网企业应收电费管理困难上，而且反映在与之相关的整个产业链上。在用电户拖欠电网企业电费的同时，电网企业迫于资金压力，不得不将部分风险转移给上游的发电企业。国家电力监管委员会副主席宋密在通报全国电价大检查结果时透露，某省用户欠省电力公司电费 2532 亿元，省电力公司又欠发电企业购电费 34.13 亿元。中国电力企业联合会公布的 2004 年欠电费中，五大发电集团应收电费余额也随着电网企业高额的应收电费欠费而"水涨船高"，达到 238.41 亿元。发电企业巨额的应收电费迫使它又拖欠煤炭生产企业的煤款，而煤款不能及时到位又制约了煤炭企业的正常运行。这一切反过来又影响了电力生产。由此可以看出，拖欠电费不仅会损害到上述产业链的企事业单位生产经营及发展，而且会影响到社会生产经济发展，这些拖欠高额电费的企事业单位最终也会"吞咽"自己造就的这颗"苦果"。由此看来，建立社会信用制度，形成企业客户良好的信用机制，不仅仅是解决电网企业应收电费管理症结所在，而且是我国经济健康发展的客观需要。

（2）电网企业应收电费的信用管理分析。

应收电费作为电网企业的一项资金投放，是为扩大销售和盈利而进行的投资，而投资肯定要发生成本，因此应收电费管理便是对应收电费信用政策所增加的盈利和实施这种政策的成本进行综合权衡，以求经济效益最大化。管理应收电费是电网企业财务管理的一项重要内容。然而，应收电费管理不仅仅是个财务问题，实际上涉及电网企业销售管理的全过程。涉及电网企业信用管理工作的开展程度。

企业界有种说法：不赊销是等死，赊销是找死。由此看来，电网企业应收电费管理是件很无奈、很心酸的事，已成为电网企业心中永远的痛。自从20世纪90年代以来，在国内绝大多数市场竞争激烈的行业，如医药保健、纺织、机械等，以赊销方式完成的交易额已占60%～90%。其中，赊销重灾区大多发生在中小企业及不知名品牌身上。这些企业及其品牌由于在规模、产品、技术、网络等方面与大型企业相比不具备优势，对经销商也难从形成足够的号召力，在市场处于不利地位，生存压力愈来愈大。为了获取市场立足之地，为攀结更多客商，将来“迎头赶上”，在“先市场后利润”的经营思想指导之下，许多中小企业只好委曲求全，忍气吞声，不同程度地进行赊销活动。然而遗憾的是，由于市场经济秩序的不完善以及传统企业管理方式的落后，企业间的交易行为呈现出一种严重信用失控的混乱局面。在这种情况下，赊销犹如一具无形的枷锁，久拖不决，会把企业拉进泥淖而不能自拔，窒息而死。原因何在？许多企业不敢直面坏账，好大喜功，急功近利，对死账、呆账轻描淡写，对应收电费（欠款）遮遮掩掩，讳莫如深，最后欠款无法收回，资金沉淀，生产没米下锅，企业就如一个放血过多的人，无以聊生。以坏账率为例，美国的企业是0.25%～0.5%，我国企业坏账率是5%～10%，相差10～20倍，差距大得惊人。另外，美国企业的账款拖欠期平均是37天，我国企业平均是90多天。根据国家统计局的统计，我国企业平均无效成本是销售收入的14%。无效成本就是指企业经营中的坏账、拖欠款损失和管理费用三项的总和。而美国只有2%～3%。14%是什么概念？举一个例子，我国一个销售收入上亿的企业，要支出1400万的费用，而美国企业只需200～300万元。我国比西方企业高出1000多万元费用！面对远远高于目前平均利润率的无效成本，企业还能拿出什么盈利！

既然坏账、拖欠电费是赊销引起的，赊销风险这么大，电网企业不赊销不行吗？事实上，这是因噎废食的想法，因为赊销与企业的竞争力有着密切的联系。从经营的角度讲，如果企业销售能力差，贸易机会就会被其他企业夺走，企业也就失去了贸易机会，利润更是无从谈起。而为了提高销售能力，赊销是必不可少的方式。人们不能忽视这样的现实，未来的电力市场是买方市场，“一手交钱，一手交货”的时代已经过去，谁不赊销，谁就难免被淘汰。以美国企业为例，赊销额占销售总额的90%以上。事实上，在我国企业的对外贸易中，已经出现这样的问题，即一些国外厂商正是因为无法接受我国企业的现汇结算方式转而购买其他国家商品的。

随着中国加入WTO，市场竞争进一步加剧，买方市场普遍形成，信用赊销逐步增多，表明中国正在进入信用经济的时代。信用经济最突出的特点是：“信用”取代“货币”成为经济活动当中最主要的支付形式。这是商品经济发展到一定程度、商品过剩和相互竞争的必然结果。反映在电网企业的经营中，就是信用赊销成为企业销售的主要手段和工具。信用经济对活跃市场经济、扩大市场规模、减少流通费用、增强企业竞争能力方面都有广泛而积极的意义。所以，电网企业必须学会赊销，以迎接国际国内市场的挑战。其实，只要规范企业内部管理，按照科学的信用管理制度认真执行，企业完全可以实现在大量赊销的同时，把风险降至最低。有一句商业格言说得好，客户既是企业最大的财富来源，也是最大的风险来源。只有那些有偿付能力的客户才是重要的客户。在电网经营活动中，应该对客户进行有效的管理，使客户真正变成财富的来源，而不是灾难的来源。销售人员为了迅速占领市场，或为了完成销售目标而采取赊销、代销的运作模式。这种销售模式是经销商拖欠应收货款的土壤，并极易造成呆、死账的出现。面对应收电费管理所有可能带来的问题，电网企业要制订相应的销售奖励政策，尽量减少赊销的方式。另外，要将应收电费的管理纳入对销售人员考核的项目之中，即个人利益不仅要和销售、回款业绩挂钩，也要和应收电费的管理联系在一起，制定合理的应收电费奖罚条例，使应收电费处在合理、安全的范围之内。

（3）电网企业当前应收电费管理应从客户信用管理上着手。

赊销属于一种信用销售，并不可怕，重要的是人们把产品赊销给了谁，又如何通过制度建设、内部管理来防范和化解风险？有关调查表明，真正的赊销风险不在于客户而在企业内部。事实上，信用风险、拖欠、坏账并不是中国独有的，哪个市场经济国家都经历过。美国在 20 世纪 60～70 年代，也曾爆发过企业信用危机，呆坏账严重，拖欠盛行。后来企业开始重视信用管理，纷纷学习和运用信用管理技术，最终走上良性循环的轨道。如果将销售部门比做前锋，财务部门比做后卫，信用管理就是守门员。没有信用管理的企业，犹如一支没有守门员的球队，获胜的概率能有多大？西方企业的发展史表明，加强企业信用管理，是从根本上解决企业应收电费问题的有效措施。

目前在中国企业界盛行的“3+1”企业信用管理模式，有助于加强企业界的信用制度建设。“3+1”企业信用管理模式是由我国外经贸部研究院信用管理专家韩家平和蒲小雷经过 10 多年的研究和实践，把西方先进的信用管理理论和中国企业实际情况相结合，提出的适合中国企业情况的信用管理模式。“3”是指企业内部应建立三个不可分割的信用管理机制，分别是前期信用管理阶段的资信调查和评估机制、中期信用管理阶段的债权保障机制以及后期信用管理的应收电费管理和追收机制。“1”是指企业内部应建立一个独立的信用管理机构，全面管理企业信用赊销的各个环节。其中，资信调查和评估机制从交易前期的客户筛选、评价和控制的角度避免信用风险，在交易前，调查和评估客户的信用状况，作出科学的信用决策。企业在经营过程中，会接触到许多不同的客户，必须对新老客户的资信状况了解清楚，然后评估是否可以授信。

目前，我国许多企业需要在五个方面强化客户资信管理：① 客户信用信息的搜集；② 客户资信档案的建立与管理；③ 客户信用分析管理；④ 客户资信评级管理；⑤ 客户群的经常性监督与检查。这些，都是电网企业应收电费信用管理值得借鉴的地方。

应收电费管理和追收机制则在交易后期密切监控账款回收。电网企业在这方面的管理已走上制度化，建立和完善应收电费控制制度，销售分类账管理制度，账龄监控与电费回收管理制度和债权管理制度。这样在应收电费发生后，通过一系列管理措施监控账款，保障账款按时回收；一旦逾期，立刻分阶段加紧回收，要根据程序不断施加压力。争取早日收回账款。实现全国范围内的客户资信信息共享要充分利用网络化优势，与银行、电信、供水、供气等服务行业一起建立客户资信档案。将客户的资信等级在企业内部网络公布，实现全国范围内的客户资信信息共享，对欠费企业形成信誉压力。

建立独立的信用管理组织机构非常必要。目前，我国企业在组织机构及其职能设置上不能适应现代市场竞争及信用管理的要求，主要表现在信用管理职能划分不清，大多是支离破碎地分布在销售和财务部门，管理目标不合理，相互冲突。其结果往往是只重权力不重职能，而部门间在信用管理上缺少协调和沟通。因此，电网企业应当建立一个在总经理或董事会直接领导下的独立的信用管理部门，从而有效地协调企业的销售目标和财务目标；同时在企业内部形成一个科学的风险制约机制，将信用管理的各项职责在各业务部门之间重新进行合理的分工，信用、营销、财务等业务部门各自承担明确的信用风险管理职责，防止因盲目决策而产生的信用风险。

三、电网企业材料管理

电网企业在经营过程中随时需要购入所需的存货，包括各种材料、事故备品、低值易耗品、包装物等。

企业总有储存存货的需要，并因此占用或多或少的资金。这种存货的需要出自以下原因：

第一，保证日常的经营需要。实际上，企业很少能做到随时购入售电所需的各种物资，即使是市场供应量充足的物资也如此。这不仅因为不时会出现某种材料的市场断档，还因为企业距供货点较远而需要必要的途中运输及可能出现运输故障。一旦生产或销售所需物资短缺，生产经营将被迫停顿，造成损失。为了避免或减少出现停工待料、停业待货等事故，企业需要储存存货。

第二，出自价格的考虑。零购物资的价格往往较高，而整批购买在价格上常有优惠。但是，过多的存货要占用较多的资金，并且会增加包括仓储费、保险费、维护费、管理人员工资在内的各项开支。存货占用资金是有成本的，占用过多会使利息支出增加，并导致利润的损失；各项开支的增加更直接使成本上升。进行存货管理，就要尽力在各种存货成本与存货效益之间作出权衡，达到两者的最佳结合。这也就是存货管理的目标。

（一）储备存货有关成本

与储备存货有关的成本，包括取得成本、储存成本、缺货成本等三种：

（1）取得成本，是指为取得某种存货而支出的成本，通常用 TC_a 来表示，其又分为订货成本和购置成本两种。

1）订货成本，是指取得订单的成本，如办公费、差旅费、邮资、电报电话费等支出。订货成本中有一部分与订货次数无关，如常设采购机构的基本开支等。称为订货的固定成本，用 F_1 表示；另一部分与订货次数有关，如差旅费、邮资等，称为订货的变动成本。每次订货的变动成本用 K 表示；订货次数等于存货年需要量 D 与每次进货量 Q 之商。订货成本的计算公式为

$$订货成本=\frac{D}{Q}\cdot K+F_1 \tag{2-4}$$

2）购置成本，是指存货本身的价值，经常用数量与单价的乘积来确定。年需要量

用 D 表示，单价用 U 表示，于是购置成本为 DU。

订货成本加上购置成本，就等于存货的取得成本，其公式可表达为

取得成本＝订货成本＋购置成本

＝订货固定成本＋订货变动成本＋购置成本

$$TC_a = F_1 + \frac{D}{Q}K + DU \tag{2-5}$$

（2）储存成本，是指为保持存货而发生的成本，包括存货占用资金所应计的利息（若企业用现有现金购买存货，便失去了现金存放银行或投资于证券本应取得的利息，是为"放弃利息"；若企业借款购买存货，便要支付利息费用，是为"付出利息"）、仓库费用、保险费用、存货破损和变质损失等等，通常用 TC_c 来表示。

储存成本也分为固定成本和变动成本两种，其中固定成本与存货数量的多少无关，如仓库折旧、仓库职工的固定月工资等，常用 F_2 表示。变动成本与存货的数量有关，如存货资金的应计利息、存货的破损和变质损失、存货的保险费用等，单位成本用 K_c 来表示。

用公式表达的储存成本为

储存成本＝储存变动成本＋储存固定成本

$$TC_c = K_c \cdot \frac{Q}{2} + F_2 \tag{2-6}$$

（3）缺货成本，是指由于存货供应中断而造成的损失，包括材料供应中断造成的停工损失、产成品库存缺货造成的拖欠发货损失和丧失销售机会的损失（还应包括需要主观估计的商誉损失）。缺货成本能否作为决策的相关成本，应视企业是否允许出现存货短缺的不同情形而定，若允许缺货，则缺货成本便与存货数量反向相关，即属于决策相关成本，反之若企业不允许发生缺货情形，此时缺货成本为零，也就无需加以考虑。

如果生产企业以紧急采购代用材料解决库存材料中断之急，那么缺货成本表现为紧急额外购入成本（紧急额外购入的开支会大于正常采购的开支）。缺货成本用 TC_s 表示。

如果以 TC 来表示储备存货的总成本，则它的计算公式为

$$\begin{aligned} TC &= TC_a + TC_c + TC_s \\ &= F_1 + \frac{D}{Q}K + DU + F_2 + K_c\frac{Q}{2} + TC_s \end{aligned} \tag{2-7}$$

企业存货的最优化，即是使上式 TC 值最小。

（二）存货决策

存货的决策涉及决定进货项目、选择供应单位、决定进货时间和决定进货批量四项内容。其中，决定进货项目和选择供应单位是采购部门的职责；财务部门要做的是决定进货时间和决定进货批量（分别用 T 和 Q 表示）。按照存货管理的目的，需要通过合理的进货批量和进货时间，使存货的总成本最低，这个批量叫做经济订货量或经济批量。

有了经济订货量，可以很容易地找出最适宜的进货时间。

与存货总成本有关的变量（即影响总成本的因素）很多，为了解决比较复杂的问题，有必要简化或舍弃一些变量，先研究解决简单的问题，然后扩展到复杂的问题。这需要设立一些假设，在此基础上建立经济订货量的基本模型。

1. 经济订货量模型

经济订货批量是指能够使一定时期存货的相关总成本达到最低点的进货数量。

（1）经济订货量的概念。

按照存货管理的目的，需要通过合理的进货批量和进货时间，使存货总成本最低的进货批量，叫做最佳采购批量，也叫做经济订货量或经济批量。

（2）经济订货量基本模型的假设条件。

1）能及时补充存货，即存货可瞬时补充；

2）能集中到货，即不允许陆续入库；

3）不允许缺货，即无缺货假设；

4）需求量稳定，即存货全年需要量不变；

5）存货单价不变，不考虑现金折扣；

6）企业现金充足，不会因现金短缺而影响进货；

7）所需存货市场供应充足，任何时候都可以随时买到。

设立了上述假设后，存货总成本的公式可以简化为

$$TC=F_1+DK/Q+DU+F_2+K_cQ/2$$

当 U 为常数量时，成本的大小取决于 Q。为了求出 TC 的极小值，对其进行求导演算，可得出下列公式

$$Q^*=\sqrt{\frac{2KD}{K_c}} \tag{2-8}$$

2. 基本模型演变形式

每年最佳订货次数为

$$(N^*)=\frac{D}{Q^*} \tag{2-9}$$

存货总成本为

$$\begin{aligned}TC_{(Q^*)}&=\sqrt{2KDK_c}\\&=\frac{D}{Q^*}K+\frac{Q}{2}K_c\end{aligned} \tag{2-10}$$

最佳订货周期为

$$(t^*)=\frac{1}{N^*} \tag{2-11}$$

经济订货量占用资金为

$$(I^*)=\frac{Q}{2}U \tag{2-12}$$

3. 存货陆续供应和使用的经济订货量公式

经济订货量基本公式，是假设存货一次全部入库。但事实上，存货可能陆续入库，使存量陆续增加，尤其是产成品完工入库，总是陆续供应和陆续耗用的。在这种情况下，就要对基本公式加以修改。

设每批订货量为 Q。由于每日送货量为 P，故送货期则为 Q/P。

设存货每日耗用量为 d，故送货期内的全部耗用量为 Qd/P。

存货陆续供应和使用的经济订货量公式为

$$Q^*=\sqrt{\frac{2KD}{K_c}\times\frac{P}{P-d}} \tag{2-13}$$

存货陆续供应和使用的经济订货量总成本公式为

$$TC_{(Q^*)}=\sqrt{2KDK_c\left(1-\frac{d}{P}\right)} \tag{2-14}$$

陆续供应和使用的经济订货量公式，还可用于自制与外购的选择决策。

4. 保险储备

（1）概念。按照某一订货量和再订货点发出订单后，如果需求增大或送货延迟，就会发生缺货或供货中断。为防止由此造成的损失，就需要多储备一些存货以备应急之需，称为保险储备。

（2）保险储备量的计算以及推广。

1）设保险储备量下的再订货点计算公式为

再订货点（R）=交货时间×平均日需求+保险储备

2）保险储备量的总成本公式

$$TC_{(S、B)}=K_uSN+BK_c \tag{2-15}$$

式中 $TC_{(S、B)}$ ——保险储备量的总成本；

K_u ——单位缺货成本；

N ——年订货次数；

B ——保险储备量；

S ——一次订货的缺货量；

K_c ——单位存货储存成本。

四、电网企业事故备品管理

安全生产是电网企业的生命线，抓好电网安全供电，确保人民群众得到优质、安全的供电保障，是树立电网企业在公众心目中形象的重要途径；发挥事故备品在安全生产中的保障作用，是可确保电网的安全运行。

1. 事故备品特征

（1）事故备品配送的突发性。因事故备品配送多数情况下是由于发生了不可预见的运行故障，如雷击等自然灾害造成的运行故障，所以事故备品配送具有突发性特征。

（2）事故备品的重要性。事故备品管理工作是设备全过程管理的一部分，技术性强，责任较大。做好此项工作对于设备正常维修、提高经济效益、确保安全运行至关重要。

（3）电网设备的专用性。电网运行设备绝大部分是固定专用设备，只有更新，几乎不能作为他用。

（4）电网事故备品的多样性。电网运行设备的种类、规格型号、供货商等的多样性，导致了事故备品的多样性。

（5）事故备品储备的昂贵性。电网企业是资产密集型的企业，构造电网和配电网的设备设施造价昂贵，所以其事故备品的采购、维护等费用比较高。

2. 事故备品管理

出于安全的需要，目前各大型电网企业及下属电网企业都有大量的备品、备件，但由于电网企业不可能对所有的材料设备都制定备品计划，各储备单位又缺乏有效的信息共享，因而在事故发生时，经常不能立即得到需求的所有备品、备件。可以考虑通过事故备品配送供应链的信息共享，可以提高整个大型电网企业事故备品配送供应链的协调性和整体经济效益。

事故备品的采购管理和日常存储管理可参考本节三项中介绍的电网企业材料管理，在此不再赘述。

五、电网企业低值易耗品管理

低值易耗品是指不符合固定资产确认条件的各种用具物品，如工具、管理用具、玻璃器皿、劳动保护用品以及在经营过程中周转使用的容器等。这些物资设备在经营过程中可以多次使用，其价值随其磨损程度逐渐转移到有关的成本或费用中去。就其性质来看，低值易耗品是可以多次使用而不改变原有实物形态的劳动资料，具有固定资产的特性。

企业应当采用一次转销法或者五五摊销法对包装物和低值易耗品进行摊销，计入相关资产的成本或者当期损益。如果对相关包装物或低值易耗品计提了存货跌价准备，还应结转已计提的存货跌价准备，冲减相关资产的成本或当期损益。

第三章

电网企业对外投资管理

第一节　电网企业对外投资概述

在市场经济条件下，企业享有投资决策权。随着金融市场的不断完善，横向经济联合的广泛开展，企业对外投资发展的也越来越快，已成为企业投资的一个重要方面。对外投资是企业在本身主要经营业务以外，以现金、实物、无形资产或以购买股票、债券等有价证券方式向其他单位进行的投资，以期在未来获得投资收益的经济行为。

按照法律和国家有关规定，企业有权以留用资金、实物、土地使用权、工业产权和非专利技术等向国内各地区、各行业的企业事业单位投资，或购买政府及其他企业的债券、股票；经政府有关部门的批准，也可向境内、外投资或者在境外开办企业。但是，企业不得以国家专项储备的物资及国家规定不得用于对外投资的其他财产向其他单位投资。

一、对外投资种类

为了便于企业对外投资的选择和管理需要对对外投资进行科学合理的分类。按照不同的分类标志，对外投资可分为以下种类。

1. 按投资期限长短分为短期投资和长期投资

（1）短期投资，是指能够随时变现或者变卖的有价证券投资以及不超过1年的其他投资。短期投资一般具有投资风险小、变现能力强、投资报酬率较低等特点。

（2）长期投资，是指不准备随时变现并持有时间超过1年的有价证券及超过1年的其他投资，一般包括长期股票投资、长期债权投资和其他投资类。长期投资具有投资风险大，变现能力差，投资报酬率较高等特点。

在实践中，长短期投资形式并不是一成不变的，长期投资在以下两种情形下将向短期投资转化。

（1）时间性转化，随着时间的推移长期投资到期日逐渐临近如在1年内到期的长期投资，实际上已是短期投资。

（2）管理性转化，在长期投资期间，由于企业急需资金或发现接受投资单位财务状况恶化，继续持有该长期投资将招致很大的损失，企业可以改变投资目的，将长期投资迅速变现。

2. 按投资方式不同分为直接投资和间接投资

（1）直接投资，是指企业以现金、实物、无形资产等投入其他企业进行的投资。投资直接形成生产经营活动的能力，并为从事某种生产经营活动创造必要的条件，它具有与生产经营密切联系、投资回收期较长、投资变现速度较慢、流动性差等特点。直接投资包括联营投资、兼并投资等。

（2）间接投资，是指以购买有价证券（如股票债券等）的方式对其他企业进行投资。投资并不直接形成生产经营活动的能力，接受投资企业在取得资金并以一定方式投入生产经营后才能形成生产经营能力。

3. 按投资形成的产权关系分为股权投资和债权投资

（1）股权投资，是指投资企业以购买股票、兼并投资、联营投资等方式向接受投资企业进行的投资。投资企业拥有被投资企业的股权，股权投资形成被投资企业的资本金，股权投资的投资风险较大，但预期收益较高。

（2）债权投资，是指投资企业以购买债券和租赁投资等方式向被投资企业进行的投资。投资企业是接受投资企业的债权人，投资形成接受投资企业的负债。债权投资与股权投资相比，具有投资风险小和投资收益较低的特点。

4. 按照投资的风险程度分为风险投资和无风险投资

（1）风险投资，是指在对未来影响投资决策的各种因素的影响方向或影响程度不能明确掌握的情况下进行的投资。例如，企业进行的股票投资，由于未来损益的方向和程度不能明确掌握，因而属于风险投资。风险投资由于难以预计，进行投资时必须考虑自身风险承受能力，计算风险收益，以便作出科学决策。

（2）无风险投资，是指对未来影响投资决策的各种因素的影响方向或程度都明确掌握的情况下进行的投资。例如，企业购买国债由于还本付息的额度及日期都能够准确预测，所以属于无风险投资。由于无风险投资具有收益相对稳定、投资风险小的特点，因而投资报酬率相对较低。

二、对外投资目的

企业对外投资的目的是为了提高企业的价值获得投资收益和降低风险，具体来说主要体现在以下几个方面。

1. 充分利用闲置资本增加企业收益

企业在生产经营过程中，出现资本的暂时闲置是常见的也是正常现象，如有的企业现金结余过多，有的企业一时未能找到最佳的对内投资项目，有的企业出现厂房、机器设备大量闲置等现象。这时企业就必须认真寻找对外投资机会，以避免资本闲置和促使企业增加收益以及提升企业的总价值。企业对外投资的收益主要是来源于利润、利息、股利和证券的升值，这些渠道是公司提高其总价值的重要补充方式。

2. 分散资本投向，降低投资风险

现代公司理财的一项重要原则是投资分散化原则，目的是尽可能降低风险或将风险控制在一定限度内。公司如果不是将资本全部投资于某个单一项目上而是同时投资于几个项目上，实行多角化生产经营战略，就可以达到降低风险、避免损失的目的。而进行对外投资，则是为公司实现生产经营多角化开辟了广阔的空间。尤其是证券投资，由于它既不受地区、经营范围的限制又不受投资数额的限制，因而在分散公司投资风险方面的作用是不可低估的。

3. 维系与客户的良好关系，确保生产经营活动的正常进行

在竞争公开化和正常化的今天，公司为维系其正常生产经营的需求，通常需要对供应重要原材料的“上游企业”采取购买其股票或投入一部分资本等方式实施影响，以确保原材料稳定而有效的供应；公司为稳定销售网点，扩大产品销售，有时也向“下游企业”投入一定数量的资本或购入有价证券，以维系其良好的商业合作关系。

4. 提高资产的流动性增强公司偿债能力

增强资产的流动性是提高公司偿债能力的一项重要途径，资产流动性的强弱是衡量公司安全性的主要指标之一。在公司资产中，对外投资中的有价证券投资，是除现金之外流动性最强的一项资产。

为满足到期债务偿还的财务需求公司应保持适当的偿债储备金，其中现金可列为一级储备用于直接支付；而有价证券投资则可作为现金的二级储备，当公司遇到特殊情况而出现银行信用短缺时，即可将有价证券变现以满足偿债的需求，从而提高偿债能力，降低负债风险。

三、影响对外投资因素

进行对外投资决策，必须分析、评价对外投资的基本条件和因素为前提，研究有关条件和因素的内容与要求，这些条件和因素就是对外投资决策的依据。决策依据主要有：① 研究对外投资决策；② 要周密地研究影响对外投资的各种因素。这些因素主要包括以下几点：

第一，对外投资盈利与增值水平。对外投资的收益与增值提高超过对内投资的收益、增值水平是进行对外投资的先决条件。

第二，对外投资风险是指企业由于对外投资遭受经济损失的可能性，或者说不能获得预期投资收益的可能性。投资风险加大会破坏投资收益的安全性，因此投资的风险又可称为投资的安全性。诱发对外投资风险的因素很多，如政治的、经济的、技术的、自然的和企业自身的各种因素，这些因素往往结合在一起共同对投资收益发生影响。

企业对外投资风险主要有以下五种：

（1）利率风险，是指由于银行存款利率或其他的投资收益率变化，使得某项对外投资的收益有相对减少的风险。利率风险的发生具体有两种情况：① 在对外投资期限未满之时，银行存款利率上升，有时可能超过企业购买的债券利率或预期投资收益率；② 新近发行的证券利率高于先前发行的证券利率，旧证券的投资者的证券价格就会下跌，如不能及时将所持证券售出变现或转换成新的证券，在经济上肯定要蒙受损失，不能以同等数额的资金取得最大盈利。

（2）物价风险，又称“购买力风险”、“通货膨胀风险”，这是由于物价上涨、通货膨胀给投资者带来的损失。

（3）市场风险，是指由于政治性因素、自然灾害等客观因素和人为的主观因素，导致投资者无法实现预期收益，而给企业带来的风险。

（4）外汇风险。

（5）决策风险。这种风险是指企业在对外投资中发生决策失误或管理不善，致使受资企业经营亏损甚至破产，使企业应获取的投资本利均受到影响。

第三，对外投资成本。是从分析、决策对外投资开始到收回全部投资整个过程的全部开支，主要包括以下几点：

（1）前期费用，是指从提出投资项目开始进行的可行性分析费用，到作出抉择期间发生的调查费用、评估费用、准备费用等；

（2）实际投资额，即用于投资的资金，如联营投资额股票债券的购买价格；

（3）资金成本，筹措对外投资所需资金而开支的筹资成本，如筹资手续费、利息、股利等；

（4）投资回收费用，对外投资的盈利和回收额必须大于投资成本。

第四，投资管理和经营控制能力。通过投资获得其他企业的一部分或全部的经营控制权，以服务于企业的其他经营目标，是对外投资的主要目的，应该考虑用多大的投资额才能拥有必要的经营控制权；取得控制权后，如何实现其权利等问题。

第五，筹资能力。对外投资决策要求企业能够及时、足额、低成本地筹集到所需资金。

第六，对外投资的流动性。其要求对外投资的资金能够以合理的价格、较快的速度转换为货币资金。一般来说，短期投资的流动性高于长期投资的流动性；证券投资的流动性高于非证券投资的流动性。

第七，对外投资环境。对外投资不能脱离一定的投资环境。投资环境是指企业内外影响企业投资活动的条件总和。有的属于内部条件，是能被企业控制的；有的属于外部条件，是企业不可控的。一个良好的企业投资环境，应当有比较多的投资机会，比较健全的投资管理体制，完善的资金市场

第二节 电网企业对外投资日常管理

一、对外投资决策程序

对外投资决策必须按照科学的程序进行分析论证，以免决策失误而造成重大的经济损失，一般对外投资决策可按照以下程序进行。

1. 明确对外投资的目的，提出投资方案

企业进行对外投资时，必须认真分析本企业的生产经营状况明确投资的目的，根据企业的实际需要，提出投资方向。企业对外投资的目的可以是单纯为了取得投资收益也可以是为了分散经营风险或者控制被投资企业。不同的投资目的，企业寻找投资对象和判断投资效果的具体标准不同。因此，企业必须首先明确企业对外投资目的，然后以此为依据提出投资方向。

2. 运用可行性分析技术选出最优投资方案

对外长期投资应该由专家拟订多种投资方案，然后对拟订的几种投资方案进行可行性分析，从中选出最优方案。选择投资方案时，不仅要考虑有关投资项目或有价证券本身的发展前景和盈利能力，而且还要通盘考虑各种投资项目或有价证券是否能匹配现金流的回收时间及分散投资风险，以实现企业资源配置的整体优化。

3. 拟订投资计划选择合理的投资方式和时间

企业在选出最优投资方案后，就要作出投资决策，拟订投资计划。投资计划是企业进行投资活动的具体依据，它详细地规定了投资预算总额、投资方式、投资时间、投资进度和期限等。企业在选择投资方式和时间时，必须综合考虑企业的总体现金流量及筹资能力，避免因资金短缺而影响投资的进度，尤其要注意研究投资项目与本企业现有正常的生产经营是否会产生不必要的竞争。

4. 加强对投资对象的监督，提高投资回报率

投资计划拟订以后，就应该由具体的业务部门严格按照投资计划组织实施。在执行的过程中，企业应积极参与被投资企业的重大生产经营决策，帮助其提高生产经营管理水平，以创造出更高的投资效益。对于证券投资，企业也需要设置专门的机构进行专业化的管理，才能获得高额回报；同时财务管理部门要进行有利的财务监督，以便及时发现问题和解决问题。

5. 对投资效果进行评价积极寻找未来的投资机会

在投资计划执行的过程中和投资完成后都应该及时地对投资情况和投资效果进行评价。在评价时主要应考虑投资项目的盈利能力、风险状况、变现能力和发展前景等方面。在具体操作时，可采用实际投资效果与预期效果相比较或实际效果与替代项目的投资效果相比较等方法来评价投资绩效的好坏。企业通过对现有对外投资效果的分析评价可以总结经验教训，分析利弊得失，以便未来寻求更好的投资对象，开拓更宽的投资渠道，进行更好的投资组合。

第四章

电网企业固定资产管理

第一节　电网企业固定资产概述

固定资产在企业资产总额中一般占有较大比例，其安全、完整对企业的生产经营影响极大，对其管理的是否到位，影响到国有资产的保值增值。

不同产业的企业，其固定资产占总资产的比例结构是不同的。电网企业的固定资产在总资产中占有非常大的比重。电网企业是资金密集型企业，同时属于资产分散型企业，资产的使用部门多、使用地点范围大、结构分类复杂、覆盖面大，可以分为输电线路、变电设备、配电线路及设备、用电计量设备、通信线路及设备、自动化控制设备、管理用工器具、运输设备、房屋、建筑物等十几类；另外，电力资产通常数量多、金额大、更新快，管理上就要求及时准确反映这些变化，所有这些都为电力企业的固定资产管理提出了挑战。

对电力企业来讲，核心竞争力是赢得竞争优势的关键，但核心竞争力不是一成不变的，不同的时间侧重点不同，未来国际竞争要求电力集团要打造基于资产的核心能力。研究电网企业的固定资产管理，就是要找出资产管理中的不足和资产管理薄弱的原因，有针对性地加以改进，从而加强电网企业固定资产的保值增值，确保电网企业的固定资产物尽其用，防止国有资产流失。

一、安达信提出固定资产管理概要

全球五大会计师事务所之一的安达信已经研究了在固定资产管理方面业绩优异的领先公司。安达信将专家、顾问以及行业领先者的知识集成起来，将固定资产管理方面的理念集中在以下的执行概要中。

1. 确定最合算的固定资产使用需求

为了优化对固定资产的使用，财务经理首先会对当前的运营状况进行一个彻底的分析，并识别待改进的领域。预先仔细的规划如由CFO、固定资产经理以及会计人员一起完成，则有助于公司在诸如资产使用、生产率以及运营中断的风险等问题上作出很好的决策。进行现状与目标绩效间的差距分析，有助于固定资产经理检查设备采购、设备追踪以及设备处置的程序。因而，公司就可以设计相应策略，以弥补公司现状与未来期望之间的差距。对工作流程的分析还有助于提高设备效率及其使用的经济性，这就好比将功能不是很强的计算机给不常需要使用的人一样简单。通过确认并量化固定资产的风险，公司可以获得对固定资产成本的进一步控制。这就必须知道固定资产丧失工作能力所产生的成本，并为各种各样的“工作中断”的情况做好准备。对业务运营的任何中断如软件病毒、部门迁移、偷窃或失火等都应该在事先预料到。为了能够在"工作中断"发生时迅速有效地做出响应，准确盘点所有资产并了解各个资产所承担的风险是非常重要的。

2. 确定固定资产资本化、折旧以及维护的标准和政策

如果固定资产成本超出预算，这往往意味着没有对其进行有效的控制。在整个公司范围内设定统一并符合实际的标准，就可以详细说明在一个关心成本的环境中公司所期望的结果，并为每一个员工提供了一份工作上的参考。最佳实践公司会在固定资产支出中区分出需要资本化的支出，还设定折旧年限和资产残值的标准。遵守固定资产管理的要求，既需要遵守政府规章，还需要遵守公司内部的规定，因而每个固定资产都需要有多个账簿。公司需要选择与资产本身的使用性下降情况最接近的折旧方法，并参照行业标准选择折旧率。有效固定资产管理的另外一个关键因素就是建立预防性的维护标准。如果陈旧的资产不能得到替换，没有及时地进行所需的维修，或者没有实施预防性维护，都会降低运营效率。通过日常的清洁与校准，并替换一些小的零部件可以降低设备产生故障的可能性。这样做还有助于减少维修成本、改善人力资源利用、减少停工成本并延长资产寿命。

3. 培育强有力的领导阶层，以确保对固定资产充分的维护与使用

许多固定资产经理的失败是由于他们关注工作任务，而不是关注成本管理和资产利用。经理们可以做所有"正确的"事情，如管理物理库存、实施软件系统、设定标准。但是，集中的政策若得不到有效的实施，也就达不到预期的效果。成功的固定资产经理会认识到人比技术更重要。他们将公司对设备与财产的期望在员工内进行有效沟通，指导员工达到这些目标，并对表现良好的员工给予奖励。固定资产经理的职责应该包括设定标准、监控资产的获取、维护与处置、检查设备的生命周期等。来自高级管理层的财务与运营支持对所有资产管理活动的成功至关重要。若没有高层管理的承诺与支持，公司只会在短期内获得成功，而且也不会大幅度降低成本。

4. 实施一个综合而又灵活的固定资产管理软件

由于不断变化的立法要求、当今税法的日益复杂以及固定资产获取和处置的数量日益变大，因此专门用于固定资产管理的软件显得日益重要。如今的软件程序可以轻易地自动计算、跟踪资产的获取和部署，帮助公司满足立法、税务以及管理报告的要求，并且可以大大降低报告错误。用户可以不断的更新库存，以多种形式修改数据，并存储从序列数字到资产维护历史记录的担保信息等一系列数据。这些程序使经理人员作出更好的决策，消除不必要的成本，并且由于可以定期迅速的更新固定资产，从而避免用户在年终时处理大量的工作。软件的功能应该能够满足由用户定义的现有需要，如多种折旧规划选择、与其他软件的数据整合、客户化的数据输入菜单、表格以及报告。而且由于这些数据会成为计算折旧和报告折旧的基础，数据输入的方便性就变得非常重要。最好的数据功能设计应该能够减少输入错误，并尽可能增多自动化输入步骤。

5. 跟踪固定资产的库存及维护情况

资产管理的关键法则之一就是，如果不知道有某资产存在，就不能够对其进行管理，其相关成本也不能够得到控制。因此，及时准确地跟踪资产有利于对资产获取、预测及维护的有效管理，并有利于公司在合适的时间买卖、变更或处置资产。最佳实践公司会定期盘点物理库存。虽然这样做的道理是显而易见的，但是许多会计人员仅仅根据自己的猜测来决定数百万的资产是否存在。确保对固定资产的准确盘点，如准备全面的书面库存管理指导手册和指派专人管理盘点工作可以避免会计人员作出这样的猜测。最佳实践公司通过与总账系统相连的、简单灵活的中央数据库，来维护详细的资产记录。除此以外，他们还使用条形码迅速、准确、低成本的收集和记录大量的固定资产信息，类似于超级市场中应用的激光扫描技术，这些系统可以大大降低资产和设备盘点的工作量，并减少传统数据收集工作中内在的错误。

二、一些电网企业在固定资产管理方面经验

固定资产管理的好坏直接影响着企业的运营与发展，很多电力企业也积累了一些自己在资产管理方面的经验：据中国南方电网报报道，遵义供电局建立了一套行之有效的固定资产管理办法，提出了在固定资产管理中推行三化，即标准化、精确化、网络化。通过建立相应管理组织工作网，把固定资产管理与生产管理紧密结合起来，充分借助信息网络的优势，收到了良好的效果。

上海电力公司也提出了“实施 ERP 工程，构建精品电网”的宏伟计划。它通过运用科学合理的资产管理手段对企业的固定资产管理模式进行业务流程的重组，明确相关职能部门间的沟通和职责，实现实物管理与价值管理的并轨，从而旨在通过自动化的资产管理系统自行监控固定资产，并与会计系统和后勤系统相集成，使它能提供大量的功能，最佳化的用以控制和使用企业的资产。

福建省福州供电局成立了固定资产信息化管理中心，该中心负责全局固定资产的实物管理，财务部负责固定资产的价值管理。该局推行的以“实物管理和价值管理”相结合的固定资产信息化管理模式日渐成熟，固定资产信息化管理流程和结构日趋合理和完善。该局自主研发和不断完善了固定资产实物管理信息化系统，从规范化和量化的方面，将财务账面价值分解到实物上，整理了实物台账，完成了实物资产与财务价值量的核对，既摸清了各部门的固定资产，也为生产计划、检修维护和优化业务流程打下坚实的基础。

三、我国电网企业固定资产管理现状

在经历了电力体制改革和近几年的发展后，电网企业越来越重视对资产的管理和使用，但应该看到，电网企业目前在固定资产管理方面仍存在很多的缺陷和不足，主要体现在以下几个方面。

1. 存在账实不符现象

账实不符的现象在电网企业是相当普遍的。这里面有客观上的原因，也有主观上的原因。从客观上说，电网企业因行业的特殊性，固定资产结构也很特殊，在固定资产总额中输、配电线路和设备占据相当大的比例。而这些输、配电线路和设备遍布城乡的每

一个角落，这本身已给管理上带来了很大的麻烦，更麻烦的是这些线路和设备从投入使用到报废拆除并不是一成不变的。例如，原有两座 110kV 变电站 A 和 B，两座变电站间有一条 110kV 输电线路相连，命名为 AB 线。随着电网发展，新建一座 110kV 变电站 C。由于 C 站投入使用，原有的 AB 线也被切改为 Ab 段线（实线）和 bB 段线（虚线），如图 4-1 所示。

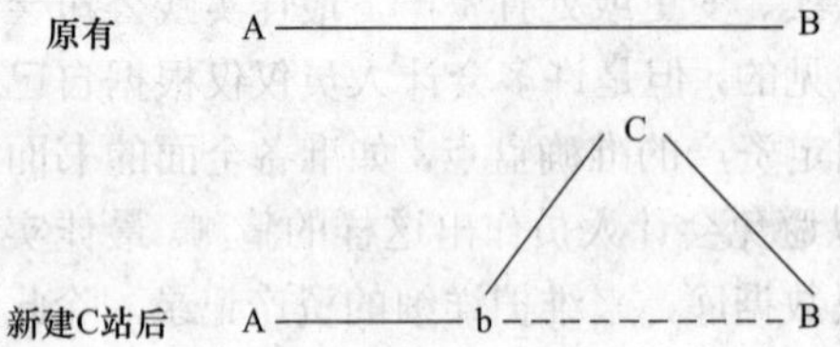

原有 A————B

新建C站后 A——b- - - - - -B（C）

图 4-1　线路切改示意图

这是一个最简单的模型，实际上新建一座 110kV 变电站，要新建很多条的配套 110kV 输电线路与周围站相连，当然这之中也要涉及很多条原有线路的切改。

在上面的例子中，AC 线（从 C 到 b）和 CB 线都是新建线路，而 AB 线虽然还沿用以前的名称，但实质已发生了变化，只有 Ab 段线路还在运行，bB 段线路则已弃之不用。这种变化只有生技部门掌握，财务部门是不清楚的，如果生技部门和财务部门之间没有必要的沟通，账实不符的现象就产生了，而且还会随着时间的推移越来越严重。这也就牵出了管理上的主观原因，在于管理人的工作态度和责任心。比如，管理人会认为反正 AB 线还在，长度和起止地点变了无所谓，认为将来 AB 线报废时再报给财务部门也不算晚，不及时报给财务部门，财务部门也就无从知晓。长此以往，财务部门的固定资产账与实物将出现严重的背离。

2. 在建工程长期挂账

在建工程的长期挂账在电网企业也是一个比较普遍的现象，有时一个工程项目实施了 3～4 年还不能办理竣工决算。这里面的原因也是多方面的。首先，从客观上说，电网企业的在建工程项目比较复杂，如建一个变电站不仅包括站内房屋建筑物的建设，还包括大型电气设备的安装调试、输电线路的架设等。众所周知，单独的一个土建工程从取得批复开始，要经过土地、城建、规划等许多手续，这期间的每一笔支出都要计入在建工程，开工之前需要办理的这些前期手续就可能要占用半年的时间。而电网企业建变电站，除了要办理上述对公的手续外，还要处理好与农民的青苗补偿问题，因为输电线路的架设往往要跨越很多农田，每条线路间隔多长架设一个铁塔都是要按设计规划严格执行的，而在哪一片农田上架铁塔都会影响这片农田的庄稼，这就要给予农民一定的经济补偿。曾经发生很多因为青苗补偿问题协商不好，致使工程延误的责任。变电站的电气安装要在土建工程基本结束后才能进行，有时安装开始才知道基础做的不合适，还得重新进行土建施工，电气安装只能往后拖。例如，A 公司新建一个变电站，建站开始不久，就与南方一家变压器生产厂家签订了购买变压器的合同，合同约定当年 10 月份供货，没过多久，变压器生产厂家来了通知，由于购买变压器的太多，生产的变压器要保障质量，只能推迟到第二年的 4 月份供货。电网公司听到这个消息很着急，如果终止合同，再与别家签订也会面临着同样的问题，因为当年是卖方市场，好的变压器生产厂家前都排起了长队，而买小厂家的变压器又怕质量没有保证；如果不终止合同，变电站将无法按时投运，因为没有变压器的变电站等于没有了心脏，没有办法，只能多等半年后再投运。

上面谈到造成在建工程延误的一些客观原因，当然在建工程已完工不能按时编制竣工决算还存在很多其他原因。如资金方面，工程所需资金不能及时足额到位造成拖欠施工单位工程款，从而不能办理竣工决算的情况时有发生。预算剩余资金处理不完，也会影响竣工决算的及时编制。工程建设前，编制概预算时，一般都会把概预算做大一些，这种做法是从谨慎性角度考虑的，因为工程施工过程中可能出现各种不确定性因素。往往在预定工程完工后。都会有一部分预算资金上的剩余。在电网公司，在建工程项目超概现象是要尽量避免的，一旦发生，各种手续办起来十分麻烦，而工程完工预算内节约的资金由上级电网公司收回。在这种情况下，一般每个电网公司都会尽可能地减少预算剩余资金。如建变电站，按设计使用 GE5-35/630 型隔离开关，工程完工剩余资金可能用来购买同型隔离开关进行储备，而购买多少，购买哪个厂家的产品也需要进行测算和招标，这都需要一定的时间，因此这部分资金的使用也会影响竣工决算的编制。还有借款利息方面，按会计制度规定，借款利息在在建工程尚未交付使用之前予以资本化，一旦交付使用利息必须计入当期损益。因为有的企业是以在建工程是否进行竣工决算为利息资本化的条件，在建工程挂账，可以使得利息计入工程成本，从而减少当期财务费用，有的企业出于调控利润的目的，会拖延在建工程的结转。再有从资产管理方面，当事人责任心的缺乏和相应制度体系的不健全也是不能及时办理竣工决算的一个重要原因。很多时候，竣工决算编制不及时，大家都会认为是财务部门的过错，其实财务部门的竣工决算是在施工单位提供的工程结算的基础上编制的，施工单位的工程结算拿不出来，财务部门的竣工决算必然要拖延。

3. 固定资产拆除报废不及时

在电网企业，重钱轻物的观念是很严重的。比如，买一台照相机，用于生产设备资料采集，在买之前要经过一系列手续，到财务部门填借款单，到计划部门领取拨款通知单，请主管领导签字，到财务部门报销。一旦照相机买回来了就不像买之前那样重视了，没有专人保管，时间长了，这台照相机不好用了，又会有人申请购买一台新的，新的买回来，大家都会用新的，而那台旧的不知被丢到哪个角落，没有人再过问，更别说办理报废手续。一台小小的照相机尚且如此，更别说变电站里成千上万的设备。随着每年电网建设的大量投入，许多设备都要进行更新改造。现在存在的一种现象是设备每年都在更新，而报废的却很少。如一座变电站需要安装 24 组避雷器，经过一年的更新改造更换了其中的 6 组避雷器，而查看年底的资产报废清单却没有一组避雷器，那被替换下来的这 6 组避雷器去哪了呢？到现场查看的结果是拆除下来的东西杂乱无章的堆放在一起，无人问津。造成上面这种拆除报废不及时的原因还是固定资产管理没有落实到人，这不只是管理人的问题，同时也说明了管理体制上存在着缺陷。以 A 电网公司为例，公司生技处负责公司输、变电资产的管理和改造，生技处有很多名专责工程师，分管技术改造资金、大修理资金、研究开发资金等项目，却没有一人是专管资产的。虽然安排了 3 人分别管理开关、变压器、线路的运行情况，却不是从资产管理角度设置的岗位，况且 A 公司的输、变电资产不止这三种，其他资产没有专人管理，更不能从总体上进行管理，也不方便与财务部门衔接。从上面的分工不难看出，A 公司管理的侧重点是花钱而不是资产的后续管理。这种管理模式从本质上说是有点本末倒置了。

4. 部门间缺少足够的沟通和协调

固定资产管理方面存在的另一个突出问题就是各部门之间缺乏必要的沟通和协调。以 A 电网公司为例。先介绍一下 A 公司相关的组织机构设置，如图 4-2 所示。

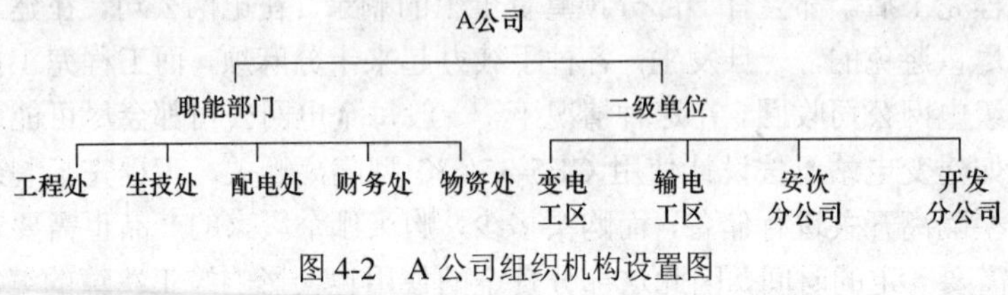

图 4-2 A 公司组织机构设置图

工程处负责 110kV 以上大中型基建项目的新建；生技处负责公司技改、大修、研发资金的使用和公司输、变电资产的管理；配电处负责配网项目的新建、改造和配电线路及设备的管理。从性质上说，工程处、生技处、配电处都是资金管理部门，生技处和配电处同时也是资产管理部门。财务处是从财务角度掌控着公司的各项财务指标，虽不属于资产管理部门，但与以上几个部门的联系是密不可分的。图 4-2 中的变电工区、输电工区、安次分公司、开发区分公司是 A 公司的二级下属单位，属于资产的保管使用部门。物资处作为公司的一个特殊职能部门负责公司所有设备材料的招标采购，与公司各部门联系十分密切，因为招标是需要管理、使用、财务等各部门共同参与的。

正是因为各部门之间有着如此错综复杂的关系，每个部门之间的沟通和协调就显得更为重要了。而事实是目前电网公司在这方面是相当薄弱的。比如，上面提到的固定资产及时报废问题，如果变电工区与生技处及时沟通，生技处与财务处及时沟通，完全可以及时进行报废销账处理。再比如，设备使用地点的转移和线路起止地点及长短的变化，如果生技处及时与财务处沟通，也能减少账实不符现象的发生。还比如，作为资产保管使用部门的变电工区最清楚某批设备的质量和适应运行情况，如果某批设备使用效果不好，通过与生技处和物资处的及时沟通，可以避免下次购买同种设备，而改购更适应本地运行情况的设备。

如在 2004 年的清产核资中，A 电网公司曾清理报废了一个在建工程项目，充分暴露了各部门之间协调不利的问题：1994 年 A 公司在 A 市开发区征下了一块土地，用于 A 公司的上级电网公司兴建教育培训中心项目。当时征地费用共计 120 万元，作为在建工程项目列账。但征地后，由于种种原因，该项目一直没有破土动工。根据 A 市政府规定，在 A 市开发区征地后 2 年内，没有使用的土地，A 市有权无偿收回。就这样，这块土地被 A 市收回另作他用了。当清产核资清查出这个项目时，很多人都非常不理解怎么会发生这样的事，同时也觉得这块地就这样被收回实在太可惜了。一方面，在征地 2 年内，如果 A 公司多与上级电网公司沟通，在得知上级电网公司取消原有兴建计划后，能积极争取下来一个新项目在这块地上兴建，既不会损失这块地，也不会损失这 120 万元的资金，说不定还能赚上一笔。殊不知这几年 A 市开发区发展迅速，地皮十分难批，即使批下来，也要多花好几倍钱。另一方面，A 公司内部工程部门、财务部门如能及时沟通，协作配合，当时的经办人如能多一点责任心，也不会使这个早该处理的在建工程项目拖了将近 10 年才被清理完毕。

5. 固定资产闲置现象突出

电网企业经过多年的发展形成了一定存量的固定资产，在管理中发现的另一个突出的问题是出现了大量的闲置资产。

（1）固定资产闲置原因。

第一，许多企业受计划经济思想的影响习惯争投资、争项目，片面追求企业资产占有最大化，企业大量的投资未能形成可供有效使用的固定资产，不少资产长期处于闲置或半闲置状态。电网重复建设现象大量存在，如地方电网三峡水电工程集团在农村电网改造中，规划新建两座 110 kV 变电站，总容量 63MVA，其中新建的 110kV 申明坝变电站，距国家电网早已建成的 110kV 天城变电站仅 2km，天城变电站有 40MVA 变压器 1 台，并预留扩建二期 1 台 40MVA 变压器，现负荷不足 2MW，严重轻负荷运行；其中在建的 110kV 三正变电站，距国家电网 220kV 高峰变电站不足 20km，距国家电网 110kV 分水变电站不足 10km，高峰变电站有 150MVA 变压器 1 台，现基本无负荷运行，分水变电站有 20MVA 变压器 1 台，基本无负荷运行。这两座新建的 110kV 变电站投资 2400 万元，加上配套 35kV、110kV 输电线路投资 1280 万元，合计投资 3680 万元。大量的资金占用，没有收到相应的经济效益。

第二，设备更新速度加快，被淘汰的资产设备不少是未达到规定的资产折旧年限，而成为闲置资产。随着电网迅速发展，各电网公司相应加大了设备投入力度。如 A 电网公司为了达到公司可靠、持续供电的要求，本着减少设备缺陷，降低检修成本的宗旨，2005 年利用技术改造资金将 A 公司所有 220kV 以上变电站原来使用的断路器统一更换为了技术性能更优异的 SF_6 断路器。这些被替换下来的断路器里有相当一部分是 1999 年投入使用的，只提了 6 年折旧，与规定的折旧年限 12 年相差一半。

第三，一些业务管理部门或人员决策失误造成固定资产闲置。一些业务管理部门或人员在进行投资或购置时，没有很好的与具体使用单位相结合，没有经过认真细致的调查研究或出于个人动机，盲目购置不能满足生产需要的资产，造成闲置。如 A 公司的一部分资产采购，尤其是 220kV 以上的设备采购是由 A 公司的上级电网公司集中进行招标采购的。因为各家电网公司都有其各自的特点，统一采用一种设备，显然并不一定合适。A 公司就有过这种经历，花费大量资金通过上级电网公司统一招标采购来的设备根本不能用或者勉强能用但效率很低，结果还得额外利用其他资金重新购置更合适的设备，造成资金和资产的大量浪费。

（2）固定资产闲置危害。

固定资产的闲置无疑会给企业带来很大的危害。首先，会加重企业负担，因为闲置资产不能发挥应有的作用，必然会另外购置其他资产满足生产需要，造成生产资金紧张；对这部分闲置资产进行必要的维护保养，照常计提折旧使得费用支出增高；大量闲置资产占用企业的车间仓库也会对正常生产产生影响。另外，资产出现闲置，加大了无形损耗，因为随着科技的进步，其技术性能会越来越低，特别是一些更新换代快的资产设备，企业只好将其降价出让或报废，从而造成国有资产贬值。

（3）部分资产产权不清。

在电网企业的固定资产管理中，还有一个比较让人头疼的问题就是部分资产的产权不清。尤其是农村电网改造以来，部分线路类资产产权复杂，一条线路既有地方所属，又有农网改造中投入，还有用户投资形成，这对资产管理带来了较多的不便和难度。

用户资产和代管资产不属于电网企业的资产范围，却往往由电网企业承担着检修维护的责任，管理起来相当麻烦。因为电网企业的特殊性，每年的基本建设规模都是经过严格审批的，虽然每年的电力建设投入都很大，但还是赶不上电力需求的增长速度。在用电高峰期，为了严格控制用电负荷，不得已的时候还是要拉闸限电。

有的用户出于自己利益考虑，会要求由他们出资兴建变电站或线路，建成后主要负责为这些用户供电，当然也就不会存在负荷过大的问题，这样这些用户也就不会因为电的问题而停产。电网公司不必出资就建成了变电站或线路，增长了售电量和售电收入，所以他们也是愿意的。当然这些用户投资工程也是要经过严格审批才能兴建的。管理的难度就在于这些用户资产由于安全责任、产权等原因，不能及时办理无偿移交手续，财务部门不能进行财务核算，生产计划部门和财务部门对此块资产使用状况不了解，未设立固定资产备查簿，带来管理和维护以及安全责任方面的隐患。目前，用户资产的增长速度还是相当快的，以A电网公司为例，前不久根据上级电网公司的指示，A公司统计了一下目前在用的用户资产情况，其中有110kV变电站3座，110kV输电线路5条，35kV输电线路6条，10kV配电线路及变压器2700项。代管资产与用户资产相似，他的所有者和维护者不是同一家电网公司。如A市境内的一座500kV变电站，虽然从项目前期运作一直到建成投入使用，都是由A公司完成的，但他的所有者却是A公司的上级电网公司，这座变电站对于A公司来说就属于代管资产。再比如，农村电网改造形成的农网资产，虽然属于A公司资产的一部分，但由于坐落于各个县内，被各县供电公司所代管。这些代管资产不同于用户资产的地方在于人们不仅能从数量上掌握，也能从金额上掌握，但由于观念上认为不是自己的，也容易对这部分资产的管理有所忽视。事实上，作为资产维护者的电网公司是有责任把代管资产的各项情况向代管资产的所有者进行汇报的。

第二节 电网企业固定资产日常管理

一、改进电网企业固定资产管理的建议

1. 加强固定资产管理的宣传，改变观念，重视管理

企业的资产质量和财务状况是建立业绩考核和绩效评价的基础，业绩考核和绩效评

价要做到公平、公正、客观、科学，必须保证企业有关资产及财务指标的统一、真实、完整、可靠和准确。固定资产管理是一个需要各个职能部门统一联动的管理过程，不可能由某个部门独立完成，这是首要进行宣传的内容。企业是一个生产经营系统，各部门之间是一个相互配合、密切协作、综合发挥功能作用的体现，不是各要素功能的简单相加。资产使用部门、生技部门和财务部门应充分发挥其职能作用，始终保持密切协作、及时沟通的工作作风，不能只从本部门实用性出发，应从全局出发，树立固定资产管理工作要为全局服务的新理念。固定资产的寿命周期长，从设计、规划、购进、安装、建设直到报废，需要几年甚至几十年的时间，这期间各个环节、各个部门都需要一个完整的连接，而且主动自觉的跟踪、收集各个环节反馈的信息，不断完善、改进自己的工作，设法使其并入系统管理的轨道。要在广大职工中宣传的第二个内容是要改变重钱轻物、重生产轻管理的观念。电力行业长期的垄断性经营导致了其特有的经营管理模式：重安全生产、轻企业管理，条块分割、信息分散，以安全生产为中心的意识已深植入电力企业的领导、职工的观念中。长期以来，电网企业中一直存在着管理薄弱的现象，对固定资产的管理更是如此。众所周知，近几年，国家电力需求增长迅速，电网建设规模也迅猛增长。每个电网公司每年在电网建设上都要花费大量的财力、物力、人力，同时还要承担着来自社会各界的压力。比如，上级电网公司会考核基本建设完成率，用户会催促尽快供电，政府有时也会对电网的基本建设施加一定的压力。在这种情况下，电网企业肯定要力保生产项目的完成，无形之中，就轻视了资产的管理。不注重资产管理的结果将导致资产信息严重失真，资产报废不及时、随意处置，国有资产流失。所以，一定要在职工中树立生产和管理并重的观念，实物管理和价值管理并举，因为只有这样，才能使企业的资产更好地为企业服务，确保国有资产的保值增值。还有一点需要大力宣传的是针对企业领导干部的，应努力在提高领导的认识上下工夫。固定资产的管理需要企业领导来推动，领导的重视是做好工作的关键。正如前面所说，领导的三个主要职能是指挥、协调、激励。领导应该在使广大职工齐心协力，共同致力于企业的发展方面下工夫，给广大职工一定的自由度，让每个职工都参与企业的管理，包括固定资产的管理。积极建立企业经营业绩考核和绩效评价与固定资产管理挂钩的体系，推进固定资产管理的激励机制的发展。

2. 充实资产管理人员，提高资产管理人员素质，加强对资产管理人员的职业培训

要在生技、财务等相关部门设置专职资产管理岗位，尤其是生技部门应该设立专人管理固定资产，资产任何一点发生变化，应及时与财务部门固定资产管理人员联系。生技部门的资产管理人员应深入学习由财务部门牵头编写的固定资产管理办法，了解固定资产从购入、保管、转移到报废的一系列处理程序，知晓固定资产卡片的主要内容。财务部门的固定资产管理人员不仅要学习财会业务知识，而且应学习生产知识，熟悉生产技术设备，经常深入现场了解资产的使用、变动情况，加强与实物管理部门、保管使用部门的联系，及时掌握资产的变动情况。

在提高资产管理人员素质方面应从以下三方面考虑：

第一，提高业务理论素质。资产管理人员除了应该掌握本职工作所需的专业知识外，还应该掌握国家相关政策及与固定资产有关的各项法律法规，掌握本企业的相关规章制度。在电网企业，无论哪个部门的人员都应该尽可能多的了解电力知识。曾经有财务部门的固定资产管理人员，虽然记住很多设备名称，可真正到了变电站，名称和实物却对应不起来，甚至连电压互感器、电流互感器、隔离开关、避雷器等电气设备，三支为一组数量单位都不知道，闹了很大笑话。

第二，提高政治素质。并不是说每个资产管理人员都要有多大的政治抱负，而是说要尽量培养资产管理人员的全局意识和责任心。资产管理人员不能仅满足于本部门的需要，更应从大局出发，从长远出发，从提高企业资本运营效率出发，树立“企荣我荣、企衰我耻”的观念，增加对工作的热情和责任心。

第三，提高综合业务处理能力。主要包括提高资产管理人员的组织能力、协调能力、敏锐的洞察分析能力、严密的逻辑思维能力、开拓能力等。具有上述能力，可以在资产日常管理中及时发现问题，了解症结所在，向领导者提出改进资产管理的建议，使企业的固定资产最大限度的扩张、增值，以有限的资源取得无限的收益。

为了达到上述目的，对固定资产管理人员进行培训是必不可少的措施。电网企业在培训固定资产管理人员时，应投入一定的人力、物力、财力和时间，不应吝啬这一点的付出，因为这些付出与将来能够收到的回报相比是微不足道的。

3. 完善固定资产管理制度，制订相应的激励机制，使制度落到实处

（1）完善固定资产管理制度。

要想管理好企业的固定资产，必须要进一步健全和完善固定资产管理制度，规范资产管理流程，建立一套科学的管理程序和办法，强化资产的全过程控制，实现全系统、全过程、全方位的参与管理。

1）要进一步健全固定资产管理网，完善管理制度，责任到人。健全固定资产管理网，具体来说，应以生技部门为龙头，设专人进行管理，不但要考虑上级对口的需要，还应当及时整理通报各基层单位反映的意见，保证信息畅通，使固定资产的数量、质量、运行状况、存放地点等都能及时、准确地反映出来。以基层部门管理为基础，基层部门应视固定资产的规模配置专职或兼职管理人员，对固定资产有关信息进行收集、反馈，为相关部门提供第一手资料，及时、准确提供和传递固定资产的运行状态和变动信息。以财务部门管理为监督，财务部门应充分发挥其职能部门作用，对事后会计资料进行严格把关，按照会计准则、会计法规科学记账，督促、配合其他部门定期开展固定资产清查、核实、报废等处理手续，当好领导的财务管家，为领导提供准确、翔实的财务资料。

完善管理制度，包括制定《固定资产管理办法》，绘制包括固定资产调入、固定资产调出、固定资产内部转移、固定资产报废等各环节业务流程图，拟订用户资产、代管资产管理办法等。其中，对用户资产和代管资产这两项涉及资产产权问题的资产管理，更应从制度上加以明确。

2）实行科学管理，编制固定资产购入、使用、转移、报废全过程管理网络软件。

固定资产购入时要填写固定资产购置保管单；固定资产保管人或保管部门变化时，要填写固定资产内部转移单；固定资产报废时，要填写固定资产报废鉴定表。各种手续严格按照固定资产管理办法的条款执行。固定资产档案、卡片不应只由财务部门保管，使用部门和管理部门也应有副本或电子档案，以备随时查阅。

3）要建立固定资产常态管理机制，实行全过程监督，定期进行资产清理，对达到使用年限的资产及时组织鉴定、报废。2004 年的清产核资使许多企业摸清了家底、核实了财物、清理出了很多长期脱离管理的资产。应该抓住这个有利时机，把固定资产定期清查工作继续下去，至少一年清查一次，清查出的问题及时上报解决，清理出的应报废的资产及时报废，减少资金的占用。

（2）建立完善固定资产内部控制制度。

企业要管好固定资产，除了要加强固定资产管理制度建设外，还应该建立和完善相关的内部控制制度，主要包括以下几方面：

1）建立固定资产投资预算控制制度。对固定资产投资编制计划，根据计划制订预算，并对相关指标考核，是有效控制投资、提高资产使用效率的重要手段。计划和预算的编制可防止投资的盲目性，使投资既适应企业发展的需要，同时又有资金保障。固定资产投资计划包括确定投资目的、投资方向、投资支出总额、资金来源等，资本支出预算要考虑投资机会成本、投资资本成本及预计现金流入等。该制度有效施行，可避免有些项目个别人说了算的情况，可控制投资资金的运用，防止挤占和挪用建设资金，也可避免投资规模过大，使企业资金周转缓慢，企业负担和风险增加。

电力部门应根据经济发展对用电的需求，由电力销售部门、生产技术部门、计划规划部门、财务资产部门等共同参加制订固定资产投资计划，编制资本支出预算。该计划经认真研究、反复协商、综合平衡修订后，由财务资产部门审核，最后由单位的最高管理层批准后执行。

2）实行不相容职务相互分离制度。固定资产的管理人员要实行不相容职务的相互分离制度，合理设置相关的工作岗位、职责分明、相互制约，确保资产安全完整。

一是固定资产的需求由资产使用部门提出，采购部门、企业内部建设部门无权首先提出采购或承建的要求。

二是资产请购或建造的审批人应与请购或建造要求提出者分离。

三是资本预算的复核审批人应独立于资本预算的编制人。

四是固定资产的验收人应同采购或承建人、款项支付人职务分离。

五是资产使用或保管人不能同时担任资产的记账工作。

六是资产的盘查工作应由使用保管人员、负责记账人员和独立于这些人员的第三者共同参加。

七是资产报废的审批人与资产报废通知单的编制人分离。

3）设置控制指标考评制度。对相关指标进行考评，可对管理情况进行监督、反馈，以促进薄弱环节的改进。根据企业实际情况可对固定资产管理设置不同评价指标，如卡片一致性指标、记录及时性指标、盘点周期性指标、流程规范性指标、检查独立性指标等。利用各项指标反映资产管理效果，从而及时发现问题、解决问题。

（3）固定资产内部控制中关键环节的控制。

内部控制制度的建立，是解决当前一些企业内部管理松弛、控制弱化的重要举措。如果想使其更好地为企业服务，还应重视以下几个固定资产管理中关键环节的控制：

1）资产设备验收控制。由于电力部门购入和自行建造的固定资产数量大、种类多、技术要求高，所以在入库或交付使用前必须对其进行检查验收。企业应设立专职工程师对设备作全面和综合的测试验收检查工作，并对检查结果作出书面报告，审计部门再对工程项目竣工决算进行审计。只有根据专职工程师签字同意的收货报告单和审计部门对竣工决算的审计报告，资产使用部门才能入库，财务部门才能入账。这一控制环节可保证设备的质量和资产的价值，堵塞招投标过程、采购过程和建设过程的漏洞。

2）资产维修保养控制。企业对设备维修保养不及时，容易造成设备故障，进而导致电网不稳定，产生安全隐患。但是，如果不按实际情况任意实施维修，使设备维修费用过高，则会虚列支出，影响利润。所以，企业应设置专门的机构制订维修计划、实施维修计划、监督使用部门对设备的使用情况，对资产使用、维修和保养的结果进行记录并由审计部门进行审计。目前电力部门实施的“状态检修法”是对固定资产检修管理的极大改善。

3）盘点控制。由于固定资产长期存在，加上电力部门资产使用地点范围大，遍及辖区的每一个角落，所以实物处于不正常使用状态或者被遗忘的可能性较大，应定期对其盘点。在盘点时，以用数码相机采集的资产照片和图形管理系统绘制的电子地图为依据，由资产保管人员、记账人员以及其他局外人共同担任盘点工作。盘点结束，将盘点清单内容与固定资产卡片核对，发现差异由保管部门负责审查原因。经过批准后才能执行账面调整。

4）报废清理控制。企业应制订严格的程序来处置固定资产，未经批准不得擅自处理。电力企业更新改造频繁，报废清理的资产很多，如果没有严格的程序加以控制，极易导致资产流失。应先编制固定资产报废鉴定表，然后由不同级别人员审批。报废鉴定表一式三联，一联由审批人留底备案，一联作为执行报废工作的授权证明，一联交财务部门。财务部门应审查报废鉴定表是否经执行部门主管的签字认可，并及时注销固定资产的账面价值。

二、把好固定资产购置关，减少闲置和浪费

1. 固定资产采购时应注意的问题

固定资产选购的是否合适，将直接影响电网企业能否达到可靠、持续供电的要求。在固定资产招标采购时，一定要注意以下几个问题：

（1）一定要有包括保管使用部门、资产归口管理部门、财务部门、审计部门、纪检部门等相关部门的人员同时参加。这些部门可以从不同的角度考虑问题，相互制约，避免舞弊和盲目现象的发生。保管使用部门关心的是设备安装起来是否合适，检修量是不

是很大；资产归口管理部门关心的是设备是否可靠，能够稳定运行；财务部门更注重的是采购价格是否在预算范围内，不要超支；审计和纪检部门则是对采购的整个过程进行监督。

（2）在采购时应充分考虑本地区的实际情况，选用最适合本地区、本企业的设备，而不应该只考虑设备的价格和名气。曾经发生过由上级电网公司集中招标采购来的设备不适合在本地区使用的情况，发生这种情况，应及时与上级电网公司沟通，提出更改建议，或者直接建议取消由上级电网公司集中采购，改为本地电网公司自行采购的办法。也发生过因为资金短缺，不能采购技术性能更优良的设备，而采购了相对较便宜的设备，造成运行设备缺陷较多，生产检修维护量大，检修成本很高，不得已，还要进行二次采购的情况，这不仅占用了大量资金，也造成了部分设备的闲置。

2. 盘活闲置资产的手段

企业要想发展，必须将闲置的固定资产盘活，提高其使用效率，为企业创造更大的收益。对于已经闲置的资产，主要可以从以下几方面进行盘活：

（1）执行集中管理，有偿租赁的经营形式，提高企业闲置资产的利用效率。电网企业受其特殊性质约束，一般闲置下来的电力专用固定资产其他企业并不适用，可同行业电网公司或许能用并且需要用，可以考虑租给同行使用。例如，扩容改造替换下来的变压器，没有任何质量问题，只是容量不够被换掉，恰好知道另一家电网公司新建的变电站由于主变压器没有及时到货而不能投运，而且此变压器的容量及各项指标完全可以胜任，这时候签订《租赁合同》，虽是短期行为，但对双方都是有益的。一些非电力专用的闲置资产，特别是对一些季节性使用、分散性强、工期集中、利用率低的固定资产，可以考虑在政策允许的范围内对外招租，签订《租赁合同》，让有经营头脑、有条件的经营者承租，如施工设备、各种车辆等。这样在提高固定资产使用效率的同时，还给企业带来了一定的经济利益。

（2）对闲置的设备进行技术改造。每年，电网公司对技术改造的投入都是非常大的。例如，A 公司近两年，每年的技改资金都高达 6000 万元。可惜的是，这么多的技术改造资金基本上都用于了新设备的购置，真正用于对旧设备升级改造的少之又少。有些设备，改造起来很困难，花费的资金比买新设备还要多，这种设备当然没必要改造，直接购买新的就好了。而有些设备，投入少量资金进行改造，就可以恢复所有功能，甚至增加新的功能，就应该进行改造。可见，对经过市场调研和经济技术论证，值得改造的固定资产进行改造，可以达到花较少的资金，增加新的功能，满足生产需要，以少量的增量激活大量的存量的目的。

（3）拓宽资产盘活渠道，加快资产盘活速度。对于闲置的固定资产不一定都要到企业外部去寻找盘活的渠道，在企业内部同样可以调剂使用。例如，A 公司有一座 35kV 变电站因为主要负荷由其他 35kV 变电站接管而失去作用，变电站内的隔离开关、断路器、TA、TV 等设备也闲置下来，其实这些设备有的完全还可以在其他 35kV 变电站继续使用。放着能用的设备不用，又去购买了同样的新的设备，造成了很大的浪费。所以，各级资产管理部门应加强联系，充分利用现代网络技术，及时沟通信息，扩宽闲置资产的调剂范围，设法使沉睡多年的闲置固定资产重新发挥作用。

（4）报废一部分闲置资产。为了减轻企业的负担，使企业集中精力搞好生产经营，对按国家政策规定淘汰、强制性报废和确因技术落后、损坏的部分闲置资产，经过有关部门审批，应予以报废。每一种设备的配置都是有数量控制的，俗话说“旧的不去，新的不来”只有把已经失去作用的旧设备报废掉，才能够获得上级电网公司对于购买新设备的批准。

3. 加强对在建工程的管理，使在建工程及时转增固定资产

电网企业每年新增的固定资产中，由在建工程项目转增的占有非常大的比重。所以，固定资产要想管理好，就必须加强在建工程的管理。电网企业的在建工程项目很多都不能及时转增固定资产，这也从一定程度上增加了账实不符的可能性。比如，一个项目拖了3年才完成竣工决算，设备在第一年就已安装完毕，投入使用，而只能等三年后才开始计提折旧，等到这个设备报废时，折旧很可能还没有提完，如果当时能及时结转资产，早提两年折旧，报废时折旧就可能提完了。设备明明已经达到使用年限，从财务角度看却是未逾龄，与事实不符。

针对在建工程的管理，主要应注重以下几个方面：

（1）落实资金，确保资金及时、足额到位。避免因拖欠施工款而影响工程进度的情况发生。及时排解工程质量纠纷，确保固定资产及时入账。对已完工并交付使用但工程竣工决算一时难以编出的，可先估价转为固定资产。新颁布的《企业会计制度》规定：“所建造的固定资产已达到预定可使用状态，但尚未办理竣工决算的，应当自达到预定可使用状态之日起，根据工程决算、造价或者工程实际成本等，按估计的价值转入固定资产，计提固定资产的折旧。待办理了竣工决算手续后再作调整。”其中，能作为估价依据的有工程概预算、工程出包合同、设备采购合同、在建工程财务记录及其他相关资料。特别需要指出的是，财务人员和基建部门的相关人员一定要从大局出发，不要因为怕麻烦而不去估价，毕竟估价增资产业务量比正常增资产大一倍还多，估价的资产将来作调整时，不仅要冲掉原有的资产原值，还要分摊已提折旧。

（2）加强对在建工程的内部审计和管理。电网企业每年要接待来自各方的审计队伍，而不论哪次审计，都离不开对在建工程的审计，在建工程是最容易出问题的地方。无论是各级领导还是具体的办事人员，都应该清楚能列入在建工程项目的可以列，不能列的千万不要列，否则将来被查出来，调账不说，还要接受罚款。所以，领导和职工都应该了解与在建工程有关的各项财务法规，内部审计部门也应切实负起监督责任。如果因为在建工程项目有节余，而列了不该列的项目，将得不偿失。

（3）建设好基建财会队伍，加强基建与财务部门的沟通和连接。把在建工程项目准确的结转为固定资产，财务部门的基建和固定资产岗位的财务人员是关键。他们应具有熟练的业务能力，了解相关知识。财务部门的竣工决算需要基建部门提供很多数据，基建部门应该积极配合财务部门的工作。在有的电网公司，基建会计所做的竣工决算中提

供的移交使用的固定资产报表与固定资产会计所需要的固定资产移交清册的口径并不完全一致，基建会计既要编制竣工决算报表，也要编制资产移交清册，增加了很多工作量，若能把基建竣工决算移交使用资产报表与固定资产移交清册格式统一，将取得事半功倍的效果。

4. 加强信息系统建设，选用恰当的固定资产管理软件，实现资产管理的电子化和程序化

电网企业固定资产管理水平的提升，很大程度上要靠信息化建设。可目前很多电网企业的信息化组织严重滞后，阻碍了信息化建设的推进，信息化部门没有得到应有的重视。另外，电网企业在信息化投入上明显存在着“重硬轻软”的现象。近几年，虽然加大了对信息化的投入，但是却将资金主要用于硬件设备的购置上，相应的软件系统的投入明显不够，这使得硬件也发挥不出应有的作用，信息化建设没有成效。还有，随着电网建设的深入进行，信息化需求已从个别业务部门的需要，扩展到整个企业的需要，由于缺乏总体规划，各个部门的信息系统处于相互分离状态，彼此不能有效结合，不能实现管控一体化，数据信息不能集成共享，不利于实现企业的综合管理。

上述这些都是信息化建设中亟待解决的问题。

要想使企业的固定资产管理再上一个台阶，首先要充实一部分既懂业务又懂信息技术的复合型人才到信息部门，改变原有的“重硬轻软”的观念，加大对软件系统的研究开发的力度。另外，主要是从全局出发，选用、开发能发挥整合作用的固定资产管理软件，把各部门的信息连接起来，实现数据资源共享。目前，许多电网企业的财务资产部门都采用了远光固定资产处理软件。这套软件可以把所有的固定资产卡片全部录入，由系统按类别自动进行编号，卡片信息中包含了资产名称、安装地点、保管部门、保管人、规格型号、主体原值、生产厂家、记账日期、电压等级等几十项内容，同时提供多种查询功能，包括按类别查询、按字段查询等，并可以按月按类别计提折旧，进行汇总运算。这套程序可说是非常的方便实用，但是遗憾的是它只能在财务资产部门使用，其他相关部门不能登陆查询，而且由于许多原因，造成了固定资产卡片不同程度上的失真。所以，如果能建立一套在各相关部门间都能看得到的，并能随着实物情态的变化而随时更新的固定资产管理系统，将会在一定程度上缓解上述矛盾。

随着电网企业管理的不断推进，越来越多的电网企业认识到采用先进的管理软件的必要性。例如，EAM（Enterprise Asset Management）即企业资产维护管理系统，主要适用于资产密集型企业对高价值固定资产的维护、保养、跟踪等信息管理。从 20 世纪 80 年代起，EAM 软件在西方发达国家电力、矿山、冶金、石化、运输、航空、国防、市政设施等行业或部门已被广泛采用。国内的许多资产密集型企业，如大亚湾核电站、秦山核电站、广州地铁以及刚刚签约的中海油等，均已成功或开始实施 EAM。

可见，EAM 在电网系统的前景是相当光明的。EAM 系统以设备台账为数据基础，以检修计划为总揽，以工单的申请、审批和验收为主线，来实现资产生命周期和设备检修的全过程管理。它不仅仅针对固定资产管理，而是设备管理理念、实践与技术的有机

结合，帮助企业掌握资产状况，让有形资产物尽其用、安全运行，同时最大限度的降低成本，提高资产回报率。由于行业的特点，地理信息系统（GIS）在电网企业中也有着广泛的应用，从跨地区的输电线路和配电网络，到各变电站的地理接线图，都可以直接应用 GIS，专业人员可以很方便的使用定位设备，获取设备数据。如果把 EAM 系统和 GIS 系统结合起来，更能快速地对设备进行数据管理。这有可能是今后电网公司固定资产信息化管理的发展方向。当然，是选用现成的固定资产管理软件还是自行研制，还要根据本企业实际进行，不能盲目选择。

第三节　电网企业固定资产折旧管理

一、固定资产折旧定义

折旧是指在固定资产的使用寿命内，按照确定的方法对应计折旧额进行的系统分摊。应计折旧额，是指应当计提折旧的固定资产的原价扣除其预计净残值后的余额。如果已对固定资产计提减值准备，还应当扣除已计提的固定资产减值准备累计金额。

二、影响固定资产折旧因素

影响固定资产折旧的因素主要有以下几个方面：

（1）固定资产原价，是指固定资产的成本。

（2）预计净残值，是指假定固定资产预计使用寿命已满并处于使用寿命终了时的预期状态，企业目前从该项资产处置中获得的扣除预计处置费用后的金额。

（3）固定资产减值准备，是指固定资产已计提的固定资产减值准备累计金额。固定资产计提减值准备后，应当在剩余使用寿命内根据调整后的固定资产账面价值（固定资产账面余额扣减累计折旧和累计减值准备后的金额）和预计净残值重新计算确定折旧率和折旧额。

（4）固定资产的使用寿命，是指企业使用固定资产的预计期间，或者该固定资产所能生产产品或提供劳务的数量。企业确定固定资产使用寿命时，应当考虑下列因素：

1）该项资产预计生产能力或实物产量；

2）该项资产预计有形损耗，如设备使用中发生磨损、房屋建筑物受到自然侵蚀等；

3）该项资产预计无形损耗，如因新技术的出现而使现有的资产技术水平相对陈旧、市场需求变化使产品过时等；

4）法律或者类似规定对该项资产使用的限制，某些固定资产的使用寿命可能受法律或类似规定的约束，如对于融资租赁的固定资产，根据《企业会计准则　第 21 号：租赁》规定，能够合理确定租赁期届满时将会取得租赁资产所有权的，应当在租赁资产使用寿命内计提折旧；如果无法合理确定租赁期届满时能够取得租赁资产所有权的，应当在租赁期与租赁资产使用寿命两者中较短的期间内计提折旧。

三、计提折旧固定资产范围

企业应当对所有的固定资产计提折旧，但是已提足折旧仍继续使用的固定资产和单独计价入账的土地除外，在确定计提折旧的范围时还应注意以下几点：

（1）固定资产应当按月计提折旧，并根据用途计入相关资产的成本或者当期损益。当月增加的固定资产，当月不计提折旧，从下月起计提折旧；当月减少的固定资产，当月仍计提折旧，从下月起不计提折旧。

（2）固定资产提足折旧后，不论能否继续使用，均不再计提折旧，提前报废的固定资产也不再补提折旧。所谓提足折旧是指已经提足该项固定资产的应计折旧额。

（3）已达到预定可使用状态但尚未办理竣工决算的固定资产，应当按照估计价值确定其成本，并计提折旧；待办理竣工决算后再按实际成本调整原来的暂估价值，但不需要调整原已计提的折旧额。

四、固定资产折旧方法

企业应当根据与固定资产有关的经济利益的预期实现方式，合理选择折旧方法。可选用的折旧方法包括年限平均法、工作量法、双倍余额递减法和年数总和法等。企业选用不同的固定资产折旧方法，将影响固定资产使用寿命期间内不同时期的折旧费用，因此固定资产的折旧方法一经确定，不得随意变更。如需变更应当符合《固定资产准则》第十九条的规定。

1. 年限平均法

年限平均法又称直线法，是指将固定资产的应计折旧额均衡地分摊到固定资产预计使用寿命内的一种方法。采用这种方法计算的每期折旧额均相等，其计算公式为

年折旧率＝（1−预计净残值率）/预计使用寿命×100%

月折旧率＝年折旧率/12

月折旧额＝固定资产原价×月折旧率

采用年限平均法计算固定资产折旧虽然比较简便，但它也存在着一些明显的局限性。首先，固定资产在不同使用年限提供的经济效益是不同的。一般来讲，固定资产在其使用前期工作效率相对较高，所带来的经济利益也就多；而在其使用后期，工作效率一般呈下降趋势，因而所带来的经济利益也就逐渐减少。年限平均法不考虑，明显是不合理的。其次，固定资产在不同的使用年限发生的维修费用也不一样，固定资产的维修费用将随着其使用时间的延长而不断增加，而年限平均法也没有考虑这一因素。

当固定资产各期负荷程度相同时，各期应分摊相同的折旧费，这时采用年限平均法计算折旧是合理的。但是，如果固定资产各期负荷程度不同，采用年限平均法计算折旧时，则不能反映固定资产的实际使用情况，提取的折旧数与固定资产的损耗程度也不相符。

2. 工作量法

工作量法，是根据实际工作量计算每期应提折旧额的一种方法，其计算公式为

单位工作量折旧额＝固定资产原价×（1−预计净残值率）/预计总工作量

某项固定资产月折旧额＝该项固定资产当月工作量×单位工作量折旧额

3. 双倍余额递减法

双倍余额递减法，是指在不考虑固定资产预计净残值的情况下，根据每期期初固定资产原价减去累计折旧后的余额和双倍的直线法折旧率计算固定资产折旧的一种方法，其计算公式为

年折旧率=2/预计使用寿命（年）×100%

月折旧率=年折旧率/12

月折旧额=固定资产账面净值×月折旧率

由于每年年初固定资产净值没有扣除预计净残值，因此在应用这种方法计算折旧额时必须注意不能使固定资产的账面折余价值降低到其预计净残值以下，即实行双倍余额递减法计算折旧的固定资产，应在其折旧年限到期前两年内，将固定资产净值扣除预计净残值后的余额平均摊销。

例如，甲公司某项设备原价为 120 万元，预计使用寿命为 5 年，预计净残值率为 4%，假设甲公司没有对该机器设备计提减值准备，则甲公司按双倍余额递减法计算折旧，每年折旧额计算为

年折旧率=2/5×100%=40%

第一年应提的折旧额=120×40%=48（万元）；

第二年应提的折旧额=（120−48）×40%=28.8（万元）；

第三年应提的折旧额=（120−48−28.8）×40%=17.28（万元）。

从第四年起改按年限平均法（直线法）计提折旧，即

第四年和第五年应提的折旧额=（120−48−28.8−17.28−120×4%）/2

=10.56（万元）

4. 年数总和法

年数总和法又称年限合计法，是将固定资产的原价减去预计净残值的余额乘以一个以固定资产尚可使用寿命为分子、以预计使用寿命逐年数字之和为分母的逐年递减的分数计算每年的折旧额，其计算公式为

年折旧率=尚可使用年限/预计使用寿命的年数总和×100%

月折旧率=年折旧率/12

月折旧额=（固定资产原价−预计净残值）×月折旧率

五、电网企业固定资产折旧率选择

1. 某些固定资产折旧计提不合理

目前，电网企业的折旧方法各地并不完全相同，相当多的电网企业还是使用平均年限法计提折旧，也有的电网企业如山东电网是使用加速折旧法计提折旧的。在使用平均年限法计提折旧的电网企业中，折旧年限过长、折旧率偏低的现象还是存在的。国家电网公司也注意到了折旧率偏低这个问题的普遍性，于 2004 年清产核资后，发布执行了全新的固定资产分类折旧率，并以 2004 年 12 月 31 日为基准时点对 2004 年 12 月 31 日前已提折旧按照新折旧率进行了追溯调整，补提了折旧。

表 4-1　　新旧折旧率对照表

输电线路	30	3.23%	3%	20	4.75%	5%
变电设备	18	5.56%	0	12	7.92%	5%
配电线路	14	6.93%	3%	12	7.92%	5%
配电设备	18	5.39%	3%	12	7.92%	5%
用电计量设备	6	16.67%	0	7	13.57%	5%
通信线路	10	9.7%	3%	10	9.5%	5%
通信设备	8	12.5%	0	10	9.5%	5%
自动化设备	8	12.5%	0	8	11.88%	5%
仪器仪表	7	14.29%	0	7	13.57%	5%
计算机	4	25%	0	5	19%	5%
制造检修设备	10	9.7%	3%	12	7.92%	5%
管理用工具	9	11.11%	0	7	13.57%	5%
运输设备	6	16.17%	3%	6	15.83%	5%
生产用房屋	30	3.33%	0	20	4.75%	5%
非生产用房屋	35	2.86%	0	20	4.75%	5%
建筑物	20	5%	0	12	7.92%	5%
非生产设备	18	5.39%	0	7	13.57%	5%

表 4-1 是清产核资前后分类折旧率的对比，从上面的对比不难看出，新的分类折旧率较之以前使用的已有较大幅度的提高。经过追溯调整某电网公司固定资产的年平均折旧率已从 2003 年的 5.9%上升到了 2004 年的 8.8%。但应看到新的分类折旧年限中仍有部分规定，折旧年限大于实际使用年限的现象存在。例如，手机作为一种通信设备要经过 10 年才能提完折旧，但事实上没有哪个手机能用到 10 年的。随着电网建设的大量投入，设备更新换代越来越快，越来越多的设备达不到规定的使用年限就面临着淘汰报废的处境。又如，某电网企业 2005 年未提足折旧固定资产 28 项，金额 528 万元，累计提取折旧 262 万元。未提足折旧的固定资产金额占总报废资产金额的 33.5%，未提足折旧报废固定资产累计提取的折旧只相当于未提足折旧报废固定资产金额的 49.6%，这么低的比率说明未提足折旧报废的固定资产还远远没有达到规定的折旧年限，因为提足折旧报废时这个比率高达 95%。折旧计提的慢，在固定资产能为企业带来经济利益时，不能及时摊销进入成本。在报废时，一下子将未提完的折旧全部作为损失计入成本，无疑会加大企业的负担。当然选择什么样的折旧方法，还要根据各企业的具体情况和实际承受能力确定。

2. 选择合适的折旧方法和折旧率

企业的折旧政策一经确定是不能轻易改变的，但如果新的折旧政策更能真实的反映企业的财务状况、经营成果和现金流量时，就应当考虑变更。目前，有的电网企业折旧率还是相对较低的。想要提高折旧水平有两个途径：一是采用加速折旧法计提折旧，二是缩短固定资产的折旧年限。选择合理的固定资产折旧方法计提折旧，对于足额补偿固定资产损耗，保证固定资产再生的顺利进行均有重要意义。

同时采用不同的折旧方法，对企业的筹资、投资、利润、所得税以及固定资产的风险—收益都会产生一定的影响。企业在选择折旧政策时，应考虑固定资产的磨损状况、企业的获利能力、一定时期的现金流动情况、纳税义务、资本保全与技术更新、会计信息的稳定性等因素。

加速折旧法在我国电网企业中并不普及，而在国外却使用的很多。日本税法在原则上规定，有形固定资产折旧，企业可以选择直线法、定率法和产量比率法，其中定率法属于快速折旧方法。另外，日本税法还规定，同一企业的不同资产，可以采用不同的折旧计提方法。例如，有的企业对重要的生产设备采用快速折旧法，为设备的更新快速的积累资金，而对于房屋等不动产则采用直线法提折旧，不至于使企业利润下降过多。加速折旧或适当缩短折旧年限也是美国联邦政府鼓励产业投资的重要手段。美国联邦能源监管委员会主席帕特伍德称，将电力传输资产的加速折旧时间从目前的20年缩短至15年，会有助于吸引更多投资。

无论哪种加速方法提取的折旧都比现在普遍采用的直线法提取的折旧多。这一方面减少了当年利润和所得税，另一方面也加速了设备更新资金的积累。电网企业的固定资产建设大都是靠贷款完成的，一般若能在固定资产使用初期多提折旧，减少纳税，对减轻贷款压力也是有一定好处的。当然也不是说，折旧计提的越快越好，采用那种折旧方法还要考虑企业实际的承受能力等因素。

六、固定资产使用寿命、预计净残值和折旧方法的复核

由于固定资产的使用寿命长于1年，属于企业的非流动资产，企业至少应当于每年年度终了。对固定资产的使用寿命、预计净残值和折旧方法进行复核。

在固定资产使用过程中，其所处的经济环境、技术环境以及其他环境有可能对固定资产使用寿命和预计净残值产生较大影响。例如，固定资产使用强度比正常情况大大加强，致使固定资产实际使用寿命大大缩短；替代该项固定资产的新产品的出现致使其实际使用寿命缩短，预计净残值减少等。为真实反映固定资产为企业提供经济利益的期间及每期实际的资产消耗。企业至少应当于每年年度终了，对固定资产使用寿命和预计净残值进行复核。如果固定资产使用寿命预计数与原先估计数有差异，应当调整固定资产使用寿命；如果固定资产预计净残值预计数与原先估计数有差异，应当调整预计净残值。

固定资产使用过程中所处经济环境、技术环境以及其他环境的变化，也可能致使与固定资产有关的经济利益的预期实现方式发生重大改变。如果固定资产给企业带来经济利益的方式发生重大变化，企业也应相应改变固定资产折旧方法。例如，某企业以前年度采用年限平均法计提固定资产折旧，此次年度复核中发现，与该固定资产相关的技术发生很大变化，年限平均法已很难反映该项固定资产给企业带来经济利益的方式，因此决定变年限平均法为加速折旧法。

企业应当根据《企业会计准则　第 4 号：固定资产》的规定，结合企业的实际情况，制订固定资产目录、分类方法、每类或每项固定资产的使用寿命、预计净残值、折旧方法等，并编制成册，根据企业的管理权限，经股东大会或董事会，或经理（厂长）会议或类似机构批准，按照法律、行政法规等的规定报送有关各方备案，同时备置于企业所在地，以供投资者等有关各方查阅。企业已经确定并对外报送，或备置于企业所在地的有关固定资产目录、分类方法、使用寿命、预计净残值、折旧方法等，一经确定不得随意变更，如需变更，仍然应按照上述程序，经批准后报送有关各方备案。

固定资产使用寿命、预计净残值和折旧方法的改变应作为会计估计变更，按照《企业会计准则　第 28 号：会计政策、会计估计变更和差错更正》处理。

第四节　电网企业现金流量计算

在项目投资中，现金流量是指投资项目在其计算期内（项目的有效持续期间，即从项目投资建设开始到最终清理结束整个过程的全部时间）引起的企业现金流入和现金流出。这里的“现金”是广义的现金概念，它不仅包括各种货币资金，而且还包括项目需要投入的企业拥有的非货币性资源的变现价值。在这里应注意将在项目投资中所使用的现金流量概念的内涵及外延，与财务会计按年编报的现金流量表中所使用的现金流量概念进行区别，不可混为一谈。

一、现金流量构成

一个投资项目在其计算期内的现金流量，可以从两个角度对其构成进行分析。从项目投资的阶段划分上，可将一个投资项目预期的现金流量区分为以下三个部分。

1. 初始现金流量

初始现金流量是指在项目投资建设期内发生的现金流量，一般包括以下几点：

（1）用于固定资产的投资。包括固定资产的购置、建造及安装成本等，这部分投资是形成固定资产价值的主要部分。

（2）用于营运资产的投资。项目投资扩大了企业的生产能力，往往需要投入相应配套的营运资金，这部分资金具有垫支性，通常在项目投产当年的年初投入，在项目清理结束时，可如数收回移作它用。

（3）其他投资。是指与项目投资有关的，除用于前面两项投资以外的其他资金投入。

2. 营业现金流量

营业现金流量是指项目建成投产后，在其使用周期内由于生产经营所带来的现金流入和流出，这种现金流量通常按年计算。假定企业产销平衡，销售产品取得营业收入均在当年能收回现金，这样企业通过该项目投资当年获得的现金流入就等于其全年营业收入。企业为取得营业收入而发生的成本中，当年实际支付现金的部分称之为付现成本。

据此，项目的年营业现金净流量可用以下公式来计算，即

年营业现金净流量＝营业收入－付现成本

企业为取得收入而付出的代价即营业成本中，除了当年需实际支付现金的付现成本外，其余部分是不需支付现金的，这部分成本主要由固定资产折旧构成。为简化计算，通常将营业成本中的非付现成本用折旧来近似地代替，于是有下式

付现成本＝营业成本－折旧

即　年营业现金净流量＝营业收入－付现成本

＝营业收入－（营业成本－折旧）

＝营业收入－营业成本＋折旧

＝利润＋折旧

由于所得税的作用，企业营业收入的金额有一部分会流出企业，得到的现金流入是税后收入，即

税后收入＝收入金额×（1－税率）

这里所说的“收入金额”是指根据税法规定需要纳税的收入，不包括项目结束时收回垫支资金等现金流入。

折旧的抵税作用，大家都知道，加大成本会减少利润，从而使所得税减少。如果不计提折旧，企业的所得税将会增加许多。折旧可以起到减少税负的作用，这种作用称之为“税盾作用”。

3. 税后现金流量

在加入所得税因素以后，现金流量的计算有以下三种方法。

（1）根据直接法计算。

根据现金流量的定义，所得税是一种现金支付，应当作为每年营业现金流量的一个减项，即

营业现金流量＝营业收入－付现成本－所得税　　（4-1）

这里的“营业现金流量”是指未扣除营运资本投资的营业现金毛流量。

（2）根据间接法计算，其计算式为

营业现金流量＝税后净利润＋折旧　　（4-2）

式（4-2）与式（4-1）是一致的，可以从式（4-1）直接推导出来，得

营业现金流量＝营业收入－付现成本－所得税

＝营业收入－（营业成本－折旧）－所得税

＝营业利润＋折旧－所得税

＝税后净利润＋折旧

（3）根据所得税对收入和折旧的影响计算。

根据前边讲到的税后成本、税后收入和折旧抵税可知，由于所得税的影响，现金流量并不等于项目实际的收支金额，即

税后成本＝支出金额×（1－税率）

税后收入=收入金额×（1−税率）

折旧抵税=折旧×税率

因此，现金流量应当按下式计算

营业现金流量=税后收入−税后付现成本+折旧抵税

=收入×（1−税率）−付现成本×（1−税率）+折旧×税率 （4-3）

这个公式也可从式（4-2）直接推导出来，即

营业现金流量=税后净利润+折旧

=（收入−成本）×（1−税率）+折旧

=（收入−付现成本−折旧）×（1−税率）+折旧

=收入×（1−税率）−付现成本×（1−税率）−折旧+折旧×税率+折旧

=收入×（1−税率）−付现成本×（1−税率）+折旧×税率

4. 终结现金流量

终结现金流量是指投资项目在清理报废或变卖时所发生的现金流入和流出增加的数量，通常由以下几部分构成：

（1）固定资产残值的变价收入；

（2）收回垫支的营运资金；

（3）其他与项目清理有关的资金收回。

二、现金流入流出

从现金流量的流向上，可将投资项目的现金流量区分为现金流入量、现金流出量和现金净流量。

1. 现金流入量

一个投资项目的现金流入量是指投资项目所引起的企业现金流入增加的数量，如生产经营引起的营业现金流入、项目清理时的残值收入。

2. 现金流出量

现金流出量是指投资项目所引起的企业现金流出增加的数量，如项目建设期内为购建固定资产而发生的款项支出、项目投产前投入的垫支营运资金等。

3. 现金净流量

现金净流量是指一定期间项目引起的企业现金流入量与现金流出量之间的差额，这里所说的“一定期间”通常指一年内，有时指投资项目持续的整个年限内。

现代财务管理将现金流量作为基础性指标，通过计算一系列评价指标对投资项目进行财务可行性评估时，为了简化计算，通常将上述按期间预测的现金流入量和现金流出量这些时期指标转化为时点指标，一般假定各年的投资在年初发生，各年的营业现金净流量在各年年末一次发生，项目清理报废时的终结现金流量看作在最后一年年末发生，有了这样假定，就可以很方便地进行评价指标的计算了。

三、现金流量估计

前面已提到，预测投资项目的现金流量是项目投资评价中重要的一步，全面、准确地预测一个投资项目的预期现金流量是投资项目财务可行性评价必不可少的一环。

在实际中，投资项目的现金流量估计是一项十分复杂的工作，而且要涉及企业的各个部门。在企业财务部门统一协调的基础上，需要企业各相关部门的通力合作才能完成。

在确定投资方案的现金流量时，应遵循的最基本的原则是：只有增量现金流量才是与项目相关的现金流量。所谓增量现金流量，是指接受或拒绝某个项目投资方案后，企业总的现金流量会因此而发生变动。只有那些由于采纳某个项目引起的现金流出的增加额，才是该项目的现金流出；只有那些由于采纳某个项目引起的现金流入的增加额，才是该项目的现金流入。

为了正确地确定投资项目的现金流量，在对投资项目预期现金流量进行分析时，应特别关注以下几个方面。

1. 现金流量与投资项目之间的相关性

所谓相关性，主要强调列入投资项目评价的现金流量必须是与项目投资有关的，是由项目投资所引起的，而且是在项目评价时必须要考虑的现金流入或现金流出。现金流量的相关性与投资项目的一次性有关，离开相关性来考虑现金流量，往往容易导致现金流量估计的不准确，对项目评估带来不良结果。

之所以强调现金流量的相关性，是因为如果在项目评估时把不相关的现金流量纳入项目评估中，则可能会使一个有利的项目方案变得不利；反之，可能使一个不利的方案，从项目评估的结果来看，判定为一个在财务上可行的方案，最终误导决策。

2. 全面考虑机会成本

企业用于投资的资源是有限的，而一项资源在具体投资项目的使用上，只能用于一个项目，而不可能同时用于几个项目。在对资源的具体使用上，如果企业选择了某个项目投资，则必须放弃其他可能的投资机会，其他投资机会可能取得的收益，是实行本方案的一种代价，这一代价则称为本投资项目的机会成本。

例如，企业现有一台旧设备，原值50万元，已使用5年，已提折旧25万元，企业在考虑可否利用一台新设备来替换这台旧设备时，需对继续使用的旧设备和启用新设备两方案的经济可行性进行了评价。单就旧设备继续使用而言，有两种选择，一种选择是放弃继续使用，可能获得变价收入 20 万元，同时可获得纳税上的好处 1.7 万元；另一种选择是继续使用旧设备，在考虑继续使用旧设备时，就必须放弃将其出售的机会，而放弃这一机会所可能取得的收益 21.7 万元，就是继续使用旧设备的机会成本，相对于出售旧设备而言，继续使用旧设备相当于企业投资21.7万元购置一台旧设备。

在全面考虑投资项目的机会成本时，应注意以下两点：

（1）机会成本不是通常意义上理解的成本概念，它不是一种现实的支出，并没有实际发生，而是一种潜在的收益；

（2）机会成本总是针对被放弃的具体方案而言的，这个具体方案是被放弃的所有方案中的最佳方案，该方案可能取得的收益才是人们所说的扩建项目的机会成本。

在项目投资评估中，之所以要全面考虑机会成本，旨在全面考虑可能采取的各种方案，以便为企业的既定资源找到最有利的使用途径。

3. 项目需要垫支的营运资金也是项目投资的一部分

在一般情况下，当公司开办一项新业务并使销售额扩大后，对于存货和应收账款等流动资产的需求也会增加，公司必须筹措新的资金以满足这种额外的资金需求；另一方面，公司扩充的结果，应付账款与一些应付费用等流动负债也会同时增加，从而降低公司对营运资金的实际需要，其结果可能导致企业垫支一部分营运资金，其数额等于增加的流动资产与增加的流动负债之间的差额。

第五节　电网企业固定资产投资决策基本方法

选择投资决策方法是决策的重要内容，目前企业在投资决策中常用的方法主要有静态分析方法和动态分析方法两种。其中，静态分析方法是按传统会计观念对投资项目方案进行评价和分析的方法，这种方法没有考虑时间价值因素，包括投资利润率法、投资回收期法；动态分析方法是依据货币时间价值的原理对投资方案进行评价和分析的方法，包括净现值法、内含报酬率法、现值指数法。

一、静态分析方法

1. 投资利润率法

投资利润率又称投资报酬率（记作 ROI），是指一项投资方案的平均每年获得的收益与投资额之比，是一项反映投资获利能力的相对数指标。投资利润率法是以投资利润率为标准评价和分析投资方案的方法。投资利润率的计算公式为

$$投资利润率 = （年平均利润额/投资总额）\times 100\%$$

或

$$ROI=［P（或 P）/I］\times 100\%$$

例如，某项目预计投产后每年可获利润 10 万元，建设期 2 年，固定资产投资 100 万元，每年借款利息 12 万元，则其投资利润率计算为

$$投资利润率（ROI）=\frac{10}{100+12\times 2}\times 100\% = 8.06\%$$

投资利润率的决策标准是：投资项目的投资利润率越高越好，低于无风险投资利润率的方案为不可行方案。

投资利润率法的优点是简单、明了、易于掌握，且该指标不受建设期的长短、投资方式、回收额的有无以及净现金流量的大小等条件的影响，能够说明各投资方案的收益水平。

投资利润率法的缺点是：① 没有考虑货币时间价值因素，不能正确反映建设期长短及投资方式不同对项目的影响；② 该指标的分子分母由于时间特征不一致（分子是时期指标，分母是时点指标），因而在计算口径上可比基础较差；③ 该指标的计算无法

直接利用净现金流量信息。

2. 投资回收期法

投资回收期（*PP*），是指回收全部初始投资所需要的时间，一般以年为单位，它代表回收投资所需要的时间，回收期限越短，方案越有利。投资回收期法是以投资回收期的长短作为评价项目方案优劣标准的投资决策方法。

如果项目投产后每年的现金净流量相等，则使用以下公式计算

$$投资回收期=\frac{投资额}{每年现金净流量}$$

投资回收期法容易理解，计算也比较简单，但因其没有考虑时间价值因素，没有考虑回收投资后项目的获利情况，有明显的缺点。事实上，有战略意义的长期投资往往早期收益较低，而中后期收益较高。投资回收期法容易导致优先选择急功近利的项目，却放弃长期有利的方案。该方法是过去评价投资方案最常用的方法，目前是作为辅助方法使用的，主要用来测定方案的流动性而非营利性。

二、动态分析方法

1. 净现值法

这种方法使用净现值作为评价方案优劣的指标。所谓净现值，是指特定方案未来现金流入的现值与未来现金流出的现值之间的差额。按照这种方法，所有未来现金流入和流出都要按预定贴现率折算成它们的现值，然后计算它们的差额。如果净现值为正数，即贴现后的现金流入大于贴现后的现金流出，表明该投资项目的实际报酬率大于预定的贴现率。如果净现值为零，即贴现后的现金流入等于贴现后的现金流出，表明该投资项目的实际报酬率相当于预定的贴现率。如果净现值为负数，即贴现后的现金流入小于贴现后的现金流出，表明该投资项目的实际报酬率小于预定的贴现率。

计算净现值的公式为

$$净现值=\sum_{k=0}^{n}\frac{I_k}{(1+i)^k}-\sum_{k=0}^{n}\frac{O_k}{(1+i)^k}$$

投资项目净现值的计算包括以下步骤：

（1）估算投资项目每年的现金流量，包括现金流入量和现金流出量；

（2）选用适当的贴现率，将投资项目各年的折现系数通过查表确定下来；

（3）将各年现金流量乘以相应的折现系数求出现值；

（4）汇总各年现金流量的现值，得出投资项目的净现值。

净现值法所依据的原理是：假设预计的现金流入在年末肯定可以实现，并把原始投资看成是按预定贴现率借入的。当净现值为正数时，说明偿还本息后该项目仍有剩余的收益；当净现值为零时，说明偿还本息后一无所获；当净现值为负数时，该项目收益不足以偿还本息。

应当指出的是，在项目评价中，正确地选择贴现率至关重要，它直接影响项目评价

的结论。如果选择的贴现率过低，则会导致一些经济效益较差的项目得以通过，从而浪费了有限的社会资源；如果选择的贴现率过高，则会导致一些效益较好的项目不能通过评价，使有限的社会资源不能充分地发挥作用。在实务中，一般按以下几种方法确定项目的贴现率：

（1）以投资项目的资金成本作为折现率；

（2）以投资的机会成本作为折现率；

（3）根据不同阶段采用不同的折现率，在计算项目建设期现金流量的现值时，以贷款的实际利率作为贴现率；在计算项目经营期现金流量现值时，以全社会资金的平均收益率作为贴现率；

（4）以行业平均资金收益率作为项目的贴现率。

净现值是折现后的项目净收益指标，运用净现值法评价项目的标准是：如果投资方案的净现值大于或等于零，该方案为可行方案；如果投资方案的净现值小于零，该方案为不可行方案；如果几个投资方案的投资额相同，且净现值均大于零，那么净现值最大的方案为最优方案。

采用净现值法进行项目财务可行性评价的优点表现为以下三个方面：

（1）考虑了货币时间价值因素，增强了投资经济性的评价；

（2）考虑了项目计算期的全部现金流量，体现了流动性与收益性的统一；

（3）考虑了投资风险，因为贴现率的大小与风险大小有关，风险越大贴现率越高。

净现值法的缺点也是明显的，主要表现为以下两个方面：

（1）不能从动态的角度直接反映投资项目的实际收益率水平，当各项目投资额不等时，仅用净现值无法确定投资方案的优劣；

（2）现金流量的估算和贴现率的确定比较困难，而它们的正确性对计算净现值有着重要影响。

2. 内含报酬率法

内含报酬率法是根据方案本身的内含报酬率来评价方案优劣的一种方法。所谓内含报酬率，是指能够使未来现金流入量现值等于未来现金流出量现值的贴现率，或者说是使投资方案净现值为零的贴现率。

净现值法虽然考虑了时间价值，可以说明投资方案高于或低于某一特定的投资报酬率，但并没有揭示方案本身可以达到的具体的报酬率是多少。内含报酬率是根据方案的现金流量计算的，是方案本身的投资报酬率。

内含报酬率的计算，通常需要“逐步测试法”。首先估计一个折现率，用它来计算方案的净现值；如果净现值为正，说明方案本身的报酬率超过估计的折现率，应提高折现率后进一步测试；如果净现值为负数，说明方案本身的报酬率低于估计的折现率，应降低折现率后进一步测试。经过多次测试，找出使净现值接近于零的折现率，即为方案本身的内含报酬率。

内含报酬率反映投资项目本身的收益能力，是其内在的实际收益率，计算出各方案的内含报酬率后，可以将这一比率与其资金成本或要求的必要报酬率对比，如果方案的内含报酬率大于其资金成本或要求的必要报酬率，该方案为可行方案；如果投资方案的内含报酬率小于其资金成本或要求的必要报酬率，为不可行方案。如果几个投资方案的内含报酬率都大于其资金成本或要求的必要报酬率，且各方案的投资额相同，那么内含报酬率与资金成本或要求的必要报酬率之间差异最大的方案为最优方案；如果几个方案的内含报酬率均大于其资金成本或要求的必要报酬率，但各方案的原始投资额不等，其决策标准应是“投资额 X（内含报酬率—资金成本或要求的必要报酬率）”最大的方案为最优方案。

内含报酬率法的优点是非常注重货币时间价值，能从动态的角度直接反映投资项目的实际收益水平，且不受行业基准收益率高低的影响，比较客观。但该指标的计算过程十分麻烦，当经营期大量追加投资时，又有可能会导致多个值出现，或偏高或偏低，缺乏实际意义。

3. 现值指数法

这种方法使用现值指数作为评价方案的指标。所谓现值指数，是未来现金流入量的现值与现金流出量的现值的比率，亦称现值比率、获利指数。

现值指数法的优缺点与净现值法的优缺点基本相同，但有一重要区别是，现值指数法可以从静态的角度反映项目投资的资金投入与总产出之间的关系，可以弥补净现值法在投资额不同的方案之间不能比较的缺陷，使投资方案之间可直接用现值指数进行比较；其缺点是无法直接反映投资项目的实际报酬率，且计算复杂。

4. 三种评价方法的比较

前面分别介绍了常用的三种动态分析方法，就这三种方法的使用而言，各有优缺点。在实际投资项目分析评价中，针对企业是否存在资本限量和决策类型的不同，三种方法的使用存在一定的差别。

在不存在资本限量情况下，净现值法是首选分析评价方法。在互斥方案选择中，选择净现值为正数且最大的投资项目方案为可行方案；在独立方案的分析评价中，净现值为正数均可入选。

在存在资本限量情况下，对于互斥方案的选择，在资本限量内应选择净现值为正且最大的投资项目作为入选方案；而对于独立方案的分析评价，在资本限量内取净现值为正数且最大的投资组合为入选投资方案。项目投资的优先顺序应按内含报酬率或现值指数的大小排定。

第六节 电网企业固定资产投资决策

一个企业的固定资产投资，将直接影响到该企业的经营规模。它单项投资大，施工期较长，投资回收期也较长，投资一经实施，行动很难更改，更新难度也很大，故而决策成败的后果影响深远。要做好固定资产的投资需研究以下几个问题：

（1）要考虑本企业的影响因素，即主观因素。

（2）价值因素。由于固定资产投资一般数额较大且回收期长，因而企业进行投资要结合资金的时间价值和风险价值来分析。

（3）正确分析比较固定资产投资决策的经济评价和风险评价，并作出可行性分析。

（4）风险决策方法。

一、进行固定资产投资的首要因素：资金投向与决策者

资金投向是指资金投入的具体方向或领域。确定资金投向就是企业要明确一定时期内企业投资的领域和范围。资金投向一般要考虑以下三个方面因素：

（1）资金投向要与企业发展方向和发展阶段的要求相适应。

（2）资金投向要以企业的技术改造为重点。

（3）资金投向要认真研究国家的产业政策，使投资投向着重于国家大力扶持的新产业。

另外，值得一提的是，投资的管理者也是一个不容忽视的问题，投资对决策者素质的要求也是非常严格的，决策人的预见性、胆识性、心理素质等都是确定投资计划成功与否最主要的因素。

二、影响固定资产投资的第二个因素：价值因素

1. 资金的时间价值

资金的时间价值是指按放弃使用货币时间的长短所计算的报酬，即货币随着时间的推移而发生的增值（不包含通货膨胀因素），它的原理与表现形式如下：

（1）资金的时间价值原理。在资金使用权和所有权分离的今天，资金的时间价值仍是剩余价值的转化形式。一方面，它是资金所有者让渡资金使用权而获得的一部分报酬；另一方面，它是资金使用者因获得使用权而支付给资金所有者的成本。

（2）表现形式为利息和利率。其实质就是资金利润率，将货币投资于生产经营之中，由于生产资料同劳动力相结合就会创造出新的价值。

2. 投资的风险价值

投资的风险价值又称风险报酬，是指经营者因在活动中冒风险而取得的报酬。这种报酬占投资总额的百分比叫投资报酬率。一般来说，风险越大，投资报酬率越高；反之风险越小，投资报酬率要求也就越低。产生的风险性原因主要有：① 投资收益是具有不确定性的；② 投资活动具有较长的周期性和时常性；③ 投资决策对资产活动的预测和控制也具有不确定性等多种因素。

3. 现金流量

在长期投资决策的分析中，现金流动状况更为重要。一个项目能否维持下去，取决于有没有流动资金，而且现金一旦支出只有收回后才能进行再次投资，所以现金流量也是长期投资决策中关键的因素之一。

现金流量是指同某一投资方案相联系的，在未来一定时期发生的现金流出与现金流入的数量，这三者关系表达为

现金净流量=每年现金流入量−每年现金流出量

现金流量的原则如下：

（1）投资项目的费用和效益。现金支出和现金收入分别为费用和效益，就应依据收付实现制，按企业实际的现金流入和流出量记入实际年份，也就是说，项目费用和效益的计算不受权责发生制影响。

（2）如果在预计项目寿命期内，与项目有关的价格和成本将发生持续上涨的情况，估算未来现金流量时就应考虑通货膨胀对费用和效益的影响。

在投资当中，投资者要以收付实现制计算现金流量，才能够真实反映项目的投资收益。

4. 资金成本

资金成本是指企业长期投资所需资金的提取成本。企业要进行长期投资需要投入大量的资金，它是一种预测成本，企业之所以计量资金成本，主要是为长期投资决策服务的。投资的资金来源不外乎有自有和外借两个渠道。如果资金是借入的，则借款利息（利率）就是资金成本；如果资金是自有的，那么投资报酬率就是资金成本。资金成本是资金投资项目能否付诸实施的一个重要条件。如果投资项目的报酬率大于资金成本，则投资可以带来利润；反之，投资项目的报酬率小于资金成本，则它所提供的收入还抵不上资金成本开支，则投资就会亏本。

三、长期投资决策经济评价和风险评价

企业长期投资决策的正确与否关系着一个企业兴盛与存亡。决策者必须从可行的备选方案中选出最优方案，运用一定的专门方法加以分析比较，然后择优确定。

1. 长期投资经济评价方法

评价投资方案的经济效益方法，一般可以分为以下两类：

（1）不考虑资金时间价值的静态分析法。这种方法包括：① 投资回收期法，回收期=原始投资额/每年现金净流入量；② 追加投资回收期法，追加投资回收期=不同方案投资数额之差/不同方案成本之差；③ 投资报酬法，投资报酬=年平均净收益/年平均投资额。

静态分析法的特点是：① 分析不考虑资金的时间价值因素对营利能力和清偿能力的影响；② 不考虑项目寿命期内各年项目的获利能力，只考虑代表年份的净现金流量或平均值。

（2）考虑资金时间价值因素对其营利能力和清偿能力的影响。它是一种动态的分析法，这种动态分析法包括净现值法、现值指数法、年金法、内部收益法。

2. 长期投资风险性分析

风险性分析又称不确定性因素分析，是指对投资项目中的不确定因素以及其产生不确定性的原因进行调查分析，计算确定它们对投资效益产生的影响后果。分析不确定性风险的方法有很多，各有其特点及其适用条件。

（1）盈亏分析，又称量本利分析。通过对一些变动因素对盈亏平衡点的影响进行分

析，确定各种条件下企业的保本生产量。盈亏分析非常简便，但它的成立要有许多前提条件，正确估计这个方法所得出的结论的参考价值，就必须了解以下运用条件：

1）盈亏分析的基础是：销售量=生产量；

2）在所分析的销售量范围内，变动成本是产销量的、正的线性函数。

盈亏分析平衡点确定的公式表示为

保本产量=年固定成本总额/单位产品边际利润

（2）敏感性分析。在项目的经济寿命期内，会有许多不确定因素对项目的经济效益产生影响。敏感性分析是在诸多的不确定因素中，确定哪些是敏感性因素，哪些是不敏感性因素，并分析敏感性因素对经济效益的影响程度。敏感分析的做法如下：

1）确定具体的经济效益指标作为分析对象，如一般选择动态指标净现值或内部收益率，然后是选择敏感性因素，这些因素主要包括投资费用、生产成本、销售收入、生产能力利用率、建设工期等。

2）根据敏感性因素的变化值重新计算有关的经济效益指标，看其变化如何，可以是每个因素单独计算，也可以是在几个因素同时发生变动时的计算。

3）为直观而全面地反映各个因素的变化对某个经济效益指标的影响，可以绘制敏感性曲线图来反映。

（3）概率分析。就是根据不确定因素在一定范围内的随机变动，分析确定这种变动的概率分布和不确定因素的期望值以及标准偏差，进而为项目的决策提供依据的一种方法。

以上几种不确定性分析方法，它们的基本作用在于为投资决策提供尽可能符合实际的参考数据以及预测与实际情况的可能偏差。但是，最后如何决策还需要解决风险决策的问题。

四、固定资产投资风险决策

风险决策，是指在投资项目的财务评价与不确定性分析的基础上，投资者对不同项目方案的收益与风险进行综合权衡后择优选择。在实际经济活动中，风险投资决策主要有风险折现率法、等价确定性解法、决策树分析法、乐观悲观法等几种方法。

（1）风险折现率法。在比较有不同风险的投资项目时，首先可以用调整折现率的方法来分析，风险大的项目选取较大的折现率，风险小的项目选取较小的折现率，然后利用这种考虑了风险因素的折现率来计算项目投资的净现值或内部收益率作为决策的参考。

（2）等价确定性解法。由于不同类型的投资风险程度不同，不同时期的现金流量预测的准确度不同，因而风险也不同。根据不同类型的投资和每年现金流量的方差，对每年现金流量的期望值分别乘以不同的因子，其乘积作为确定的值，等价于这年具有风险的现金流量。

（3）决策树分析法，决策树也叫决策网络分析。决策者首先根据概率枝综合计算各个方案的期望收益，在此基础上比较各个方案，一般是淘汰期望收益较小的方案而保留期望收益较大的方案，如果各个方案也是多层次的，即每个方案又代表一个决策树，那么决策者必须层层推进：从最末的“概率枝”开始逆向分析，在每一个较高级的决策层保留期望值较大的方案，层层推进，直到得出最后一次决策方案的期望值，然后进行方案比较。

（4）乐观悲观法。决策者对风险所持的态度常常不同，在同样的信息前提下，不同人对决策方案选择不同，甚至同一个人在不同时期也会有不同的态度。对风险所持的态度是一种价值判断，这种方法包括稳健型决策、乐观型决策、性格内向型决策。

总之，以上决策方法各有其利弊，这就需要投资者根据自身素质和本企业的实际情况具体问题具体对待，力求以最小的投资风险来获取最大的投资收益。正确的决策会促进企业经营，产生长期持续的积极作用；反之，会使企业蒙受巨大损失。所以在长期投资决策时必须谨慎，在全面考核、认真调研的基础上，充分利用核算资料，科学测算，选出最优方案。

电网企业是国民经济的重要组成部分，关系国民经济命脉，必须义不容辞地承担起国有资产保值增值的责任。国家电网公司提出建设“一强三优”现代电网公司，即电网坚强、资产优良、服务优质、业绩优秀。可见，资产优良已被提升为国家电网公司的奋斗目标之一。电网企业固定资产占总资产的高比率，也说明固定资产优良同样是电网企业的奋斗目标和首要解决好的问题。本文针对目前电网企业固定资产管理中存在的问题，进行了深入的分析，指出了造成电网企业固定资产管理薄弱的原因，提出了改进和加强电网企业固定资产管理的建议。

笔者认为，加强电网企业的固定资产管理，要从观念、人员、制度、方法等各方面入手。首先要从观念上纠正以前只重生产的错误观念，然后在提高人员素质、增强职工工作积极性上下工夫。继而完善固定资产管理制度、建立固定资产内部控制制度。最后从方法上进行优化，运用现代化的信息技术手段，选用恰当的固定资产管理软件进行管理。2004 年的全国范围的清产核资工作使很多电网企业重新摸清了家底，为固定资产的管理奠定了一个良好的基础，但是因为电网企业本身的特殊性和电网企业固定资产的复杂性和分散性，固定资产的管理工作必须常抓不懈。所以，只有继续深化固定资产管理的基础工作，在盘活现有资产的基础上抓管理、出效益，才能使电网公司向着国际一流的宏伟目标不断迈进。

第五章

电网企业流动负债管理

第一节　电网企业流动负债管理概述

一、短期借款

短期借款是指企业向银行或其他金融机构等借入的期限在 1 年以下（含 1 年）的各种借款。企业借人的短期借款无论用于哪方面，只要借入了这笔资金，就构成了一项负债。短期借款筹资是一种基于银行信用而进行的筹资活动，它是企业向银行或其他金融机构借入的期限在 1 年以内的借款，这些借款一般用于弥补企业流动资金的不足。短期借款管理的内容包括借款信用条件选择、利息支付方式以及借款银行选择等。

二、以公允价值计量且其变动计入当期损益的金融负债

金融负债是负债的组成部分，主要包括短期借款、应付票据、应付债券、长期借款等。

企业应当结合自身业务特点和风险管理要求，将承担的金融负债在初始确认时分为以下两类：

（1）以公允价值计量且其变动计入当期损益的金融负债；

（2）其他金融负债，是指没有划分为以公允价值计量且其变动计入当期损益的金融负债。

企业应当在成为金融工具合同的一方时确认金融资产或金融负债；在金融负债的现时义务全部或部分已经解除时，终止确认该金融负债或其一部分。

以公允价值计量且变动计入当期损益的金融负债，应按照公允价值进行初始计量和后续计量。其他金融负债应按照公允价值和相关交易费用作为初始确认金额，应按照实际利率法计算确定的摊余成本进行后续计量（财务担保合同和贷款承诺除外）。

以公允价值计量且其变动计入当期损益的金融负债，包括交易性金融负债和直接指定为以公允价值计量且其变动计入当期损益的金融负债。

（1）交易性金融负债。

满足以下条件之一的金融负债，应当划分为交易性金融负债：

1）承担该金融负债的目的主要是为了近期内出售或回购。

2）属于进行集中管理的可辨认金融工具组合的一部分，且有客观证据表明企业近期采用短期获利方式对该组合进行管理。在这种情况下，即使组合中有某个组成项目持有的期限稍长也不受影响。

3）属于衍生工具，但被指定为有效套期工具的衍生工具、属于财务担保合同

的衍生工具与在活跃市场中没有报价且其公允价值不能可靠计量的权益工具投资挂钩并须通过交付该权益工具结算的衍生工具除外。其中，财务担保合同是指保证人和债权人约定，当债务人不履行债务时，保证人按照约定履行债务或者承担责任的合同。

（2）直接指定为以公允价值计量且其变动计入当期损益的金融负债。

通常情况下，对于混合工具以外的金融负债，只有能够产生更相关的会计信息时才能将该项金融负债直接指定为以公允价值计入且其变动计入当期损益的金融负债。

符合以下条件之一，说明直接指定能够产生更相关的会计信息：

1）该指定可以消除或明显减少由于该金融负债的计量基础不同而导致的相关利得或损失在确认和计量方面不一致的情况。

设立这项条件，目的是在于通过直接指定为以公允价值计量，并将其变动计入当期损益以消除会计上可能存在的不配比现象。例如，有些金融资产可以被划分为交易性金融资产从而其公允价值变动计入当期损益，但与之直接相关的金融负债却以摊余成本进行后续计量，从而导致“会计不配比”。但是，如果将以上金融资产和金融负债均直接指定为以公允价值计量且其变动计入当期损益类，那么这种会计上的不配比就能够消除。

2）企业的风险管理或投资策略的正式书面文件已载明，该金融负债组合或该金融资产和金融负债组合，以公允价值为基础进行管理、评价并向关键管理人员报告。

三、应付票据

应付票据由出票人出票，委托付款人在指定日期无条件支付特定的金额给收款人或者持票人的票据，它包括以下两方面：

（1）带息应付票据，应付票据如为带息票据，其票据的面值就是票据的现值。由于我国商业汇票期限较短，因此通常在期末对尚未支付的应付票据计提利息，计入当期财务费用；票据到期支付票款时，尚未计提的利息部分直接计入当期财务费用。

（2）不带息应付票据，不带息应付票据，其面值就是票据到期时的应付金额。

四、应付及预收款项

1. 应付账款

应付账款指因购买材料、商品或接受劳务供应等而发生的债务。这是买卖双方在购销活动中由于取得物资与支付货款在时间上不一致而产生的负债。

应付账款入账时间的确定，应以与所购买物资所有权有关的风险和报酬已经转移或劳务已经接受为标志。但在实际工作中，应区别情况处理：在物资和发票账单同时到达的情况下，应付账款一般待物资验收入库后，才按发票账单登记入账。这主要是为了确认所购入的物资是否在质量、数量和品种上都与合同上订明的条件相符，以免因先入账而在验收入库时发现购入物资错、漏、破损等问题再行调账。在物资和发票账单未同时到达的情况下，由于应付账款需根据发票账单登记入账，有时货物已到，发票账单要间隔较长时间才能到达，由于这笔负债已经成立，应作为一项负债反映。为在资产负债表上客观反映企业所拥有的资产和承担的债务，在实际工作中采用在月份终了将所购物资和应付债务估计入账，待下月初再用红字予以冲回的办法。因购买商品等而产生的应付账款，应设置“应付账款”科目进行核算，用以反映这部分负债的价值。

应付账款一般按应付金额入账，而不按到期应付金额的现值入账。如果购入的资产在形成一笔应付账款时是带有现金折扣的，应付账款入账金额的确定按发票上记载的应付金额的总值（即不扣除折扣）记账。在这种方法下，应按发票上记载的全部应付金额，借记有关科目贷记“应付账款”科目，而获得的现金折扣冲减财务费用。

2. 预收账款

预收账款是买卖双方协议商定，由购货方预先支付一部分货款给供应方而发生的一项负债。预收账款的核算应视企业的具体情况而定，如果预收账款比较多的，可以设置“预收账款”科目；预收账款不多的，也可以不设置“预收账款”科目，直接记入“应收账款”科目的贷方。单独设置“预收账款”科目核算的，其“预收账款”科目的贷方，反映预收的货款和补付的货款；借方反映应收的货款和退回多收的货款；期末贷方余额，反映尚未结清的预收款项；借方余额反映应收的款项。

五、职工薪酬

职工薪酬是指企业为获得职工提供的服务而给予各种形式的报酬以及其他相关支出。这里所称“职工”比较宽泛，它包括三类人员：一是与企业订立劳动合同的所有人员，含全职、兼职和临时职工；二是未与企业订立劳动合同但由企业正式任命的企业治理层和管理层人员，如董事会成员、监事会成员等；三是在企业的计划和控制下虽未与企业订立劳动合同或未由其正式任命但为其提供与职工类似服务的人员。

六、应交税费

企业在一定时期内取得的营业收入和实现的利润，要按照规定向国家缴纳各种税金。这些应交的税金，应按照权责发生制的原则预提计入有关科目。这些应当交纳的税金，在尚未交纳之前就形成了企业的一项负债。

七、应付股利

应付股利，是指企业经董事会或股东大会，或类似机构决议确定分配的现金股利或利润。获得投资收益是出资者对企业进行投资的初衷。企业在宣告给投资者分配股利或利润时，一方面将冲减企业的所有者权益，另一方面也形成“应付股利”这样一笔负债，随着企业向投资者实际支付利润，该项负债即行消失。

八、应付利息

应付利息，是指企业按照合同规定应支付的利息，包括吸收存款、分期付息到期还本的长期借款、企业债券等应付的利息。

九、其他应付款

其他应付款，是指企业除了应付票据、应付账款、预收账款、应付职工薪酬、应付利息、应付股利、应交税费、长期应付款等以外的其他各项应付、暂收的款项。

第二节 电网企业职工薪酬管理

一、职工薪酬内容

职工薪酬是指企业为获得职工提供的服务而给予各种形式的报酬以及其他相关支出。这里所称“职工”比较宽泛，它包括三类人员：一是与企业订立劳动合同的所有人员，含全职、兼职和临时职工；二是未与企业订立劳动合同但由企业正式任命的企业治理层和管理层人员，如董事会成员、监事会成员等；三是在企业的计划和控制下虽未与企业订立劳动合同或未由其正式任命但为其提供与职工类似服务的人员。

职工薪酬主要包括以下内容：

1. 职工工资、奖金、津贴和补贴

职工工资、奖金、津贴和补贴是指按照国家统计局的规定构成工资总额的计时工资、计件工资、支付给职工的超额劳动报酬和增收节支的劳动报酬、为补偿职工特殊或额外的劳动消耗和因其他特殊原因支付给职工的津贴，以及为了保证职工工资水平不受物价影响支付给职工的物价补贴等。

2. 职工福利费

职工福利费主要是尚未实行分离办社会职工或主辅分离、辅业改制的企业，内设医务室、职工浴室、理发室、托儿所等集体福利机构人员的工资、医务经费，职工因公负伤赴外地就医路费、职工生活困难补助，以及按照国家规定开支的其他职工福利支出。

3. 医疗保险费、养老保险费、失业保险费、工伤保险费和生育保险费等社会保险费

社会保险费是指企业按照国务院、各地方政府或企业年金计划规定的基准和比例计算，向社会保险经办机构缴纳的医疗保险费、养老保险费（包括向社会保险经办机构缴纳的基本养老保险费和向企业年金基金相关管理人缴纳的补充养老保险费）、失业保险费、工伤保险费和生育保险费。企业以购买商业保险形式提供给职工的各种保险待遇属于企业提供的职工薪酬，应当按照职工薪酬的原则进行确认、计量和披露。

养老保险是我国企业提供给职工离职后福利的主要形式，可分为以下三个层次：

第一层次，是社会统筹与职工个人账户相结合的基本养老保险；

第二层次，是企业补充养老保险；

第三层次，是个人储蓄性养老保险。

属于职工个人的行为，与企业无关，不属于职工薪酬核算的范畴。

（1）基本养老保险制度。根据我国养老保险制度相关文件的规定，职工养老保险待遇即受益水平与企业在职工提供服务各期的缴费水平不直接挂钩，企业承担的义务仅限于按照规定标准提存的金额，属于《国际财务报告准则》中所称的设定提存计划。设定提存计划是指企业向一个独立主体（通常是基金）支付固定提存金。如果该基金不能拥有足够资产以支付与当期和以前期间职工服务相关的所有职工福利，企业不再负有进一步支付提存金的法定义务和推定义务。因此，在设定提存计划下，企业在每一期间的义

务取决于企业在该期间提存的金额。由于提存额一般都是在职工提供服务期末的 12 月以内到期支付，计量该类义务一般不需要折现。

我国企业为职工建立的其他社会保险有医疗保险、失业保险、工伤保险和生育保险，也是根据国务院相关条例的规定，由社会保险经办机构负责收缴、发放和保值增值，企业承担的义务亦仅限于按照国务院规定由企业所在地政府规定的标准，与基本养老保险一样，同样属于设定提存计划。

（2）补充养老保险制度。为更好地保障企业职工退休后的生活，依法参加基本养老保险并履行缴纳义务、具有相应的经济负担能力并已建立集体协商机制的企业，经有关部门批准，可申请建立企业年金。企业年金是企业及其职工在依法参加基本养老保险的基础上，自愿建立的补充养老保险制度。

4. 住房公积金

住房公积金是指企业按照国务院有关规定的基准和比例计算，并向住房公积金管理机构缴存的住房公积金。

5. 工会经费和职工教育经费

工会经费和职工教育经费是指企业为了改善职工文化生活、为职工学习先进技术和提高文化水平和业务素质，用于开展工会活动和职工教育及职工技能培训等相关支出。

6. 非货币性福利

非货币性福利是指企业以自己的产品或外购的商品发给职工作为福利，企业提供给职工无偿使用自己拥有的资产或租赁资产供职工无偿使用，如提供给企业高级管理人员使用的住房等；免费为职工提供诸如医疗保健的服务或向职工提供企业支付了一定补贴的商品或服务；以低于成本的价格向职工出售住房等。

7. 因解除与职工的劳动关系给予的补偿

因解除与职工的劳动关系给予的补偿是指由于分离办社会职能、实施主辅分离、辅业改制、分流安置富余人员、实施重组、改组计划、职工不能胜任等原因，企业在职工劳动合同尚未到期之前解除与职工的劳动关系，或者为鼓励职工自愿接受裁减而提出补偿建议的计划中给予职工的经济补偿，即《国际财务报告准则》中所指的辞退福利。

8. 其他与获得职工提供的服务相关的支出

其他与获得职工提供的服务相关的支出是指除上述 7 种薪酬以外的其他为获得职工提供的服务而给予的薪酬，比如企业提供给职工以权益形式结算的认股权、以现金形式结算但以权益工具公允价值为基础确定的现金股票增值权等。

总之，从薪酬的涵盖时间和支付形式来看，职工薪酬包括企业在职工在职期间和离职后给予的所有货币性薪酬和非货币性福利；从薪酬的支付对象来看，职工薪酬包括提供给职工本人及其配偶、子女或其他被赡养人的福利，如支付给因公伤亡职工的配偶、子女或其他被赡养人的抚恤金。

二、职工薪酬确认原则

企业应当在职工为其提供服务的会计期间，将应付的职工薪酬确认为负债，除因解除与职工的劳动关系给予的补偿外，应当根据职工提供服务的受益对象，分别下列情况处理：

（1）应由生产产品、提供劳务负担的职工薪酬计入产品成本或劳务成本。生产产品、提供劳务中的直接生产人员和直接提供劳务人员发生的职工薪酬，计入存货成本。但是，非正常消耗的直接生产人员和直接提供劳务人员的职工薪酬，应当在发生时确认为当期损益。

（2）应由在建工程、无形资产负担的职工薪酬，计入建造固定资产或无形资产成本。自行建造固定资产和自行研究开发无形资产过程中发生的职工薪酬，能否计入固定资产或无形资产成本，取决于相关资产的成本确定原则。比如，企业在研究阶段发生的职工薪酬不能计入自行开发无形资产的成本，在开发阶段发生的职工薪酬，符合无形资产资本化条件的，应当计入自行开发无形资产的成本。

（3）上述（1）、（2）两项之外的其他职工薪酬，计入当期损益。除直接生产人员、直接提供劳务人员、建造固定资产人员、开发无形资产人员以外的职工，包括公司总部管理人员、董事会成员、监事会成员等人员相关的职工薪酬，因难以确定直接对应的受益对象，均应当在发生时计入当期损益。

三、职工薪酬计量原则

1. 货币性职工薪酬计量

对于货币性薪酬，在确定应付职工薪酬和应当计入成本费用的职工薪酬金额时，企业应当区分以下两种情况：

（1）具有明确计提标准的货币性薪酬。对于国务院有关部门、省、自治区、直辖市人民政府或经批准的企业年金计划规定了计提基础和计提比例的职工薪酬项目，企业应当按照规定的计提标准，计量企业承担的职工薪酬义务和计入成本费用的职工薪酬，其中：①“五险一金”。对于医疗保险费、养老保险费、失业保险费、工伤保险费、生育保险费和住房公积金，企业应当按照国务院、所在地政府或企业年金计划规定的标准计量应付职工薪酬义务和应相应计入成本费用的薪酬金额；② 工会经费和职工教育经费。企业应当按照国家相关规定，分别按照职工工资总额的2%和15%计量应付职工薪酬（工会经费、职工教育经费）义务金额和应相应计入成本费用的薪酬金额；从业人员技术要求高、培训任务重、经济效益好的企业，可根据国家相关规定，按照职工工资总额的 2.5%计算应计入成本费用的职工教育经费。按照明确标准计算确定应承担的职工薪酬义务后，再根据受益对象计入相关资产的成本或当期费用。

（2）没有明确计提标准的货币性薪酬。对于国家（包括省、直辖市、自治区人民政府）相关法律法规没有明确规定计提基础和计提比例的职工薪酬，企业应当根据历史经验数据和自身实际情况，计算确定应付职工薪酬金额和应计入成本费用的薪酬金额。

2. 非货币性职工薪酬的计量

企业向职工提供的非货币性职工薪酬，应当分别情况予以处理：

（1）以资产产品或外购商品发放给职工作为福利。企业以其生产的产品作为非货币性福利提供给职工的，应当按照该产品的公允价值和相关税费，计量应计入成本费用的职工薪酬金额，并确认为主营业务收入，其销售成本的结转和相关税费的处理，与正常商品销售相同。以外购商品作为非货币性福利提供给职工的，应当按照该商品的公允价值和相关税费，计量应计入成本费用的职工薪酬金额。

需要注意的是，在以自产产品或外购商品发放给职工作为福利的情况下，企业在进行账务处理时，应当先通过“应付职工薪酬”科目归集当期应当计入成本费用的非货币性薪酬金额，以确定完整准确的企业人员成本金额。

（2）将拥有的房屋等资产无偿提供给职工使用、或租赁住房等资产供职工无偿使用。企业将拥有的房屋等资产无偿提供给职工使用的，应当根据收益对象，将住房每期应计提的折旧计入相关资产成本或费用，同时确认应付职工薪酬。租赁住房等资产供职工无偿使用的，应当根据收益对象，将每期应付的租金计入相关资产成本或费用，并确认应付职工薪酬，难以认定收益对象的，直接计入当期损益，并确认应付职工薪酬。

3. 辞退福利确认和计量

（1）辞退福利含义。

辞退福利包括两方面的内容：一是在职工劳动合同尚未到期前，不论职工本人是否愿意，企业决定解除与职工的劳动关系而给予的补偿。二是在职工劳动合同尚未到期前为鼓励职工自愿接受裁减而给予的补偿，职工有权利选择继续在职或接受补偿离职。辞退福利通常采取解除劳动关系时一次性支付补偿的方式，也有通过提高退休后养老金或其他离职后福利的标准，或者在职工不再为企业带来经济利益后，将职工工资部分支付到辞退后未来某一期间。

在确定企业提供的经济补偿是否为辞退福利时，应当注意以下两个问题：

1）辞退福利与正常退休养老金应当区分开来。辞退福利是在职工与企业签订的劳动合同到期前，企业根据法律，与职工本人或职工代表（工会）签订的协议，或者基于商业管理，承诺当其提前终止对职工的雇佣关系时支付的补偿，引发补偿的事项也是辞退，因此企业应当在辞退时进行确认和计量。

职工在正常退休时获得的养老金，是其与企业签订的劳动合同到期时，或者职工达到国家规定的退休年龄时获得的退休后生活补偿金额。此种情况下给予补偿的事项是职工在职时提供的服务而不是退休本身，因此企业应当是在职工提供服务的会计期间确认和计量。

2）无论职工因何种原因离开都要支付的福利属于离职后福利，不是辞退福利。有些企业对职工本人提出的自愿辞职比企业提出的要求职工非自愿辞退情况下支付较少的补偿。在这种情况下，非自愿辞退提供的补偿与职工本人要求辞退提供的补偿之间的差额，才属于辞退福利。

（2）辞退福利的确认原则。

企业在职工劳动合同到期之前解除与职工的劳动关系，或者为鼓励职工自愿接受裁减员工提出给予补偿的建议，同时满足下列条件的，应当确认因解除与职工的劳动关系给予补偿而产生的预计负债，同时计入当期管理费用：

1）企业已经制订正式的解除劳动关系计划或提出自愿裁减建议，并即将实施。该计划或建议应当包括拟解除劳动关系或裁减的职工所在部门、职位及数量、根据有关规定按工作类别或职位确定的解除劳动关系或裁减补偿金额、拟解除劳动关系或裁减的时间。这里所称解除劳动关系计划和自愿裁减建议应当经过董事会或类似权力机构的批准，即将实施是指辞退工作一般应当在1年内实施完毕。但因付款程序等原因使部分付款推迟到1年后支付的，视为符合辞退福利预计负债确认条件。

2）企业不能单方面撤回解除劳动关系计划或裁减建议。如果企业能够单方面撤回解除劳动关系计划或裁减建议，则表明未来经济利益流出不是很可能，因而不符合负债确认条件。

由于被辞退的职工不再为企业带来未来经济利益，因此对于满足负债确认条件的所有辞退福利，均应当于辞退计划满足预计负债确认条件的当期计入费用，不计入资产成本。在确认辞退福利时，需要注意的是，对于分期或分阶段实施的解除劳动关系计划或自愿裁减建议，企业应当将整个计划看作是由一个个单项解除劳动关系计划或自愿裁减建议组成。在每期或每阶段计划符合预计负债确认条件时，将该期或该阶段计划中由提供辞退福利产生的预计负债予以确认，计入该部分计划满足预计负债确认条件的当期管理费用，不能等全部计划都符合确认条件时再予以确认。

第三节 电网企业应交税费管理

企业根据《税法》规定应交纳的各种税费，它包括增值税、消费税、营业税、城市维护建设税、资源税、所得税、土地增值税、房产税、车船使用税、土地使用税、教育费附加、矿产资源补偿费、印花税、耕地占用税等。

企业交纳的印花税、耕地占用税等不需要预计应交数的税金，不通过“应交税费”科目核算。

第四节 电网企业其他流动负债管理

电网企业其他流动负债主要是基于商业信用形成的应付账款、应付票据和预收账款等。商业信用是指在商品交易活动中由于延期付款或预先收款所形成的企业间的借贷关系。商业信用产生于商品交换之中，是所谓的“自发性筹资”，它运用广泛，在短期负债中占有较大比重。商业信用的具体形式包括应付账款、应付票据和预收账款等。

一、应付账款

应付账款是企业购买货物而暂未付款所形成的结算款项。卖方利用这种方式可以促进销售，而对买方而言，延期付款相当于向卖方借用资金购入商品，可以满足短期资金的需求。

与应收账款相对应，应付账款也有付款期、折扣等信用条件，应付账款筹资决策主要是围绕不同信用条件下筹资成本的权衡而最终决定的筹资结果。

1. 应付账款筹资成本

免费信用筹资决策是指买方企业在规定的折扣期内享受折扣而获得的信用。在这种情况下，企业没有因为享受信用而付出代价。因此，应付账款筹资的成本实际上是企业放弃应付账款应享有的现金折扣而导致的隐性成本。

2. 利用现金折扣决策

在附有信用条件的情况下，因为获得不同信用要负担不同的代价，买方企业便要在利用哪种信用之间作出选择。一般来说，如果能以低于放弃折扣的隐含利息成本（实质上是一种机会成本）的利率借入资金，就应在现金折扣期内用借入的资金支付货款，享受现金折扣。

如果在折扣期内将应付账款用于短期投资，所得的投资收益率高于放弃折扣所承担的机会成本，则买方企业应放弃应享有的现金折扣而将资金用于短期投资以获取更高的收益。当然，在这种情况下，企业的付款期限应尽可能推到信用期的最后一天。

二、应付票据

应付票据是企业进行延期付款商品交易时开具的反映债权债务关系的票据。根据票据承兑人的不同，应付票据分为商业承兑汇票和银行承兑汇票，支付期最长不超过6月。应付票据可以带息，也可以不带息。应付票据的利率一般比银行借款利率要低，企业不用保持相应的补偿余额和支付协议费用，所以应付票据的筹资成本低于银行借款成本。但是，应付票据需要在规定的时间内归还，否则便要支付罚金，因而风险较大。

三、预收账款

预收账款是卖方企业在交付货物前，按照合同约定预先向买方收取的款项。对于卖方而言，预收账款相当于向买方借入资金，然后用货物抵偿。这种方式的筹资主要适用于生产周期长、资金需要量大的货物销售。

第五节 电网企业内部往来管理

内部往来，是指内部实行收支两条线核算方式的电力企业，其公司本部与所属非独立核算的基层单位之间生产经费、电费的缴拨和本年利润的结转等引起的账务往来。

第六章

电网企业长期负债管理

第一节　电网企业长期负债管理概述

一、长期负债筹资原则

1. 合理性原则

企业在进行长期负债管理时应该合理安排资本结构，负债在全部资本中的比重要适度。企业的全部资本由权益资本和债务资本两部分组成。权益资本的优点是能够提高企业的资信和借款能力，缺点是相对债务资本，一般资本成本较高，不具有节税功能。一定量的权益资本是企业经营安全性和稳定性的前提，法律规定在企业设立时，就必须有一定规模的权益资本。但是企业仅靠权益资本经营是不够的，一个精明的企业家必定会用别人的资金来发展自己的企业。

首先，负债可以降低资本成本。由于负债利息在税前利润中列支，支付负债利息可以使企业少交所得税，而且债务资本的利息率通常比权益资本的股息率低，所以债务资本成本一般比权益资本成本低。

其次，适当的负债经营可以为企业带来财务杠杆利益。在企业资本结构一定的条件下，企业从息税前利润中支付的债务利息是相对固定的，当息税前利润增多时，每一元息税前利润所负担的债务利息会相应降低，扣除企业所得税后分配给企业股权资本所有看的利润就会增加，从而给企业所有者带来额外的收益。但是，过多的债务筹资会导致股东收益的不确定性，以及可能会出现到期无法偿还债务的情况，因而增大财务风险，甚至发生破产等财务危机。

因此，企业的债务资本和股权资本之间应保持一个合理的比例关系，既要通过适当的负债经营提高股东收益，又要防止负债过多，财务风险过大。

2. 适度性原则

适度性原则是指长期负债的规模应该适度，筹资就是为了满足企业所需要的资金。

无论是企业日常的生产经营活动，还是企业对内对外的投资活动，都需要资金的支持。因此企业应集思广益，积极挖掘各个筹资渠道，采用多种筹资方式来筹集资金。但是，在企业广开财路的同时，应事先确定一个资金的需要量，做到资金需要量和资金筹集量之间的平衡。既要防止筹资不足而影响生产经营，又要避免筹资过量而导致资金的闲置而降低筹资效益。

3. 效益性原则

效益性原则实际上包括两层含义：一是企业因投资需要而准备筹资时应当谨慎，要讲究投资效益，避免盲目筹资；二是在选择多种筹资渠道和方式进行筹资时，应综合考虑其资本成本和筹资风险，力求一个最优筹资组合。

4. 适时性原则

适时性原则是指企业在制订筹资计划时，要配合企业用资计划的时间安排，做好筹资和用资时间上的衔接，既要避免因筹资时间过早而造成的资金闲置，又要避免因筹资时间滞后而贻误有利的投资时机。

5. 合法性原则

企业的长期负债，影响着社会资源和资本的流向及流量，涉及各方主体的经济权益。因此，企业在筹资活动中，应当遵循依法筹资的原则，遵守国家相关法律、法规，履行约定的义务，维护相关各方的合法权益。

二、长期负债筹资渠道

筹资渠道是指企业筹措资金的来源和通道。不同的国家有不同的资金供应渠道，即使在同一个国家，在不同的历史时期，其资金供应渠道也不相同。在经济体制改革以前，我国多数企业的资金来源是政府财政资金，经济体制改革以后，企业的资金来源渠道发生了巨大变化。目前我国企业资金来源的渠道主要有国家财政资金、银行信贷资金、非银行金融机构资金、其他法人资金、民间资金、企业内部资金、境外资金。

1. 国家财政资金

国家财政资金是指国家以财政拨款、国家投资等方式向企业投入的资金。国家财政资金历来是我国国有企业的主要筹资渠道，现有企业的资本金大部分是过去国家以财政拨款方式投资形成的。

2. 银行信贷资金

银行信贷资金是指由商业性银行、政策性银行贷放给企业使用的资金。商业性银行为各类企业提供商业性贷款，政策性银行主要为特定企业提供政策性贷款。银行信贷资金雄厚，方式灵活多样，是企业筹资的重要方式。

3. 非银行金融机构资金

非银行金融机构资金是指由信托投资公司、保险公司、证券公司、租赁公司等银行以外的金融机构以贷款、租赁的方式向企业投入的资金。目前，由于我国非银行机构发展迅速，这一筹资渠道的地位越来越重要。

4. 其他法人资金

其他法人资金是指其他企业、事业单位、团体法人等向企业投入的资金。这些法人在生产经营过程中，往往有暂时闲置的资金，随着各单位之间互相投资、互相提供短期商业信用等资金融通的日益频繁，这一筹资渠道显得日益重要。

5. 民间资金

民间资金是指城乡居民、企业员工等个人节余的闲置资金，这部分资金常常通过股票、债券等方式投入到企业中来。

6. 企业内部资金

企业内部资金是企业通过计提折旧、提取盈余公积和未分配利润形成并留在企业的资金来源。

7. 境外资金

境外资金从范围上看，是我国香港、澳门、台湾地区及其他国家和地区的投资者投入的资金，吸收境外资金不仅可以满足我国企业对资金的需求，还可以引进先进的管理经验和技术，是我国企业筹集资金的重要渠道。

三、长期负债筹资方式

企业筹资方式是指企业筹集资本所采取的具体形式和工具。目前我国筹集资金可采用的具体方式有投入资本筹资、发行股票、银行借款、发行债券、商业信用、租赁等。如果说筹资渠道是客观存在的，那么筹资方式就是企业的主观选择。不同的筹资方式决定了资本不同的属性。根据所筹集资本的不同属性，筹资方式分为以下几种。

1. 权益资金筹资

权益筹资主要是指通过投入资本和发行股票来筹资的方式，通过这种方式所筹集的资金可以作为企业的永久资本。其中，投入资本筹资是指非股份制企业以协议等形式吸收国家、其他企业、个人和外商等直接投入的资本，而不通过股票作为媒介，适用于非股份制企业，是非股份制企业筹集权益资本的基本方式。而发行股票是股份有限公司为筹措权益资本的基本方式。

2. 负债筹资

负债筹资是指通过负债来筹集资金，负债是企业的一项重要资金来源，西方的商界大亨无不举债立业，向债务市场融资。债务筹资与普通股筹资性质不同，负债资金的使用有时间上的限制，而且有固定的利息负担，无论经营结果好坏到期都必须还本付息。负债筹资按照可使用时间的长短，分为长期负债筹资和短期负债筹资。长期负债是指期限超过 1 年的负债，如长期借款、发行债券、融资租赁等，短期借款主要有商业信用和短期借款。

第二节　电网企业借款费用管理

一、借款费用定义及范围

借款费用是企业因借入资金所付出的代价，指企业因借款而发生的利息、折价或溢价的摊销和辅助费用，以及因外币借款而发生的汇兑差额。对于企业发生的权益性融资费用，不应包括在借款费用中。

二、借款费用确认

借款费用的确认主要解决的是将每期发生的借款费用资本化、计入相关资产的成本，还是将有关借款费用费用化、计入当期损益的问题。根据借款费用准则的规定，借款费用确认的基本原则是：企业发生的借款费用，可直接归属于符合资本化条件的资产的购建或者生产的，应当予以资本化，计入相关资产成本；其他借款费用，应当在发生时根据其发生额确认为费用，计入当期损益。

企业只有发生在资本化期间内的有关借款费用，才允许资本化。资本化期间的确定是借款费用确认和计量的重要前提。借款费用资本化期间，是指从借款费用开始资本化时点到停止资本化时点的期间，但不包括借款费用暂停资本化的期间。

1. 借款费用开始资本化的时点

借款费用允许开始资本化必须同时满足三个条件，即资产支出已经发生、借款费用已经发生、为使资产达到预定可使用或者可销售状态所必需的购建或者生产活动已经开始。

（1）资产支出已经发生的界定。

资产支出已经发生，是指企业已经发生了支付现金、转移非现金资产或者承担带息债务形式所发生的支出，其中：

1）支付现金，是指用货币资金支付符合资本化条件的资产的购建或者生产支出。

2）转移非现金资产，是指企业将自己的非现金资产直接用于符合资本化条件的资产的购建或者生产。

3）承担带息债务，是指企业为了购建或者生产符合资本化条件的资产所征用物资等而承担的带息应付款项（如带息应付票据）。企业以赊购方式购买这些物资所产生的债务可能带息，也可能不带息。如果企业赊购这些物资承担的是不带息债务，就不应当将购买价款计入资产支出，因为该债务在偿付前不需要承担利息，也没有占用借款资金。企业只有等到实际偿付债务，发生了资源流出时，才能将其作为资产支出。如果企业赊购物资承担的是带息债务，则企业要为这笔债务付出代价、支付利息，与企业向银行借入款项用以支付资产支出在性质上是一致的。所以，企业为购建或者生产符合资本化条件的资产而承担的带息债务应当作为资产支出，当该带息债务发生时，视同资产支出已经发生。

（2）借款费用已经发生的界定。

借款费用已经发生，是指企业已经发生了因购建或者生产符合资本化条件的资产而专门借入款项的借款费用或者所占用的一般借款的借款费用。

（3）为使资产达到预定可使用状态所必需的购建活动已经开始的界定。

为使资产达到预定可使用状态所必需的购建活动已经开始，是指符合资本化条件下的资产的实体建造或者生产工作已经开始。

2. 借款费用确认原则

为购建固定资产而专门借入款项所发生的借款费用中，辅助费用与除辅助费用之外的其他借款费用，如利息、折价或溢价的摊销和汇兑差额，其确认原则不同。

（1）除辅助费用之外的其他借款费用的确认。因专门借款而发生的利息、折价或溢价的摊销和汇兑差额，在符合借款费用准则关于资本化规定条件的情况下，应当予以资本化，计入资产的成本；其他的借款利息、折价或溢价的摊销和汇兑差额，应当于发生当期确认为费用。

（2）辅助费用的确认。辅助费用资本化的原则如下：

1）因安排专门借款而发生的辅助费用，在所购建固定资产达到预定可使用状态之前发生的，应当在发生时予以资本化。具体来说，属于一次性支付的辅助费用，如发行债券手续费应当在实际支付时全部予以资本化；属于分期支付的辅助费用，如为已借入未划拨款项而按期支付的承诺费，应当在固定资产建造期间于每期支付该项费用时予以资本化，在所购建固定资产达到预定可使用状态之后发生的承诺费，应当于发生当期确认为费用。

2）因安排专门借款而发生的辅助费用，如果金额较小，也可以于发生当期确认为费用。

3）因安排除专门借款之外的其他借款而发生的辅助费用，应当于发生当期确认为费用，如安排流动资金借款而发生的辅助费用，应当于发生当期确认为费用。

那么，利息、折价或溢价摊销资本化金额的限额是怎样规定的呢？在应予资本化的每一会计期间，利息、折价或溢价摊销的资本化金额，不得超过当期专门借款实际发生的利息、折价或溢价的摊销金额。如果根据累计支出加权平均数乘以资本化率计算得出的利息资本化金额超过当期专门借款实际发生的利息、折价或溢价的摊销金额之和（或之差）时，以当期实际发生的利息、折价或溢价的摊销金额之和（或之差）作为当期应予资本化的利息金额。

三、汇兑差额资本化金额

在符合开始资本化三个条件后的每一个应予资本化的会计期间，汇兑差额的资本化金额为当期外币专门借款本金及利息所发生的汇兑差额。所购建的固定资产达到预定可使用状态后，外币专门借款本金及利息所发生的汇兑差额应当计入当期损益，不再资本化。

四、辅助费用资本化金额

因专门借款而发生的辅助费用，其资本化金额的确定可以分为以下几种情况：

（1）对于一次性发生、金额较大的辅助费用，如债券发行手续费等，应于发生时资本化，计入资产成本。

（2）对于按期发生、金额较大的辅助费用，如为已借入未划拨款项支付的承诺费，在所购建固定资产达到预定可使用状态前发生的，应于每期发生时予以资本化，所购建固定资产达到预定可使用状态之后发生的，计入发生当期财务费用。

（3）对于金额较小的辅助费用，如银行手续费等，也可以在发生时直接计入当期财务费用，不予资本化。

五、借款费用暂停资本化

如果固定资产的购置或建造由于某些不可预见或管理决策等方面的原因发生非正常中断，并且中断时间连续超过 3 月，中断期间的借款费用应暂停资本化，将其计入当期费用，直至购置或建造活动重新开始。

但是，如果购建活动中断属于购置或建造固定资产达到预定可使用状态所必要的程序，则所发生的借款费用应当继续资本化。这里所指的“非正常中断”包括由于劳动纠纷、由于发生安全事故、由于改变设计图纸、由于资金周转困难等原因而导致的工程中断，不包括为使所购置或建造的固定资产达到预定可使用状态所必要的程序而发生的中断，或由于可预见的不可抗力因素导致的中断。

“中断时间连续超过 3 月”是指从固定资产购建活动中断开始到恢复购建活动为止的时间，连续超过 3 月（含 3 月），即应停止借款费用的资本化。如果中断的过程时断时续，即使中断时间累计超过 3 月，但第一次中断时间没有连续超过 3 月，也不能暂停借款费用的资本化。

六、借款费用停止资本化的一般原则

当所购置或建造的固定资产达到预定可使用状态时，应当停止其借款费用的资本化，以后发生的借款费用计入当期损益。这里的“达到预定可使用状态”是指资产已经达到购买方或建造方预先设想的可以使用的状态。企业可以从以下几个方面来加以判断：

（1）固定资产的实体建造（包括安装）工作已经全部完成或者实质上已经完成，即应认为资产的购置或建造工作已经完成；

（2）所购置或建造的固定资产与设计要求或合同要求相符合或基本相符，即使有极个别与设计或合同要求不相符的地方，也不会影响其正常使用；

（3）继续发生在固定资产上的支出金额很少或几乎不再发生。

如果所购建固定资产需要试生产或试运行，则在试生产结果表明资产能够正常运行或能够生产出合格产品时，或试运行结果表明能够正常运转或营业时，就应当认为资产已经达到预定可使用状态，并停止借款费用的资本化。

第三节 电网企业长期借款管理

长期借款筹资，是指企业向银行或其他非银行金融机构借入的、使用期限超过 1 年的借款。长期借款筹资主要用于满足企业购建固定资产和长期流动资金占用的需要。

一、长期借款种类

长期借款按其用途不同，可分为固定资产投资借款、更新改造借款、大修理借款、进口设备借款、科技开发和新产品试制借款等。

长期借款按照提供贷款的机构不同，可分为政策性银行贷款、商业性银行贷款和其他非银行金融机构提供的贷款。我国的政策性银行主要有国家开发银行、农业发展银行等，主要执行国家政策性贷款业务。我国的商业银行主要有中国工商银行、中国建设银行、中国农业银行、交通银行、中国银行等，向企业提供各种短期和长期借款。非银行金融机构提供的贷款是指企业从信托投资公司、保险公司、租赁公司、财务公司等机构得到的各种中长期贷款。

长期借款按有无担保，可分为抵押贷款和信用贷款，其中抵押贷款指企业以房屋、建筑物、机器设备、商品、有价证券等抵押品作为担保而得到的贷款，如果到期企业无力偿还债务，银行有权处理抵押品，优先受偿；信用贷款是指不需企业提供抵押品，仅凭企业或担保人的信用就发放的贷款。对银行而言，信用贷款比抵押贷款风险要高，因此银行通常会对投资对象的资信状况有着更高的要求，同时也收取较高的利息。

长期借款按照借款利率的不同，还可分为固定利率借款和浮动利率借款，其中固定利率借款就是借款人在整个借款期间，按照事先约定的固定利率支付利息的借款；浮动利率借款的利率一般与基准利率挂钩，每隔一段时间调整利率一次，同时在借款合同中固定利率的高、低限额，只要在限额幅度内的，按每期浮动的利率支付利息。

二、长期借款程序

现以银行长期借款为例，说明企业办理长期借款的基本程序如下：

（1）提出申请，企业应向银行提出贷款申请，说明其贷款的原因、金额、用途、还款计划和期限等。

（2）银行审批，银行接到企业的借款申请后，要对企业进行审查，审查的内容包括企业财务状况、企业的信用情况、企业的发展前景和盈利的稳定性以及借款投资项目的可行性评估等。

（3）订借款合同，银行审查批准借款后，与借款企业进一步协商贷款的具体条件，并签订正式借款合同，明确规定贷款的金额、利率、期限、偿还方式等。

长期借款的偿还方式包括：定期支付利息、到期一次性还本的方式；定期等额偿还方式；平时逐期偿还小额本金和利息、到期偿还余下的大额部分的方式。采用不同的偿债方式，会导致企业所负担的资本成本也有所不同。企业应根据自身实际情况慎重选择，争取对自己最有利的偿债方式。

（4）企业取得借款，借款合同生效后，企业在核定的贷款指标范围内，一次或分次将贷款转入企业账户。

第四节 电网企业长期债券管理

长期债券是经济实体为筹集资金而发行的，用以记载和反映债权债务关系的有价证券，由企业发行的债券称为企业债券或公司债券。

一、债券种类

企业债券有多种形式，按照不同标准可分为以下几类：

（1）按债券上是否记有持券人的姓名和名称，可分为记名债券和无记名债券。这种分类类似于记名股票与无记名股票的划分，在券面上记有持券人的姓名和名称的叫记名债券，本息只向券面上登记的持券人发放，转让时必须有持券人背书。在券面上不记持券人的姓名和名称的叫无记名债券，无记名债券的还本付息以债券为依据，一般采用剪票付息方式，可自由转让、无须背书。

（2）按能否转换为公司股票，分为可转换债券和不可转换债券。若公司的债券在一定的条件下能转换为公司的普通股股票，称为可转换债券。反之，则为不可转换债券。

以上两种方式为我国《公司法》所确认，除此以外，公司债券还有其他一些分类。按有无担保，分为抵押债券和信用债券，其中抵押债券是指发行公司以特有财产作为担保的债券，按其担保品的不同，又可分为一般抵押债券、不动产抵押债券、设备抵押债券等；信用债券又称无担保债券，是发行公司在没有抵押品的情况下公司完全凭信用发行的债券。

（3）按能否上市，可分为上市债券和非上市债券，可以在证券交易所挂牌交易的债券为上市债券。反之，就是非上市债券。

二、长期债券发行资格和条件

企业要发行债券，必须具有相应的资格与条件，采用适当的发行方式和发行价格，遵循一定的发行程序。

在我国，通过发行公司债券筹集长期债务资金的主体是特定的，并不是所有的企业都能够采用这种方式进行资金筹集。根据《公司法》规定：股份有限公司、国有独资公司、两个以上的国有企业或者其他两个以上的国有投资主体设立的有限责任公司具有发行公司债券的资格。除此以外，发行债券还要符合我国相关法律、法规规定的条件，如发行债券的最高限额、发行公司权益资本的最低限额和公司盈利能力等。

三、长期债券发行程序

首先，由公司最高层机构作出发行公司债券的决议，具体决定公司债券的发行总额、票面金额、发行价格、债券利率、偿还日期及方式等内容。其次，要向国务院证券管理部门提出申请，并提交公司登记证明、公司章程、公司债券募集方法、资产评估报告、出资报告等文件。其三，依照我国《公司法》规定向社会公告债券募集办法。最后，委托证券承销机构发行债券。

第五节　电网企业上级拨入资金管理

上级拨入资金，是指非独立核算的单位收到的上级单位拨入的各种长期资金。

“上级拨入资金”科目，主要核算企业收到上级单位拨付的各种长期资金的增减、结余情况，借方反映上移或缴回数，贷方反映下拨数，期末贷方余额，反映上级单位拨入各项长期资金的余额。同时，对上级拨入资金应当按拨款类别或项目进行明细核算。

一、上级拨入资金核算内容

（1）收到上级单位拨入折旧资金、财政性资金以及用其他自有资金安排的基建拨款等资金；

（2）上缴集中折旧资金；

（3）非独立核算单位之间调拨固定资产；

（4）将接受捐赠、债务豁免及其他途径增加的权益性资金结转上级单位列账；

（5）收到上级单位分配和下拨任意盈余公积；

（6）接到上级单位分摊的建设期借款利息。

如果该项长期借款由下属单位承担还款义务，上缴上级单位用于归还长期借款的资金，也要计入上级拨入资金账户。

二、上级拨入资金核算管理

电网企业与所属内部核算单位（分公司）之间的资产、统借统还资金、基建、技改拨款、小型基建拨款、折旧等资本性缴拨款项的核算，应设置“拨付所属资金”和“上级拨入资金”科目，其中：

（1）“拨付所属资金”科目由中国南方电网公司、省区电网公司使用，按拨付所属单位设二级明细科目，并按资金种类设三级明细科目，进行明细核算。

（2）“上级拨入资金”科目由所属单位（分公司）使用，按与拨付所属资金设置相同的明细科目，进行明细核算。

第六节 电网企业长期应付款和专项应付款管理

长期应付款，是指企业除长期借款、应付债券以及上级拨入资金以外的其他各种长期应付款项，包括应付融资租入固定资产的租赁费、以分期付款方式购入固定资产、采用补偿贸易方式引进国外设备发生的应付款项等。

1. 融资租赁

融资租赁是出租人以收取租金为条件，在契约或者合同规定的期限内，将资产租借给承租人使用的一种经济行为。租赁行为具有借贷属性，是企业筹资的一种特殊方式。

（1）租赁的种类。租赁的种类很多，按其性质或目的的不同，租赁可以分为经营租赁和融资租赁。

1）经营租赁又称服务租赁，是指仅为满足临时使用资产的需要而进行的租赁活动。企业采用这种方式的主要目的不在于融资，而是希望获得设备的短期使用权和租赁公司提供的专业服务。经营租赁一般租期较短，由出租人负责设备的维修，合同期满后，租赁资产由出租人收回。经营租赁是一种短期租赁 。

2）融资租赁，是指一种长期租赁，又称资本租赁或财务租赁，是出租人和承租人在签订合同以后，按照合同规定，购买承租人所指定的设备并在较长时期内提供给承租人使用的租赁方式。融资租赁一般需要承租人向出租人提出正式的申请，而且租赁的期限较长，多为设备寿命周期的一半以上。租赁合同比较稳定，任何一方不得中途解约，租赁期满后，双方按照合同事先约定的方式处置租赁设备，可以退还、续租或由承租人留购。租赁期内设备的维修、保养由承租人负责。

（2）融资租赁形式。按业务的不同特点，可以将融资租赁分为直接租赁、售后回租和杠杆租赁三种。

1）直接租赁，是承租人直接向出租人承租所需的资产，并向出租人交付租金的形式，是融资租赁最典型的形式。

2）售后回租，是承租人根据协议，先将其资产卖给出租人，然后又将其租回使用并按期向出租人支付租金的租赁形式。在这一方式下，承租企业一方面可以将设备变现，另一方面又可以继续使用该设备，不影响生产。

3）杠杆租赁，是目前国际上比较流行的一种融资租赁方式，尤其被广泛地运用于飞机、船舶、海上钻井设备等巨额资产的租赁中。从承租人角度来看，这种方式与其他融资租赁方式并没有什么不同，承租人一样是签订承租合同，取得租赁资产并按期交付租金。但对于出租人来说就有所不同了。在这一方式下，出租人不再独自承担租赁资产的全部购置成本，自己只承担一部分，其余部分以租赁资产作为抵押，向银行等金融机构贷款。这样，租赁公司既是出租人也是贷款的借入者。通过这样操作，租赁公司以少量资金带动了巨额的租赁业务，产生了杠杆效应，因此被称为杠杆租赁。

（3）影响租金因素。在融资租赁中，承租企业要在较长的时间内按合同规定的方式和金额支付租金，从而将长期地对企业的现金流量产生影响。因此，在租赁活动中，企业首先应分析影响租金的具体因素，并结合企业自身财务状况，合理选择租金的支付方式，确定租金的数量。

影响租金的因素主要有以下几种：

1）设备购置成本，包括设备买价、运输费、安装调试费、保险费。

2）租赁利息，即出租人为承租人购置设备融资而应计的利息。

3）租赁手续费，指出租人承办租赁设备所发生的营业费用和一定的利润。这一部分费用的多少没有一定的标准，由出租人和承租人双方协商确定。

4）预计设备的残值。

5）租赁期限。

在以上几个因素既定的情况下，租赁期限的长短将影响租金总额，因而影响每期租金的金额。

6）租金的支付方式，融资租赁租金支付方式有很多，可以等额支付也可以不等额支付，可以月付、季付、半年付，也可以年付，可以每期期初支付也可以期末支付。不同的支付方式导致租金的计算方法也不同。实务中常用的支付方式是后付等额年金。

（4）融资租赁租金计算。在我国的融资租赁实务中，主要采用等额支付租金的方式，相应的计算方法是平均分摊法和等额年金法两种：

1）平均分摊法，是指先根据协议计算出利息和手续费，再连同设备的购置成本按租期平均分摊的方法。这种方法的缺点是没有充分考虑资金的时间价值。其计算公式为

$$R=\frac{(C-S)+I+F}{N}$$

式中　R——每期支付的租金；

C——租赁设备的购置成本；

S——租赁设备的预计残值；

I——租赁期间的利息；

F——租赁手续费；

N——租期。

2）等额年金法，是指运用年金的计算原理，以利息率和手续费综合成贴现率，计算每期应付租金的方法。这种方法充分考虑了资金的时间价值。

2. 分期付款方式购入固定资产

企业购买固定资产通常在正常信用条件期限内付款，但也会发生超过正常信用条件购买固定资产的经济业务，如采用分期付款方式购买资产，且在合同中规定的付款期限比较长，超过了正常信用条件（通常在3年以上）。在这种情况下，该项购货合同实质上具有融资性质，购入固定资产的成本不能以各期付款额之和确定，而应以各期付款额之和的现值确定。固定资产购买价款的现值，应当按照各期支付的价款选择恰当的折现率进行折现后的金额加以确定。

折现率是反映当前市场货币时间价值和延期付款债务特定风险的利率。该折现率实质上是供货企业的必要报酬率。当各期实际支付的价款之和与其现值之间的差额符合《企业会计准则　第17号：借款费用》中规定的资本化条件的，应当计入固定资产成本，其余部分应当在信用期间内确认为财务费用，计入当期损益。

第七章

电网企业所有者权益管理

第一节　电网企业所有者权益管理概述

所有者权益亦称产权，是指企业的投资者（或称股东）对企业净资产的所有权。所有者权益在数量上等于企业全部资产减去全部负债后的余额。所有者权益的来源包括所有者投入的资产、直接计入所有者权益的利得和损失、留存收益等，其中：

（1）利得是指由企业非日常活动所形成的，会导致所有者权益增加的，与所有者投入资本无关的经济利益的流入，可分为：① 直接计入所有者权益的利得；② 直接计入当期利润的利得。

（2）损失是指由企业非日常活动所发生的，会导致所有者权益减少的，与向所有者分配利润无关的经济利益的流出，可分为：① 直接计入所有者权益的损失；② 直接计入当期利润的损失。

从权益原有意义来看，权益包括所有者权益和债权权益，投资者和债权人都是企业资产的提供者，他们对企业的资产都有相应的要求权。但是，两者又有显著区别，主要表现在以下几点。

（1）债权人对企业资产的要求权优于所有者。

（2）企业的投资者可以参与企业的经营管理，而债权人往往无权参与企业的经营管理。

（3）对于所有者而言，在企业持续经营的情况下，除按法律程序减资外，一般不能提前撤回投资，而负债一般都有规定的偿还期限，必须于一定时期偿还。

（4）投资者以股利或利润的形式参与企业的利润分配，而债权人的债权只能按规定的条件得到偿付并获取利息收入。

企业的所有者权益主要包括实收资本、资本公积、盈余公积和未分配利润四部分内容，其中盈余公积和未分配利润统称为留存收益。

投入资本是指所有者在企业注册资本的范围内实际投入的资本。所谓注册资本，是指企业在设立时向工商行政管理部门登记的资本总额，也就是全部出资者设定的出资额之和。企业对资本的筹集，应该按照法律、法规、合同和章程的规定及时进行。如果是一次筹集的，投入资本应等于注册资本；如果是分期筹集的，在所有者最后一次缴入资本以后，投入资本应等于注册资本。注册资本是企业的法定资本，是企业承担民事责任的财力保证。

在不同类型的企业中，投入资本的表现形式有所不同。在股份有限公司，投入资本表现为实际发行股票的面值，也称为股本；在其他企业，投入资本表现为所有者在注册资本范围内的实际出资额，也称为实收资本。投入资本按照所有者的性质不同，可以分为国家投入资本、法人投入资本、个人投入资本和外方投入资本。国家投入资本是指有权代表国家投资的政府部门或者机构以国有资产投入企业所形成的资本；法人投入资本是指我国具有法人资格的单位以其依法可以支配的资产投入企业所形成的资本；个人投入资本是指我国公民以其合法财产投入企业所形成的资本；外方投入资本是指外国投资者以及我国香港、澳门和台湾地区的投资者将资产投入企业所形成的资本。

投入资本按照投入资产的形式不同，可以分为货币投资、实物投资和无形资产投资。

资本公积是指归所有者所共有的，非收益转化而形成的资本，主要包括资本溢价（股本溢价）和其他资本公积等。

留存收益是指归所有者所共有的，由收益转化而形成的所有者权益，主要包括法定盈余公积、任意盈余公积和未分配利润。

第二节 电网企业实收资本（或股本）管理

一、实收资本概述

按照我国法律规定，投资者设立企业首先必须投入资本。实收资本是投资者投入资本形成法定资本的价值，所有者向企业投入的资本，在一般情况下无需偿还，可以长期周转使用。实收资本的构成比例，即投资者的出资比例或股东的股份比例，通常是确定所有者在企业所有者权益中所占的份额和参与企业财务经营决策的基础，也是企业进行利润分配或股利分配的依据，同时还是企业清算时确定所有者对净资产的要求权的依据。

按照《公司法》的规定，有限责任公司的股东可以用货币出资，也可以用实物、知识产权、土地使用权等可以用货币估价并可以依法转让的非货币财产作价出资，但是法律、行政法规规定不得作为出资的财产除外。对作为出资的非货币财产应当评估作价，核实财产不得高估或者低估作价，法律、行政法规对评估作价有规定的，应服从其规定。全体股东的货币出资金额不得低于有限责任公司注册资本的30%。

股份有限公司是指全部资本由等额股份构成并通过发行股票筹集资本、股东以其认购的股份为限对公司承担责任、公司以其全部财产对公司债务承担责任的企业法人。股份有限公司设立有发起式和募集式两种方式，其中发起式设立的特点是公司的股份全部由发起人认购，不向发起人之外的任何人募集股份；募集式设立的特点是公司股份除发起人认购外，还可以采用向其他法人或自然人发行股票的方式进行募集。公司设立方式不同，筹集资本的风险也不同。发起式设立公司，其所需资本由发起人一次认足，一般不会发生设立公司失败的情况。因此，其筹资风险小。社会募集股份，其筹资对象广泛。在资本市场不景气或股票的发行价格不恰当的情况下，有发行失败（即股票未被全部认购）的可能。因此，其筹资风险大。按照有关规定，发行失败损失由发起人负担，包括承担筹建费用、公司筹建过程中的债务和对认股人已缴纳的股款支付银行同期存款利息等责任。

股份有限公司与其他企业相比较，最显著的特点就是将企业的全部资本划分为等额股份，并通过发行股票的方式来筹集资本。股东以其所认购股份对公司承担有限责任。股份是很重要的指标。股票的面值与股份总数的乘积为股本，股本应等于企业的注册资本。所以，股本也是很重要的指标。为了直观地反映这一指标，在会计处理上，股份有限公司应设置“股本”科目。

二、实收资本增减变动会计处理

《公司登记管理条例》规定，公司增加注册资本的，有限责任公司股东认缴新增资本的出资和股份有限公司的股东认购新股，应当分别依照《公司法》设立有限责任公司缴纳出资和设立股份有限公司缴纳股款的有关规定执行。公司法定公积金转增为注册资本的，验资证明应当载明留存的该项公积金不少于转增前公司注册资本的25%。公司减少注册资本的，应当自公告之日起 45 日后申请变更登记，并应当提交公司在报纸上登载公司减少注册资本公告的有关证明和公司债务清偿或者债务担保情况的说明。公司减资后的注册资本不得低于法定的最低限额。公司变更实收资本的，应当提交依法设立的验资机构出具的验资证明，并应当按照公司章程载明的出资时间、出资方式缴纳出资。公司应当自足额缴纳出资或者股款之日起 30 日内申请变更登记。

1. 实收资本增加管理

（1）企业增加资本的一般途径。

企业增加资本的途径一般有三条：一是将资本公积转为实收资本或者股本。二是将盈余公积转为实收资本。这里要注意的是，资本公积和盈余公积均属所有者权益，转为实收资本或者股本时，企业如为独资企业的，核算比较简单，直接结转即可。例如，为股份有限公司或有限责任公司的，应按原投资者所持股份同比例增加各股东的股权。三是所有者（包括原企业所有者和新投资者）投入。

（2）股份有限公司发放股票股利。

股份有限公司采用发放股票股利实现增资的，在发放股票股利时，按照股东原来持有的股数分配，如股东所持股份按比例分配的股利不足一股时，应采用恰当的方法处理。例如，股东会决议按股票面额的 10%发放股票股利时（假定新股发行价格及面额与原股相同），对于所持股票不足 10 股的股东，将会发生不能领取一股的情况。在这种情况下，有两种方法可供选择，一是将不足一股的股票股利改为现金股利，用现金支付；二是由股东相互转让，凑为整股。

2. 实收资本减少管理

实收资本减少的原因大体有两种：一是资本过剩；二是企业发生重大亏损而需要减少实收资本。

第三节　电网企业资本公积管理

一、资本公积概述

资本公积是企业收到投资者的超出其在企业注册资本（或股本）中所占份额的投资，

以及直接计入所有者权益的利得和损失等。资本公积包括资本溢价（或股本溢价）和直接计入所有者权益的利得和损失等。

资本溢价（或股本溢价）是企业收到投资者的超出其在企业注册资本（或股本）中所占份额的投资。形成资本溢价（或股本滥价）的原因有溢价发行股票、投资者超额缴入资本等。

直接计入所有者权益的利得和损失是指不应计入当期损益、会导致所有者权益发生增减变动的、与所有者投入资本或者向所有者分配利润无关的利得或者损失。

二、资本溢价或股本溢价管理

1. 资本溢价

投资者经营的企业（不含股份有限公司），投资者依其出资份额对企业经营决策享有表决权，依其所认缴的出资额对企业承担有限责任。在企业重组并有新的投资者加入时，为了维护原有投资者的权益，新加入的投资者的出资额，并不一定全部作为实收资本处理。这是因为，在企业正常经营过程中投入的资金虽然与企业创立时投入的资金在数量上一致，但其获利能力却不一致。企业创立时，要经过筹建、试生产经营、为产品寻找市场、开辟市场等过程，从投入资金到取得投资回报，中间需要许多时间，并且这种投资具有风险性，在这个过程中资本利润率很低。而企业进行正常生产经营后，在正常情况下，资本利润率要高于企业初创阶段。而这高于初创阶段的资本利润率是初创时必要的垫支资本带来的，企业创办者为此付出了代价。因此，相同数量的投资，由于出资时间不同，其对企业的影响程度不同，由此而带给投资者的权力也不同，往往早期出资带给投资者的权利要大于后期出资带给投资者的权利。所以，新加入的投资者要付出大于原有投资者的出资额，才能取得与投资者相同的投资比例。另外，不仅原投资者原有投资从质量上发生了变化，就是从数量上也可能发生变化，这是因为企业经营过程中实现利润的一部分留在企业，形成留存收益，而留存收益也属于投资者权益，但其未转入实收资本。新加入的投资者如与原投资者共享这部分留存收益，也要求其付出大于原有投资者的出资额，才能取得与原有投资者相同的投资比例。

2. 股本溢价

股份有限公司是以发行股票的方式筹集股本的，股票是企业签发的证明股东按其所持股份享有权利和承担义务的书面证明。由于股东按其所持企业股份享有权利和承担义务，为了反映和便于计算各股东所持股份占企业全部股本的比例，企业的股本总额应按股票的面值与股份总数的乘积计算。

三、其他资本公积管理

其他资本公积，是指除资本溢价（或股本溢价）项目以外所形成的资本公积，其中主要包括直接计入所有者权益的利得和损失。

直接计入所有者权益的利得和损失主要由以下交易或事项引起：

1. 采用权益法核算的长期股权投资

长期股权投资采用权益法核算的，在持股比例不变的情况下，被投资单位除净损益以外所有者权益的其他变动，企业按持股比例计算应享有的份额，如果是利得，应当增加长期股权投资的账面价值，同时增加资本公积（其他资本公积）；如果是损失应当作相反的会计分录。当处置采用权益法核算的长期股权投资时，应当将原记入资本公积的相关金额转入投资收益。

2. 以权益结算的股份支付

以权益结算的股份支付换取职工或其他方提供服务的，应按照确定的金额，记入“管理费用”等科目，同时增加资本公积（其他资本公积）。在行权日，应按实际行权的权益工具数量计算确定的金额，借记“资本公积—其他资本公积”科目，按记入实收资本或股本的金额，贷记“实收资本”或“股本”科目，并将其差额记入“资本公积—资本溢价”或“资本公积—股本溢价”。

3. 存货或自用房地产转换为投资性房地产

企业将作为存货的房地产转换为采用公允价值模式计量的投资性房地产时，如果转换日的公允价值大于其账面价值，则应把房地产的公允价值和账面价值的差额计入“资本公积—其他资本公积”科目。

4. 可供出售金融资产公允价值变动

可供出售金融资产公允价值变动形成的利得，除减值损失和外币货币性金融资产形成的汇兑差额外，应计入“资本公积—其他资本公积”科目。

5. 可供出售金融资产重分类

将可供出售金融资产重分类为采用成本或摊余成本计量的金融资产，重分类日该金融资产的公允价值或账面价值作为成本或摊余成本，该金融资产没有固定到期日的，与该金融资产相关、原直接计入所有者权益的利得或损失，应当仍然计入“资本公积—其他资本公积”科目，在该金融资产被处置时转出，计入当期损益。

将持有至到期投资重分类为可供出售金融资产，并以公允价值进行后续计量，重分科目，该投资的账面价值与其公允价值之间的差额计入“资本公积—其他资本公积”科目。在该可供出售金融资产发生减值或终止确认时转出，计入当期损益。

按照金融工具确认和计量的规定应当以公允价值计量，但以前公允价值不能可靠计量的可供出售金融资产，企业应当在其公允价值能够可靠计量时改按公允价值计量，将相关账面价值与公允价值之间的差额计入“资本公积—其他资本公积”科目。在其发生减值或终止确认时将上述差额转出，计入当期损益。

四、资本公积转增资本管理

按照《公司法》的规定，法定公积金（资本公积和盈余公积）转为资本时，所留存的该项公积金不得少于转增前公司注册资本的25%。经股东大会或类似机构决议，用资本公积转增资本时，应冲减资本公积，同时按照转增前的实收资本（或股本）的结构或比例，将转增的金额记入“实收资本”（或“股本”）科目下各所有者的明细分类账。

第四节 电网企业留存收益管理

一、盈余公积

根据《公司法》等有关法规的规定，企业当年实现的净利润，一般应当按照如下顺序进行分配：

1. 提取法定公积金

公司制企业的法定公积金按照税后利润的10%的比例提取（非公司制企业也可按照超过10%的比例提取），在计算提取法定盈余公积的基数时，不应包括企业年初未分配利润。公司法定公积金累计额为公司注册资本的50%以上时，可以不再提取法定公积金。

公司的法定公积金不足以弥补以前年度亏损的，在提取法定公积金之前，应当先用当年利润弥补亏损。

2. 提取任意公积金

公司从税后利润中提取法定公积金后，经股东会或者股东大会决议，还可以从税后利润中提取任意公积金，非公司制企业经类似权力机构批准后也可提取任意盈余公积。

3. 向投资者分配利润或股利

公司弥补亏损和提取公积金后所余税后利润，有限责任公司股东按照实缴的出资比例分取红利，但是全体股东约定不按照出资比例分取红利的除外；股份有限公司按照股东持有的股份比例分配，但股份有限公司章程规定不按持股比例分配的除外。

股东会、股东大会或者董事会违反规定，在公司弥补亏损和提取法定公积金之前向股东分配利润的，股东必须将违反规定分配的利润退还公司。公司持有的本公司股份不得分配利润。

盈余公积是指企业按照规定从净利润中提取的各种积累资金。公司制企业的盈余公积分为法定盈余公积和任意盈余公积。两者的区别就在于其各自计提的依据不同，其中前者以国家的法律或行政规章为依据提取；后者则由企业自行决定提取。

企业提取盈余公积主要可以用于以下几个方面：

1. 弥补亏损

当企业发生亏损时，应由企业自行弥补。弥补亏损的渠道主要有以下三条：

（1）用以后年度税前利润弥补。按照现行制度规定，当企业发生亏损时，可以用以后5年内实现的税前利润弥补，即税前利润弥补亏损的期间为5年。

（2）用以后年度税后利润弥补。企业发生的亏损经过5年期间未弥补足额的、尚未弥补的亏损应用所得税后的利润弥补。

（3）以盈余公积弥补亏损。当企业以提取的盈余公积弥补亏损时，应当由公司董事会提议，并经股东大会批准。

2. 转增资本

当企业将盈余公积转增资本时，必须经股东大会决议批准。在实际将盈余公积转增资本时，要按股东原有持股比例结转。按照《公司法》的规定，法定公积金（资本公积和盈余公积）转为资本时，所留存的该项公积金不得少于转增前公司注册资本的25%。

企业提取的盈余公积，无论是用于弥补亏损，还是用于转增资本，只不过是在企业所有者权益内部作结构上的调整。比如，当企业以盈余公积弥补亏损时，实际是减少盈余公积留存的数额，以此抵补未弥补亏损的数额，并不引起企业所有者权益总额的变动；当企业以盈余公积转增资本时，也只是减少盈余公积结存的数额，但同时增加企业实收资本或股本的数额，也并不引起所有者权益总额的变动。

3. 扩大企业生产经营

盈余公积的用途，并不是指其实际占用形态，提取盈余公积也并不是单独将这部分资金从企业资金周转过程中抽出。企业盈余公积的结存数，实际只表现为企业所有者权益的组成部分，表明企业生产经营资金的一个来源而已。其形成的资金可能表现为一定的货币资金，也可能表现为一定的实物资产，如存货和固定资产等，随同企业的其他来源所形成的资金进行循环周转，用于企业的生产经营。

二、未分配利润

未分配利润是指企业留待以后年度进行分配的结存利润，也是企业所有者权益的组成部分。相对于所有者权益的其他部分来讲，企业对于未分配利润的使用有较大的自主权。从数额上来说，未分配利润是由期初未分配利润，加上本期实现的净利润，减去提取的各项盈余公积和向所有者分配利润后的余额。

第八章

电网企业收益分配管理

第一节　电网企业收益分配管理概述

企业的利润分配是关系企业自身发展和投资者或所有者以及其他有关方面的经济利益的重大问题。做好利润分配工作，其重要意义主要有以下两点：

（1）利润分配关系到企业的生存和发展。

企业的生存和发展离不开资金，而资金的来源一方面从企业外部融通，另一方面应当从企业盈利中补充。除了按照国家规定必须提取一定比例的盈余公积金外，企业要根据自身发展需要和机会成本原则，制订相应的股利政策，确定留存企业的净利润和分配的股利（或利润），留存的利润作为一项重要的资金来源能为企业的发展奠定一定的物质基础。

（2）合理的利润分配能处理好企业与经济利益各方的财务关系。

利润分配政策直接关系到与企业存有经济利益关系的各类当事人，包括股东（所有者）、其他法人实体、债权人和企业员工等的切身利益。在企业财务管理中，制订合理的利润分配方案，最终的目的在于恰当地解决企业在发展中与各个所有者及其他方面之间的经济利益问题。从本质上讲净利润属于所有者，但由于企业要考虑近期需要和长期发展的问题，不同的所有者利益要求的差异以及市场环境因素的不断变化。因此，企业在部分利润用于扩大生产经营需要的同时，要根据财产所有关系及各个所有者的权益比例向他们分派股利（或分配利润）满足他们的利益要求，增强他们对企业发展的信心。

第二节　电网企业收入管理

一、收入定义及其分类

收入是指企业在日常活动中形成的、会导致所有者权益增加的、与所有者投入资本无关的经济利益的总流入。其中，日常活动是指企业为完成其经营目标所从事的经常性活动以及与之相关的其他活动。

收入可以有不同的分类，按照企业从事日常活动的性质，可将收入分为销售商品收入、提供劳务收入、让渡资产使用权收入等。

电力主营业务收入包括售电收入、输电收入、高可靠性供电收入、自备电厂系统备用容量费收入、临时接电收入、农网还贷资金（一省多贷）返还收入、受托运行维护收入、其他主营收入等；售电收入包含电费收入、三峡基金、农网还贷资金（一省多贷）、大中型库区后续扶持基金、地方库区后续扶持基金、城市公用事业附加、差别电价、可再生能源附加、其他基金及附加等。

二、营业收入确认与计量原则

企业销售商品的收入，应当在下列条件均能满足时予以确认、计量。

1. 企业已将商品所有权上的主要风险和报酬转移给购货方

企业已将商品所有权上的主要风险和报酬转移给购货方，是指与商品所有权有关的主要风险和报酬同时转移给了购货方。其中，与商品所有权有关的风险，是指商品可能发生减值或毁损等形成的损失；与商品所有权有关的报酬，是指商品价值增值或通过使用商品等形成的经济利益。

判断企业是否已将商品所有权上的主要风险和报酬转移给购货方，应当关注交易的实质，并结合所有权凭证的转移进行判断。如果与商品所有权有关的任何损失均不需要销货方承担与商品所有权有关的任何经济利益也不归销货方所有，就意味着商品所有权上的主要风险和报酬转移给了购货方。

2. 企业既没有保留通常与所有权相联系的继续管理权，也没有对已售出的商品实施有效控制

在通常情况下，企业售出商品后不再保留与商品所有权相联系的继续管理权，也不再对售出商品实施有效控制。商品所有权上的主要风险和报酬已经转移给购货方，通常应在发出商品时确认收入。

3. 收入金额能够可靠地计量

收入的金额能够可靠地计量，是指收入的金额能够合理地估计，收入的金额不能够合理估计就无法确认收入。企业在销售商品时，商品销售价格通常予以确定。但是，由于销售商品过程中某些不确定因素的影响，也有可能存在商品的销售价格发生变动的情况。在这种情况下，新的商品销售价格在未确定前通常不应确认销售商品收入。

4. 相关经济利益很可能流入企业

相关的经济利益很可能流入企业，是指销售商品价款收回的可能性大于不能收回的可能性，即销售商品价款收回的可能性超过50%。企业在确定销售商品价款收回的可能性时，应当结合以前和买方交往的直接经验、政府有关政策、其他方面取得的信息等因素进行分析。企业销售的商品符合合同或协议要求，已将发票账单交付买方，买方承诺付款，通常表明满足本确认条件（相关的经济利益很可能流入企业）。如果企业判断销售商品收入满足确认条件确认了一笔应收债权，以后由于购货方资金周转困难无法收回该债权时，不应调整原确认的收入，而应对该债权计提坏账准备、确认坏账损失。如果企业根据以前与买方交往的直接经验判断买方信誉较差，或销售时得知买方在另一项交易中发生了巨额亏损，资金周转十分困难，或在出口商品时不能肯定进口企业所在国政府是否允许将款项汇出等，就可能会出现与销售商品相关的经济利益不能流入企业的情况，不应确认收入。

5. 相关的已发生或将发生的成本能够可靠地计量

在通常情况下，销售商品相关的已发生或将发生的成本能够合理地估计，如购电成本、传送电成本等。如果电力是本企业生产的，其生产成本能够可靠计量；如果是外购的，购买成本能够可靠计量。有时，销售商品相关的已发生或将发生的成本不能够合理地估计，此时企业不应确认收入，已收到的价款应确认为负债。

三、电力产品销售收入确认

（1）电网企业根据营销、计划、调度等部门提供的电量电费销售数据确认当期售电收入，根据各输电线路输电量及核准的输电电价等确认当期的输电收入。

（2）发电企业根据购售电双方共同确认的上网电量和上网电价确认当期售电收入。

（3）高可靠性供电收入、临时接电收入，应根据国家发展与改革委员会《关于停止收取供配电贴费有关问题的补充通知》（发改价格［2003］2279 号）的相关规定确认收入。

（4）自备电厂系统备用容量费收入，根据营销部门提供的自备电厂系统备用容量费收取数据确认收入。

（5）农网还贷资金（一省多贷）返还收入，根据实际收到的财政部门返还的“一省多贷”农网还贷资金款项确认收入。

（6）受托运行维护收入，按照委托方和受托方共同确认的委托运行维护金额确认收入。

四、销售商品涉及现金折扣、商业折扣处理

企业销售商品有时也会遇到现金折扣、商业折扣等问题，应当分别以下不同情况进行处理：

（1）现金折扣，是指债权人为鼓励债务人在规定的期限内付款而向债务人提供的债务扣除。企业销售商品涉及现金折扣的，应当按照扣除现金折扣前的金额确定销售商品收入金额，现金折扣在实际发生时应计入财务费用。

（2）商业折扣，是指企业为促进商品销售而在商品标价上给予的价格扣除。企业销售商品涉及商业折扣的，应当按照扣除商业折扣后的金额确定销售商品收入金额。

第三节　电网企业其他业务销售管理

其他业务销售，是指企业确认的除主营业务活动以外的其他经营活动实现的销售及其收入，包括销售材料（包括用材料进行非货币性资产交换或债务重组等视同销售收入）、技术转让、技术服务、出租固定资产、出租无形资产以及投资性房地产收入等。

其他业务收入与基本业务收入在企业经营中，是互相交叉、互相转化的。同时，划分某种营业收入为企业的基本业务收入还是其他业务收入，应以企业的具体经营方式来判断。

第四节 电网企业补贴收入管理

一、电网企业政府补助概述

为了体现一个国家的经济政策，鼓励或扶持特定行业、地区或领域的发展，世界上很多国家，包括市场经济国家的政府通常会制定一些政策法规对有关企业予以经济支持，如无偿拨款、贷款、担保、注入资本、提供货物或者服务、购买货物、放弃或者不收缴应收收入等，这是国际上的通行做法。

根据《政府补助准则》的规定，政府补助是指企业从政府无偿取得货币性资产或非货币性资产，但不包括政府作为企业所有者投入的资本。

《政府补助准则规范》的政府补助主要有如下特征：

1. 无偿性

无偿性是政府补助的基本特征，政府并不因此享有企业的所有权，企业将来也不需要偿还。这一特征将政府补助与政府作为企业所有者投入的资本、政府采购等政府与企业之间双向、互惠的经济活动区分开来。政府补助通常附有一定的条件，这与政府补助的无偿性并无矛盾，并不表明该项补助有偿，而是企业经法定程序申请取得政府补助后应当按照政府规定的用途使用该项补助。

2. 直接取得资产

政府补助是企业从政府直接取得的资产包括货币性资产和非货币性资产。比如，企业取得的财政拨款，先征后返（退）、即征即退等方式返还的税款，行政划拨的土地使用权等。不涉及资产直接转移的经济支持不属于政府补助准则规范的政府补助，比如政府与企业间的债务豁免，除税收返还外的税收优惠，如直接减征、免征、增加计税抵扣额、抵免部分税额等。

3. 政府资本性投入不属于政府补助

政府如以企业所有者身份向企业投入资本，将拥有企业相应的所有权，分享企业利润。在这种情况下，政府与企业之间的关系是投资者与被投资者的关系，属于互惠交易。这与其他单位或个人对企业的投资在性质上是一致的。

此外，还需说明的是，增值税出口退税也不属于政府补助。根据相关税收法规规定对增值税出口货物实行零税率，即对出口环节的增值部分免征增值税，同时退回出口货物前道环节所征的进项税额。由于增值税是价外税，出口货物前道环节所含的进项税额是抵扣项目，体现为企业垫付资金的性质，增值税出口退税实质上是政府归还企业事先垫付的资金，不属于政府补助。

二、政府补助主要形式

随着我国社会主义市场经济的发展和完善，履行世界贸易组织协定（WTO）有关承诺，政府对企业的经济支持主要集中在关系国计民生的农业、环境保护以及科学技术研究等领域。比如，对粮、棉、油等生产或储备企业给予的定额补助，这些生活必需品涉及千家万户，其价格往往不能随行就市，售价低于成本造成的损失需要由政府来弥补。再如，为了环境保护，政府对符合条件的企业实行增值税先征后返政策，返还的税款专项用于环保支出。因此，政府补助通常为货币性资产形式，如财政拨款、财政贴息和税收返还，但也存在非货币性资产的情况。

1. 财政拨款

财政拨款是指政府为了支持企业而无偿拨付的款项。为了体现财政拨款的政策引导作用，这类拨款通常具有严格的政策条件，只有符合申报条件的企业才能申请拨款；同时附有明确的使用条件，政府在批准拨款时就规定了资金的具体用途。比如，符合申请科技型中小企业技术创新基金的企业，取得拨付资金后，用于购买设备等规定用途。

2. 财政贴息

财政贴息是指政府为支持特定领域或区域发展、根据国家宏观经济形势和政策目标，对承贷企业的银行贷款利息给予的补贴。财政贴息的补贴对象通常是符合申报条件的某类项目，如农业产业化项目、中小企业技术创新项目等。贴息项目通常是综合性项目，包括设备购置、人员培训、研发费用、人员开支、购买服务等，也可以是单项的，比如仅限于固定资产贷款项目。

目前，财政贴息主要有两种方式，一种是财政将贴息资金直接支付给受益企业。例如，政府为支持中小企业专业化发展，对中小企业以银行贷款为主投资的项目提供的贷款贴息。另一种是财政将贴息资金直接拨付贷款银行，由贷款银行以低于市场利率的优惠利率向企业提供贷款。例如，某些扶贫资金，由农行系统发放贴息贷款，财政部与农业银行总行结算贴息资金，承贷企业按照实际发生的利率计算和确认利息费用。

3. 税收返还

税收返还是政府向企业返还的税款，属于以税收优惠形式给予的一种政府补助。税收返还主要包括先征后返的所得税和先征后退、即征即退的流转税，其中流转税包括增值税、消费税和营业税等。在实务中，还存在税收奖励的情况，若采用先据实征收、再以现金返还的方式，在本质上也属于税收返还。

除了税收返还之外，税收优惠还包括直接减征、免征、增加计税抵扣额、抵免部分税额等形式。

4. 无偿划拨非货币性资产

属于无偿划拨非货币性资产的情况主要有无偿划拨土地使用权、天然起源的天然林等。在实务中，这种情况已经很少。

三、政府补助分类

根据《政府补助准则》规定，政府补助应当划分为与资产相关的政府补助和与收益相关的政府补助。这是因为两类政府补助给企业带来经济利益或者弥补相关成本或费用的形式不同，从而在具体账务处理上存在差别。

1. 与资产相关的政府补助

与资产相关的政府补助，是指企业取得的、用于购建或以其他方式形成长期资产的政府补助。这类补助一般以银行转账的方式拨付，如政府拨付的用于企业购买无形资产的财政拨款、政府对企业用于建造固定资产的相关贷款给予的财政贴息等，应当在实际收到款项时按照到账的实际金额确认和计量。在很少的情况下，这类补助也可能表现为政府向企业无偿划拨长期非货币性资产，应当在实际取得资产并办妥相关受让手续时按照其公允价值确认和计量，公允价值不能可靠取得的，按照名义金额（即 1 元）计量。

企业取得与资产相关的政府补助，不能以全部金额确认为当期收益，应当随着相关资产的使用逐渐计入以后各期的收益。也就是说，这类补助应当先确认为递延收益，然后自相关资产可供使用时起在该项资产使用寿命内平均分配，计入当期营业外收入。

与资产相关的政府补助通常为货币性资产形式，企业应当在实际收到款项时，按照到账的实际金额，借记“银行存款”等科目，贷记“递延收益”科目。将政府补助用于购建长期资产时，相关长期资产的购建与企业正常的资产购建或研发处理一致，通过“在建工程”、“研发支出”等科目归集，完成后转为固定资产或无形资产。自相关长期资产可供使用时起，在相关资产计提折旧或摊销时，按照长期资产的预计使用期限，将递延收益平均分摊转入当期损益，借记“递延收益”科目。贷记“营业外收入”科目。相关资产在使用寿命结束时或结束前被处置（如出售、转让、报废等），尚未分摊的递延收益余额应当一次性转入资产处置当期的收益，不再予以递延。

2. 与收益相关的政府补助

与收益相关的政府补助，是指除与资产相关的政府补助之外的政府补助。这类补助通常以银行转账的方式拨付，应当在实际收到款项时按照到账的实际金额确认和计量。只有存在确凿证据表明，该项补助是按照固定的定额标准拨付的，才可以在这项补助成为应收款时予以确认并按照应收的金额计量。从理论上讲，政府补助有收益法和资本法两种会计处理方法，其中收益法是将政府补助计入当期收益或递延收益；资本法是将政府补助计入所有者权益。收益法又有总额法和净额法两种具体方法，其中总额法是在确认政府补助时将其全额确认为收益，而不是作为相关资产账面余额或者费用的扣减；净额法是将政府补助确认为对相关资产账面余额或者所补偿费用的扣减。《政府补助准则》要求采用的是收益法中的总额法，以便更真实、完整地反映政府补助的相关信息。

与收益相关的政府补助应当在其补偿的相关费用或损失发生的期间计入当期损益，即用于补偿企业以后期间费用或损失的在取得时先确认为递延收益。然后，在确认相关费用的期间计入当期营业外收入；用于补偿企业已发生费用或损失的取得时直接计入当期营业外收入。

企业在日常活动中按照固定的定额标准取得的政府补助，应当按照应收金额计量，借记“其他应收款”科目，贷记“营业外收入”（或“递延收益”）科目。不确定的或者在非日常活动中取得的政府补助，应当按照实际收到的金额计量，借记“银行存款”等科目，贷记“营业外收入”（或“递延收益”）科目。涉及按期分摊递延收益的，借记“递延收益”科目，贷记“营业外收入”科目。

在很少的情况下，与资产相关的政府补助也可能表现为政府向企业无偿划拨长期非货币性资产，应当在实际取得资产并办妥相关受让手续时按照其公允价值确认和计量，如该资产相关凭证上注明的价值与公允价值差异不大的，应当以有关凭证中注明的价值作为公允价值；如没有注明价值或者注明价值与公允价值差异较大但又有活跃市场的，应当根据有确凿证据表明的同类或类似资产市场价格作为公允价值。公允价值不能可靠取得的，按照名义金额（1元）计量。

企业取得的政府补助为非货币性资产的，应当首先同时确认一项资产（固定资产或无形资产等）和递延收益，然后在相关资产使用寿命内平均分摊递延收益，计入当期收益。但是，以名义金额计价的政府补助，在取得时计入当期损益。

第五节 电网企业营业外收支管理

营业外收支是指企业发生的与日常活动无直接关系的各项收支。营业外收支虽然与企业生产经营活动没有多大的关系，但从企业主体来考虑，同样带来收入或形成企业的支出，也是增加或减少利润的因素，对企业的利润总额及净利润产生较大影响。

营业外收支净额是指企业在一定会计期间内与正常经营活动无直接关系的其他各项业务的收入与支出的差额，有时简称为非常项目。

一、营业外收入

营业外收入是指企业发生的与日常活动无直接关系的各项利得。营业外收入并不是由企业经营资金耗费所产生的，不需要企业付出代价，实际上是一种纯收入，不可能也不需要与有关费用进行配比。因此，应严格区分营业外收入和营业收入的界限。营业外收入主要包括非流动资产处置利得、非货币资产交换利得、债务重组利得、政府补助、盘盈利得、捐赠利得等。

（1）非流动资产处置利得，包括固定资产处置利得和无形资产出售利得两类，其中固定资产处置利得是指企业出售固定资产所取得价款或报废固定资产的材料价值和变卖收入等，扣除固定资产的账面价值、清理费用、处置相关税费后的净收益；无形资产出售利得是指企业出售无形资产所取得价款扣除出售无形资产的账面价值、相关税费后的净收益。

（2）非货币资产交换利得，是指在非货币资产交换中换出资产为固定资产、无形资产的，换入资产公允价值大于换出资产账面价值的差额，扣除相关费用后计入营业外收入的金额。

（3）债务重组利得，是指重组债务的账面价值超过清偿债务的先进、非现金资产的公允价值、所转股份的公允价值、或者重组后债务账面价值之间的差额。

（4）盘盈利得，是指企业对于现金等清查盘点中盘盈的现金等，报经批准后计入营业外收入的金额。

（5）政府补助，是指企业从政府无偿取得货币性资产或非货币性资产形成的利得。

（6）捐赠利得，是指企业接受捐赠产生的利得。

二、营业外支出

营业外支出是指企业发生的与日常活动无直接关系的各项损失。营业外支出主要包括非流动资产处置损失、非货币性资产交换损失、债务重组损失、公益性捐赠支出、非常损失、盘亏损失等。

（1）非流动资产处置损失，包括固定资产处置损失和无形资产出售损失两类，其中固定资产处置损失是指企业出售固定资产所取得价款或报废固定资产的材料价值和变价收入等不足抵补处置固定资产的账面价值、清理费用、处置相关税费后的净损失；无形资产出售损失是指企业出售无形资产所取得价款不足抵补出售无形资产的账面价值、出售相关税费的净损失。

（2）非货币资产交换损失，是指在非货币资产交换中换出资产为固定资产、无形资产的，换入资产公允价值小于换出资产账面价值的差额，扣除相关费用后计入营业外支出的金额。

（3）债务重组损失，是指重组债权的账面余额与受让资产的公允价值、所转股份的公允价值或者重组后债权的账面价值之间的差额。

（4）公益性捐赠支出，是指企业对外进行公益性捐赠发生的支出。

（5）非常损失，是指企业对于因客观因素（如自然灾害等）造成的损失，在扣除保险公司赔偿后计入营业外支出的净损失。

第六节　电网企业期间费用管理

期间费用，是指企业本期发生的、不能直接或间接归入某种产品成本的、直接计入损益的各种费用，包括销售费用、管理费用和财务费用。

（1）销售费用，是指企业销售商品和材料、提供劳务的过程中发生的各种费用，包括保险费、包装费、广告（展览）费、商品维修费、预计产品质量保证损失、运输费、装卸费等，以及为销售本企业商品而专设的销售机构（含销售网点、售后服务网点等）的职工薪酬、业务费、折旧费等经营费用。企业发生的与专设销售机构相关的固定资产修理费用等后续支出，也在本科目核算。

（2）管理费用，是指企业为组织和管理企业生产经营所发生的管理费用，包括企业在筹建期间内发生的开办费、董事会和行政管理部门在企业的经营管理中发生的或者应由企业统一负担的公司经费（包括行政管理部门职工薪酬、物料消耗、低值易耗品摊销、办公费和差旅费等）、工会经费、董事会费（包括董事会成员津贴、会议费和差旅费等）、聘请中介机构费、咨询费（含顾问费）、诉讼费、业务招待费、房产税、车船使用税、土地使用税、印花税、技术转让费、矿产资源补偿费、研究费用、排污费等。企业生产车间（部门）和行政管理部门等发生的固定资产修理费用等后续支出，也在本科目核算。

（3）财务费用，是指企业为筹集生产经营所需资金等而发生的筹资费用，包括利息支出（减利息收入）、汇兑损益以及相关的手续费、企业发生的现金折扣或收到的现金折扣等。

企业应设置“销售费用”、“管理费用”、“财务费用”科目。

（1）“销售费用”科目，核算企业销售商品和材料、提供劳务的过程中发生的各种费用，借方反映发生数，贷方反映结转数，期末结转后无余额。本科目应按费用项目设置明细账，进行明细核算。

（2）“管理费用”科目，核算企业为组织和管理企业生产经营所发生的管理费用，借方反映发生数，贷方反映结转数，期末结转后无余额。本科目应按费用项目设置明细账，进行明细核算。

（3）“财务费用”科目，核算企业实际发生和结转的财务费用，借方反映发生数，贷方反映结转数，期末结转后无余额。本科目应设置“利息收入”、“利息支出”、“汇兑净损失”、“手续费”、“现金折扣”等明细科目，进行明细核算。

电力产品生产企业对电力产品成本不单独核算管理费用和销售费用，发生的相关费用直接计入当期的电力产品生产成本。

一、销售费用核算

企业在销售商品过程中发生的包装费、保险费、展览费和广告费、运输费、装卸费等费用，借记“销售费用”科目，贷记“库存现金”、“银行存款”等科目。

企业发生的为销售本企业商品而专设的销售机构的职工薪酬、业务费、修理费、折旧费等经营费用，借记“销售费用”科目，贷记“应付职工薪酬”、“银行存款”、“累计折旧”等科目。

二、管理费用核算

企业在筹建期间内发生的开办费，包括职工薪酬、办公费、培训费、差旅费、印刷费、注册登记费等，借记“管理费用”科目，贷记“应付职工薪酬”、“银行存款”等科目。

企业行政管理部门人员的职工薪酬，借记“管理费用”科目，贷记“应付职工薪酬”科目。

企业行政管理部门计提的固定资产折旧，借记“管理费用”科目，贷记“累计折旧”科目。

企业按规定计算确定的应交房产税、车船使用税、土地使用税、矿产资源补偿费、印花税，借记“管理费用”科目，贷记“应交税费”等科目。

企业行政管理部门发生的办公费、水电费、差旅费等以及企业发生的业务招待费、聘请中介机构费、诉讼费、技术转让费、咨询费、研究费用等其他费用，借记“管理费用”科目，贷记“银行存款”、“研发支出”等科目。

三、财务费用核算

企业发生的各项财务费用，借记“财务费用”科目，贷记“银行存款”、“应收账款”、“未确认融资费用”等科目。

企业发生的应冲减财务费用的利息收入、汇兑收益、现金折扣等，借记“银行存款”、“应付账款”等科目，贷记“财务费用”科目。

第七节 电网企业所得税管理

一、电网企业所得税概述

所得税费用，是指企业确认的应从当期利润总额中扣除的所得税费用，等于当期所得税以及递延所得税费用之和。企业应当采用资产负债表债务法核算企业的所得税。在资产负债表债务法下，从资产负债表出发，通过比较资产负债表上列示的资产、负债按照企业会计准则规定确定的账面价值与按照税法规定确定的计税基础，对于两者之间的差额分别可抵扣暂时性差异与应纳税暂时性差异，确认相关的递延所得税资产与递延所得税负债，并在此基础上确定每一期间利润表中的所得税费用。

企业在取得资产、负债时，应当确定其计税基础。资产、负债的账面价值与其计税基础存在差异的，应当按照本章规定确认所产生的递延所得税资产或递延所得税负债。

二、电网企业会计利润与应纳税所得额之间差异

暂时性差异，是指资产或负债的账面价值与其计税基础之间的差额。其中，账面价值是指按照《企业会计准则》规定确定的有关资产、负债在企业的资产负债表中应列示的金额。由于资产、负债的账面价值与其计税基础不同，产生了在未来收回资产或清偿负债的期间内，应纳税所得额增加或减少并导致未来期间应交所得税增加或减少的情况，在这些暂时性差异发生的当期，应当确认相应的递延所得税负债或递延所得税资产。根据暂时性差异对未来期间应税金额影响的不同，分为应纳税暂时性差异和可抵扣暂时性差异。

某些不符合资产、负债的确认条件，未作为财务会计报告中资产、负债列示的项目（如按照税法规定可以在以后年度税前弥补的亏损），如果按照《税法》规定可以确定其计税基础，该计税基础与其账面价值之间的差额也属于暂时性差异。

1. 应纳税暂时性差异

应纳税暂时性差异，是指在确定未来收回资产或清偿负债期间的应纳税所得额时，将导致产生应税金额的暂时性差异。该差异在未来期间转回时，会增加转回期间的应纳税所得额，即在未来期间不考虑该事项影响的应纳税所得额的基础上，由于该暂时性差异的转回，会进一步增加转回期间的应纳税所得额和应交所得税金额。在该暂时性差异产生当期，应当确认相关的递延所得税负债。

应纳税暂时性差异通常产生于以下情况：

（1）资产的账面价值大于其计税基础。一项资产的账面价值代表的是企业在持续使用及最终出售该项资产时会取得的经济利益的总额，而计税基础代表的是一项资产在未来期间可予税前扣除的总金额。资产的账面价值大于其计税基础，该项资产未来期间产生的经济利益不能全部税前抵扣，两者之间的差额产生应纳税暂时性差异。

（2）负债的账面价值小于其计税基础。一项负债的账面价值为企业预计在未来期间

清偿该项负债时的经济利益流出，而其计税基础代表的是账面价值在扣除《税法》规定未来期间允许税前扣除的金额之后的差额。因负债的账面价值与其计税基础不同产生的暂时性差异实质上是《税法》规定就该项负债在未来期间可以税前扣除的金额。负债的账面价值小于其计税基础，则意味着该项负债在未来期间可以税前抵扣的金额为负数，即应在未来期间应纳税所得额的基础上调增，增加应纳税所得额和应交所得税金额，产生应纳税暂时性差异。

2. 可抵扣暂时性差异

可抵扣暂时性差异，是指在确定未来收回资产或清偿负债期间的应纳税所得额时，将导致产生可抵扣金额的暂时性差异。该差异在未来期间转回时会减少转回期间的应纳税所得额，减少未来期间的应交所得税。在该暂时性差异产生当期，应当确认相关的递延所得税资产。

可抵扣暂时性差异一般产生于以下情况：

（1）资产的账面价值小于其计税基础，从经济含义来看，资产在未来期间产生的经济利益少，按照《税法》规定允许税前扣除的金额多，则企业在未来期间可以减少应纳税所得额并减少应交所得税，形成可抵扣暂时性差异。

（2）负债的账面价值大于其计税基础，负债产生的暂时性差异实质上是《税法》规定就该项负债可以在未来期间税前扣除的金额。一项负债的账面价值大于其计税基础，意味着未来期间按照《税法》规定构成负债的全部或部分金额可以自未来应税经济利益中扣除，减少未来期间的应纳税所得额和应交所得税，产生可抵扣暂时性差异。

（3）按照《税法》规定允许用以后年度所得弥补的可抵扣亏损以及可结转以后年度的税款抵减，比照可抵扣暂时性差异的原则处理。

对于按照《税法》规定可以结转以后年度的未弥补亏损及税款抵减，虽不是因资产、负债的账面价值与计税基础不同产生的，但本质上可抵扣亏损和税款抵减与可抵扣暂时性差异具有同样的作用，均能够减少未来期间的应纳税所得额，进而减少未来期间的应交所得税，在会计处理上，视同可抵扣暂时性差异，符合条件的情况下，应确认与其相关的递延所得税资产。

三、电网企业所得税核算规定

企业应当采用资产负债表债务法核算企业的所得税。在资产负债表债务法下，从资产负债表出发，通过比较资产负债表上列示的资产、负债按照《企业会计准则》规定确定的账面价值与按照《税法》规定确定的计税基础，对于两者之间的差额分别应纳税暂时性差异与可抵扣暂时性差异，确认相关的递延所得税负债与递延所得税资产，并在此基础上确定每一期间利润表中的所得税费用。

企业在取得资产、负债时，应当确定其计税基础。资产、负债的账面价值与其计税基础存在差异的，应当按照《企业会计准则》规定确认所产生的递延所得税资产或递延所得税负债。

所得税会计核算的一般程序为：首先，确定资产负债表中除递延所得税资产和递延所得税负债以外的资产和负债的账面价值；其次，确定资产负债表中除递延所得税资产和递延所得税负债以外的资产和负债的计税基础；第三，计算可抵扣暂时性差异和应纳税暂时性差异；第四，确认递延所得税资产和递延所得税负债的确认；第五，确定利润表中的所得税费用。

第八节 电网企业利润管理

利润是指企业在一定会计期间的经营成果，是反映经营成果的最终要素，包括营业利润、投资净收益和营业外收支净额。当收入大于费用时，其差额为利润，费用大于收入的差额为亏损。

（1）营业利润分为主营业务利润和其他业务利润两种：

1）主营业务利润是指主营业务收入减去主营业务成本、主营业务税金及附加、期间费用后的余额；

2）其他业务利润是指其他业务收入减去其他业务支出后的余额。

（2）投资净收益是指企业对外投资收入减去投资损失后的余额，包括分得的利润、债权投资的利息收入、股利收入等。

（3）营业外收支净额是指与企业生产经营活动无直接关系的各种营业外收入减去营业外支出后的余额。

然而，从报表分析可以深层透视管理的问题有：① 创造利润与创造价值；② 有利润不代表赚钱，创造利润就不等于创造价值；③ 因为利润只是补偿了企业生产经营的成本，并没有完全补偿资本经营的成本，即便企业账面上出现巨额利润，也有可能“亏本”经营。企业非但没有创造价值，相反还可能毁灭价值。

企业是否在经营中真正创造了价值，可透过经济附加值 EVA 来进行分析，即

$$EVA=税后净营业利润-资本成本$$

其中

$$资本成本=资本成本率\times全部资本$$

EVA 考虑了为企业带来利润的所有资金成本，当 EVA 为零时，企业经营产生的效益正好等于投资者期望回报水平；当 EVA 超过零的部分是经营者为投资者创造的超出期望的剩余价值；若 EVA 的值为负数，则表明公司的收益低于投资者投入资金的期望报酬率，公司业绩是不理想的。

第九节 电网企业利润分配管理

一、收益分配原则

企业收益的分配实际是对收益的所有权和占有权进行划分，保证其合理归属与运用的管理过程。企业收益的分配会对企业的筹资活动和投资活动产生重要影响，并与国家的经济政策有着密切的联系。企业收益的分配，必须遵守国家的相关法律法规，兼顾国

家、企业、投资者、职工等有关各方的利益，有机结合眼前利益与长远利益、整体利益与局部利益以及整个社会积累与消费的关系，充分发挥利益的激励与约束功能，以及对再生产的调节功能，调动各方面的积极性，促进企业生产的发展，提高企业经济效益。因此，为了组织好企业的收益分配工作，正确处理好企业的财务关系，企业必须遵循依法分配、利益兼顾、分配与积累并重及分配“三公”等原则。

1. 依法分配原则

为规范企业的收益分配行为，国家制定和颁布了若干法律、法规，从企业制度和财务制度等方面规定了企业利润分配的基本要求、分配程序和分配比例关系，企业在进行收益分配的时候应该严格遵守国家的相关法律规定，依照法定程序和比例进行分配。按照国家规定，企业收益首先应该依法交纳企业所得税，纳税后的净利润是企业应当按照法定的比例提留，余下的部分再按照相关政策在投资者之间进行分配。税后净利润的提留主要是指提取盈余公积金，包括提取法定盈余公积金、任意盈余公积金。

有条件的企业还应积极参与社会公益事业，如《税法》规定企业可以按应税所得额的3%、10%、100%等不同税前扣除比例用于社会公益、救济性捐赠；企业同样可以从税后利润中提出一定的资金用于对外捐赠和赞助，这样既可以提高企业的知名度，树立企业的社会形象，同时又尽了社会义务，即根据财务制度的规定，企业的税后利润应按照如下顺序分配：支付罚款；弥补以前年度亏损；提取法定公积金；提取公益金；向投资者分配利润。

2. 利益兼顾原则

企业的收益分配会涉及国家、投资者、经营者、职工等多方当事人的利益，在进行分配时，企业应该尽量兼顾各方的利益，并尽可能地保持稳定的利润分配。国家作为社会管理者，为行使其自身职能，必须有充足的资金保证。所以企业在实现了利润后必须及时向国家上交所得税，以保证国家稳定的财政收入。当发生亏损时国家一般不予弥补，而由企业用以后年度的利润自行弥补。企业应尽量做到自负盈亏，减少国家财政负担，真正在收益分配中兼顾国家利益；投资者作为资本投入者，企业的所有者，应依法享有利润分配权。为保持所有者的投资动力，企业应该尽量将实现的收益分配给投资者，以维持企业未来的发展。因此，在利润分配中还应兼顾投资者的利益。

职工作为利润的直接创造者，除了获得工资奖金外，还要以适当的方式参与收益的分配，所以企业的收益分配还要考虑企业广大职工的利益，以保证职工的工作热情和积极性。最后要在保持所有者和职工积极性的前提下，考虑企业未来的发展，只有这样，企业才能有向心力、凝聚力、战斗力，才能具有坚强的发展后盾。总之，企业应当在维护投资者合法权益的同时，战斗力才能具有坚强的发展后盾。总之，企业应当在维护投资者合法权益的同时，保障职工的切身利益，努力贯彻兼顾各方利益的原则，以求得企业的长远发展。

3. 分配与积累并重原则

当企业进行收益分配时，在按规定提取法定盈余公积金和公益金后，应该根据自身发展的需要，确定是否向所有者分配全部可供分配的利润。一般来说，在可供分配的利润中，企业仍会适当留存一部分作为利润积累。

一定比例的留存，一方面为企业扩大再生产筹集了资金，增加了企业的积累；另一方面增加了企业抵御风险的能力，提高了企业经营的安全系数和稳定性，有利于增加所有者的投资回报。因此，企业在收益分配中一定要遵循分配与积累并重的原则。

4. 分配“三公”原则

企业在收益分配中应遵循“公平、公开、公正”的原则，平等对待每个有资格参与收益分配的个体。首先，对不同投资主体要平等对待，不能厚此薄彼。如果国家、社会法人和个人都参与了投资，则这三类投资者的分配比率都应相同。其次，在相同分配比率的基础上，利润分配要按投资比例来进行。利用投资者投入的资本从事生产经营活动所获得的利润，必须按照各投资者投入的资金比例进行分配。

因此，企业在向投资者分配利润的时候，应该按照各方投资者投入资本的份额进行分配，不允许发生任何一方多拿多占的现象，从根本上保护投资者的利益，严格做到同股同权、同股同利。

二、收益分配顺序

收益作为分配的基础，主要包括两层含义：① 企业的利润总额，即税前利润；② 净利润，即税后利润。收益分配一般应按照以下基本程序进行。

1. 依法交纳所得税

根据现行《税法》规定，所有盈利的企业都必须根据所实现的利润额，按照规定的税率计算并缴纳所得税。所得税是企业履行法人社会责任与义务的重要体现，它具有强制性和无偿性。

（1）税前利润弥补亏损。当企业发生经营性亏损时，一般应当由企业自行弥补。按规定，企业当年的亏损可以用下一年度的税前利润弥补；下一年度税前利润不足以弥补的，可以在今后的 5 年内延续弥补。如果 5 年内还没有完成亏损弥补的，可以用税后利润继续进行弥补。

（2）应纳税所得额。要计算企业应交纳的所得税，首先应该对企业的利润进行一定的调整，计算出企业的应纳税所得额。

（3）应纳所得税额。其计算公式为

应纳所得税税额＝应纳税所得额×税率

在我国，企业所得税税率的设计严格遵循了保证国家财政收入，兼顾企业负担能力，贯彻公平税负等原则。同时，特别考虑到我国现行的经济状况和今后经济发展的需要，一般企业均实行 33%的比例税率，也就是法定税率。同时，为了照顾一些利息较低或规模较小的企业，又规定了两档优惠税率：

优惠税率为：年应纳税所得额在 3 万元以下（含 3 万元）的，按 18%税率征收；年应纳税所得额超过 3～10 万元（含 10 万元）的，按 27%的税率征收。

根据十届全国人大五次会议表决通过的《企业所得税法》，自 2008 年 1 月 1 日起内外资企业所得税税率统一为 25%。

2. 税后利润分配

企业缴纳所得税后的净利润，除国家另有规定外，应按以下顺序分配：

（1）支付罚款等。

用于弥补被没收的财物损失，支付各项违反税法规定的滞纳金和罚款。

（2）弥补企业以前年度亏损。

按照规定，企业经营活动所引起的亏损可以用税后净利润进行弥补。按规定，企业发生年度亏损，可用下一年的税前利润进行弥补；下一年度税前利润不足弥补的，可以由以后年度的税前利润继续弥补，但是用税前利润弥补以前年度亏损的连续期限最多不得超过 5 年。而企业延续 5 年未弥补完的亏损，则应当用税后利润弥补。

（3）提取法定盈余公积金。

法定盈余公积金按照税后利润扣除前两项后的 10%提取，主要用于弥补亏损、扩大企业的生产经营或按国家规定转为增加公司资本等。法定盈余公积金已经超过企业资本总额的 50%时，可不再提取。

（4）向投资者分配利润。

企业向投资者分配的利润只能使用税后利润，在弥补亏损、提取盈余公积金和任意盈余公积金之后的剩余部分。一般而言，企业如果当年没有实现利润，就不得向投资者分配利润。

第九章

电网企业全面预算管理

第一节　全面预算管理定义与作用

一、全面预算概念

全面预算管理是指企业在战略目标的指导下，对未来的经营活动和相应财务结果进行充分、全面的预测和筹划，并通过对执行过程的监控，将实际完成情况与预算目标不断对照和分析，从而及时对经营活动进行改善和调整，以帮助管理者更加有效地管理企业和最大程度地实现战略目标。全面预算管理需要充分的双向沟通以及所有相关部门的参与。

预算是将资源分配给特定活动的数字性计划，是一种详细的收支安排。企业管理者通常为收入、支出等编制预算，其目的是为了更加合理、有效地使用资源，统一协调各种经营活动，以期产生更多的利润。为了对企业的所有方面进行协调和控制，企业应该编制全面预算。

全面预算是企业经营思想、经营目标和经营决策的具体化和数量化，即在预测与决策的基础上，按照规定的目标和内容对企业未来的销售、生产、现金流量等有关方面以计划的形式具体地、系统地反映出来，以便有效地组织与协调企业的全部生产经营活动，完成企业的既定目标。

全面预算通过规划未来的发展来指导现实的实践，是企业各级和各部门奋斗的目标、协调的根据、控制的标准和考核的依据。全面预算由一系列相互关联的预算构成，是一个数字相互衔接的整体。不同的企业、同一企业的不同阶段，其全面预算的模式会有所不同，但其起点都是建立在企业的战略之上。全面预算的过程图，如图 9-1 所示。

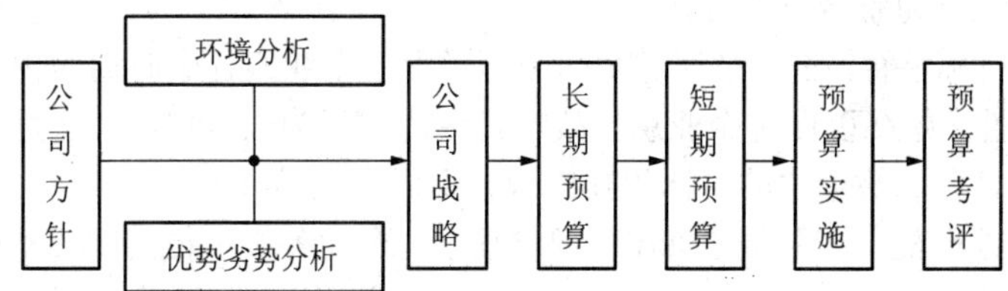

图 9-1　全面预算过程图

二、全面预算管理本质

1. 全面预算管理是一种系统管理

系统管理是以系统整体性为原则，用综合性的概念分析、描述管理对象的内在联系及其同其他事物之间的相互辩证关系，用整体最优的方法来解决管理对象系统所涉及的各种问题。全面预算管理把企业的经济运行看成一个整体，以预算目标进行统筹规划，具有一套完善的内容体系、方法体系及运行机制，是一个完整的、要素齐全的、结构关系紧密的、具有较强逻辑顺序的企业管理系统，企业内部各要素（包括人、财、物、信息等）都置于这一系统之内，成为该系统的有机组成部分。

2. 全面预算管理是财务管理的重要内容

从本质上讲，全面预算管理属于财务管理，是财务管理的重要内容。全面预算管理所需大量的信息都是通过财务管理的方法计算得出，而且全面预算管理的运行机制也与财务管理的体制密切相关，它是利用财务的控制体制进行运转的。这样，全面预算管理与财务管理具有职能上的互补性和模式上的兼容性。全面预算管理所包含的经营预算、财务预算、专项预算等众多预算最终都要进入财务综合预算。企业通过生产经营预算降低成本、增加利润，通过专项预算进行资本运营获取利润，因而全面预算管理是从财务的角度出发对企业整个经营活动进行控制的，最终是提高了企业的财务实力。可见，全面预算管理是财务管理的重要组成部分之一。

三、全面预算管理作用

对于全面预算管理的作用，即其职能，不同学者有不同的观点。根据全面预算管理的内涵，结合我国企业的实际，一般认为，全面预算管理具有规划、整合、控制和业绩考评四种职能。

1. 规划职能

对企业未来的预测是通过预算来落实的，预测的过程也是对企业进行规划的过程，预算的编制使企业规划转变为企业计划。预算的规划职能主要包括两方面的内容：一是规划特定期间内企业的目标；二是把企业整体目标具体化（如完成时间、工作量、责任划分等）。

2. 整合职能

整合是指将企业下属的各二级经营单位及其内部各个层级和各位员工联合起来，围绕着企业的总体目标而运行。全面预算管理的整合职能主要表现在预算目标整合、管理过程整合和员工行为整合三个方面。

（1）预算目标整合，首先是通过全面预算管理使企业的各个时期的预算目标相互衔接，具有连贯性，始终以促进企业总体战略目标的实现为大方向；其次是通过全面预算管理使各部门、各二级单位的目标相互协调，形成有机整体。

（2）管理过程整合，主要是指在管理过程中，企业各级单位的职责不同，往往会出现相互冲突现象，尤其是对企业集团这种多级法人组织来说，作为独立法人的各子公司和集团公司之间的冲突有时会非常尖锐，全面预算管理可以通过一整套的控制体系协调各级单位的工作，较好的解决各种冲突。

（3）员工行为整合，是指全面预算管理是企业员工行为的航标，它使企业各员工明确如何工作才能达成企业的战略总目标，并通过预算信息的传递，引导全体员工为企业的整体活动而努力做好工作。

3. 控制职能

全面预算管理的控制职能贯穿于企业生产经营的全过程。

（1）预算编制是一种事前控制，通过对企业未来时期生产经营状况的全面评估，有利于管理层对企业资源的利用状况进行整体性安排。

（2）预算执行是一种事中控制，预算把企业目标以财务数字和非财务数字来表达，成为控制企业生产经营活动过程的依据，保证生产经营活动正常运行。

（3）预算差异分析和考评则是一种事后控制，分析预算数和实际数之间的差异，找到管理中的强项与弱项，总结经验和教训，明确责任归属，采取措施修正预算，以加强管理。同时，把这些信息作为制定下一期预算的重要资料。

4. 业绩考评职能

预算是评价和考核各管理层次与责任人员工作业绩的依据。预算的考评职能有两方面的含义：一是对企业经营业绩的整体评价；二是对企业内部各管理部门、各个员工的业绩进行评价。

第二节 电网企业预算管理分类

企业的全面预算，综合反映了企业价值活动管理的核心内容，其基本构成是相同的，一般包括生产经营预算，销售、广告预算，成本费用预算，资本支出预算，现金流量预算，目标利润预算，战略预算等。按照不同的分类标准有以下不同的划分方法。

一、按预算功能划分

从预算管理功能上划分，可分为经营预算和管理控制预算两类。其中，经营预算是企业高层次的、宏观的、全面的预算；管理控制预算是企业低层次的、微观的、具体执行性的预算，管理控制预算又可以分为两种：一种是各部门按要素、过程展开的部门管理控制预算；另一种是由标准、进度、程序等构成的现场管理控制预算。

二、按预算期划分

按时间划分，预算可分为长期、中期、短期三种预算。它们与战略预算、战术预算、实施预算相对应。通常把预算期在 1 年以内的预算称为短期经营预算，1 年以上称为长期战略预算。一般情况下，正常业务预算和财务预算多以 1 年为期，年内再按季度或月度细分，预算期往往与会计期间保持一致。

三、从期间类型划分

从预算期间的类型，预算可划分为期间预算和项目预算两种。其中，期间预算具有期限性；项目预算没有期限性，是针对特定问题的将来活动预算，是不受层级、时期制约的预算，是对个别问题或项目制订的预算，如新产品研发预算、资本投资预算等。

四、从表现方式上划分

从书面表现方式上，预算可分为以下三种：

（1）用货币价值表现的价值量预算，有现金预算、资本支出预算、预计收益表、预计资产负债表四种。

（2）用公司宗旨、规章制度、经营纲领等语言表现的文字预算。

（3）用标准、进度之类的实物数量表达的实物量预算等。

五、按预算影响范围大小分

根据预算是针对整体的还是局部的，企业预算可分为全面预算和单项预算两种，其中全面预算是针对企业总体的；单项预算是针对职能战略业务单位的。有的企业还可分为公司预算、作业预算和中间预算三种。

第三节　电网企业全面预算管理方法

一、电网企业预算编制方法

预算编制是实施全面预算管理的重要环节，其编制质量的高低直接影响预算执行结果。预算的编制程序可分为自上而下式、自下而上式和上下结合式三种。

在企业集团全面预算管理中，预算的编制应采取上下结合式，一方面通过上下结合达到预算意识的沟通和集团预算目标的完全执行；另一方面通过上下结合避免单纯自上而下式和自下而上式的种种不足，体现出集权与分权的统一。通常，预算的编制方法主要有以下几种。

1. 固定预算

固定预算又叫静态预算，是编制预算最基本的方法，也是传统预算编制常用的方法。它是根据预算期内正常的、可实现的某一业务量水平为依据编制的预算。也就是说，预算期内编制财务预算所依据的成本费用和利润信息都只是在一个预定的业务量水平的基础上确定的。显然，以未来固定不变的业务水平为基础所编制的预算赖以存在的前提条件，必须是预计业务量与实际业务量相一致（或相差很小），才比较适合。但在实际工作中，预计业务量与实际水平相差比较大时，必然导致有关成本费用及利润的实际水平与预算水平因基础不同而失去可比性，不利于开展控制与考核，而且有时会引起人们的误解。例如，编制财务预算时，预计业务量为生产能力的 90%，其成本预算总额为 40 000 元，而实际业务量为生产能力的 110%，其成本总额为 55 000 元，实际成本与预算相比，则超支很大。但是，实际成本脱离预算成本的差异包括了因业务量增长而增加的成本差异，而业务量差异对成本分析来说是无意义的。

2. 弹性预算

弹性预算法就是在按照成本（费用）习性分类的基础上，以本、量、利之间依存关系为依据，以区分变动性成本和固定成本为基础，在编制预算时具有一定伸缩范围，能够适应不同业务量的一种编制方法。当弹性预算在编制预算时，变动成本随业务量的变动而予以增减，固定成本则在相关的业务量范围内稳定不变，分别按一系列可能达到的预计业务量水平编制能适应企业在预算期内任何生产经营水平的预算。由于这种预算是随着业务量的变动作机动调整，适用面广，具有弹性，故称为弹性预算或变动预算。

由于未来业务量的变动会影响到成本费用和利润的各个方面，因此弹性预算理论上讲适用于全面预算中与业务量有关的各种预算。但从实用角度看，它主要用于编制制造费用、销售及管理费用等半变动成本（费用）的预算和利润预算。

弹性预算的优点在于：一方面，能够适应不同经营活动情况的变化，扩大了预算的适用范围，能更好地发挥预算的控制作用；另一方面，能够对预算的实际执行情况进行评价与考核，使预算能真正起到为企业经营活动服务的作用。

3. 增量预算

增量预算是指在基期成本费用水平的基础上，结合预算期业务量水平及有关降低成本的措施，通过调整有关原有成本费用项目而编制预算的方法。这种预算方法比较简单，但它是以过去的水平为基础，实际上就是承认过去是合理的，无须改进。因此，它往往不加分析地保留或接受原有成本项目，或按主观臆断平均削减，或只增不减，这样容易造成预算的不足，或者是安于现状，造成预算不合理的开支。

4. 零基预算

零基预算，又称零底预算，是指在编制预算时，对于所有的预算支出均以零为基础，不考虑其以往情况如何，从实际需要与可能出发，研究分析各项预算费用开支是否必要、合理，进行综合平衡，从而确定预算费用。这种预算不以历史为基础，而是以零为出发点，一切推倒重来，零基预算即因此而得名。

零基预算编制的程序是：首先，根据企业在预算期内的总体目标，对每一项业务分析其性质、目的，以零为基础，详细提出各项业务所需要的开支或费用；其次，按“成本—效益”分析方法比较分析每一项预算费用是否必要，能否避免，以及它所产生的效益，以便区别对待；最后，对不可避免的费用项目优先分配资金，对可延缓成本的则根据可动用资金情况，按轻重缓急以及每项项目所需经费的多少分成等级，逐项下达费用预算。

零基预算的优点是不受现有条条框框的限制，对一切费用都以零为出发点，这样不仅能压缩资金开支，而且能切实做到把有限的资金用在最需要的地方，从而调动各部门人员的积极性和创造性，量力而行，合理使用资金，提高效益。其缺点是由于一切支出均以零为起点进行分析、研究，势必带来繁重的工作量，有时甚至得不偿失，难以突出重点。为了弥补零基预算这一缺点，企业不是每年都按零基预算来编制预算，而是每隔若干年编制一次零基预算，以后几年内略作适当调整，这样既减轻了预算编制的工作量，又能适当控制费用。

5. 定期预算

定期预算就是以会计年度为单位编制的各类预算，这种定期预算有以下三大缺点：

第一，盲目性。因为定期预算编制多在其执行年度开始前两三个月进行，难以预测预算期后期情况，特别是在多变的市场下，许多数据资料只能估计，具有盲目性。

第二，不变性。预算执行中，许多不测因素会妨碍预算的指导功能，甚至使之失去作用，而预算在实施过程中又往往不能进行调整。

第三，间断性。定期预算只考虑一个会计年度的经营活动，即使年中修订的预算也只是针对剩余的预算期，对下一个会计年度很少考虑，预算的连续性差，形成人为的预算间断。

6. 滚动预算

滚动预算，又称永续预算，其主要特点在于：不将预算期与会计年度挂钩，而始终保持 12 月，每过去 1 月，就根据新的情况调整和修订后几个月的预算，并在原预算的基础上增补下一个月的预算，从而逐期向后滚动，连续不断地以预算形式规划未来的经营活动。这种预算要求在一年中，头几个月的预算要详细完整，后几个月可以略粗一些。随着时间的推移，原来较粗的预算逐渐由粗变细，后面随之又补充新的较粗的预算，以此不断滚动。

滚动预算可以保持预算的连续性和完整性。企业的生产经营活动是连续不断的，因此企业的预算也应该全面地反映这一延续不断的过程，使预算方法与生产经营过程相适应。同时，企业的生产经营活动是复杂的，而滚动预算便于随时修订，确保企业经营管理工作秩序的稳定性，充分发挥预算的指导与控制作用。滚动预算能克服传统定期预算的盲目性、不变性和间断性，从这个意义上说，编制预算已不再仅仅是每年年末才开展的工作了，而是与日常管理密切结合的一项措施。当然，滚动预算应采用按月滚动的方法，但预算编制工作比较繁重，所以也可以按季度滚动来编制预算。

二、电网企业预算编制方法选择

针对电网企业的具体情况及预算管理中存在的问题，可以主要从以下三方面改进预算编制方法。

1. 公司的整体预算采用滚动预算的编制方法

预算管理是企业经营活动和发展战略之间的桥梁，为了保持预算的完整性、持续性，便于企业领导这从动态中把握企业的未来，公司的整体预算可以采用滚动预算的编制方法，即预算期连续不断，总保持 12 个月，每过去一个季度，根据新的情况，修订下一个季度的预算，如此往复，不断滚动。滚动预算可以克服预算的盲目性，避免预算与实际有较大的出入。同时，滚动预算还可以使企业各层级的管理者始终对未来 12 个月或更长一段时间的生产经营活动有周详的考虑和全盘规划，保证各项工作有条不紊的进行。在实际操作中，考虑到编制滚动预算工作比较繁重，可以采用按季滚动来编制预算，而在执行预算的那个季度再按月具体编制预算，这样可以简化预算的编制工作。

2. 购电成本预算采用弹性预算编制方法

购电成本在电力成本中占很大的比重，而且是典型的变动成本，因此购电成本预算可以采用弹性预算的编制方法，即购电成本预算根据公司可预见的售电量和电能损耗率，以变动成本法为基础，在编制预算时使预算具有一定的伸缩范围，以使用不同的售电量规模。采用弹性预算的编制方法，增加了预算的适应性，避免了由于售电量和电能损耗的变化而对预算做频繁的修改，这在市场经济条件下，有着重要的意义；另外，弹性预算使对预算执行情况的评价和考核，建立在更加客观和可靠的基础上。

3. 电力成本中管理费用预算和二级单位中费用中心的成本预算采用零基预算的编制方法

在电力成本中，管理费用预算和二级单位中费用中心的成本预算长期采用增量预算的编制方法，掩盖了许多矛盾，实际上电力成本中管理费用预算和二级单位中费用中心的成本预算很多项目与以前年度的发生数没有必然联系，如水电费、研究开发费、坏账损失等。因此，在电力成本中管理费用预算和二级单位中费用中心的成本预算可以采有零基预算的编制方法，即每年的费用预算都不以历史数据为依据，而是以零为出发点编制预算。零基预算使预算目标的确定更切合实际，不仅能够有力地压缩各项可控费用，而且能够调动各级预算部门的积极性和创造性，合理使用资金，提高经济效益。

第四节 电网企业全面预算管理工作组织

全面预算的编制是一项工作量大、涉及面广、时间性强、操作复杂的工作。为了保证预算编制工作的顺利进行需要专设一个预算管理委员会来负责预算编制并监督实施，预算管理委员会一般由企业总经理和分管销售、财务等各职能部门的负责人组成。只有负责实施的人员参与预算的编制，才能使预算成为他们自愿努力完成的目标，而不是外界强加于他们的任务。

鉴于全面预算管理的重要性，电网企业的行政一把手应为全面预算管理的第一责任人。全面预算管理制度、预算方案及考核结果要经总经理办公会议批准后实施。

企业应设立预算管理委员会、预算管理办公室，全面负责预算管理的组织、实施及日常管理工作，全面预算的责任部门是相关的职能部门。

一、预算管理委员会

企业设立预算管理委员会，负责全面预算的组织和实施。预算管理委员会主任应由总经理担任，副主任应由分管领导担任，成员由有关部门的主要负责人组成。

主要职责是：① 制订有关预算管理的政策、规定、制度等相关文件；② 组织企业有关部门或聘请有关专家对目标的确定进行预测；③ 审议、确定目标，提出预算编制的方针和程序；④ 审查各部门编制的预算草案及整体预算方案，并就必要的改善对策提出建议；⑤ 在预算编制、执行过程中发现部门间有彼此抵触现象时，予以必要的协调；⑥ 下达经过总经理办公会议审查的正式预算方案；⑦ 接受预算与实际比较的定期报告，在予以认真分析、研究的基础上提出改善的建议；⑧ 根据需要就预算的修正加以审议并作出相关决定。

二、预算管理办公室

企业设立预算管理办公室，负责全面预算管理的日常事务。预算管理办公室主任由企业财务负责人担任，成员由企业预算管理委员会组成部门的相关人员组成。日常工作由企业财务部门牵头办理。

主要职责是：① 负责全面预算管理制度及相关办法的起草、修改、完善等工作；② 协调相关责任部门；③ 研究并提出分解、落实批准的预算方案和经营业绩考核指标的具体实施方案及措施建议；④ 负责组织企业预算编制、审查、汇总、平衡、上报、下达、修订、分析、控制、考核、报告等具体工作，并向企业预算管理委员会提交预算报告草案；⑤ 负责提出预算编制和执行过程中解决有关问题的建议；⑥ 提出预算管理工作各层面的考核建议。

三、全面预算管理责任部门

企业相关职能部门是全面预算管理的责任部门，按照以下分工具体负责本部门分管业务专项预算的编制、执行、控制、监督，并提出考核建议。

（1）总经理工作部是企业机关预算管理的责任部门，负责企业机关预算的编制、执行、控制、监督，并提出考核建议。

（2）财务部门是目标利润、售电单价、成本费用、应收电力费余额、农网改造还贷资金、资金筹借、资本性收支平衡、还贷安排、资产负债控制、非电力生产性企业改造项目计划、集中购置费用和全资及控股子企业各项财务考核指标预算管理的责任部门，计划发展部、市场营销部、农电工作部、生产技术部、安全监察部和科技信息部是配合部门。

（3）计划发展部是基本建设投资计划管理、供销电量平衡、住房公积金、住房提租补贴管理的责任部门，工程建设部、财务部、市场营销部、生产技术部是基本建设投资计划管理的配合部门，财务部、市场营销部、调度中心是供销电量平衡的配合部门。

（4）市场营销部是售电量、火电上网电量、配网技改项目计划、配网建设工程管理的责任部门，计划发展部、调度中心等是火电上网管理的配合部门，计划发展部、生产技术部、财务部是配网技改项目和配网建设工程管理的配合部门。

（5）生产技术部是技改、大修项目等管理的责任部门，安全监察部、财务部、市场营销部、调度中心是配合部门。

（6）人力资源部是工资和保险管理的责任部门，财务部门是配合部门。

（7）工程建设部是基本建设项目管理的责任部门，计划发展部、财务部是配合部门。

（8）科技信息部是科技投资计划、科技开发费、信息化系统管理的责任部门，财务部是配合部门。

（9）安全监察部是“安全措施”项目管理、消防、电力设施保护的责任部门，财务部是配合部门。

（10）调度中心是调度考核指标管理的责任部门，计划发展部、财务部、市场营销部是配合部门。

四、全面预算监督部门

企业纪检监察、审计部门是全面预算管理的监督部门，负责监督预算过程中各项规章制度贯彻，检查、核实企业全面预算管理执行情况和执行结果的真实性、合法性。企业纪检部门、审计部门应在每年 4 月底向预算管理委员会提交上年度预算执行的监督、审计报告。

五、不可预见管理

企业在预算中设立总经理基金，用于不可预见的各项资本性支出和成本支出，总经理基金由总经理或总经理办公会议批准后方能动用。

六、积极有效地推进电网企业全面预算管理

1. 要坚持不断地优化和完善预算指标体系

实施预算管理应做到全员、全过程、全要素。在实施预算管理中，全员主要是通过建立完善的组织体系来完成；全过程、全要素则主要通过建立一套适应本企业特点的预算指标体系，并依托指标体系明确各个层面、各个执行单位的责任来实现。因此，科学合理的预算指标体系对于有效地推行预算管理有着重要的影响。预算指标的设立应当是可以计量的，有一些必要的数量指标；应当是责任明确的，有着明确的责任主体；应当是完整的，在逐级分解的过程中，下级预算指标必须保证涵盖了所有影响上级预算指标的因素；应当是动态的，随着企业组织机构的调整、生产经营重点的调整而作出相应的调整。

2. 协调处理好各方面关系

（1）加强基础管理工作，最大限度地发挥全面预算管理的作用。结合自身实际情况，研究开发出一套高效实用的预算编制及调整的计算机管理系统，实现财务信息网络化、标准化、规范化管理；完善财务管理、会计核算、价格管理等规章制度，为全面预算管理的编制提供制度保证，明确划分各部门管理职能的权限，全面预算管理的顺利实施需要一个良好的管理环境，电网企业必须建立起一整套符合现代企业制度、满足全面预算管理要求的经营管理模式。

（2）正确认识预算与计划的关系，保持预算与企业各项计划相统一，计划管理与全面预算管理统一并存、互不矛盾。全面预算管理源于计划管理，是对计划管理的量化，是计划管理在财务管理中运用的具体化。只是全面预算管理较之计划管理更注重过程控制和全员参与，能更好地运用核算手段实现经济业务中参与人员责权利的有机结合，使业务管理更好地实现制度化和标准化，使得计划管理和财务管理形成合力。

（3）逐步理顺全面预算考核评价体系与企业内部经营责任考核体系的关系。内部经营责任考核体系包括公司经营方针目标、经营责任书等。在目前的管理模式下，两者双轨并行，但公司最终要把内部经营责任考核统一到全面预算管理的要求上来。建立电网企业整体评价指标后，就可以对这些指标进行分解，并进行相应的预算编制工作，同时也是将各项预算目标分解落实到具体职能单元的过程。

第五节　电网企业全面预算管理考核与评价

预算管理是提升企业财务管理水平的一种先进的管理手段，对促进国有企业建立现代企业制度，适应电力体制改革和市场经济要求，提高经济效益，有着至关重要的作用。

近年来，各电网企业在预算管理方面已取得了一定成绩，但还普遍存在着认识不到位、指标刚性不够、预算虎头蛇尾等现象，致使预算管理的作用大打折扣。存在这些问题的关键是缺乏健全的预算考评体系，或者预算考评走过场，弱化了预算的监督考评职能。考核与奖惩是预算管理工作的生命线，考核与奖惩落实不到位，势必严重影响整个预算目标的实现。只有建立健全全面预算管理考评体系和机制，不断完善公司全面预算管理体系，才能增强预算管理的监控职能。

一、全面预算考核与评价概念和特征

全面预算考核与评价，是通过一系列的组织、政策、标准、程序、指标和方法对预算执行情况，以及对预算管理情况进行检查核实，并衡量其作用和有效性，对当期的预算管理作出综合评定，为企业实施奖惩提供依据和为改进全面预算管理提出建议与意见。

由上述概念可以看到，全面预算考核与评价的特征如下：

（1）包括一系列的组织、政策、标准、程序、指标和方法。

（2）由两项相互关联的活动组成：① 是对预算执行情况，以及对预算管理情况进行检查核实，并衡量其作用和有效性的活动，即是全面预算的考核；② 是对全面预算执行情况，以及对预算管理情况作出综合评定，即是全面预算的评价；③ 全面预算考核是进行全面预算评价的基础，全面预算评价是全面预算考核的总结，这两者是相辅相成的，因而又简称为全面预算考评。

（3）考核与评价范围包括预算执行情况和预算管理情况。预算执行情况是指预算所涉及的事项及计划报告书的完成情况；预算管理情况是指各责任中心预算编制、预算执行、预算分析、预算控制、预算调整、例外事项的申请、执行行为的及时性、规范性和严肃性等。两者在预算考核与评价中所占的权重由各级预算管理委员会根据企业实际情况确定。

（4）全面预算考核与评价的目的有三点：① 确定预算目标和指标是否实现，是否达到预期目标；② 为实施奖惩提供依据；③ 对下期的预算管理提出意见或建议。

二、建立预算考评体系和机制必要性

预算考评是对电网企业系统内部各责任主体的预算执行结果进行公平、公开、公正的考核与评价，是实施激励和约束预算责任主体的一种有效方式和预算控制过程的一个组成部分。没有以预算为基础的考评，预算就会流于形式，预算管理的效果就会不理想。预算考评不是目的，而是一种手段。其目的是在于通过严格考核，细化考评，肯定成绩，找出问题，分析原因，共同努力改进以后的工作，确保公司系统年度预算目标和战略目标的最终实现。

三、预算考评作用

电网企业推行的全面预算考评，既对公司所属分公司、子公司的经营业绩进行考核与评价，又对各预算责任主体即预算执行者及其业绩进行考核与评价。其作用主要体现在以下几个方面：

（1）确保年度预算目标和战略目标的全面实现。电网企业的经营发展战略目标和短期经营决策，需要通过预算进行细化分解落实。在预算执行中，公司管理层通过预算差异原因分析，及时纠正预算偏差，合理配置内部资源，为顺利实现预算目标提供可靠保障。

（2）预算考评有利于管理层对公司预算目标的实现程度作出正确预计，及时了解公司系统的发展趋势。

（3）预算考核结果可以反映公司全面的经营业绩，指导下期预算编制，有利于完善与优化全面预算管理体系运作。

（4）预算考评有利于增强公司系统员工的成就感，激发员工工作的主观能动性和创造性。

四、面预算考核与评价体系

完善的考核与评价体系至少应包括考评主体与对象、考评程序、考评方法、考评指标、考评标准和考评报告。

1. 全面预算的考核与评价主体及机构构成

全面预算考评主体是预算管理委员会所属预算考评小组，成员主要由财务、审计、计划和人力资源等相关部门的专业人员构成，其主要职责是：① 检查、核实预算制订和各业务部门预算执行、调整情况；② 收集、评价有关已执行预算的业务部门的经济运行情况，为下一年制订预算提出建议或意见，以促进预算的持续改进；③对全面预算方案进行评价，为企业实施奖惩提供依据。

2. 全面预算考核与评价方法

进行预算考评，可以利用的方法是多样的，包括以下几种：

（1）指标法，运用经济、财务、技术等指标对预算进行考评。

（2）趋势法，由于更加重视企业的持续经营能力，所以将趋势的考评作为预算考评的重要内容，如销售趋势、成本变化趋势、市场占有趋势、利润变化趋势等。通过过去几年的数据，判断未来的发展趋势，以考评企业或部门的预算情况及结果。

（3）情境模拟法，是一种模拟工作考评方法，它要求员工在评价小组成员面前完成类似于实际工作中可能遇到的活动，评价小组根据完成情况对被考评部门及人员进行预算考评。

（4）强制比例法，根据正态分布原理，优秀部门及人员和不合格部门及人员比例应基本相同，大部分部门及人员应属于工作表现一般的情形。在考评标准中可强制规定优秀部门及人员数量和不合格部门及人员数量。比如，优秀者与不合格者比例均占 20%，普通员工占 70%。

（5）评语法，由考评人撰写一段评语来对被考评人进行评价。评语内容包括工作业绩、实际表现、优缺点、努力方向等。

（6）重要事件法，重要事件是指被考评部门的突出优秀表现和不良表现，平时有书面记录，综合整理分析书面记录，最终形成考评结果。

（7）小组评价法，由两名以上熟悉部门工作的经理组成评价小组进行预算考评。优点是操作简单省力；缺点是主观性强，易使评价标准模糊。拟在“小组评价”前向员工公布考评内容、依据与标准，结束后要向员工讲明评价结果。使用小组评价法时，最好和部门员工个人评价结合进行。

（8）目标考评法，根据被考评部门完成工作目标的情况来进行考核。在工作起步之前，考评小组与被考评部门应对需要完成的工作内容、时间期限、考评标准达成一致；限期结束时，考评小组根据被考评部门工作状况及原先议定的考评标准来进行考评。此法适用于推行目标管理的项目或部门。

（9）等级评估法，把被考评岗位的工作内容划分为相互独立的几个模块，在每个模块中用明确的语言描述完成该模块工作需要达到的标准，按“ 优、良、合格、不合格”对被考评部门（ 员工）的实际工作表现进行评估。

（10）综合法，将各类预算考评方法进行综合运用，以提高考评结果的客观性和可信度。

上述方法，企业可以根据实际需要选择应用，通常为几类方法的综合使用。

五、全面预算考核与评价的时间、流程以及数据处理程序

预算的考评时间以月度、季度、年度为周期，其流程一般是：月度考评按规定日期（如以次月26日为考评日）开展，考评上月企业生产经营绩效与各部门工作业绩，月度考评的结果累计在季度考评后实施奖惩。季度考评在季度结束的次月将本季度综合结果累计考评并实施奖惩。年度考评对上一年度的指标考评并实现奖惩兑现，考评时间在规定时间（如次年4月）完成并予以奖惩。

全面预算考核与评价开始后，应对所取得的数据或资料进行处理，其主要程序（步骤）如下：

（1）数据、资料采集与标准化。选择综合反映企业生产经营的主要指标，依据预算标准确定该主要指标对应的特征及权数；再以确定的权数对原始数据进行标准化处理，对经过标准化处理后的数据进行加权合成，得到反映各部门预算情况的分值。

（2）各部门综合排序。依据综合分值，由高到低排出企业各部门的综合位次；各部门的分值再次加权合成，得到整个企业生产经营水平的综合分值。

（3）企业预算管理委员会考评小组在每月、每季和每年，按照预算管理委员会的考评要求，认真准备上一月份、上一季度和上一年度预算管理委员会的工作总结、《企业全面预算管理考核与评价表》及证明材料，经所在预算各部门负责人审核签字后，于当月、当季和当年规定的日期前上报企业管理部门。考核与评价指标中的定量数据在《企业预算管理委员会评价表》中填报，定性资料在预算管理委员会工作总结中详细说明。

（4）数据、资料初审。企业管理部门对各预算部门认定的预算管理委员会上报的《企业预算管理委员会考核与评价表》和工作总结进行详细审查，并出具审查意见，加盖公章后于每月、每季和每年规定日期前一式三份报送企业总经理、企业预算管理委员会及相关部门。

（5）数据核查、计算。预算管理委员会将依据《企业预算管理考核与评价表》组织专家对上报的考核与评价数据进行核查、计算，核查方式包括召开评价核查会、实地核查和部门（ 和员工）申述等，最后提交考评结果。

（6）结果确认。预算管理委员会对评价结果进行审核确认、发布。

六、电网企业全面预算管理评价体系

电网企业全面预算管理的考核评价系统应以预算考核指标为主体建立，同时对预算执行情况的考核要充分体现预算的激励作用，考核的内容要与预算编制的内容相适应，以预算执行主体为预算考核主体，以预算目标为核心，通过比较预算执行结果与预算目标的差异，分析差异形成的原因，评价责任主体的工作业绩，按照奖惩制度将其与预算各责任人利益挂钩。

1. 预算考核指标

考核指标可以包括财务评价指标和非财务评价指标两大类，指标的设置可以根据责任单位职能的不同，选用不同的评价指标。

（1）分公司的考核指标。

电网企业的分公司属于成本中心和费用中心，由于内部模拟电力市场的实施和会计化运作，变为内部利润中心。根据其生产、经营管理的特点，可以使用表 9-1 所示的指标考核其预算。

表 9-1　　分公司考核指标及考核标准表

指标名称	基本分	记分方法
内部利润	20	实际利润与预算利润之间每相差 1%，则增加或减少 0.5 分，直至加减满 10 分为止
售电量	30	实际售电量与预算售电量之间每相差 1%，则增加或减少 1 分，直至加减满 15 分为止
电费上缴率	30	电费上缴率与应上缴率之间每减少 1%，则减少 1 分，直至减满 15 分为止
实际资本性支出额和预算资本性支出额	20	实际资本性支出额和预算资本性支出额每相差 1%，则增加或减少 0.5 分，直至加减满 10 分为止
安全生产措施		不设定分数，如果发生重大安全事故，扣减全年奖金的 50%；如果发生主要事故的严重程度扣减奖金

注　满足以上五个标准的最高分、标准分和最低分分别为 135 分、100 分和 50 分。

用以上 5 个指标考核具有以下优点：

1）售电量是制约公司预算完成和确保公司成功的关键因素，用这一指标来考核，将确保公司整体预算的完成，并促进企业大力发展核心竞争力；

2）利润指标的考核将促使高层管理人员以增加利润为目标，以确保公司目标利润的完成；

3）促使各单位降低流动资金的占有额，保证资本性支出计划的完成，提高资金使用效果；

4）促使各单位重视安全生产。

（2）二级单位的考核指标。

电网企业二级单位可用表 9-2 中两个指标考核其业绩。

表 9-2　　二级单位考核指标标准

指标名称	基本分	记 分 方 法
生产成本指标	100	实际生产成本与预算成本每相差 1%，则增加或减少 0.5，直至加减满 40 分为止
安全生产措施		不设定分数，如果发生重大安全事故，扣减全年奖金的 50%；如果发生主要事故的严重程度扣减奖金

二级单位的考核指标主要是成本指标和安全生产。

2. 激励制度

电网企业的激励制度应建立在上述业绩考核的基础上，公司给予所属各分公司企业的激励制度应建立在上述业绩考核的基础上，如果被考核单位的业绩考核为 100 分，那么年度奖金总额是该单位年度工资总额的 50%；如果业绩考核超过 100 分，则每超过 1 分，奖金额中增加工资总额的 0.5%；如果业绩低于 100 分，则每降 1 分，总奖金额中扣除工资总额的 0.5%。具体公式为

$$被考核单位奖金总额=该单位工资总额\times 50\%+(考核分-基本分)\times 该单位工资总额\times 0.5\%$$

根据上式，一个单位所能获得的最大奖金额是该单位工资总额的 67.5%。

通过上面的计算形成了每个单位的奖励基金，各单位内部的分配则取决于员工所在的组织层面和业绩等级。每个组织层面给予一定的分数，如高层管理人员为 4 分、中层管理人员为 3 分、监督人员和基层管理人员为 2 分、一般人员为 1 分。对员工业绩等级的评定由其上级、同级和下属通过 4 个业绩指标来进行（括号中指明各项的权重），即：道德品质（20%）；努力程度（20%）；个人能力（20%）；工作业绩（40%）。在评定的分数中，上级的评定结果占 50%的权重，同等级别的评定结果占 30%的权重，下属的评定结果占 20%的权重。

这个激励制度有利于提高公司整体经营业绩，加强员工的团结协作，它强调员工的资力、经验和教育背景，鼓励员工以企业的长期成功为目标。

第六节　电网企业全面预算管理创新

全面预算作为一种全新的、复杂的、系统的管理工作模式，必须运用创新的理念，并将这些理念贯穿于全面预算的各个环节和工作中，才能将企业原有管理制度和方法、

企业战略、企业文化以及资源流、信息流等有机结合起来，并融为一体。这是全面预算管理成功推行的基础。

1. 预算编制要以企业战略为基础，长短期结合

预算管理是对规划目标的数字化反映，是落实企业发展战略的有效手段。因此，企业在实施预算管理之前，应该认真地进行市场调研和企业资源的分析，明确自己的中长期发展目标，以此为基础编制各期的预算，使各期的预算前后衔接起来，避免预算工作的盲目性。在企业战略既定的前提下，企业年度预算必须依据分年度战略目标同时考虑下年度企业资源及市场变化等因素调整确定下年度预算指标，这样既可以减少预算指标的随意性或盲目性，又可以避免上级决策鞭打快牛来提高效率。

2. 预算目标预计要以市场导向为弹性，提高预算的准确性

企业年度总预算确定的基础是销售预算，因而对市场情况的预测与分析是否准确至关重要。只有预计的销售额确定了，一定时期的采购预算、直接人工预算、间接制造费用预算、期间费用预算、资产负债、损益预算和现金流量预算等才能最终准确可靠地确定下来。同时，以市场为导向还应体现企业年度，预算必须留有余地，减少过大的预算刚性给预算管理工作带来的风险。

3. 预算要面向未来和“基于活动分解有效”作分析，细分责任目标

年度预算的编制与审定要以企业未来活动的预测、企业战略规划为基础，并将经营活动（收入、成本费用等指标）在各部门之间进行合理的分解，使预算指标客观公正，易于接受，接近实际状况，才能使预算管理工作的控制与激励作用得以发挥，从总体上减少无效活动的发生，同时又保障企业各项增值活动的顺利实施。对此，企业应建立全面预算经营指标体系，根据各单位（部门）的业务特点、性质和发展方向等，制订出对应的预算指标和指标值，从而提高预算的可操作性，真正发挥预算管理的作用。

4. 制订预算要确保企业整体利益最大化，抓好企业内部小团体和整体利益关系的协调

企业制订预算的过程就是各单位（部门）之间的利益调整和分享过程，实现企业价值最大化。各级单位和部门要基于价值链分析作预算，通力合作努力为集团创造更多的价值，单位（部门）之间发生利益冲突时应以全局整体利益为最高准绳来协调矛盾和安排活动，确保企业实现企业整体利益最大化和保持长久竞争优势。

在推行时，企业应建立全面预算的权力分层与日常行为规范与标准体系，明确各预算层级的责权以及各预算主体的行为准则，确定其责任利益取向，有效协调企业内部关系，促进全面预算的顺利实施。

5. 预算编制要以恰当的假定为基点，将不确定因素置于掌控之中，降低预算风险

预算管理中最棘手的问题是预算管理者不得不面对一些不确定的因素，也不得不预计确定一些预算指标之间的关系。恰当的假定能使预算指标建立在一些未知而又合理的假定因素的基础上，于企业预算的编制和预算管理工作的开展，同时也可以大大降低预算风险。所以，要在确定全面预算经营指标时对这些因素进行相应的反映，适当界定波

动范围，并建立与其他相关指标的钩稽关联关系，有效加以控制和防范。

6. 重视考核的激励导向作用

严格考核不仅是为了将预算指标值与预算的实际执行结果进行比较，肯定成绩，找出问题，分析原因，改进以后的工作，也是为了对员工实施公正的奖惩，以便奖勤罚懒，调动员工的积极性，激励员工共同努力，确保企业战略目标的最终实现。

在企业管理实践中，要严格把考核与奖惩作为预算管理工作的生命线，建立与期终总结相关的业绩评价与奖惩体系，将预算责任与单位和个人的经济利益挂钩，尤其要注重建立与预算挂钩的企业经营者激励机制，实现短期激励与长期激励相结合，利用预算的激励导向作用，提高企业对预算工作的重视程度，使预算真正成为约束企业生产经营活动的法则，实现预算与绩效考核之间的良性循环。

7. 应用现代信息技术，提高运作质量和效率

预算是企业各层级和单位的行为标准，在预算的执行过程中出现偏差是不可避免的，但出现的偏差应能及时地反馈给企业的决策者，以便作出是否进行干预或调整的决策。因此，预算管理中的信息反馈尤为重要。要做到以计算机系统为预算管理的信息反馈提供物质技术基础，尽可能实现适时控制。将 ERP、账务处理系统和预算管理系统进行数据集成，可以极大地为适时监控提供可能。

8. 预算实施要以人为本，树立全员参与意识

预算工作应该以人为本，离开了对人的关注，企业的预算工作无法搞好。在整个预算管理过程中，人作为预算工作的主体，是预算制订者、信息利用者和执行者，是预算工作效果好坏的决定性因素。所以，在执行预算工作过程中应充分尊重人性，发挥员工主观能动性，动员企业全体员工和各部门主动参与预算的编制和控制，为更好地实施预算管理献计献策。同时，还可以促进信息在更广范围内的交流，使预算编制中的沟通更为细致，增加预算的科学性和可操作性。此外，在某种程度上，成功地动员企业员工积极参与预算管理，也可以减少企业的管理层和企业其他员工之间由于信息的不对称性可能带来的负面影响，从而有利于作出改善企业管理的决策。

在企业推行全面预算前，应做好广泛的宣传和培训活动，向广大经营管理者和员工灌输全面预算管理的理论知识和工作机制，得到他们的理解与支持，提高其参与全面预算的热情和积极性。

第十章

电网企业业绩评价

第一节 企业业绩评价理论与发展

所谓业绩评价，是指运用科学、规范的管理学、财务学、数理统计方法，对企业或其各分支机构一定经营期间内的生产经营状况、资本运营效益、经营者业绩等进行定量与定性的考核、分析，作出客观、公正的综合评价。

业绩评价是组织管理控制系统的重要构成部分，在19世纪的管理文献中就有记载。在会计研究领域，约翰逊和卡普兰（1987）提到，从150年前对远离总部的生产部门成本和效率的评价，到20世纪初杜邦等综合类组织中分部投资效益的评价，业绩评价一直是管理会计的重要内容；齐默尔曼（2000）所说的，组织的内部会计系统最终的目的在于为组织的计划和经营决策提供必需的资料，以更好地对组织的员工进行激励和管理。近年来，业绩评价问题已特别受到实务界和学术界的关注。

业绩评价的理论吸收了很多管理学中很多其他理论的思想，主要有委托—代理理论、激励理论、控制理论和战略管理等企业管理理论，这些理论研究的结论成为业绩评价理论的基础，也对业绩评价方法的设计提出了指导性的要求。

一、委托—代理理论

委托—代理理论是研究组织业绩评价问题的基础，正是由于现代组织中存在委托—代理关系，才使得对各级组织和人员进行业绩评价并以此为基础建立激励机制和约束机制变得十分必要，控制和约束确保代理人不做委托人不希望他做的事情，而激励则是激发代理人做那些委托人希望他做的事情。

委托—代理理论认为，社会中委托—代理关系是普遍存在的，委托人与代理人明确地或隐含地订立契约，授予代理人某些管理决策权并代表其从事某种经营活动。最理想的情况是委托人与代理人目标一致，而实际情况却大相径庭。在信息不对称的情况下，契约是不完全的，往往会出现道德危机（即契约后代理人利用信息不对称而不为委托人的最大利益努力工作）和逆向选择（即契约前代理人利用信息不对称有意选择有利于其自身利益而有损于委托人利益的决策行为），导致代理成本增加。因此，契约的有效执行一定程度上必须依赖于代理人的“道德自律”，如何减少信息不对称，以及如何使得代理人与委托人的目标一致起来，成为委托代理关系顺利发展的关键。

组织内部业绩评价系统被看作委托代理关系中降低代理成本的有效工具，一方面科学严密的业绩评价系统可以及时反馈代理人的工作状况，降低信息不对称的程度，从而阻止代理人的道德危机和逆向选择行为；另一方面通过业绩评价系统，可以传递组织战略目标与具体任务，引导代理人的生产经营行为与委托人的目标协调一致，从而降低代理成本，提高管理效率。同时，以此为基础建立激励机制，按照利益共享、风险共担的原则鼓励管理者，既为自己也为组织谋取最大利益。

二、激励理论

在经济发展的过程中，劳动分工与交易的出现带来了激励问题。激励理论是行为科学中用于处理需要、动机、目标和行为四者之间关系的核心理论。行为科学认为，人的动机来自需要，由需要确定人们的行为目标，激励则作用于人内心活动，激发、驱动和强化人的行为。激励理论是业绩评价理论的重要依据，它说明了为什么业绩评价能够促进组织业绩的提高，以及什么样的业绩评价机制才能够促进业绩的提高。

早期的激励理论研究是对于“需要”的研究，回答了以什么为基础或根据什么才能激发调动起工作积极性的问题，包括马斯洛的需求层次理论、赫茨伯格的双因素理论和麦克利兰的成就需要理论等。最具代表性的马斯洛需要层次论就提出人类的需要是有等级层次的，从最低级的需要逐级向最高级的需要发展，需要按其重要性依次排列为生理需要、安全需要、社会需要、尊重需要和自我实现需要，并且提出当某一级的需要获得满足以后，这种需要便中止了它的激励作用。

激励理论中的过程学派认为，通过满足人的需要实现组织的目标有一个过程，即需要通过制订一定的目标影响人们的需要，从而激发人的行动，包括弗洛姆的期望理论、洛克和休斯的“目标设置理论”、波特和劳勒的综合激励模式、亚当斯的公平理论、斯金纳的强化理论等。最具代表性的弗洛姆（V. H. Vroom）的“期望理论”认为，一个目标对人的激励程度受两个因素影响：一是目标效价，是指人对实现该目标有多大价值的主观判断。如果实现该目标对人来说，很有价值，人的积极性就高；反之，积极性则低。二是期望值，是指人对实现该目标可能性大小的主观估计。只有人认为实现该目标的可能性很大，才会去努力争取实现，从而在较高程度上发挥目标的激励作用；如果人认为实现该目标的可能性很小，甚至完全没有可能，目标激励作用则小，以至完全没有。在弗洛姆之后，美国管理学家洛克和休斯等人又提出了“目标设置理论”，概括起来，主要有以下三个因素：

（1）目标难度性。目标应该具有较高难度，那种轻而易举就能实现的目标缺乏挑战性，不能调动起人的奋发精神，因而激励作用不大。当然，高不可攀的目标也会使人望而生畏，从而失去激励作用。因此，应把目标控制在有较大难度，又不超出人的承受能力这一水平上。

（2）目标明确性。目标应明确、具体，诸如“尽量干好”、“努力工作”等笼统空泛、抽象性的目标，对人的激励作用不大。而能够观察和测量的具体目标，可以使人明确奋斗方向，并明确了自己的差距，这样才能有较好的激励作用。

（3）目标可接受性。只有当职工接受了组织目标，并与个人目标协调起来时，目标才能发挥应有的激励功能。为此，应该让职工参与组织目标的制订，这比由管理者将目标强加于职工更能提高目标的可接受性，可以使职工把实现目标看成自己的事情，从而提高目标的激励作用。

这些关于需要和目标的研究，都成为设计业绩评价体系必须考虑的因素，特别是激励的过程理论中提出的若干要求，对于设计有效的业绩评价体系具有指导意义。

三、控制理论

控制作为一项重要的管理活动很早就为管理学家和企业家所重视，法约尔提出的五项管理职能，即计划、组织、指挥、协调和控制。到了现代，哈罗德•孔茨认为管理的职能为计划、组织、领导、人事和控制。这些学者都认为，控制作为一种重要的手段，对管理目标的实现起着根本性的保障作用。

控制理论认为，任何系统的控制过程（见图 10-1）都包括以下三个基本环节：

（1）确定系统运行目标；

（2）根据目标衡量系统运行情况；

（3）分析偏离目标的差距，并在约定时机以约定方式进行矫正。

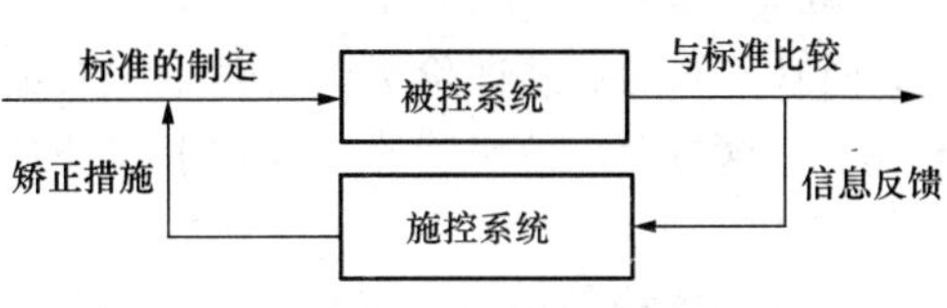

图 10-1 控制系统结构图

这可以概括地表述为控制的事前准备、事中反映和事后判断。这里说的事前事后是针对控制循环中一小段运行过程而言，对一个持续运行的系统而言，所有的控制环节都在事中循环不断地进行。

在控制系统中，依照作用于被控系统的根据的不同，管理控制的方式可分为反馈控制和前馈控制两种，其中：① 反馈控制是施控系统根据被控系统输出的现实状态与给定状态间的偏差或偏差信息，调整和改变被控系统的未来活动或过程。正是由于它是根据过去来调整未来，所以反馈控制带有本身不可能消除的局限性即延迟性和滞后性。② 前馈控制是施控系统根据被控系统在未来的运行过程中可能出现的偏差，提前调整被控系统的输入，以使被控系统在未来的运行过程中避免对于给定状态的偏离和偏差的形成。前馈控制的实施是以进行多方面的科学预测为前提的，相应地，前馈控制的局限性也就突出地表现在它的可靠性差和风险性大上。

在控制系统运行过程中，要克服和避免反馈控制的延迟性和滞后性，靠反馈控制是办不到的，它需要借助于前馈控制。正是从这种意义上说，前馈控制是对于反馈控制局限性的补充。而前馈控制一旦失误，则会使被控系统的运行期间偏离给定状态，出现偏差，这就需要通过及时、适度、有效地反馈控制消除已出现的偏差。也正是从这种意义上说，反馈控制是对于前馈控制的失误和局限性的补充。因此，反馈控制与前馈控制的关系恰恰是一种互补的关系。因此，在实际的控制工作中必须将反馈控制和前馈控制这两种控制方式有机地结合起来。

四、企业管理理论

组织内部业绩评价的发展深受组织管理思想的影响，并随着经济和管理的发展逐步发展和完善。

早在 20 世纪初，泰罗的科学管理原理影响了整个企业管理界。他强调通过为工艺流程的计划提供标准的信息，使原材料和时间的浪费限制在一个最低的程度。在企业管理中，出现了利用原材料和人工标准方面信息控制实际成本的一种方法，即利用实际成本和标准成本之间差异控制企业的经营。这种管理思想影响了随后几十年的业绩评价系统。在此基础上，标准成本、预算控制和差异分析等方法被广泛使用。

随着企业规模的扩大和资本市场的发展，投资者对于企业投资回报能力的要求受到了越来越多的重视。为此，大多数企业采用销售利润率作为业绩评价指标，而后逐渐发展成为投资报酬率（ROI）和剩余收益等评价指标。随后逐步形成了预算与实际利润比较、投资报酬率、现金流量等财务指标为主的业绩评价方法体系。

随着行为研究的发展，人们开始认识到，业绩计量指标不仅能够衡量经营活动的结果，而且不同的业绩评价类型会对组织人员的行为产生不同的影响，以至于对业绩产生影响。在这方面，最初始的研究始于20世纪70年代，当时组织业绩评价关注的重点是预算和成本利润指标。有研究人员发现，相对于以利润为业绩评价指标的企业，基于预算进行业绩评价的企业中观察到更多的与工作相联系的压力和功能失调行为。这样的研究结论引起学术界关注，同时因为最初的研究环境、计量方法上都有不完善的地方，也引起了很多的争议。所以，近30年来，不断有学者以此研究为基础、延伸与发展。

同时，20世纪中后期，由于日本和欧洲对美国经济的挑战和经济全球化影响，出现了许多新的管理理念，即竞争战略、核心竞争力、扁平化组织、虚拟公司、集成制造、价值链分析、适时制、质量成本分析、作业管理等等。这些管理思想对业绩评价都产生了影响。作为传统的业绩评价核心的会计指标，在组织控制实践的变化中受到人们的怀疑。在实践中，制造过程的控制似乎越来越少依靠预算为基础的业绩指标，随着战略管理对客户、竞争和其他外部因素的强调，面向内部的业绩评价体系也受到了冲击。许多公司已经注意到非财务指标对评价业绩的作用，生产率、市场占有率、客户满意度、企业学习和成长能力、与政府的关系等非财务指标开始受到重视。

五、省级电网企业技术和管理特性对其业绩形成的影响分析

电力工业是国民经济重要的基础产业，又是资金密集、技术密集型和网络性行业，是社会公用事业的重要组成部分。在过去的几年里，我国电力工业取得了历史性的巨大成就。中国电力企业联合会于2005年7月29日发布的消息说，截止到同年6月底，中国电力装机容量已达4.6亿kW，标志着我国已进入世界电力生产和消费大国，我国电力工业已开始从大电网、大机组、超高压、高自动化阶段进入到优化资源配置、实施全国联网的新阶段。

（1）从供电企业产品、资源、技术、效益及市场等实物技术系统要素分析，揭示其绩效形成过程中的各类投入要素的特性；其次，从生产管理、成本管理、销售管理、财务管理、人事任免等管理技术系统要素的重点方面，反映绩效形成过程中的管理技术系统的功能与作用。由省级电网企业实物技术系统特性决定和影响的绩效形成特性——供电企业产品特性。电力企业的产品是电能，其作为商品除了具有一般商品的特性外，还具有不可存储性、不可见性、同质性及电网依附性等特殊性。电力作为一种能源商品是不能储存的，其生产与消费必须同时进行，因此电网在技术设备上要能实现一定的容量储备。电力商品的不可见性，使其交易主要以合约或期货方式实现。因而，电量商品交易带有较强的计划性，而且电力商品的交易过程必须以庞大电网技术系统为媒介，具有电网技术系统依附性。对一个大的电力系统，由于电力商品的同质性，同时又由于电能商品的不可见性与电力商品的不能储存特性，电能在供大于求时，只能降价。电力商品的内在质量主要表现为能够按需、按时满足用户各种合理需要，由于电力商品的电网依附性，电网的规模、技术保障决定着电力商品的内在质量；电力商品的外在质量主要是反映供电企业营销服务水平，包括内部管理水平、外部营销策略、用电侧管理服务能力及社会公众形象和企业文化等。由此，供电企业在既定的规模和技术体系下，其业绩形成更多的需要借助于对业绩形成过程中关系要素的改善、服务能力和管理能力的提高。

（2）供电企业的资源与技术特性。供电企业是一个显著的资源依赖性企业，具有资本密集、技术密集的特点，其绩效的决定因素是供电企业所依赖的资源—电网系统的规模、技术状况及自动化完备程度。在供电企业中，连接生产者和消费者的是电网，它连接各个发电厂并将电厂发出的电力供给分散的多个负荷中心（用户）。形成电网的好处在于可以实现安全供电和通过降低备用发电量提高其经济性。电网投资大，运营中的固定成本比例高，变动成本比例低，成本函数具有弱增性，因而强调发挥网络规模经济和范围经济的效益十分重要。与此同时，技术上的规模经济也导致了自然垄断（natural monopoly）的形成。供电企业在不同的发展阶段，其所依赖的资源与能力是不同的，在20 世纪 90 年代初，电力短缺环境下，基于资金和技术的规模是其发展的瓶颈；在 21 世纪初，电力供应相对充裕，且存在一定的市场竞争的环境下，基于资源的素质与能力形成的电力服务品牌是其竞争优势所在，又是其获得卓越绩效表现的基础所在。

（3）供电企业的效益特性。在工业化初期，我国电力行业各经营单位不是一个独立的企业，它们作为基础设施和公用事业，其经营亏损由政府给予一定的财政补贴。随着经济体制改革的深入，市场竞争的加剧，电力企业旱涝保收的局面被打破。电力体制的改革宗旨在促使电力企业逐步成为经营性和盈利性较强的独立市场主体。与此同时，电力企业又不同于纯粹的企业，它具有较强的公益性。由于电力企业经营的社会公益性，政府予以特别重视，往往通过实施管制政策和补贴政策进行调控，以避免重复建设造成的资源浪费，规范经营者的行为，防止其收取垄断高价，造成资源配置的扭曲。我国政府对电力工业主要采用设置高的壁垒实行“进入管制”与政府严格审批的价格管制。由此，电力企业业绩部分反映在通过市场价格调节的投入产出效益水平上，部分反映在相关主体的需求满足上，即与业绩相关主体的效应上。

（4）电力市场结构特性。对于电力市场，尽管电力商品具有完全的同质性，但是我国当前电力市场实际上形成的是政府管制下的寡头垄断市场，由于电力市场的集中性和进入的壁垒高等特性而使电力企业缺乏提高资源配置效率的外部压力，由于电力商品用户需求弹性低等特性，约束了电力企业业绩在一定的经济环境下大幅度增长的可能性。随着以引入竞争、打破垄断为目标的电力体制改革的深入推进，电力企业将直接面临市场对其资源配置效率提高的压力。

综上所述，省级电网企业由于其实物技术系统的技术密集性、网络依赖性、生产销售同时性、市场集中性、用户需求低弹性、效益多元性等特征，使得供电企业的业绩形成在投入要素方面更多的需要注重并改善非物质要素的投入（包括经营者的素质与能力、委托人与经营者的责权利的对等配置等关系要素），在业绩产出结果方面更多的关注业绩相关主体效应的大小和促使业绩产出效益、效应与效率之间的协调匹配。

六、由省级电网企业管理技术系统特性决定和影响的业绩形成特性

1. 管理体制的特性

国有电力资产经过层层委托代理以后，省级电力公司作为国有电力资产的直接经营管理主体。在“厂网”未分开时期，省级电力公司是一个集发供输配送管理于一身的集团企业。供电企业与直属电厂均属于省级电力公司的下属单位，省级电力公司对下属的电业局、直属电厂采取矩阵式管理模式，由省级电力公司的各个职能部门分别负责管理下属单位的生产、销售、财务、项目建设等。这种过于集权的管理模式使省级电力公司与下属经营单位之间在责权利方面存在较大程度的不对等，更多的时候表现为下属单位的权利大，而承担的义务小。由于责权利范围界定的不对称与不明确，省级电力公司需要更多的承担下属单位经营失误造成的损失；由于管理权限的高度集中，省级电力公司时常会在不能准确把握实际情况下，作出不利的经营决策而造成损失。在“厂网分开”以后，省级电力公司成为一个主营供电业务的企业集团，下属从事供电业务的单位作为其下属的子公司，省级电力公司将依据市场标准，对下属各个子公司采取分权式管理与控制。这种管理体制的改变，相应地改变了其下属单位在业绩形成过程中与省级电力公司（委托人）之间的责权利关系，集团公司给予下属子公司经营者能力与努力的施展空间相应增大了，从而也使电力企业业绩管理成为必要。

2. 生产管理的特性

供电企业保证安全供电是其首要职责，由于电力生产消费的同时性，电力有效供给需要供电企业具备良好的负荷预测系统，并且通过合约与用电大户建立供应关系，供电企业安全供电的重要性能指标包括容载比、电网的调峰能力和抗灾变能力。这些能力需要相应的技术系统与生产作业管理来保障，因而供电企业的业绩产出结果的间接效益还包含实体要素的安全生产管理状况。

3. 成本管理的特性

由于供电企业是技术密集性企业，其安全生产需要依靠良好的设备维护与修理保障，因此供电企业的修理费、材料费占其成本的较大比重。省级电网企业在集权式的管理体制下，下属各个经营单位的管理成本的核算比较粗糙，对由于责权利划分不明确而产生的成本费用主要采用平均的方式进入各个下属单位的成本中。在推进市场化的进程中，为了提高供电企业的业绩产出的效益，省级电力公司越来越注重生产成本的管理，注重对生产成本和费用的控制与降低，并将这两项指标的控制与降低程度作为下属经营者的一项重要考核项目。

4. 销售管理的特性

供电企业是以经营电网为主业、从事电力商品买卖的经营主体。随着我国电力市场结束了短缺供应，出现了低水平的供大于求的局面，供电企业需要转变观念，采取积极的营销措施，由过去缺电限制用户用电转向与用户一起制订能保证用户需求且成本比较低的用户侧需求管理，形成用电时段与用电价格多种组合的系列产品。由此，供电企业业绩形成过程中的能力投入要素在销售管理方面表现为对用户有效需求的挖掘能力和有效供给能力。

5. 财务管理特性

财务管理是省（区）电网公司重要的职能管理。省（区）电网公司以集中式财务管理模式将下属各个经营单位经济利益连接在一起：在筹资方面，省（区）电网公司为下属分公司提供与筹资渠道、方式、风险及资金成本等相关的资源与信息；对费用（包括电费、折旧、贴费等）进行预算管理；供电企业不是一个纯粹企业的特点，决定了电网的投资绝不能完全取决于项目的成本效益，而是要更多的考虑社会公益。当前多数省（区）电网公司由于电费的回收困难形成了大笔的坏账损失，为改善财务状况，规避经营风险，提高经济效益，增强企业实力，针对当前电网企业财务管理存在的主要问题，需要通过构建电网企业业绩管理系统对其财务业绩进行系统的评价与诊断，以寻求有效的改善途径。

6. 经营者任免与激励约束机制特性

目前的电力企业是国有独资企业，股东是代表全民的国家，因而其经营者的任免主要是依据上级主管人事部门的人事考核标准来任免下属单位的经营者，政企分开的体制还不彻底。采用工效工资挂钩的分配方式，经营者与职工收入差距不大，效益工资发放平均主义的思想还比较突出。依据经营者对企业业绩贡献的理论可以推知，电力企业在经营者的任免方式及激励机制方面存在的缺陷，是根本上制约电力企业业绩改善与提高的原因。随着电力体制改革逐步深入，经营者的任免机制将逐步科学、相应的激励机制将逐步合理，重新审视电力企业经营者对企业业绩的贡献，寻求更好的激励机制以充分有效的配置电力企业内部的以经营者为代表的人力资源要素，必将加快电力企业现代企业制度的建设进程。

省级电网企业技术系统特性，如资源与技术的密集性、产品的同质性与电网依附性、效益的公益性与政府管制、市场的寡头垄断性等特性使得其业绩形成和管理的模式与方法显著不同于竞争性工商企业；省级电网企业的技术管理系统的特性，诸如国有资产的层层委托代理体制、以“安全生产”为主的生产管理、以“费用控制”为主的成本管理、以“用电侧管理”为主的销售管理以及基于上述任务完成情况的经营者（团体）激励约束体系等，决定了经营者（团体）对电力企业业绩的形成与提高有着决定性的作用。要使电力企业业绩获得持续的改善和提高必须探讨电力企业业绩与经营者业绩在形成过程中的相互作用关系，以制订和形成有效的业绩激励体系，促进和优化电力企业管理者（委托人）与经营者（代理人）利益目标的协调一致性。

第二节 电网企业业绩评价系统设计

一、业绩管理系统形成的依据和需解决的问题

省级电网企业业绩管理系统构建的依据来自于四个方面：首先是电力企业面临的外部竞争环境、内部体制、制度变革的需要；其次是省级电网企业业绩形成及经营者业绩形成的系统理论分析；第三是借鉴不断发展的业绩管理理论与方法；第四是电力企业业绩管理方面的经验总结。以实践需要与理论总结为基础构建的业绩管理系统需要解决四个方面的问题，即业绩管理系统的层次、功能、运行机制和内容。

1. 业绩管理系统形成的依据分析

（1）业绩管理实践的需求。

新时期下，电力企业外部环境、战略、组织及管理模式等都发生了重大的变化，从而对其业绩管理模式也提出了新的要求，尤其是企业微观环境在战略思维、组织变革、运营模式等方面发生的变化较为显著。

一是战略思维的转变，供电企业从原来作为政府“附属物”以行政垄断求得生存的思维模式，转向在市场竞争中通过培育和提高自身竞争能力，求生存的战略思维模式的调整，使供电企业更加关注资源使用的效益、效率及相关资源供应主体的需求满足程度（即效应）三大目标的改善、提高与协调。

二是组织变革，主要是围绕提高供电企业市场应变与扩张能力，促使组织制度非层级化、团队化，以提高管理效率，更加注重对经营者（团体）的业绩的考核与激励。

三是运行管理模式的变革，“厂网分开”后，供电企业需要调整与发电市场中独立发电企业的关系，促进发电与供电企业的竞争双赢的局面，供电企业运行管理模式的变革，使其迫切需要改善企业业绩与经营者业绩的管理控制系统，构建一个全面动态的业绩管理系统。

（2）业绩形成过程的系统认识。

由电力企业业绩和经营者业绩形成的系统观理论可知，为保证供电企业业绩和经营者业绩形成过程及产出结果形成相互协同、相互促进与持续发展的目标，供电企业在业绩形成的投入过程需要协调管理各项投入要素，形成系统的投入结构以提高业绩形成的投入水平和质量；在业绩形成的产出活动中，要求实现多项业绩目标之间的协调与匹配，以保证业绩改善并能够获得持续的资源投入和动力支持。对供电企业业绩形成和产出过程进行管理是为了引导和控制业绩形成过程合理性。要提高企业业绩和经营者业绩形成过程的合理化程度，首先要以企业业绩的持续提高为目标，建立企业业绩目标与经营者业绩目标的协调和激励机制；其次是要建立一套有效的包括企业业绩和经营者业绩及其关系的评价体系，以全面掌握业绩目标的实现程度以及业绩目标之间的协调状况；第三是建立业绩诊断体系，由“果溯因”以

对企业业绩和经营者业绩形成过程中存在的问题进行剖析；最后是基于上述分析过程，提出改善企业业绩与经营者业绩策略体系的形成思路，这一策略体系的实施通过业绩目标的确定及资源要素的配置，以改善业绩形成的投入要素系统的结构与质量；通过调整激励机制、评价及诊断方法体系，以修正导致不合理业绩结果的相关主体的行为，优化电力企业业绩形成与经营者业绩形成过程，并使两者达到协调与相互促进的良性循环发展局面。

（3）业绩管理理论与方法的发展。

业绩管理是企业的一种新兴集合管理模式，管理变革是企业永续发展的主题。一个企业的持续和健康发展，必然要紧随市场环境的变迁而变革内部的管理与运营机制，以适应新形势对企业内部组织、经营结构和管理系统等的要求，从而使企业在一个全新的战略平台上获得新的竞争优势和长足发展。业绩管理是以考察企业业绩和经营者业绩为核心内容的企业整体经营的集合管理，是世界范围内现代企业的一种新兴管理模式，其以业绩为核心，以提高业绩为企业一切经营活动的出发点和落脚点，将企业各项业务管理、各个部门管理、公司战略管理、技术创新管理等有机的结合在一起，从而确保了经营者、职工、业务部门等个体利益与公司整体战略利益保持一致，是符合现代企业制度发展要求的企业管理形式。新形势下，构建省级电网企业业绩管理系统能够有效适应和满足其体制改革形势与建立现代企业制度的目标要求。

（4）业绩管理的实践总结。

电网企业已有的电力企业业绩评价的三种模式（即具有行政管理特色的业绩评价模式、原国家电力公司引导下的兼顾财务效益与行业领先的双重业绩评价模式、电力企业市场化进程中的法人资本金业绩评价模式），是电网企业适应电力体制改革的需求，形成的一类具有特定适用条件的、并以业绩评价为主线的业绩管理实践的总结。这些业绩管理的实践活动为业绩管理系统的改造与完善奠定了一定的基础，并且为该系统的重构提供了可以借鉴的实践经验。行政管理特色的业绩评价模式体现了管理者的重视和参与在业绩管理实践中所起到的作用；原国家电力公司引导下的双重业绩评价模式反映了业绩管理必须注重管理对象的财务效益；法人资本金评价模式体现了业绩管理的出发点与归宿是企业在市场中的表现。另外，该评价模式在实践操作中遇到的问题，反映出对于省级电网企业的特殊性，需要在借鉴一般竞争性企业业绩管理方法与手段的基础上，构建出适应新环境需要的业绩管理系统。

2. 业绩管理系统需要解决的问题

（1）业绩管理系统出发点。

从改善和优化委托代理关系的角度出发，业绩管理需要满足委托人对其委托资产的经营状况的全面把握，对企业经营结果的综合考核，对代理人贡献的客观评价与有效激励，必须建立两个层次的业绩评价体系，一方面是母公司以委托人资产为载体对下属单位经营业绩的评价；另一方面是体现下属单位经营者能力、努力等因素的经营者（团体）的业绩评价。这两个方面的评价存在一定的内在联系，企业业绩是经营者能力与努力的结果，但又不完全反映经营的能力与努力情况；经营者阶层的业绩需要通过企业经营业绩来体现，但也不仅仅依赖于经营者的能力与努力。因此，这两个既相互联系又相互区别的业绩评价系统分属不同的业绩管理层次，可以说企业业绩评价是基础的层次，而经营者的业绩评价是建立在前者基础上相对较高的层次。

（2）业绩管理系统功能。

电网企业业绩管理系统从功能上看，应该具备判断功能、导向功能、协调功能、选择功能等几大功能。

1）判断功能。通过业绩目标系统和业绩评价系统能够实现对受托企业的实际经营状况进行客观的判断，能够对代理人的业绩作出公正的评价。

2）导向功能。通过业绩目标系统以及业绩调整系统有效的连接与互动，为保证受托资产的保值增值设定可达目标，为促使代理人与委托人利益目标一致提供有力保障措施。

3）协调功能。业绩管理系统的存在的意义在于协调委托代理双方的利益冲突与矛盾，协调企业战略管理与日常管理之间的错位，促使企业业绩和经营者业绩的高度相关。

4）选择功能。要切实发挥业绩管理的上述功能，改善和优化委托代理关系，则委托人必须依据业绩评价结果建立委托人对代理人等经营资源的选择配置的制度。委托人相应的选择配置权力包括由评价结果选择对各个受托经营实体后续资源（包括资金、技术设备、人才等）的投入或支持力度；由评价结果可以选择对各个代理人职位、收入、福利等的调整与增减。

（3）业绩管理系统运营机制。

电网企业业绩管理包括业绩目标形成及协调机制、业绩评价动力机制、业绩评价调控与改善机制三大机制。其中，业绩目标形成与协调机制主要是通过电网公司在业绩形成过程中，建立有效的目标确定方式，保证电网公司经营目标的实现，同时明确经营者的任务目标，协调管理者与经营者责权利关系的过程；业绩评价的动力机制主要是从参与业绩评价的相关主体之间就业绩评价方法、指标、标准及权值确定过程中引起的利益得失的较量，进而产生的对业绩评价系统实施及其构成要素选择调整要求的动态过程；业绩评价调控与改善机制主要是基于业绩评价结果与业绩目标的偏差进行原因诊断与深入分析，提出业绩改善的相应策略体系的过程。

（4）业绩管理系统构成内容。

业绩管理系统从构成上看，应包括的子系统有业绩目标子系统、业绩评价子系统、业绩诊断与改善子系统、业绩管理的组织/制度/外部支持系统。

1）业绩目标子系统是电网企业总体经营目标的实现方式，是管理者与经营者责权利的明确的分工体系。一方面，要分析在既定产业组织结构、产权结构及治理结构等因素的情况下，供电企业总体经营目标如何由下属单位通过财务业绩目标来实现，即电力企业财务业绩目标的确定方法与流程；另一方面，要分析电网公司由集权式向分权式管理转变后，电网公司管理者与下属单位经营者之间责权利关系明确界定过程，即经营者任务目标的协商确定与激励机制。

2）业绩评价子系统是该系统的重要部分，它包括业绩评价指标体系、权值体系、评价标准体系、业绩评价方法体系、业绩评价结果分析与运用五个部分，主要应结合确定的业绩目标与影响因素，从合理确定评价指标、指标权值、评价标准、评价方法等方面进行研究。

3）业绩诊断与改善子系统是通过对业绩目标与实际的业绩评价结果的比较分析，对两者的差距从两个角度寻找原因，一是从业绩形成过程分析影响业绩的关键突变因素的变化，确定造成业绩变化的关键可控因素，为改善和提高业绩提供可行的路径；二是从业绩管理系统着手，分析限制业绩管理系统内部各个子系统功能发挥的障碍因素，形成逐步从方法到流程的更新与再造，以使业绩管理系统在不断适应环境变化过程中完善。

4）业绩管理的组织/制度/外部支持系统是业绩管理系统正常运行的条件与基础。业绩管理的实施需要建立相应的组织、制度以及企业内部其他职能管理部门的协调配合，诸如如何将业绩评价的领导班子与日常经营管理的领导班子有效地融合在一起，如何使战略管理、预算管理与业绩管理过程在工作任务方面协调一致等问题。

二、电网企业业绩目标确定

电网企业的业绩目标包括财务业绩目标和非财务业绩目标，对于能够反映电网企业总体经营目标且可定量化的财务业绩目标，一般采用目标分解的方法确定具体的各项分目标。美国著名管理学专家德鲁克提出的目标管理是一种程序、过程和管理制度，它使企业的上级与下级一起商定企业的共同目标，并由此决定企业上下级的责任和目标，并把这些目标作为经营、评估和奖励每个单位和个人贡献的标准。目标管理的实质有以下两点：

一是重视人的因素。目标管理是一种参与的、民主的、自我控制的管理制度，也是一种把个人需求与组织目标结合起来的管理制度。

二是建立目标链锁和目标体系。德鲁克认为“企业的目的和任务必须转化为目标”管理人员必须通过这些目标对下级进行领导，且目标必须有层次，要形成一个目标链锁和目标体系。依据经营者的角色、职责以及公司对其激励的要求，可将其业绩目标体系区分为必要性目标和必需性目标以及竞争性目标两大类。

1. 业绩目标确定的作用和地位

电网公司业绩管理系统中企业业绩目标，首先是电网公司战略目标在下属企业经营目标中的体现；其次是作为下属企业日常经营管理活动提供行动指南，体现了企业业绩目标的引导功能。下属经营者的业绩目标的确定是公司管理层与下属经营者团体之间博弈的结果，是下属经营者参与协商过程中确定的目标，因此具有较强的激励约束性。美国管理学教授洛克提出的目标设置理论认为，目标的可实现性是由目标的难度和目标的明确性决定的，提出了让被管理者充分参与目标的设置，可以增加目标的认同感，强化目标的激励性的理论。依此理论设计的电网企业业绩目标体系应包括企业业绩和经营者在内的目标体系，通过导向机制、反馈机制发挥沟通与激励作用。

在省级电网公司业绩管理系统中，业绩目标的作用主要体现在：① 业绩目标表明了企业组织的使命，为组织活动及活动的组织者指明了努力的方向；② 提供了组织和经营者业绩评价的标准；③ 提供了与企业组织活动相关的计划和管理控制的基础；④ 为决策提供了指导，并且证明了所采取的行动的合理性，减少了决策中的不确定性；⑤ 业绩目标有助于加强经营者团体对组织活动的投入，使其注重有目标的行为，并且为激励和奖励提供了基础。另外，业绩目标可以作为评估变革和组织发展、政策实施的基础。

2. 业绩目标确定的办法

电网企业财务业绩目标的确定办法主要是依据公司战略目标以及经营计划，按照与各下属单位所占用的资源与业绩水平相匹配的原则，以明确的数量目标的形式下达给各下属供电企业。下属各个供电企业业绩目标的总和至少应能保证公司整体目标的实现，因而各供电企业业绩目标实现程度直接影响省公司整体目标的实现程度。针对经营者的业绩目标的属类不同，可相应地采取不同的目标确定方法，对于经营者的必要业绩目标可采取工作分析方法，确定经营者应该完成的绝对任务目标是：对于必须的任务目标是可采用增量分析方法，确定的经营者在已有的业绩水平上应该提高和增加的水平量；而对于竞争性目标可采用由省公司管理层与下属单位经营者之间通过相互协商博弈的方式确定。

经营者业绩目标的完成情况从根本上决定了电网企业财务业绩目标的实现程度。因此，业绩目标的激励作用主要是通过对经营者实施业绩目标管理来实现的。相关研究表明（德鲁克，1954），要使经营者的业绩目标管理获得成功，必须具备以下五个先决条件：

（1）组织的高层领导人员必须积极参与制订和实现单位的战略目标和高级策略目标；

（2）下属单位经营者必须积极参加目标的制订，并为目标的实现承担责任；

（3）要制订有效的目标就要求有充分而精确的情报资料；

（4）经营者对实现目标的手段应有控制权，否则目标虽然制订了，却并不能影响管理行为并取得成果；

（5）对由于实现目标管理带来的合理风险要予以激励。

3. 业绩目标确定的内容

电网公司业绩目标设定应包括以下两个方面的主要内容：

一是下属供电企业的财务业绩目标；

二是下属供电企业经营者的业绩目标。

下属供电企业的财务业绩目标主要是反映作为委托人的公司管理层对其授权经营的国有资产的保值增值目标，主要解决电网公司与下属供电企业之间的发展问题，是关于电网公司战略目标在各个下属供电企业之间的分配结果。

依据业绩目标必须可量化、可达性和时限性的要求，供电企业财务业绩目标可以具体化为企业的获利能力、运营能力、偿债能力以及发展能力四类分目标。针对公司在不同的发展阶段形成的战略目标及其重点的不同，上述四类企业财务业绩分目标的具体内容也是不同的。

经营者的业绩目标是实现委托人业绩目标要求的基础，是代理人在其权限可控制范围内为企业业绩目标应该作出的贡献，如图 10-2 所示。

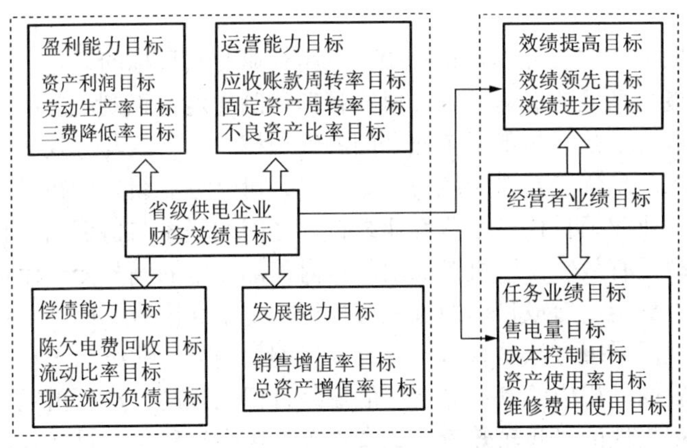

图 10-2 省级电网企业业绩目标体系

经营者业绩目标主要包括在经营管理活动中经营者应承担的、可控制的、保证企业正常运营的各类单项任务的必要目标，同时还包括促进企业业绩水平改善与提高的综合性的必须目标，以及促进公司内部物质资源与经营者人力资源优化配置的竞争性目标。

4. 业绩目标确定过程

公司下属各个供电企业的业绩目标是依据电网公司的战略目标进行目标分解确定的。具体的分解过程是，公司依据上级主管部门下达的经营任务结合本公司的经营实力，在公司所处内外环境分析以及优劣势比较的基础上，确定公司的发展战略以及实现战略目标的具体经营目标。经营者的业绩目标的确定过程主要是依据目标管理理论，由公司管理层与下属企业经营者一起共同参与协商确定，在这个协商确定业绩目标的过程中，电网公司主要采取让下属供电企业经营者上报各自可能完成的目标，公司再依据上报的任务目标与公司期望的任务目标进行比较，并与下属企业经营者进行谈判协商，于是管理者与经营者之间通过多次不完全信息博弈，最终形成不完全信息状态下的博弈均衡结果。而这一博弈结果有效性的关键首先在于获得经营者对业绩目标的承诺，其次是与其业绩目标相关的经营者的预期、行为和能力。

将目标激励理论运用于电网企业实际目标管理活动时，其具体的操作过程概括起来包括以下三个阶段：

第一阶段，是制订目标，具体步骤有：① 对参加者的准备工作，提供情报并予以适应激励；② 由高层领导制订公司目标和战略性目标；③ 由各级管理人员制订试探性策略目标；④ 修改目标，上级和下级之间互相影响，对各种建议进行反映、抛弃不现实的目标；⑤ 对各项目标和评价标准达成协议。

第二阶段，是实现目标，即在一般监督下为实现目标进行过程管理。

第三阶段，是对成果进行检查和评价，具体包括：① 对达到的成果进行检查和评价；② 把经验用于新的目标管理周期。

5. 业绩目标确定影响因素

电网公司财务业绩目标确定过程中，下属企业业绩目标的确定方式受电网公司战略管理水平与能力高低的影响，受公司的管理体制与运营机制的影响。经营者业绩目标的确定主要取决于公司与下属企业之间的管理模式，集权与分权的程度，下属单位经营者的掌握的信息优势及谈判能力等。电网公司财务业绩目标在设定过程中存在的问题主要有：企业业绩目标与经营者业绩目标之间的联系与协调困难较大；两者的联合目标实现还缺乏有效的激励机制的引导；内外部环境的剧烈变化而使目标实施所需的条件与基础不稳定，造成目标的过程监控更加复杂和困难。此外，业绩目标确定是否科学合理还受所采用方法是否科学合理的影响。例如，业绩水平较高的企业由于业绩基础水平比较高，相应的制订的下年的业绩目标也较高，从而出现挫伤业绩领先企业及其经营者积极性的“棘轮效应”或者“鞭打快牛”现象。目标管理的放权和参与式的管理调动了下属单位及其经营者的积极性，增强了下属单位的自我控制、自我调节的能力。但是，目标管理将目标的考核与目标奖励挂钩后，管理者与经营者在目标确定过程中，后者往往将目标定得低，出力要少而奖励要高，在目标确定上进行相互摸底讨价还价，由于对影响双方博弈的因素的分析和把握不够，反而破坏了信任和承诺的气氛。

三、企业业绩评价系统构建

评价是主体发现、揭示、运用客体价值的一种有效方法，评价活动一般具有主体、客体、目标和参照系统四个基本要素。这四个要素之间具有复杂的相互关系，某一个要素的特征和性质会影响到其他要素的定位和分析结果。评价活动及其运作主要是把握评价主客体关系和价值主客体关系，基于活动的合规律性与合目的性原则，合理地确定评价目的，继而针对价值客体的属性与功能，判定出合理的、合目的性评价指标体系和可参照的评价标准。遵循评价活动的运作逻辑，企业业绩评价系统的构建包括以下四大部分的内容。

1. 明确企业业绩评价目标及评价参照系

企业业绩评价过程的第一步是依据所接受的企业业绩评价任务（如对企业整体经营状况、或下属单位的财务状况、经营者或员工业绩的客观评判等），确定企业业绩评价的目的，以客观真实的揭示评价任务中的价值关系。企业业绩评价系统构建的目标是在企业业绩评价技术基础上，设计一套能够实现评价目的的操作程序。评价参照系统的确立是进行具体操作的前提，评价参照系统的主要内容包括评价中的评价客体、评价视角、评价域和评价标准。

2. 获取评价主客体信息

评价信息是指为达到评价目的，由评价参照系统所要求的有关描述评价主体、评价客体和参照客体的数据资料。评价信息的获取是开展评价工作的重要步骤，信息数量的多少和质量的高低将直接影响评价结论的有效性。需要获取的评价信息有以下两类：

（1）获取评价主体的信息，把握评价主体现实的和潜在的、近期的和未来的各种需要、愿望和需求，以及评价主体对各种需要的关注程度。只有这样才能确定评价客体能否满足评价主体的需要，能在何种程度上满足这种需要，以及满足评价主体需要后，评价主体的主观感受如何。

（2）获取评价客体的信息，其方式是通过即信息筛选和信息解释两个环节进行的，在此过程中还需要考虑主体的知识水平、信念、经验、情感等背景基础。

（3）获取参照客体的信息，通常有两种方式，一种是凭以往经验获取；另一种是根据评价目的要求，有意识地收集、查询可与评价客体形成比较的参照客体的信息。实际上，由于评价受时间、精力、财力的限制以及评价主体知识背景等各方面因素的制约，所以不可能将所有可能的参照客体都纳入评价信息的收集和解释范围之内。

3. 研究形成价值判断

价值判断是评价主体经过一系列的评价环节得到的关于评价客体与评价主体价值关系的论断。作出合理的价值判断的必要前提条件是：评价者必须明确评价的目的，必须确立以这个评价目的为核心的恰当的评价参照系统，必须较充分、真实、合乎目的地获取关于评价客体、评价主体以及参照客体的信息，并将这些信息进行有序化处理。

4. 形成具体企业业绩评价办法

具体的企业业绩评价办法包括明确的业绩目标与原则、企业业绩评价的内容与要素、企业业绩评价的指标体系、评价指标的标准和权值以及企业业绩评价指标的计量方法等“硬”技术要素构成，此外企业业绩评价办法还包括“软”技术要素，如对企业业绩评价的组织、机构与人员等的规定。基于上述分析，企业业绩评价系统的构建流程如图 10-3 所示，它包括四大部分，图 10-3 中的粗线是直接的作用关系，细线是间接的作用关系。

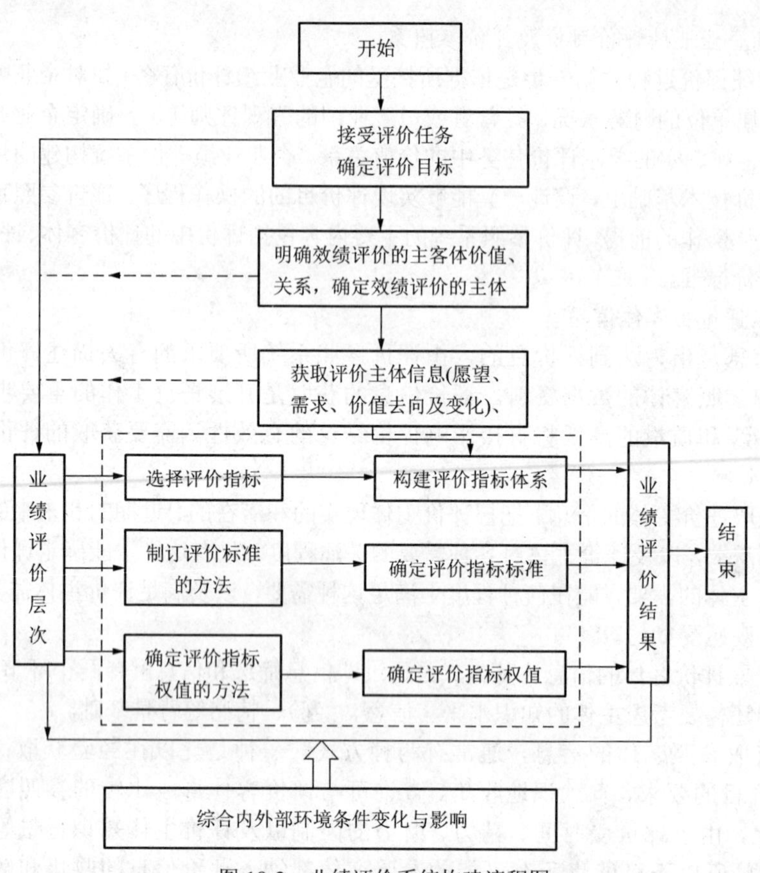

图 10-3 业绩评价系统构建流程图

第三节 电网企业战略性业绩评价系统

一、战略管理简介

战略一词最初源自于军事领域，《辞海》中把战略一词定义为军事名词，对战争全局的谋划和指挥，它依据敌对双方的军事、政治、经济、地理等因素，照顾战争全局的各个方面，规定军事力量的批准和运用[2]。后来战略一词逐渐从军事领域延伸至政治、经济、科技等社会的各个领域，含义也变得越来越广泛，在各个领域的应用也越来越普遍，随之也就出现了企业战略的概念。明茨伯格曾提出战略的5P′s，从战略的五个不同侧面对战略的内涵进行了阐释。战略是一种计划，是行动的明确预定方向，是处理局势的指导方针；战略是一种计谋，战胜竞争对手的手段；战略是一种模式，无意中出现的随时间而形成的行动模式；战略是一种定位，企业与竞争环境联系的方式；战略是一种观念，企业中人们特别是高层管理者看待自身和周边世界的方法。

进入20世纪90年代后，随着全球一体化进程的不断加快，以及信息技术的不断发展，世界性的合作不断增加，跨国公司的数量像雨后春笋般不断增加，全球企业之间的兼并、收购、重组等已成为这个时代的热点话题。现在的企业必须比以往任何时代都要更加注重运筹帷幄，未雨绸缪，充分利用自己已有的资源和能力以及其他一切可以为自己利用的资源，来预测风险、规避风险、洞察一切可以被自己利用的机会，利用自己的优势、避开自己的劣势将企业发展壮大，获取企业利润最大化。要做到这些，一个企业就必须利用战略管理方法，从企业长远利益出发，考虑好企业发展战略，对有限资源进行有效利用，使企业在发展中不断成长，提高企业核心竞争力。

新中国成立后，我国的公有制企业在计划经济中占主导地位，只有很少的一部分私有企业，随着中国改革开放的不断深入和WTO成功加入等，中国的市场经济制度不断完善，中国企业再使用过去的管理方法已经不能赶上企业国际化的需要，中国企业必须从过去的管理方法中解脱出来，利用战略管理的方法对企业重新定位，制订适合企业发展的战略。

二、战略管理过程

通常情况下，战略管理过程包括战略制订、战略实施和战略评价三个基本阶段。而在整个战略管理过程中，又涉及以下五项基本的管理任务：

（1）制订愿景与使命。明确企业未来的业务组成和前进方向，描绘企业所要从事的事业，使整个企业有一种目标感。

（2）设置目标体系。将企业的愿景和使命转换成具体的业绩指标。

（3）制订战略。分析并明确企业的外部机会与威胁，内部优势与弱点，选择并形成战略，以实现目标。

（4）实施战略。包括制订战术和政策配置资源，建立有效的组织结构、控制体系和报酬激励制度，培育支持战略实施的企业文化等，以有效地执行所制订的战略。

（5）评价与控制。由于内外部因素均处于不断变化之中，所有战略都必须进行不断的动态调整，包括重新审视内外部因素、评价绩效、采取纠正战略。

三、战略管理分析方法

1. PEST分析方法

企业环境包括外部环境和内部环境，外部环境又包括一般环境和行业环境，一般环境是对所有企业和行业的运行生产都产生影响的环境因素。一般环境大致可以分为政治/法律、经济、社会/文化、技术、人口和全球因素等。这些因素对所有企业的战略制订和实施都会产生直接或者间接影响。PEST分析是战略研究中分析一般环境的基本方法之一，主要用于分析企业所处宏观环境对战略的影响。

政治/法律环境（P），是指企业业务所涉及的国家或地区的政治体制、政治形势、方针政策、法律法规等方面的因素。

经济环境（E），是指企业在制订战略过程中须考虑的国内外经济条件、经济特征、经济联系等多种因素。首先要考虑目前宏观经济处于何种阶段。在众多衡量宏观经济的指示中，国民生产总值是最常用的指标之一；人均收入自变量与消费品购买力是相关关系的经济指标；价格是经济环境中的一个敏感因素；对于基础设施的考虑也是重要一环。

社会文化/自然环境（S），是指企业业务所涉及地区的民族特征、文化传统、价值观、宗教信仰、教育水平、社会结构、风俗习惯等情况。自然环境是指企业业务所涉及的地区或市场的地理、气候、资源、生态等环境。处于不同地区、不同自然环境下的企业，其企业战略也会因此而受到一定的影响。

技术环境（T），是指企业业务所涉及的国家和地区的技术水平、技术政策、新产品开发能力以及技术发展的动态等。企业必须特别关注所在行业的技术发展动态和竞争者的技术、新产品开发等方面的动态，因为技术的突飞猛进大大地缩短了产品的寿命周期。

2. SWOT 分析方法

SWOT 分析法是一种能够客观地、准确地分析和研究一个企业现实情况的方法。利用这种方法可以从中找出对自己有利的、值得发扬的因素，以及对自己不利的东西，发现存在的问题，找出解决办法，并明确以后的发展方向。根据这个分析，可以将问题按轻重缓急分类，明确哪些是目前急需解决的问题，哪些是可以稍微拖后一点儿的事情，哪些属于战略目标上的障碍，哪些属于战术上的问题。通过 SWOT 方法找到自己的优、劣势及面对的机遇和挑战，选择适合自己的发展战略。SWOT 四个英文字母分别代表 Strength，Weakness，Opportunity，Threat。其中：S—强项、优势；W—弱项、劣势；O—机会、机遇；T—威胁、对手；S、W 主要用来分析内部条件；O、T 主要用来分析外部条件。

第四节 电网企业业绩评价方法选择

一、企业业绩评价标准/基准的确定方法

1. 企业业绩评价标准特性分析

评价标准是对评价对象进行分析评判的标尺，是评价体系的关键。确定了评价标准才能使评价指标有据可依，从而对评价对象的业绩作出公正、恰当的判断；制定详细、规范的评价标准才可以减少评价工作中人为因素对评价结果的影响，增强评价工作的操作性，也使评价结果具有客观性和权威性。相关文献查阅表明，一个良好的业绩评价标准必须满足的条件有：与个人和组织以及战略有关，稳定或可靠、能够区分好与差的业绩，实用性好；作为标准其可验证性、涵盖度应较好、污染度应较低。由企业业绩评价标准的上述特性来看，确定一个良好的评价标准需要对确定标准的基点、标准的载体、标准的体现方式等内容进行研究。

一般而言，企业有以下几种设定业绩评价标准的方式：

（1）根据经验确定；

（2）同业标准，即以同业平均水平或优秀水平为准，也就是常说的标尺竞争（benchmarking）；

（3）时间序列标准，以自身的历史数据为准，按基期不同又可分为同比和环比两种；

（4）以行业主管部门或政府颁布的数据为准；

（5）预算标准，各类不同基准具有各自的优缺点。

同业标准的优点表现在以下几点：

（1）提供有效的激励，有利于促进业绩的提高；

（2）当业绩评价指标受共同的客观因素影响时，有利于剔除这些因素影响，更加客观地评价管理者业绩。

同业标准的缺点主要有以下几点：

（1）具有可比性的同行企业事实上很难寻找；

（2）即使存在这样的企业，数据的采集也存在问题。

时间序列标准其优点是从企业自身比较可比性好，同时可以反映自身的成长情况。时间序列标准往往与同业标准结合使用，如果仅仅使用前者，那么当基期标准过低时，易导致“无功受禄”而基期标准过高时，又易导致“鞭打快牛”，此时采用与同业平均水平比较是理想的辅助手段。

预算标准，具有良好的可比性，同时由于预算具体、准确，又是量化指标，操作性很好。但预算也有其缺点，一方面编制预算成本高昂；另一方面由于未来不确定性和预算编制者的有限理性，预算往往表现为一种不完全合约，以其作为标准评价业绩，合理性必然受到影响。

2. 业绩评价指标、评价基准和标准及评价结果之间的关系分析

在企业业绩评价的实践中，如何选择与确定企业业绩评价标准是一项关键而又复杂的任务，必须综合考虑企业业绩评价的目标、企业业绩评价的主体需求、企业业绩评价的对象特征以及具体评价指标、体现标准内涵的基准、企业业绩评价结果等多项因素之间的内在关联关系。评价的标准综合体现了企业业绩评价目的、主体需求、评价对象的特性等方面的要求，评价标准是对评价对象水平高低的描述与内涵的界定，反映指标令主体满意的水平。基准反映评价对象特征，明确了标准内涵，基准的高低不同形成了标准的内涵与高低的差别。具体评价指标的评价标准需要借助于指标基准进行细化以界定该指标的临界值，建立测评指标与单项评价指标之间的函数关系。因而，评价标准决定了具体指标基准选择的依据，基准规定了评价标准的对象与内涵，规定了评价标准临界，基准细化了标准的构成要素，体现了标准的诸多属性。基准确定的科学性、准确性直接影响标准的科学性、准确性和合理性。依据单项评价结果的逻辑形成流程、评价指标、指标基准、评价标准、评价结果等作用关系。由企业业绩评价目标的综合性、评价主体需求的多元化、评价结果的结构化以及企业业绩评价效果的显著性，要求改变基准确定的单一准则，从多角度考虑基准的确定方法，包括基准的多准则综合性、评价标准临界与内涵的规定性、评价指标特性需求与反映等方面，从而形成了评价标准的内容、评价标准选择的方案、评价标准的表现具体化等方面的要求。评价标准的确定就易于获得单项评价结果，这形成了结构化输出评价结果的基础，因而对评价效果产生一定的影响。

3. 确定指标基准与评价标准的影响因素分析

影响指标基准与评价标准的影响因素比较复杂，总体上可以概括为：评价目标的定

位、分解与细化；评价标准的内容、方案与表现；评价结果的要求；确定基准的各类方法的优劣；评价指标的特性；确定基准的主体素质与能力；基准调整的主体效应等方面。

（1）评价目标的定位、分解与细化要求。企业业绩评价目标在设定过程中，评价对象必须接受目标并对目标作出承诺，包括业绩目标执行者对目标的态度、目标的可完成性和可达性等。在目标设定过程中存在着一种评价双方都受影响的误区，即注重容易衡量的目标、将所要求的业绩水平理解为最低标准，其随后的风险是这些目标会成为容易达到但不会超越的临界水平，即所谓的“目标欺骗”问题。在内外部环境相对稳定的组织中，对企业业绩评价目标的衡量和奖励是可能的，但如果组织处于变革或外部环境变化剧烈的环境中，企业业绩评价目标所界定的范围适用性受到了影响；企业业绩评价目标在设定过程中难以避免主观性影响，从而使企业业绩评价结果需要较多的主观性解释。

（2）企业业绩评价标准的内容、方案与表现。企业业绩评价标准是内容与形式的统一，依据标准内涵的不同，形成了所谓高标准的方案、低标准的方案与适度标准的方案。为适应多目标综合评价与判断的需要，通常评价标准分设优秀、良好、一般、较差与差五个相对模糊的档次，相应的评价标准值就表现为：优秀值、良好值、一般值、较差值与差值五种形式。具体评价指标的评价标准是由指标的基准界定的，基准界定了评价指标可能达到的最高与最低水平。同时，指标特性决定了评价标准在单项指标评价或转换函数中的作用与关系，不同的指标特性，形成了不同的函数映射关系，因而不同指标其评价标准形式的具体划分方式是不同的。

依据分类评价标准值，建立分类评价标准的定量结果与定性描述间的对应关系，可以进行不同指标之间的优劣的比较，并且依据对应的定性描述，可以得出评价结果优劣的原因。综合评价值的内涵与表述方式也可参照上述过程，最终将形成了一个关于综合、分类评价指标标准定量表征与定性描述相对应的标准确定的数据库系统。

（3）评价结果的要求。企业业绩评价系统最终输出的是对象的评价结果，而企业业绩评价结果的可靠程度、效用大小决定了企业业绩评价结果的用途与利用程度。从企业业绩评价的功能要求来看，企业业绩评价结果应该具有一反映评价对象实际状况的判断功能，应该能够基于企业业绩评价结果建立相应的激励约束机制，应该能够依据企业业绩评价结果对评价对象业绩状况的优劣及其原因作出合理、科学的诊断。为满足对企业业绩评价结果上述功能的要求，企业业绩评价结果的表达形式上应改变通常的简单的表述形式。

（4）确定基准的各类方法的优劣。企业业绩评价基准的确定方法受评价标准的选择与确定方法的影响，不同的企业业绩评价标准规定了指标基准具体的表达方式、基准确定方法的优劣。基准确定方法需要考虑评价标准与具体指标的特性之间的衔接对应关系，由于指标特性不同，对于不同的指标即便是遵循相应的评价标准，所形成的指标基准也是不同的。对指标基准确定方法优劣的判断，需要对评价指标的特性及变化趋势做深入的经济分析、财务分析和系统分析。

二、指标权值体系确定方法

通常确定指标权值一般有主观赋权和客观赋权两类方法。其中，主观赋权主要是指专家调查法，通过选择专家、将确定权数的规则发给选定专家，由他们独立的给出权值；回收并计算各指标权数的均值与标准差；将计算结果以及补充信息反馈给专家，在新基础上重新确定权值，直到权数与其均值的离差在预先给定的范围内。这种方法简单、易于操作，与实际联系紧密、容易被人接受，因而很受业界青睐，被广泛使用，其缺点是容易受到专家主观因素的影响。客观赋权主要是从指标的统计特性考虑的，它由评价指标的相关数据决定，不需征求专家意见，通常的做法是将方差的倒数、变异系数、复相关系数的倒数作为指标权值。客观赋权法通过大量数据的统计分析得出相应指标的权重，具有很强的科学性，但是操作过程烦琐，结果也很容易受到数据不真实等因素的影响，使结果与实际发生偏离，有时这种偏离还比较显著的。此外，还有主、客观相结合的权值确定方法，其做法是将权值分为常态权值和状态权值两部分。现有的指标权值确定方法，无论是主观权值还是客观权值确定法，都存在着一定的缺陷：① 没有使两类权值确定方法的优劣势形成互补；② 具体操作方法对不同的对象缺乏针对性；③ 指标权值僵化固定而缺乏动态性，不能够很好体现评价目的与评价需求的变化，也不能够很好地反映评价指标变化对综合评价结果的影响程度；④ 权值确定过程对诸多主观因素考虑不周全。

为克服现有指标权值在确定过程中存在的问题，本节在对指标权值确定的依据、原则与影响因素分析的基础上，研究了指标综合权值体系的结构和功能，探讨了综合权值确定的各类方法中的准则权法，最后归纳出指标权值确定的流程，以期指导指标权值确定的实践。

1. 指标权值确定的依据、原则与影响因素

（1）权值确定的依据。权值是对评价指标重要程度的判断和反映，本文认为对指标重要程度的判断需要从以下三个方面加以考虑：

1）该项指标对评价对象客观业绩的重要程度的判断，是对评价对象真实业绩反映程度高低的判断。而这一事理判断过程涉及诸多相关的知识，单凭个人或数理统计方法难以客观的反映其真实性，因此采用专家判断法可以集这一领域众多的专家的智慧，对指标的重要程度提供比较客观的判断。

2）评价主体对评价对象就该项指标重要性的主观判断，是评价主体与评价对象相互作用过程形成的对该指标重要性判断，判断的依据是评价主体对反映评价对象的各类指标采取的行动可能性和动力大小，即指标改进的潜力越大，对评价主体而言，提高指标评价结果的动力越高，因而从这个角度反映指标对评价主体的重要程度。

3）评价指标对参与评价的相关主体之间的责权利的关系与结构的影响，这种关系一方面影响指标的取舍，另一方面影响企业业绩评价体系的实施情况与效果。因此，总体上指标体系内各个指标的重要程度，可以从指标的客观重要性、评价指标对评价主体的重要性、评价指标对相关主体责权利关系与结构影响的重要程度三个方面进行阐述。

（2）权值确定的原则。是指标权值确定过程中应遵循系统性、客观性、导向性、动态性、横向关联性等原则，其中包括：

1）系统性原则，是指标权值确定方法需要系统的考评价过程中指标客观重要性、主观重要性以及相关主体间责权利的满足与均衡状况。

2）客观性原则，是指标权值体系确定的方法要遵循企业业绩评价过程中的客观规律，能客观的反映评价过程中物理系统、事理系统与人理系统之间的相互作用关系。

3）导向性原则，是指权值确定应有助于评价系统导向性功能的发挥，要能够反映评价主体的需求与愿望，能够引导被评价对象向评价主体预期的方向发展。

4）动态性原则，是指标权值体现评价指标对评价目标的重要性，随着企业业绩评价内部环境的变化而变化，指标权值体系要能够及时地反映由于这些变化所引起的指标对评价目标重要性判断的改变。权值体系的动态更新还需要保持一定的连续性和历史继承性，因此权值确定方法从动态性角度既要考虑指标的更新也要考虑指标的稳定，使两者保持很好的衔接。

5）横向关联性原则，通常权值确定方法只考虑了指标与目标之间纵向作用关系，然而从系统内在联系的角度看，权值确定方法需要考虑同一层次指标之间的关联性，通常后关联程度较高的指标其在整个评价系统中的作用也较大。

（3）权值确定的影响因素。是指标权值的确定受以下几个方面因素的影响：

1）业绩评价系统目标、主体的需求、评价对象特性的影响；

2）受实施企业业绩评价与管理的体制、机制的影响；

3）受可采用的方法及方法的科学合理性的影响；

4）受信息的采集、获得以及处理方式等方面的影响。

2. 指标综合权值体系的系统结构与功能

在指标权值确定的依据与原则的指导下，综合权值体系应包括客观权值、评价主客体作用权值、主体之间责权利关系权值三部分。

（1）客观权值用以衡量指标对真实业绩反映程度的高低。

（2）评价主客体作用权值是从业绩管理互动的角度出发，考虑业绩评价主体目标引导作用，体现评价主客体相互作用关系的权值项有指标改进的潜力、指标的后关联性。

（3）反映主体之间责权利关系的权值是从参与评价的各个主体角度考虑指标对各自的责权利的影响大小，主要体现在评价主体对该项指标的关注程度、评价客体对该项指标的关注程度。这种基于企业业绩形成和管理过程的权值确定方式有利于协调各参与主体的责权利关系，使企业业绩评价与管理能够有效的贯彻。

3. 指标权值体系确定的流程

指标权值体系的确定过程是通过对现有权值确定方法优劣的比较分析，结合确定权值的影响因素，遵循权值确定的系统性、客观性、导向性、动态性、连续性与继承性等原则，从指标反映客观业绩的重要性、反映主客体作用关系尤其是导向作用关系强弱以及反映参与企业业绩评价主体之间责权利关系及结构的三个方面对指标权值的内涵进行细分。在已有专家判断法确定的权值作为初试权值的基础上，提出基于四项准则判断的权值确定方法，从而改进与完善权值确定方法，并将初试权值和调整权值进行组合形成综合权值。另外，为满足评价指标调整和更新的需要，指标权值体系在后续使用过程中也需要调整和更新，通常依据更新的周期确定初试权值和调整权值的保留份额。

三、电网公司业绩评价系统构建目标、原则和考虑因素

1. 省级电网公司业绩评价系统构建目标

省级电网公司企业业绩评价系统构建的总目标是为建立适应电网公司变革，并能够真实评价下属电业局经营业绩、客观考核下属电业局经营者业绩的评价体系，逐步建立和完善有效的业绩管理系统。构建系统的目标包括功能目标、结构目标、要素目标三个方面。

省级电网公司业绩评价系统构建的功能目标具有阶段性，其当前目标是为了实现电网公司对下属电业局财务业绩综合评价的需要；过渡阶段的目标是建立厂网分开情况下，供电企业经营业绩及经营者业绩评价系统；电力体制改革到位后的业绩评价系统的目标是建立满足供电企业业绩及经营者业绩评价和管理的完善子系统。

相应地，业绩评价系统的结构目标是当前建立电网公司下属供电单位的财务业绩评价系统，并为满足过渡阶段的需要建立，下属单位经营业绩评价与经营者业绩评价系统，即包括财务业绩、非财务业绩、经营者任务完成情况及对经营单位的业绩贡献大小的衡量；相应地，满足上述结构目标的要素目标包括反映财务业绩的获利能力、资产运营能力、偿债能力和发展能力指标类，还包括反映经营单位非财务业绩的资源与要素优劣势评价。

2. 省级电网公司业绩评价系统构建的原则

省级电网公司业绩评价系统构建依据企业业绩评价管理系统的要求，从企业业绩评价系统构建、运营与调整/更新三个子系统循环演进的过程，遵循渐进式改进原则、系统相关性原则以及突出重点兼顾整体的原则来实现企业业绩评价与管理系统的完善。

（1）渐进式改进原则。电网公司绩评价系统的建立与完善需要满足和适应电网公司改革与发展的需要，而且也应与电网公司的管理体制与制度融合。因此，电网公司业绩评价与管理系统应采取渐进式的改进原则向理想的企业业绩评价与管理系统演进。

（2）系统相关性原则。电网公司业绩评价与管理系统既要考虑电网公司下属经营单位的业绩状况，也需要反映下属经营者的业绩，而且从联系的原则来看，经营单位业绩状况与经营者的业绩状况之间存在内在的有机联系，因此电网公司企业业绩评价与管理过程中，应以系统的原则建立经营单位业绩及经营者业绩评价与管理系统的内在联系。

（3）突出重点兼顾整体原则。由于形成和影响评价对象真实业绩的因素错综复杂，既包括体现业绩的结果因素也包括体现业绩的过程因素，既体现于财务要素也体现于非财务要素，因此从企业业绩评价与管理系统中使用的成本效益原则出发，对反映和体现企业业绩评价的各类要素与影响因素应遵循突出重点兼顾整体的原则，逐步完善省级电网企业业绩评价与管理系统。

3. 电网公司业绩评价需要考虑的因素

电网公司业绩评价的主体是电网公司总部，该主体是国有电力资产的多级委托代理关系链上的委托人群体，这一委托人群体对下属经营单位业绩的关注目的在于：

（1）下属经营单位业绩的好坏直接影响作为委托人的电网公司总部的经营业绩的优劣，直接关系到电网公司作为更高一层次管理系统中代理人义务履行状况。作为代理人的下属单位经营业绩的优劣也直接影响电网公司总部（委托人）自身利益的得失，因此从利益角度看，电网公司及其管理者的业绩与下属单位及其经营者的业绩在利益上是根本一致的。

（2）电网公司业绩对象系统是在技术、设备及人员方面具有较高同质性的电业局，其生产经营特征决定了其产品的输出是以电力为媒介的服务，因此电业局经营业绩与经营者业绩之间存在较高的关联性，经营单位的业绩评价与经营者的业绩评价必然要反映这种内在的联系，因此电网公司业绩评价系统的结构从大方面应包括下属单位的经营业绩评价和下属经营者的业绩评价。

（3）依据电网公司下属电业局的特性，其业绩在效率方面主要体现在财务能力的高低，即电业局的财务效益、资产运营能力、偿债能力和发展能力四个方面。业绩的效应方面主要是业绩评价结果在电网公司与下属经营单位之间就业绩的利益分配关系，这种关系影响了业绩效果的形成与发挥。

四、我国中央企业综合绩效评价体系

随着我国市场经济体制的逐步完善以及现代企业制度的确立，国有企业的经营环境发生了巨大的变化，原有的财务绩效评价体系容易导致企业的短期行为，不利于其可持续核心竞争力的构建。在市场竞争主体更加平等，一些国有企业不再受国家强有力保护的条件下，为了有效地对企业的经营绩效进行科学评价，财政部等四部委于 1999 年 6 月联合印发了《国有资本金绩效评价规则》及《国有资本金绩效评价操作细则》，对国有企业的绩效评价进行了重新规范，将投入产出作为评价的核心内容，按照多目标规划和非确定性决策的原理开展多因素综合评价分析。这套评价指标体系由反映企业财务效益状况、资产营运状况、偿债能力状况和发展能力状况四方面内容的基本指标、修正指标和评议指标三个层次共 32 项指标构成，将定量与定性分析相结合，初步形成了财务指标与非财务指标相结合的绩效评价指标体系。这标志着新型企业绩效评价体系和评价制度在中国的初步建立。

经过几年的实践探索证明，这套企业绩效评价体系对转变政府职能，建立新型政企关系，强化企业激励与约束机制，科学地评判企业经营绩效等方面颇有成效，但也存在一些问题。于是，财政部等五部委根据各方面的意见于 2002 年 2 月对《国有资本金绩效评价操作细则》进行了重新修订，修改制定和颁布了《企业绩效评价操作细则（修订）》，修订后的企业绩效评价指标体系由反映企业财务效益状况、资产营运状况、偿债能力状况和发展能力状况四方面内容的基本指标、修正指标和评议指标三个层次共 28 项指标构成，同时在指标权数上也作了一些调整。修订后的企业绩效评价体系充分考虑了我国现阶段国有企业运行机制、经营条件、管理基础等方面的基本要求，更具有合理性、可操作性和适用性。2002 年 6 月，财政部又发布了《委托社会中介机构开展企业绩效评价业务暂行办法》，这标志着我国的企业绩效评价工作已经从试点和试行期步入全面实施阶段。

为进一步发展具有自主知识产权和国际竞争力的大公司大企业集团，引导国有企业尤其是中央企业的健康发展，加强对国务院国有资产监督管理委员会履行出资人职责企业的财务监督，规范企业综合绩效评价工作，综合反映企业资产运营质量，促进提高资本回报水平，国务院国有资产监督管理委员会根据《企业国有资产监督管理暂行条例》和国家有关规定研究制订了《中央企业综合绩效评价管理暂行办法》。该办法于 2006 年 4 月 7 日经国务院国有资产监督管理委员第 38 次主任办公会议审议通过，并自 2006 年 5 月 7 日起施行。该暂行办法是根据出资人监管工作需要制订的，所规定的企业综合绩效评价体系具有综合评判、分析诊断和行为引导三大功能，充分体现了全面性、综合性与客观公正性的特点：

（1）以投入产出分析为核心，分析出资人资本的回报水平和盈利质量，这是出资人资本属性的内在规定。

（2）多角度综合评价，其中财务绩效的评价包括了企业盈利能力、资产质量、债务风险和经营增长四个方面，以综合反映企业的财务状况；对管理绩效的评价包括了企业战略执行能力、经营决策水平、风险控制能力等八个方面，以全面反映企业的管理水平。

（3）定量评价与定性评价相结合，评价体系将企业经营绩效分为财务绩效和管理绩效两个方面，分别设置定量财务指标和定性评议指标予以反映，以克服单纯定量评价的不足。

（4）运用行业标准进行评价，包括国内标准和国际标准，这一方面可以增强评价结果的客观公正性，另一方面有利于引导企业开展对标活动，寻找自身差距，并向国内、国际先进标准看齐。

接着，国务院国有资产监督管理委员会又于 2006 年 9 月 12 日公布了《中央企业综合绩效评价实施细则》。该细则规定，根据 22 个财务绩效定量评价指标和 8 个管理绩效定性评价指标，中央企业的综合绩效将被划分为优、良、中、低、差五类。其中，中央企业作出重大科技创新将被加分，发生属于当期责任的重大资产损失、发生重大安全生产与质量事故、存在巨额表外资产、存在巨额逾期债务等情况将被扣分。中央企业的综合绩效评价工作由国务院国有资产监督管理委员会负责，中央企业集团（总）公司负责其控股子企业的综合绩效评价工作。国务院国有资产监督管理委员会强调，企业综合绩效评价应当充分体现市场经济原则和资本运营特征，以投入产出分析为核心，综合评价企业经营绩效和努力程度，促进企业提高市场竞争能力。综合绩效评价指标权重实行百分制，财务绩效定量评价指标权重确定为 70%，管理绩效定性评价指标权重确定为 30%，得分达到 85 分以上的为优，70 分以上的为良，50 分以上的为中，40 分以上的为低，40 分以下的为差。财务绩效的评价主要包括企业盈利能力、资产质量、债务风险和经营增长四个方面，分别有基本指标和修正指标，以使评价更加科学全面。管理绩效评价指标，包括了战略管理、发展创新、经营决策、风险控制、基础管理、人力资源、行业影响、社会贡献八个方面，中央企业有无重大创新、吸纳就业状况、资源节约状况以及和谐社会建设等都纳入评价中来。

电网公司是典型的中央企业集团，《中央企业综合绩效评价管理暂行办法》和《中央企业综合绩效评价实施细则》的出台对电网开展内部绩效评价工作具有重大的指导意义和借鉴作用。

第五节　电网企业业绩评价策略

一个企业的持续和健康发展，必然要紧随市场环境的变迁而变革内部的管理与运营机制，以适应新形势对企业内部组织、经营结构和管理系统等的要求，从而使企业在一个全新的战略平台上获得新的竞争优势和长足发展。业绩管理是以考察企业业绩和经营者业绩为核心内容的企业整体经营的集合管理，是世界范围内现代企业的一种新兴管理模式，其以业绩为核心，以提高业绩为企业一切经营活动的出发点和落脚点，将企业各项业务管理、各个部门管理、公司战略管理、技术创新管理等有机的结合在一起，从而使经营者、职工、业务部门等个体利益与公司整体战略利益保持一致，是符合现代企业制度发展要求的企业管理形式。

2006 年，国家电网公司在世界 500 强排名由 40 位上升到 32 位。但是，目前电网企业在引进先进管理理念和管理手段方面还需要不断创新，电网企业亟待建立一套科学规范的绩效管理体系。绩效管理是通过建立企业战略、目标分解、业绩评价。以激励员工持续改进业绩，最终实现组织战略的一种管理方法。绩效管理已被世界 500 强证明是行之有效的管理手段，在新形势下，构建省级电网企业业绩管理系统能够有效适应和满足其体制改革形势与建立现代企业制度的目标要求。

电网企业推行业绩管理的对策，抓好业绩管理工作，要把握好以下六方面，即做到“六好”。

1. 配备好工作专班

选拔合适人员，配备好工作班子是业绩管理项目能否顺利推进的关键，要选拔责任心强、勤于思考、善于创新、思路清晰、有较强组织协调能力、敢抓善管、对业绩管理有一定研究的人员。同时明确职责，包括业绩管理制度设计、岗位说明书编制、实施方案制订及对二级单位指导等责任到人。

2. 落实好专项经费

业绩管理是个分步实施，逐渐完善的过程。不仅需要投入大量的人力、物力和时间，还需要一定经费做支撑，聘请咨询公司、软件开发、理论辅导、宣传等都需要专项经费开支。

3. 选择好咨询公司

聘请专业咨询公司是一种借助外力的方式，可以起到两个好效果，一是外来的和尚会念经，利于转变大家的观念，易于为员工所接受；二是咨询公司可以带来他人成功的经验与教训，避免少走弯路。

4. 抓好制度设计

（1）诊断组织现状。对组织文化、氛围、管理风格、推行中会遇到哪些阻力等进行分析：为什么要推行业绩管理？它能给公司和员工带来哪些好处？公司战略目标是什么？谁来实现这些目标？如何衡量业绩？文化背景对业绩及其评估的影响如何？为了支持业绩目标的实现，公司应该做哪些事来改进员工的技能与业务？如何将业绩与员工进行沟通？评估结果对员工行为有什么影响？阻力究竟在哪里？组织诊断方法有问卷调查、访谈观察等。

（2）开展工作分析与岗位说明书编制。工作分析是最基础的工作，通过对工作流程的分析与研究，确定岗位工作规范，并明确上岗人员履行职务上应具备的知识、技术、能力和责任，在此基础上抓好岗位说明书的编制工作，形成完整的岗位说明书模版。

（3）业绩指标体系建立。设立KPI（关键业绩指标），KPI是用来衡量员工工作业绩的具体量化指标，它来自于对公司总体战略目标的分解，反映最能影响企业价值创造的关键驱动因素。通常采用方法有“鱼骨图”分析法、“九宫图”分析法和平衡计分卡。工作目标设定，它是衡量被考核人员工作范围内具有相对长期性、辅助性、过程管理中难以量化的关键任务考核方法。职能部门员工工作目标是KPI的补充，基层员工工作目标是全年的业绩计划，设定时只选择对公司价值有贡献的关键领域，所选工作目标不宜过多。

（4）业绩计划制订。业绩计划是实施业绩管理的主要平台和关键手段，进行业绩计划的过程就是各级管理层与员工充分沟通、确定并填写业绩计划及评估表的过程。业绩计划可以以业绩合约形式确定。

（5）对员工进行业绩辅导。业绩辅导是持续不断进行业绩沟通、数据收集、记录，其主要目的有两个：① 下属汇报工作进展或就遇到的障碍向上级求助；② 主管对下属的工作与目标计划之间出现的偏差及时进行纠正。其过程主要有业绩面谈、业绩改进、员工辅导等。

（6）业绩评估及其结果应用。业绩评估作用有三个：① 影响公司的生产率与竞争力；② 作为人事（任用、岗位异动、薪酬、培训）决策的依据；③ 有助于更好地对员工进行管理。业绩评估的主要方法有：① 对硬性指标评估，包括工作数量统计法、工作质量效果法、工作安全记录法和日常工作出勤比率法等；② 对软性指标评估法，包括工作人员比较法、工作成果评估法等；③ 对工作行为评估法，包括关键事件法、行为确定等级评估法、行为观察量比较法、行为差别测评方式等。

5. 选择好试点单位进行试点

鉴于业绩管理实施的复杂性，推行中会遇到一定阻力，建议采取先试点再推广，分步实施，稳步推进的思路，可在一定范围内先行试点，鼓励有条件的单位自行试点。

6. 不断总结完善实施方案

进行方案回顾，在广泛听取各方面意见基础上对业绩管理的实践进行全面的总结分析，包括对业绩计划（KPI、工作目标设定）分析，找出哪些是最成功部分？哪些是最难操作部分？哪些部分意义不大？明确目标值设定是否合理？对下一轮业绩指标确定提供经验与指导；对业绩评估进行全面分析验证，剔除不合理因素进行修正，在全面总结完善基础上再全面推广。

第十一章

电网企业税务筹划

第一节　电网企业税务筹划概念

“税收筹划”属于舶来品，引入我国的时间不长，人们对它的概念、功能、作用在认识和理解上还不太一致，甚至存在一些偏差和误区。一般认为，税收筹划是合法的节税筹划活动，是纳税人在国家政策允许的前提下，以降低税负为目的，对生产经营行为进行筹划安排，选择有利于节税的生产经营方案。从实质上来看，偷税、逃税是违法的，税收筹划却是合法的、正当的，是法治社会中企业节税的理性选择。在国外，税收筹划（tax planning）与避税（tax avoidance）也基本上是一个概念，两者都是指纳税人通过一定的合法行为减少或避免纳税义务。在国外，纳税人进行税收筹划是很正常的现象，由于税收筹划是一项技术性很强的工作，所以国外许多企业都是委托会计师事务所或咨询公司来为自己进行税收筹划的。因此，电网企业税务筹划就是指电网企业在国家政策允许的前提下，以降低税负为目的，对生产经营行为进行筹划安排，选择有利于节税的生产经营方案。

一、避税、偷税和税收筹划的关系

正确的税收筹划是“节税”筹划。“节税”是纳税人为了维护自身利益，在遵守国家政策、法律的前提下，通过合法、合理手段实现的。“节税”是税收筹划的最终目的，也是正当目的，反映了纳税人依法纳税意识的增强，税务机关应该提倡给予积极的支持和保护。

同“节税”相比，“避税”是指纳税人利用税法中的漏洞或是滥用税收优惠谋取私利，经过巧妙安排具有一定隐蔽性，从表面上看似乎是合法的，但实际上有悖于国家的立法意图，因此税务机关应该坚决反对，并采用有效措施予以制止。

（1）税务机关要加强税收征管，掌握企业的生产经营情况、业务往来情况、税收筹划情况以及纳税情况等，及时发现其避税的可能倾向。

（2）要实施有效的反避税措施。税务机关应根据《税法》和规范性文件中有关的反避税条款和内容，有针对性地结合企业避税的具体形式和特点，采取积极有效的反避税措施，使避税行为得到及时、有效的制止。

（3）要认真分析企业的避税筹划和经营行为，根据出现的情况和问题，深入研究税法和规范性文件的漏洞和不完善之处，进行补充、修订和完善。

（4）深入研究税收征管工作中的薄弱环节，及时加强管理，规范管理。

在我国，许多人不了解税收筹划，一提起税收筹划就联想到偷税；还有一些人以税收筹划为名，行偷税之实。偷税是有意采取欺骗手段违反税法来逃避应缴税款，采取的手段有伪造、变造、隐匿、擅自销毁账簿、记账凭证，在账簿上多列支出或不列、少列收入等，这种行为违背了税收法律主义，违法地减轻了自己的纳税义务，减少了政府的财政收入，是税法所禁止的行为，对偷税者要追究法律责任。

因此，只有对具体的税收筹划进行认真的分析和研究，透过其表现的形式揭示其内在本质，将避税、偷税或可能导致不良后果的筹划行为及时发掘，给予坚决的制止、打击和严惩，才能真正起到保护“节税”筹划的目的，引导税收筹划向着健康、规范的方向发展。

二、税收筹划的特征

从税收筹划的产生及其定义来看，税收筹划有如下五个主要特征。

1. 合法性

税收筹划是根据现行法律、法规的规定进行的选择行为，是完全合法的。不仅仅是合法的，在很多情况下，税收筹划的结果也是国家税收政策所希望的行为。人们要在法律许可的范围内进行税收筹划，而不能通过违法活动来减轻税收，减轻税收的行为至少是法律所禁止的。因此，人们要熟悉现行的法律和政策规定。

2. 选择性

企业经营、投资和理财活动是多方面的，如针对某项经济行为的税法有两种以上的规定可选择时，或者完成某项经济活动有两种以上方法供选用时，就存在税收筹划的可能。通常，税收筹划是在若干方案中选择税负最轻或整体效益最大的方案。例如，企业对于存货的计价，有先进先出法、零售价法等可供选择，企业应通过对物价因素、税法规定的考虑进行权衡选择，以确定最佳纳税效果。

3. 筹划性

在应税义务发生之前，企业可以通过事先的筹划安排，如利用税收优惠规定，适当调整收入和支出，选择申报方式等途径对应纳税额进行控制，即税负对于企业来说是可以控制的。从税收法律主义的角度来讲，税收要素是由法律明确规定的，因此从理论上来讲，应该纳多少税似乎也应当是法律所明确规定的。但是，法律所规定的仅仅是税收要素，即纳税主体、征税对象、税基、税率、税收减免等，法律无法规定纳税人的应税所得。也就是说，法律无法规定纳税人的税基的具体数额，这样就给纳税人通过适当安排自己的经营活动来减少税基提供了可能，由于纳税人所筹划的仅仅是应税事实行为，而并没有涉及法律规定的税收要素，因此税收筹划与税收法律主义是不矛盾的。此外，选择纳税时间也属于税收筹划的范围，如《税法》规定应税行为发生后的30天内纳税，此时就可进行税收筹划，在应税行为发生后的第30天纳税。这对一个经营额很大的企业而言，可节省大量的资金成本，取得迟延纳税的收益。

4. 目的性

企业进行税收筹划的目的，就是要在法律允许的限度内最大限度地减轻税收负担，降低税务成本，从而增加资本总体收益。具体可细分为两层：一是要选择低税负，低税负就意味着成本低，资本回收率高；二是推迟纳税时间，取得迟延纳税的收益。这里要注意的是，目的性不能仅仅考虑某一个税种，而要从企业的总体税负考虑。比如，企业要交纳 5 个或 10 个税种，可能有 1 个税种的税率较高，但其他税种的税率比较低，因而总体税负还是比较低的，在这种情况下，应综合考虑，选择最佳方案。而不能只关注一个税种，否则就可能出现在某一个税种上减轻了税收负担，而在另外一个税种上增加了税收负担，总体上可能是没有获得任何税收利益，甚至还加重了企业的税收负担。因此，从整体的角度进行税收筹划是非常重要的原则。

5. 几率性

税收筹划是一种事先安排，涉及较多的不确定性因素，其成功率并非百分之百；同时，税收筹划的经济效益也是一个预估的范围，不是绝对数字。因此，企业在进行税收筹划时应尽量选择成功概率较大的方案。从地域范围来划分，税收筹划可以分为国内税收筹划和国际税收筹划。其中，国内筹划是针对本国税法进行的，主要考虑的因素有税种的差别、税收优惠政策、成本费用的列支等；国际税收筹划则要考虑不同国家、国际组织的税法规定，相关国家的税收协定等。中国企业和美国企业之间进行贸易，就要熟悉美国的税法规定，如美国的网上交易实行零税率，如果人们不了解，就无法据此进行税收筹划活动。在实务中，人们还应关心一些法律前沿和技术前沿问题，以更好地设计企业的税收筹划活动。比如，对电子商务交易的纳税问题，税务机构目前还是一片空白，这需要人们加强对这些前沿课题的研究工作。

税收筹划是一项经济价值巨大、技术层次很高的业务。开展税收筹划工作，政府与企业均会获得巨大的收益。对企业而言，有可能实现企业税后利润最大化；对政府来讲，则有助于更好地体现政府税收法律及政策的导向功能，促进税收法律法规的完善。

三、税收筹划应遵循的基本原则

税收筹划是一项技术性很强的综合工作，在筹划过程中，应遵循一些基本的原则。只有遵循这些基本原则，才能保证税收筹划预期目标的实现。在税收筹划过程中，需要遵循的基本原则主要包括以下九个方面。

1. 账证完整原则

企业应纳税额要得到税务机构的认可，而认可的依据就是检查企业的账簿凭证。完整的账簿凭证，是税收筹划是否合法的重要依据。如果账簿凭证不完整，甚至故意隐藏或销毁账簿凭证就有可能演变为偷税行为。因此，保证账证完整，是税收筹划的最基本原则。

2. 综合衡量原则

企业税收筹划要从整体税负来考虑，同时应衡量“节税”与“增收”的综合效果。企业税负的减少，并不等于整体收益的增加，当企业面临多种税收选择时，应选择纳税不一定是最少但总体收益最多的方案。税收负担仅仅是企业负担的一个方面，虽然是非常重要的方面，但并非全部。因此，如果某项方案降低了税收负担，但增加了其他的成本，如工资成本、原材料成本或基本建设成本等等，则这种方案就不一定是最理想的方案。税收筹划的本意在于企业在生产经营过程中把税收成本作为一项重要的成本予以考虑，而不是一味强调降低企业税收负担，而不考虑因此所导致的企业其他成本的增加。

3. 所得归属原则

企业应对应税所得实现的时间、来源、归属种类以及所得的认定等作出适当合理的安排，以达到减轻所得税税负的目的。《税法》对于不同时间实现的所得、对于不同来源的所得、对于不同性质的所得所征收的税收往往是不同的。因此，如果企业能在法律所允许的范围内适当安排所得的这些具有《税法》上意义的特征，就有可能实现降低所得税负担的目标。

4. 充分计列原则

凡《税法》规定可列支的费用、损失及扣除项目应充分列扣。充分列扣一般有以下四种途径：

（1）适当缩短以后年度必须分摊的费用的期限，如可对某些设备采用加速折旧法，缩短无形资本摊销期限；

（2）以公允的会计方法增加损失或费用；

（3）改变支出方式以增加列支损失和费用；

（4）增加或避免漏列可列支扣除项目。

充分计列原则所减轻的主要是企业所得税，因为企业所得税是对净所得征税，充分计列了各种费用、损失和扣除项目就相应降低了应税所得和企业所得税，也就达到了税收筹划的目的。当然，这里所谓的“充分”是指在法律所允许的限度内，而并不是说企业可以任意地“充分”，否则就可能演变为违法避税或者偷税。

5. 利用优惠原则

利用各种税收优惠政策和减免规定进行税收筹划，这种方式所达到的节税效果很好，而且风险很小，甚至没有什么风险。因为税收优惠政策都是国家所鼓励的行为，是符合国家税收政策的。因此，其合法性是没有问题的。比如，现在开发中西部地区有税收优惠，企业可以把一部分产业移到中西部地区，以利用税收优惠，获得税收收益。

6. 优化投资结构原则

企业投资资金来源于负债和所有者权益两部分。《税法》对负债的利息支出采用从税前利润中扣除的办法，而对股息支出则采用税后利润中扣除的办法。因此，合理地组合负债和所有者权益资金在投资中的结构，可以降低企业税负，最大限度的提高投资收益。

7. 选择机构设置原则

不同性质的机构，由于纳税义务的不同，税负轻重也不同。税收筹划要考虑企业组织形态，如母子公司分别是纳税主体，分公司要缴纳20%预提所得税，子公司所得税率为33%。企业拟在某地投资，是设立总公司还是分公司，是母公司还是子公司，需要慎重考虑。

8. 选择经营方式原则

经营方式不同，适用税率也不一样。因此，企业可灵活选择批发、零售、代销、自营、租赁等不同的经营方式，以降低企业税负。

9. 筹划的超前性原则

实践证明，无论事前、事中、事后的税收筹划，都应是超前的。目前，人们仅从时间上考虑税收筹划的超前性，其实税收筹划的超前性还包括以下几方面：

（1）及早预见法规调整方向有些成功的筹划，在现有法规限制的范围内寻找筹划空间。比如，要为企业筹划一个年终红利分配方案，就应该用现代企业产权制度的理念，确定分配关系，适当考虑员工劳动分红，尤其要考虑人力资本的收益问题。税收筹划要及早预见法规调整方向，根本原因在于现实经济的活跃性、超前性与法律稳定性、滞后性的矛盾。税收筹划的超前性，决定了税收筹划是一个高风险的业务。在实际工作中，人们必须把握程序上的合法性，最大限度地降低操作风险。

（2）运作上要有预见性运作上超前，要求税收筹划在实际工作中，妥善处理“情、理、法”的关系，摆脱固有理念的约束，用新的“情、理、法”理念认识问题、处理问题、解决问题。实现产权清晰是企业改革的一个老问题，但是很多企业的产权至今仍不清晰。所以，在处理产权问题时，操作上必须有预见性，为企业解决实际困难。

以上基本原则需要在税收筹划的过程中综合考虑、综合运用，而不能只关注某一个或某几个原则，而忽略了其他原则，否则就可能在遵循某一原则的同时又违反了其他原则，最终很可能达不到税收筹划的最初目标。另外还需要强调的是，以上基本原则都必须在法律所允许的限度内，或者说合法原则是最初的原则也是最后的原则。税收筹划必须以合法为出发点，最后所设计出来的方案也必须接受合法性的检验，只有具备合法性的筹划和设计才属于人们所说的税收筹划。否则，所谓的筹划就可能属于偷税与违法避税的预备行为。

四、税收筹划的误区及在我国的现状

在我国，宣传、倡导、运用税收筹划的时间不算很短，但人们对税收筹划的理解不一，税收筹划在不少人们的脑海里仍有误区。

误区之一：税收筹划就是少缴税或不缴税。

提到税收筹划，不少人想到的就是纳税人运用各种手段，想方设法地少缴税甚至不缴税，以达到直接减轻自身税收负担的目的。就连有的税务界权威人士也这样认为，这种观点有失偏颇。所谓税收筹划，是指通过对纳税业务进行策划，筹划出一整套完整的纳税操作方案，从而达到节税目的。

误区之二：税收筹划只与税款的多少有关。

目前，人们在探讨税收筹划时，基本上都是税款方面的筹划，即将税收筹划简单地看成是税款的多与少的选择，而很少去考虑税款之外的其他事情。这是一种不正确、不全面的税收筹划观。形成这种误区的原因是人们对税收筹划的目的缺乏正确的认识。也就是说，这一误区是建立在上一误区基础之上的，是上一错误派生出的新错误。

在上文分析中已指出，税收筹划不是单纯为了节税，而是为了追求经济利益的最大化，从此目的出发，那些能够减少纳税人损失，增加纳税人经济利益的与纳税有关的业务安排，都应当视为税收筹划。

误区之三：税收筹划无风险。

从当前我国税收筹划的实践情况看，纳税人在进行税收筹划过程（包括税务代理服务机构为纳税人实施的税收筹划，下同）中都普遍地认为，只要进行税收筹划就可以减轻税收负担，增加自身收益，而很少甚至根本不考虑税收筹划的风险。其实不然，税收筹划作为一种计划决策方法，本身也是有风险的。

首先，税收筹划具有主观性。纳税人选择什么样的税收筹划方案，又如何实施，这完全取决于纳税人的主观判断，包括对税收政策的认识与判断，对税收筹划条件的认识与判断等等。主观性判断的正确与错误就必然导致税收筹划方案的选择与实施的成功与失败，失败的税收筹划对于纳税人来说就意味着风险。税收筹划具有条件性。条件性是税收筹划的另一个显著特征。一切税收筹划方案都是在一定条件下选择与确定的，也是在一定条件下组织实施的。

其次，税收筹划的条件至少包括两个方面的内容：一是纳税人自身的条件，主要是纳税人的经济活动；二是外部条件，主要是财务与税收政策。税收筹划的过程实际上就是纳税人根据自身生产经营情况，对税收政策的差别进行选择的过程。纳税人的经济活动与税收政策等条件都是不断发展变化的，如果其中的某一方面发生了变化，原有的税收筹划方案可能就不适用了，原本不违法的行为甚至会变成违法的事情，继续选用该方案，税收筹划就会失败。

其三，税收筹划存在着征纳双方的认定差异。税收筹划应当具有非违法性。但是税收筹划更多的是纳税人的生产经营行为，其方案的确定与具体的组织实施，都由纳税人自己选择，税务机关不介入其中。税收筹划方案及过程究竟是不是符合法律规定，筹划最终是否成功，是否能够给纳税人带来经济上的利益，却取决于税务机关对纳税人税收筹划方案的认定。也就是说，纳税人所选择的税收筹划方案是否违法，需要由税务机关最终裁定。如果纳税人所选择的方案在实质上违法了，那么纳税人所进行的税收筹划不仅不能带来任何经济税收上的利益，相反，还可能会因为其实质上的违法而被税务机关处以处罚，付出较大的代价甚至是相当沉重的代价。

误区之四：税收筹划无成本。

在税收筹划实践上，有的纳税人往往不去考虑税收筹划的成本。任何一项经营决策活动都具有两面性：一方面为经营者带来经济上的效益；另一方面决策与筹划本身也需要实施费用。税收筹划在可能给纳税人减轻税收负担，带来税收经济利益的同时，也需要纳税人为之支付相关的费用。纳税人为选择税收筹划方案而付出的税收法律政策的研究、学习费用，为实施税收筹划组织相关人员的培训费用等都应当视为税收筹划的费用。纳税人如果寻求税务代理机构为其选择与实施税收筹划，则该税务代理费用就是税收筹划费用。如果纳税人的税收筹划费用小于实施税收筹划给他增加的收益，那么该税收筹划才能认为是成功的，一个纳税人税收筹划费用大于筹划收益，即使税收负担降低了很多，但该税收筹划仍然是失败的筹划，是得不偿失的。

五、税收筹划在我国发展缓慢的主要原因

1. 观念陈旧

由于税收筹划在我国起步较晚，税务机关的依法治税水平和全社会的纳税意识距离发达国家尚有差距，导致征纳双方对各自的权利和义务了解不够，税收筹划往往被视为偷税的近义词。

2. 税制有待完善

如前所述，税收筹划一般是针对直接税的税负的减少。而我国现行税制主要是增值税等间接税，所得税和财产税体系简单且不完整，尚未开征国际上通行的社会保障税、遗产与赠与税、证券交易利得税等直接税种。

3. 税法建设和宣传滞后

我国的税法的立法层次不高，以全国人大授权国务院制定的暂行条例为主，每一年由税收征管部门下发大量文件对税法进行补充和调整。一方面，容易造成征纳双方就某一具体概念或问题形成争议（如营业税中的“劳务发生地’的概念）。另一方面，造成我国《税法》的透明度偏低。除了部分专业的税务杂志会定期刊出有关《税法》的文件外，纳税人难以从大众传媒中获知《税法》的全貌和调整情况，无法进行相应的税收筹划。

六、正确认识企业税收筹划的积极意义

税收筹划是纳税人利用《税法》上的优惠政策或《税法》不反对的做法在不违反《税法》规定的前提下进行的。税收筹划不仅能减轻企业的税负，还有其他积极的意义。

1. 税收筹划有利于提高企业的经营管理水平和会计管理水平

资金、成本（费用）、利润是企业经营管理和会计管理的三大要素。企业的经营管理工作就是围绕如何有效使用资金，合理摊销及降低成本（费用），从而实现企业的目标利润而开展的。税收筹划就是实现资金、成本（费用）、利润的最优效果，从而提高企业的经营管理水平。企业进行税收筹划离不开会计，企业设账、记账要考虑《税法》的要求。当会计处理方法与《税法》的要求不一致或允许进行会计政策、会计方法的选择时，会计人员可以通过税收筹划正确进行纳税调整，正确计税，正确编制财务报告，进行纳税申报，从而有利于提高企业的会计管理水平，发挥会计的多重功能。

2. 税收筹划有利于提高纳税人纳税意识，抑制纳税人偷、逃税等违法行为

随着社会经济的发展，税收筹划也越来越受到人们的关注和重视。纳税人进行税收筹划与纳税意识的增强一般具有客观一致性和同步性的关系。企业进行税收筹划的初衷的确是为了少缴税和缓缴税，但这一目的达到是通过采取合法或不违法的形式实现的。企业对经营、投资、筹资活动进行税收筹划正是利用国家的税收调控杠杆取得成效的有力证明。

税收筹划是企业纳税意识提高到一定阶段的表现，是与经济体制改革发展到一定水平相适应的；企业纳税意识增强与企业进行税收筹划具有共同的要求，即符合或不违反

税法规定；依法设立完整、规范的财务会计账证和正确进行会计处理是企业进行税收筹划的基本前提。同时，依法建账也是企业依法纳税的基本要求。

3. 税收筹划有利于降低企业的经营风险

企业进行税收筹划是在不违反《税法》规定的前提下进行的，这样企业就不会因为偷、逃税而担惊受怕或被处罚，从而规避了因为违反税法而带来的经营风险。

4. 税收筹划有利于、有助于实现纳税人的财务利益最大化

税收筹划不但可以减少纳税人的税收成本，还可以防止纳税人因违反《税法》而缴更多的税款和罚款，有利于纳税人实现财务利益的最大化。

5. 税收筹划有利于普及税法及财务法律知识

企业进行税收筹划的前提是企业的财会人员熟知《税法》及相关的财经法规。企业进行税收筹划离不开财会人员，财会人员既要熟知《会计法》、《企业会计准则》、《企业财务通则》、《企业会计制度》，也要熟知现行《税法》及相关行业的有关政策。企业进行税收筹划的过程就是学习《税法》及财经法规知识的过程。因此，企业进行税收筹划对《税法》及财经法规知识普及有积极的意义。

6. 税收筹划有利于优化产业结构和资源的合理配置

纳税人根据《税法》中的税基与税率的差别，根据税收的各项优惠、鼓励政策，进行投资、筹资、企业改造、产品结构调整等决策，尽管在主观上是为了减轻自己的税收负担，但在客观上却是在国家税收经济杠杆的作用下，逐步走向了优化产业结构和生产力合理布局的道路，有利于促进资本的合理流动和资源的合理配置。

7. 税收筹划有利于国家逐步完善税制

税收筹划是针对《税法》中的优惠政策及《税法》中没有规定的行为而进行的，因此在税务人员进行税收征管过程中会针对企业进行的税收筹划工作而发现《税法》中存在的不完善的地方，这些问题通过正常的渠道进行反馈可作为完善《税法》的依据，有利于《税法》的逐步完善。

税收支出作为企业的一项重要经济支出，直接影响到企业的经济利益。因此，在法律许可的范围内，以收益最大化为目的、对企业的生产、经营、投资、理则等事项进行事前安排的税收筹划，越来越成为企业经济决策的重要内容而逐步被企业接受和采纳。对税务机关而言，如何对企业的税收筹划进行正确、合理的引导，并通过税收筹划达到促进依法征税、推动完善税制和加强征管的目的，同样具有十分重要的意义。

第二节 电网企业税务筹划方法

尽管企业所处的行业组织形式、经营方式不同，各个企业进行合法筹划的方法各异，但企业制订税收计划、减少纳税方式却总体趋于税基式纳税筹划、税率式纳税筹划、税额式纳税筹划三大方面。

（1）税基式纳税筹划，是指纳税人通过缩小计税依据的方式来减轻纳税的筹划方法。

税基是计税的根据，是计税的数量化的基础，在税率一定的情况下，税基越小，纳税人缴纳税款金额越低。

（2）税率式纳税筹划，是指纳税人通过税务的筹划适用比较低的税率，总体上减轻纳税的方法。

（3）税额式纳税筹划，是通过利用《税法》中减免税的规定来减轻或解除纳税负担的方法。

企业实际进行纳税筹划时，上述纳税筹划方案往往不能截然分开，每一种纳税筹划计划中都可能会包括这三种基本方式中的一种或几种，即是混合式的。作如此区分，完全是为了思路的清晰和解释的方便。下面对具体方法进行阐释，且每一方式下的具体纳税筹划方法都有可能含有其他两种方式的因素。在纳税工作中一定要结合具体企业的具体问题，不要拘泥于一种方法，要通过学习方法，悟透纳税筹划中所包含的实质内容，学会融会贯通。

一、税基式

税基式纳税筹划，是指通过缩小计税基础的方式来减轻纳税人的纳税义务和规避税收负担的行为。税基是计算应纳税额的直接依据；一般与纳税额成正比关系，税基缩小，纳税人的义务随之减轻。缩小计税基础要借助财务会计的手段增加营业成本，增加费用开支，降低纳税所得达到减少应纳所得税额的目的。纳税筹划降低税基是在遵守会计各项制度和准则的前提下，增大成本支出和费用的摊销。

常见的筹划技术有以下几种。

1. 销售收入结算方式的筹划

企业销售货物有多种结算方式，对不同的结算方式其收入的确认时间有不同的标准，如《税法》规定，采用直接收款销售的，以收到货款或取得索取销货款的凭证，为收入确认时间。而采用赊销和分期收款销售方式的。以合同约定的收款日期为收入确认时间。而订货销售和分期预收货款销售的，待交付货物时确认收入。这样通过销售结算方式的选择，可以控制收入的确认时间，合理地归属所得年度，达到减轻税负或延期缴纳税款的目的。

2. 劳务收入计算方法的筹划

劳务收入的确认，可以采用完工百分比法和完成合同法。考虑到税收的因素影响，采用完成合同法为宜。这是因为，完成合同法在工程全部完工后，才申报缴纳所得税，可以延缓缴纳税款。若采用完工百分比法，容易造成先盈后亏的现象。

如果企业每年均无亏损，宜采用完成合同法，享受延期缴纳税款以及合并计算费用限额的利益；如果企业有待弥补亏损，则采用完工百分比法为宜。

3. 折旧计算纳税筹划

固定资产在生产过程中不断发挥作用而逐渐损耗，这部分因损耗而转移到产品成本中去的价值，就是固定资产折旧。它构成产品成本的一项费用在会计核算上被称为折旧费或折旧额。

固定资产折旧实际上是将固定资产的价值以特定费用的形式通过产品的价格或其他形式收回的一种手段。正确地计算和提取折旧，不但有利于正确计算产品成本。而且折旧金额的大小还会直接影响成本的大小，从而影响企业的利润水平，进而影响所缴纳的税金。在计算折旧时，主要考虑固定资产原值、固定资产残值、固定资产减值准备和固定资产折旧年限几个因素。折旧的计提方法有多种，目前企业采用的主要有两种：① 直线法；② 加速折旧法。

不同的折旧方法在成本核算中会对企业盈利水平产生不同的影响；从而体现在纳税上也就存在着差别。直线法与加速折旧法在不同的税制条件和不同的企业中有不同的效果。纳税筹划的目的在于减轻企业税收负担。减轻企业税收负担可以通过以下两条途径来实现：

（1）通过合理的筹划，直接避免缴税，从而减少绝对纳税额；

（2）利用有关财会管理制度弹性，通过合理筹划延迟纳税时间，获得税收款项的时间价值。

4. 利用成本费用分摊与列支进行筹划

通过对成本各项内容的计算、组合，能够使其达到一个最佳成本值，以最大限度地抵消利润，少缴税。

利用费用分摊法扩大或缩小企业成本，影响企业纳税水平时应注意解决这样两个问题：① 如何实现最小利润支付；② 在费用摊入成本时怎样使其实现最大摊入。

大量的实践证明，平均费用分摊法是最大限度抵消利润、减少纳税的最佳选择。只要生产经营者不是短期从事经营活动。面是长期从事某一经营活功，那么将一段时间发生的各项费用进行最大限度的平均，就可以将这段时期获得的利润进行最大限度的平均，这样就不会出现某个阶段利润额及纳税过高现象，部分税负就可以有效地躲避，这种平均分摊法尤其适用累进税率的税制体系、在比例税率的税制体系下，费用应采取法律所允许的最快摊销的方法，实施有效的“缓税”筹划。

5. 筹资方式选择纳税筹划

筹资的纳税筹划是指利用一定的筹资技巧，使企业的获利水平最高。企业的组建及从事正常的生产经营活动，是以一定的投入资本为前提的、企业的投入资本是指投资人在企业成立时向企业投入的资本，它可以是现金、实物、土地使用权、工业产权或其他财产权利。企业在成立前应确定投资总额、注册资本和出资方式。一个企业的资产中除了投资者投入的以外，还可通过负债取得资金来源，扩大企业的生产规模。纳税人采取不同的筹资方式，其对纳税的影响也是不同的。

通常情况下，企业自我积累筹资所承受的税收负担要重于企业向金融机构贷款所承担的税收负担，企业之间相互拆借筹资所承担的税收负担要重于企业内部集资所承受的税收负担。从总体来看，企业内部集资与企业之间相互拆借筹资的效果最好。金融机构贷款次之，企业自我积累效果最差。

从纳税角度看，自我积累筹资方式所承受的税收负担重于金融机构贷款所承受的税收负担，贷款筹资所承受的税收负担重于企业、经济组织之间拆借所承担的税收负担，而相互筹资所承担的税负又大于社会筹资承担的负担。这是因为从资金的实际使用者使用资金所承担的风险角度看，自我积累最大，社会集资最小。

二、税率式

税率式纳税筹划是纳税人通过降低适用税率的方式来降低税收负担的行为，一般采用低税率法和转移定价法两种。其中，低税率法是纳税人通过合法的途径（如选择不同的地区、不同的行业、不同的所有制）使自己拥有的征税对象直接适用于较低的税率，达到降低税负的目的；转移定价法是在母公司与子公司、总公司与分公司以及有经济利益联系的其他公司之间为共同获得更多的利润而在销售活动中进行的价格转让，即以高于或低于市场正常交易价格进行的交易。

世界各国政府对于转让定价的看法不尽一致，有的将它视同偷税予以坚决反对甚至制裁；有的将它归于节税范畴而不予过问。而大多数国家则把它看做避税的手法，通过制定相应的关联交易价格的再调整对其进行纳税调整，许多国家在《税法》中都明确规定关联企业之间的交易往来应当按照独立企业之间的交易定价。

我国《税法》对关联企业转让定价作出了明确规定。比如，《税收征管法》第 24 条规定："企业或者外国企业在中国境内设立的从事生产、经营的机构、场所与其关联企业之间的业务往来。应当按照独立企业之间的业务往来收取或者支付价款、费用；不按照独立企业之间的业务往来收取或者支付价款、费用，而减少其应纳税收入或者所得额的、税务机关有权进有合理调整。"纳税人在进行转让定价的纳税筹划之前，必须熟知有关国家关于转让定价的税制规定，以免得不偿失。

商品价格由生产商品的成本水平和社会平均利润水平决定，也受市场供求关系的影响。对同类商品一般存在一个统一的市场价格标准，但是作为市场主体的企业对其所经营商品价格的制定具有法定自主权，只要买卖双方都愿意接受，某种商品的交易价格就可以高于或低于其市场标准价格。因此，大型企业集团就可以利用关联企业之间的业务往来，对贷款利息、租金、服务费、货物等制定其特殊的内部交易价格，以实现公司经营的各种战略目标。

三、税额式

税额式纳税筹划是纳税人通过直接减少应纳税额的方式来减轻税收负担。在税基式纳税筹划和税率式纳税筹划方式中，纳税人通过缩小税基或是降低适用税率进行筹划，纳税筹划方案需要经过较为复杂的计算。在税额式纳税筹划中，直接利用税法规定的减免税优惠达到省税的目的。税额式纳税筹划常与税收优惠中的全部免征或减半免征相联系，因而人们需要了解税收优惠的政策。

税收优惠包括降低税率和直接降低税额，降低税率前面已作介绍。本处税收优惠主要指降低税额、随着社会的进步和经济的发展，税收的调节功能扩大，税收优惠的范围更为广泛。我国属于发展中国家，地域广阔，地区、部门的发展极不平衡，国家为了吸引外资促进高新技术发展，鼓励事关国计民生的急需行业、产品的发展等，制定了一系列减免税、再投资退税等形式的税收优惠。

四、电网企业纳税筹划实施

1. 建立和完善电网企业纳税筹划的制度体系

为了做好纳税筹划这一系统工程，必须对与纳税筹划有关的税收政策和法规进行整理和归类，建立企业税收信息资源库。逐步建立纳税筹划内部控制制度，与税务会计相结合，针对电网企业的行业特点，阐明涉及的主要税种、涉税会计处理、涉税理财计划和纳税筹划关键点，并提出切实可行的纳税筹划思路、纳税筹划实施细则和考核办法。

2. 建立和完善电网企业纳税筹划的组织体系

纳税筹划要顺利进行，完善的组织体系是保证。集团公司要建立纳税筹划管理委员会，由分管副总经理和（副）总会计师领导，财务部、审计办、计划部、人事部、营销部、科教部和生产技术部等部门的负责人参加。财务部是纳税筹划的归口管理部门，财务负责人对纳税筹划方案的制订、执行、调整和完成进行指导和协调。各职能部室是纳税筹划的专业管理部门，各职能部室负责人对纳税筹划方案涉及的部门进行专业控制和管理。与此相适应，集团公司所属各单位是纳税筹划方案实施的责任单位，也需要设立相关的纳税筹划管理委员会，人员组成与集团公司相配合。为争取某些涉税事项税收优惠政策，各所属单位和集团公司齐心协力，维护电网企业合法权益。

3. 正确处理和把握纳税筹划的关键结合点

（1）税收政策与业务流程相结合。

这里所说的业务流程是企业发生某项业务的全过程。电网企业在发生业务的全过程中，必须了解自身从事的业务自始至终涉及哪些税种？与之相适应的税收政策、法律和法规是怎样规定的？税率各是多少？采取何种征收方式？业务发生的每个环节都有哪些税收优惠政策？在了解上述情况后，电网企业就要考虑如何准确、有效地利用这些因素来开展纳税筹划，以达到预期目的。

（2）税收政策与筹划方法相结合。

电网企业在准确掌握与自身经营相关的现行税收法律、法规的基础上，需要利用一些恰当的纳税筹划方法对现行税收政策进行分析，从而找到与经营行为相适应的纳税筹划的突破口。

（3）筹划方法与涉税会计处理相结合。

纳税筹划的主要目的是减轻企业纳税成本，降低税收负担。因而，电网企业还要利用好会计处理方法，把纳税筹划的内容恰当地体现在会计处理上，才能最终实现降低税收负担的目的。

（4）合理筹划与防范风险相结合。

国家的税收政策不断调整，纳税人的生产经营情况也是不断变化的，改革和发展任重道远。这就要求电网企业在进行纳税筹划时，不能一成不变，必须不断地研究经济发展和行业、企业的特点，密切关注税收政策调整，预测经济发展与税收政策调整的变化趋势，全面把握税收政策，防范和规避涉税风险。同时，财务部门要加强与税务机关沟通，与征税机关建立默契、信任的良好关系，合情、合理、合法地开展筹划活动。

第三节 电网企业增值税筹划

增值税的征税范围包括：① 销售或者进口的货物，货物是指有形资产，包括电力、热力、气体在内；② 提供的加工、修理修配劳务。电网企业一般属于一般纳税人，应纳增值税的收入主体是售电收入，企业增值税的筹划是纳税筹划的重点之一，而增值税筹划的关键是进项税额的足额、及时抵扣。

2005 年 2 月，国家税务总局颁布的《电力产品增值税征收管理办法》（国家税务总局令第 10 号，以下简称“10 号令”）开始实行，该条令的实行使电力产品增值税的征收和管理内涵发生了较大变化。如何贯彻执行“10 号令”精神，合法、合理制订税收筹划方案，做到既依法诚信纳税，又切实维护企业利益，是摆在电网企业面前的一个重要课题。

一、电网企业“10 号令”之前执行的增值税税收政策分析

根据《增值税暂行条例》及原电力产品增值税征收管理办法规定，大多数省级电网公司及所属非独立核算发供电单位各自均为增值税一般纳税人，按照 17%的增值税率实行在非独立核算的发供电环节预征申报、由独立核算的省级电网公司统一汇算清缴增值税款。具体为：增值税由供电企业按销售收入乘核定征收率、发电单位按企业供电量乘核定的定额税率在当地预缴，发供电及其他单位产生的进项税经各单位所在地税务部门申报确认后上转省级电网公司，省级电网公司月末依据其公司的全部销售额和进项税额，计算当期增值税应纳税额，并根据发电环节和供电环节预征的增值税税额，计算应补（退）税额，向省级电网公司所在地税务征收机关申报纳税。

纳税义务发生时间为：发电单位为电力上网并开具确认单据的当月；供电单位为提供销售电力并取得索取收款凭据的当月，具体为营销部门提供电量电费销售报表确认当期售电收入的当月，纳税义务与财务报表确认销售收入一致。

从电网公司自身来看，按照上述体制征收增值税存在的主要问题为：只要确认售电收入，无论是否能收回，均需提前计缴 17%的增值税税款。而实际上，电网企业因各种客观原因，应收电费数额巨大，即使通过核销坏账降低应收电费余额，但已缴增值税却无法退回。

二、电网企业“10 号令”涉及的主要税收政策变化

按照“10 号令”“第六条发、供电企业销售电力产品的纳税义务发生时间规定：发电企业和其他企事业单位销售电力产品的纳税义务发生时间为电力上网并开具确认单据的当天；供电企业采取直接收取电费结算方式的，销售对象属于企事业单位，为开具发票的当天；属于居民个人，为开具电费缴纳凭证的当天”的内容，结合电网企业实际情况综合分析后认为：现行核算中，开具发票日（或电费缴纳凭证）即为实际收款日，如能按照新的“10 号令”规定执行，正好解决了困扰电网企业多年的电费未收到却先

行交纳税款的难题。

三、做好电网企业增值税税收筹划的措施

1. 争取缩小销项税额

（1）按照“10 号令”的相关规定，协调主管税务机关取消所属非独立核算发供电单位及其他单位原认定的一般纳税人资格，统一使用省级电网公司一般纳税人识别号；协调主管税务机关对省级电网公司及其所属非独立核算单位的增值税专用发票的领购和监管，进项税专用发票的认证、审核、抵扣及增值税汇算清缴等工作均由省级电网公司所在地税务征收机关负责，解决过去所属发供电单位多家税务机关检查监管的难处，为新的电力增值税政策落实及基层单位税收工作提供“政出一门”的环境，避免重复缴税的发生。

（2）积极和税务主管机关沟通，争取到位的政策支持。严格按“10 号令”规定，对所属供电单位按照开具发票日（即实际收款日）确认增值税销项税额并进行纳税申报，会计报表收入中新增挂账款（新增应收电费）申报中不计销项税，从根本上解决电网企业过去无论是否能收回电费，均先行缴税的状况。

（3）按照“10 号令”第七条（三）结算缴纳增值税的发、供电企业应按增值税纳税申报的统一规定，汇总计算本企业的全部销项税额、进项税额、应纳税额、应补（退）税额，于本月税款所属期后第二月征期内向主管税务机关申报纳税的规定，结合电网公司核算的实际情况，积极取得主管税务局同意，省级汇总计算电力增值税实行本月税款所属期后第二月征期内申报缴纳，合法增加一月可占用的流动资金，为企业节省财务费用。

（4）按照“10 号令”的相关规定，积极协助省级税务部门，改变原有纳税方式，促使基层供电企业净电费收入、农网还贷、三峡基金、地方附加等价外费用、其他货物和应税劳务收入统一按 3%预征率，每月在基层供电企业所在地主管国税机关申报缴纳增值税，其余部分增值税款上转省级电网公司本部汇算清缴，规范征收管理。

（5）加强农村电网维护费的管理和核算，确保农村电网维护费单独核算，核算清楚，从而享受农村电网维护费免征增值税的政策。

（6）因水电进项税抵扣较小，研究政策，争取降低水电增值税率，从而降低增值税销项税。

2. 争取扩大进项税额

企业增值税应纳税额的计算公式为

应纳税额=当期销项税额−当期进项税额+进项税额转出

所以，进项税额的筹划重点是增大可抵扣的进项税额，关键要抓好以下几个方面：

（1）购置货物必须索取合法、完整的购货发票。

在价格相同的情况下，电网企业要购买具有增值税发票的货物；纳税人购买货物或应税劳务，要向对方索要专用的增值税发票；纳税人委托加工货物时，要向受托方收取增值税专用发票；纳税人进口货物时，向海关收取增值税完税凭证；在发生运费时，取得合法的扣税凭证。

电网企业在采购固定资产时，可以将部分固定资产附属件作为原材料购进，并获得进项税额抵扣。电网企业购买机器、设备等固定资产时，有关维修费用考虑单独开票，因为这些固定资产的修理费的进项税额可以抵扣。

（2）“认证”、“申报”和“抵扣”要有效及时。

随着“金税工程”的推行，增值税防伪税控系统在2002年底以前覆盖到所有的增值税一般纳税人。该税控系统运用数字密码和电子存贮技术，强化增值税专用发票防伪功能，有利于电网企业的纳税抵扣，所以电网企业必须重视“认证”和“申报”环节。按照有关税收法规的规定，电网企业一旦采用“抵扣联信息企业采集方式”，对认证相关规定及时限要求须严格遵守，才能依法按时抵扣。

从近年电网公司增值税进项税抵扣情况来看，所属发电、供电和其他部分单位因进项税不在本单位抵扣，需上转省级企业，对合格进项税抵扣发票取得的重视程度不够。如果购买应税商品或劳务没有取得合格的进项税抵扣发票，不但不能在增值税中抵扣，而且在成本中要多列这部分税款，加强进项税额管理是进项税筹划的主要内容。

根据国家设计增值税一般纳税人和小规模纳税人的原理，两者应纳税的无差别平衡点为

$$\text{销售收入}\times 17\%\times(1-\text{进项税}/\text{销项税})=\text{销售收入}\times 6\%$$

$$\text{进项税}/\text{销项税}=1-6\%/17\%=64.7\%$$

当进项税/销项税为64.7%时，两者税负相同；当进项税/销项税高于64.7%时，一般纳税人税负低于小规模纳税人。

假设公司年销项税为30亿元，根据一般纳税人和小规模纳税人应纳税的无差别平衡点原理，公司年进项税应控制在19.41亿元（30亿元×64.7%）以上，税负才能低于小规模纳税人。

所以扩大进项税额税收筹划的措施有以下几点：

（1）在价格同等的情况下，购买具有增值税发票的货物。

（2）购买货物或应税劳务，不仅向对方索要专用的增值税发票，而且要对方取得新版运输发票，按运费和建设基金的7%抵扣进项税额。

（3）委托加工货物时，不仅向委托方收取增值税专用发票，而且要努力争取使发票上注明的增值税额尽可能地大。

（4）进口货物时，向海关收取增值税完税凭证，并注明增值税额。

（5）购进免税农业产品的价格中所含增值税额，按购货发票或经税务机关认可的收购凭据上注明的价格，依照10%的扣除税率，获得10%的抵扣。

（6）为了顺利获得抵扣，应当特别注意下列情况，并防止发生：

1）购进货物，应税劳务或委托加工货物未按规定取得并保存扣税凭证的；

2）购进免税农业产品未有购货发票或经税务机关认可的收购凭证；

3）购进货物、应税劳务或委托加工货物的扣税凭证上未按规定注明增值税额及其

他有关事项，或者所注税额及其他有关事项不符合规定的。

（7）将非应税和免税项目购进的货物和劳务与应税项目购进的货物与劳务混同购进，并获得增值税发票。

四、已使用固定资产销售价的筹划

《税法》规定，纳税人销售自己使用过的固定资产（包括游艇、摩托车、汽车），只要是属于企业固定资产目录所列的货物，并且是企业按固定资产管理的已使用货物，其销售价不超过购进固定资产原值的货物就不纳税。

如果不同时具备上述三个条件的，则无论企业会计制度如何核算，都要按4%的征收率减半征收增值税。

固定资产销售应当事先对其价格进行筹划。当旧固定资产的销售价格低于原值时，企业可以尽量提高销售价格，销售价格越高，则净收益越大；而当旧固定资产的销售价格超出原值时，因为要缴纳增值税，则净收益并不一定随销售价格提高而提高。只有当销售价格与原值之差大于应缴纳的增值税税额时，净收益才会提高。在实际销售过程中，电网企业需要计算一个净收益增减平衡点。

近几年，电网企业进行了大规模的城乡网改造工程，更换下来的线路、变压器等电力固定资产在变价出售时，需要进行效益分析，确定适当的价格，防止国有资产流失，维护电网企业的利益。

五、取得以物抵债资产转让时的筹划

一般电网企业为了保证电费及时足额回收，切实清理陈欠电费，避免或降低坏账的发生，制定了一系列的考核管理办法，但是总有一些不可控因素导致电费回收难。

为保全资产，有时电网企业会与债务人进行债务重组，从而取得抵债资产。对于该部分抵债资产的处置，同样涉及纳税筹划问题。例如，某企业欠电网企业电费100万元，由于该企业资金短缺，近期内无法如期偿还债务。为最大限度地收回电费，经双方充分协商达成协议，该企业以其市值1000万元的交通工具抵偿债务。电网企业又以抵账原价100万元销售给另一家企业。从税收角度看，电网企业转让行为涉及增值税，应按4%的征收率减半征收增值税，应缴纳的增值税为：100÷(1+4%)×4%×50%＝1.9（万元）。

如果电网企业变换操作方式，由“先收回再转让”改为“先联系购买方后再由欠费企业直接销售”的方式。在该种方式下，电网企业只是负责联系购买方，不再成为该批交通工具的交易主体。由于改变了操作方式，电网企业没有发生涉及增值税的行为，因此不用缴纳增值税，可以节约税款支出1.9万元。但是，在这个过程中，电网企业要采取一定的措施保证该批设备货款处于受控状态。

税收筹划就是在充分利用税法中提供一切优惠的基础上，在诸多选择的纳税方案中，选择最优，以达到整体税后利润最大化。电网企业税收筹划的内容是多方面的，合法、合理制订税收筹划方案，做到既依法诚信纳税，又切实维护企业利益，是电网企业税收筹划的基本要求。

电网企业税收筹划是一项复杂而细致的工作，不能把眼光局限于某一时期某一方面纳税多少上，而应从企业长远的整体利益出发，对包括税收在内的各方面进行全面权衡，才能制订出既能降低企业税负，又能提高企业整体价值的最优税收筹划方案。国家税务总局“10 号令”的颁布实施，为解决困扰电网企业多年的电费未收到却先行交纳税款难题提供了契机，也为电网企业增值税税收筹划提供了新的内容。电网企业应结合“10 号令”的执行，在合法的前提下，从争取缩小销项税额和扩大进项税额两个方面采取措施，压缩应缴税额，做好增值税税收筹划工作。

第四节 电网企业所得税筹划

企业所得税由纳税人按照应纳税所得额（会计利润经纳税调整为应纳税所得）的一定比例（一般为 25%）计算缴纳，其应纳税额与收入、成本、费用等密切相关。

一、技术开发费筹划

《税法》规定，企业研究开发新产品、新技术、新工艺所发生的各项费用，包括新产品设计费、工艺规程制定费等（可统称为技术开发费），不受比例限制，计入管理费用扣除。凡当年发生的技术开发费比上年实际发生额增长达到 10%以上（含 10%），其当年实际发生的费用除按规定据实列支外，经由主管税务机关审核批准后，可再按其实际额的 50%，直接抵扣当年应纳税所得额。增长未达到 10%以上的，不得再加计扣除。这项税收优惠政策的筹划重点，就是当有足够的应纳税所得额可用于抵扣增长的 50%技术开发费时，使技术开发费比上年实际增长超过 10%，从而达到加扣的目的。同时，结合电网企业科技开发实际情况，均衡各年度发生的技术开发费，使技术开发费达到稳步增长。电网企业可根据各所属企业的实际情况，合理分配各所属企业的技术开发费份额，争取使每一企业都享受到加计扣除 50%的税收优惠，从而达到整体税收优惠利益最大化。

二、固定资产修理与改良支出的筹划

《企业所得税税前扣除办法》规定：纳税人的固定资产修理支出可在发生当期直接扣除。纳税人的固定资产改良支出，如有关固定资产尚未提足折旧，可增加固定资产价值；如有关固定资产已提足折旧，可作为递延费用，在不短于 5 年的期间内平均摊销。符合下列条件之一的固定资产修理，应视为固定资产改良支出：① 发生的修理支出达到固定资产原值 20%以上；② 经过修理后有关资产的经济使用寿命延长 2 年以上；③ 经过修理后的固定资产被用于新的或不同的用途。

电网企业固定资产修理支出能否税前扣除，关键看发生的修理支出是否达到固定资产原值的 20%以上。因此，为了在当期作为税前扣除，修理工程支出尽量不要超过固定资产原值 20%。

三、技术改造利用国产设备免税的筹划

国家鼓励企业进行技术改造和科学创新，并且发布了许多优惠政策，其中财政部和国家税务总局联合颁布的《技术改造国产设备投资抵免企业所得税暂行办法》规定，凡在我国境内投资于符合国家产业政策的技术改造项目的企业，其项目所需国产设备投资

的40%可以从企业技术改造项目设备购置当年比前一年新增的企业所得税中抵免。

根据《当前国家重点鼓励发展的产业、产品和技术目录》涉及电力项目的共有 13 项，其中远距离超高压输变电、城乡电网改造及建设、继电保护技术开发、变电站自动化技术开发、跨区电网互联工程技术开发、电网商业化运营技术开发等项目，符合电网企业的投资抵免政策。随着电网企业经济效益的提高，应当加强对这一政策的研究，充分利用使用国产设备投资抵免所得税的政策。

四、利用预缴所得税政策的筹划

企业所得税一般是电网企业涉及的第二大税种。根据税务机关的规定，企业所得税需要分月或者分季预缴，不预缴是要受到处罚的。由于货币作为商品具有价值，企业应争取延期纳税，占有资金的时间价值。企业所得税采取按年计算、分期预缴、年终汇算清缴的办法征收。问题的关键在于电网企业如何做到合法地在预缴期间尽可能少预缴，特别是不在年终形成多预缴需退税的结果。办法是根据企业的实际情况，确定最佳的预缴方法。比如，可以选择按上一年度应纳税所得额的一定比例预缴，或者按实际数预缴。

五、折旧计算纳税筹划

固定资产在生产过程中不断发挥作用而逐渐损耗，这部分因损耗而转移到产品成本中去的价值，就是固定资产折旧。它构成产品成本的一项费用在会计核算上被称为折旧费或折旧额。

固定资产损耗包括有形损耗和无形损耗两类：① 有形损耗是物质损耗，包括使用损耗和自然损耗两种，其中使用损耗是由于毁损、腐蚀等原因造成的损耗；自然损耗是由于风吹、日晒、雨淋、生锈造成的损耗；② 无形损耗是精神损耗或功能损耗，是由于技术进步、劳动生产率提高，采用新设备而引起原有固定资产的贬值或价值损失。

固定资产折旧，实际上是将固定资产的价值以特定费用的形式通过产品的价格或其他形式收回的一种手段。正确地计算和提取折旧，不但有利于正确计算产品成本。而且折旧金额的大小还会直接影响成本的大小，从而影响企业的利润水平，进而影响所缴纳的税金。在计算折旧时，主要考虑固定资产原值、固定资产残值、固定资产管理费用和固定资产折旧年限等因素。折旧的计提方法有多种，目前企业采用的主要有直线法和加速折旧法两种。

不同的折旧方法在成本核算中，会对企业盈利水平产生不同的影响，从而体现在纳税上也就存在着差别。直线法与加速折旧法在不同的税制条件和不同的企业中有不同的效果。纳税筹划的目的在于减轻企业税收负担。减轻企业税收负担可以通过两条途径来实现：① 通过合理的筹划，直接避免缴税，从而减少绝对纳税额；② 利用有关财会管理制度弹性，通过合理筹划延迟纳税时间，获得税收款项的时间价值。

从表面上看，固定资产的价值是既定的，采用什么方法提取折旧，不论提取多长时间，其总的折旧额是固定的，似乎不会影响到企业总的利润水平及税金。但只要仔细分析一下就会发现，在采用累进税率的情况下，过高的利润额会引起过高部分对应税额的偏高，从而使税负偏高。在这种情况下，躲避税款的最好方法就是使企业的利润不要忽高忽低，而应保持一个相对稳定的状态。这样来看，折旧便可看作一个调节器，以避免企业的利润出现忽高忽低的状况，减少企业的纳税。在超额累进税率的税制下，直线折旧法每年提取的折旧比较平均，它使企业的产品成本不致大起大落，企业的利润水平也因此比较稳定，从而避免了由于过高的利润而带来过高的税率，使得企业的税负较低。在物价相对稳定的情况下，加速折旧虽可获得部分税款的时间价值，但在纳税绝对额上却增加了负担，由于时间价值的获取比不上税款的实际损失，所以并不合算。

但是在使用统一比例税率的条件下，加速折旧法却能比直线法在税收上得到更多的益处。这是因为：采用加速折旧法，与直线法对比，在确定应税收益时，由于在早期计入了数额较大的折旧费将使早期的应税收益相应地减少，从而使纳税人能在使用这些固定资产的早期缴纳较少的所得税款，而在后期才缴纳较多的税款。虽然在总盈利不变的情况下应纳税额相等，但由于纳税时间延退无异于对纳税人提供了一种无息贷款，使纳税人能从中得到一定的财务利益。

选择不同折旧方法产生的“节税”效果，是在假设无其他因素影响的前提下作出的结论。一旦有其他政策的影响，情况就可能会发生变化，有时甚至可能会得出相反的结论。比如，外商投资企业和外国企业所得税法中，规定了外商投资企业从获利年度起前两年免税，后三年减半征税的税收政策、企业在营利前期享受免税、减税待遇时，固定资产加速折旧的速度越快，企业所享受的税收优惠越少。在固定资产使用的后期，折旧额减少，利润越来越大，但税收的优惠时期已经过去。所以，在纳税人享受前期减免税优惠的企业，采取直线折旧法有利于纳税人的税收筹划。

六、利用成本费用分摊与列支进行筹划

通过对成本各项内容的计算、组合，能够使其达到一个最佳成本值，以最大限度地抵消利润少缴税。

企业费用开支有多种内容，如劳务费用开支、管理费用开支。福利费用开支、各项杂费开支等。在这些费用开支方面，劳务和管理费用开支最为普遍，是企业费用开支中最主要的内容。劳务费用开支和管理费用开支有多种标准，最少最低的标准只有一个，即它由企业生产经营活动的需要所决定。拿劳务费用开支来说，任何一个企业生产经营中都有一个劳务使用最佳状态点。在这个最佳点上劳动力和各种人员配备使企业获得最大利益，同时劳务费最省。因此，寻找发现这一最佳结合状态点是运用费用分摊法的基础。

利用费用分摊法扩大或缩小企业成本，影响企业纳税水平时应注意解决这样两个问题：① 如何实现最小利润支付；② 在费用摊入成本时怎样使其实现最大摊入。

在了解如何确立费用开支最低标准后，可以具体分析费用分摊的办法。

费用分摊法常常有以下三种：

（1）实际费用摊销法，即根据实际费用进行摊销，没有就不摊；

（2）平均分摊法，即把一定时间内发生的费用平均分摊在产品的成本中；

（3）不规则摊销法，即根据经营需要进行费用摊销，可能将一笔费用集中摊入某一

产品的成本中，也可能在一批产品中，一分钱也不摊。

上述三种方法产生的结果都不同，对企业利润冲减程度和纳税多少均有差异，所以企业就可以利用这种差异进行有效避税。运用成本、费用分摊与列支方法进行纳税筹划，并非任意夸大成本、乱摊成本，而是在税法允许的范围内，运用成本计算程序和核算方法等合法手段进行的纳税筹划。

对于上述三种不同费用分摊法中的分摊，绝非是简单地将发生的费用计入产品成本中就行了，费用有时难以控制，非支出不可的费用并非完全可以预见到，然而费用摊入成本却可以控制。任何一个企业都可以采取这样或那样的费用分摊方法。由于不同费用分摊方法事实上对利润和纳税的影响，企业在计算产品成本时就会时时面临如何选择的问题、我国财务会计制度规定，费用应当按照权责发生制原则在确认有关收入的期间予以确认。费用摊销时的确认，一般有三种方法：① 直接作为当期费用确认；② 按其与营业收入的关系加以确认，即凡是与本期收入有直接关系的费用就是本期的费用；③ 先按一定的方法计算摊销额，再予以确认。

大量的实践证明，平均费用分摊法是最大限度抵消利润、减少纳税的最佳选择。只要生产经营者不是短期从事经营活动。而是长期从事某一经营活动，那么将一段时间发生的各项费用进行最大限度的平均，就可以将这段时期获得的利润进行最大限度的平均，这样就不会出现某个阶段利润额及纳税过高现象，部分税负就可以有效地躲避，这种平均分摊法尤其适用累进税率的税制体系。在比例税率的税制体系下，费用应采取法律所允许的最快摊销的方法，实施有效的“缓税”筹划。

费用列支是指对已发生费用应及时核销入账。例如，对已发生的坏账、呆账应及时列入费用；对存货的盘亏及毁损应及时查明原因。属于正常损耗的，应及时列入费用。对于能够合理预计发生额的费用、损失，应采取预提方法计入费用，适当缩短以后年度需分摊、列示的费用、损失的摊销期。对于限额列支的费用，如业务招待费及公益救济性捐赠等，应准确掌握其允许列支的限额争取对限额以内的部分进行充分列支。

七、筹资方式选择纳税筹划

筹资的纳税筹划是指利用一定的筹资技巧，使企业的获利水平最高。企业的组建及从事正常的生产经营活动，是以一定的投入资本为前提的。企业的投入资本是指投资人在企业成立时向企业投入的资本，它可以是现金、实物、土地使用权、工业产权或其他财产权利。企业在成立前应确定投资总额、注册资本和出资方式，在一个企业的资产中除了投资者投入的以外，还可通过负债取得资金来源，扩大企业的生产规模。纳税人采取不同的筹资方式，其对纳税的影响也是不同的。

八、企业常用的几种筹资渠道

随着我国市场经济体制的不断完善，我国的金融市场也日益发达，企业的筹资渠道也越来越多。就目前的情况来看，我国企业通常采用的筹资渠道主要有财政资金、金融机构信贷资金、企业自我积累、企业之间相互拆借、企业内部集资、发行债券或股票筹资、商业信用筹资、融资租赁等。

1. 不同筹资渠道的涉税分析

从纳税角度来看，以上几种筹资方式的涉税效果是不同的。通常情况下，企业自我积累筹资所承受的税收负担要重于企业向金融机构贷款所承担的税收负担，企业之间相互拆借筹资所承担的税收负担要重于企业内部集资所承受的税收负担。从总体来看，企业内部集资与企业之间相互拆借筹资的效果最好，金融机构贷款次之，企业自我积累效果最差。

利用银行贷款进行纳税筹划，企业在筹资时，债务筹资的成本可以减少所得税的计税依据，减少所得税支出，所以利用银行贷款进行省税就成为企业的一种选择。因为企业归还利息后，企业利润总额有所降低，实际税负比未支付利息时要小。

例如，假设某电网企业利用自有积累资金100万元购买设备，进行投资，收益期为10年，每年平均盈利20万元，适用税率为25%。则该企业盈利后每年平均纳税税为

$$20\times25\%=5\text{（万元）}$$

10年纳税总额为

$$5\times10=50\text{（万元）}$$

如果企业不是自己积累资金，而是向银行或其他金融机构贷款，则该企业不仅可提前进行投资（省去资金自我积累时间），而且可提前获利并享受税前归还利息而减少纳税额。假如，企业从银行贷款进行投资，贷款投资额为100万元，年平均盈利仍为20万元，企业每年支付利息5万元，扣除利息后，企业每年盈利15万元，则每年纳税额为

$$15\times25\%=3.75\text{（万元）}$$

10年纳税总额为

$$3.75\times10=37.5\text{（万元）}$$

显然对该企业来说，以贷款方式进行投资有许多好处。该企业可以提前进行它所需要的投资活动；贷款使企业承担的资金风险减少，企业所得税负也减轻了。金融机构计算利息的方法及利息率比较稳定，浮动幅度比较小，而且由于金融机构自身的性质，金融机构与企业之间实行某种形式的默契和互利，要比企业之间实行互利困难一些，特别是在节税这一问题上。若金融机构与企业之间达成某种协议，由金融机构提高利率使企业计入成本的利息增大，还可大大降低企业承担的税负。同时，金融机构以某种形式将获得的高额利息返还给企业或以更方便的形式为企业提供贷款等，也可以达到筹划的目的。

从纳税角度看，自我积累筹资方式所承受的税收负担重于金融机构贷款所承受的税收负担，贷款筹资所承受的税收负担重于企业、经济组织之间拆借所承担的税收负担，而相互筹资所承担的税负又大于社会筹资承担的负担。这是因为，从资金的实际使用者使用资金所承担的风险角度看，自我积累最大，社会集资最小。

以下以企业在扩大经营规模过程中常用的发行债券和股票方式筹资为例，进行简要地涉税分析。

2. 投资性筹资与纳税的关系

在投资性筹资活动中，股份有限公司的筹资情况比较典型地反映了企业筹资及筹资成本和涉税事项，在此就以股份有限公司为例来说明有关问题。

假设某公司要通过发行普通股票的方式筹资，若普通股每股筹资额等于其票面价值，设 V_0 为普通股筹资额（即其票面价值），F 为筹资费率，D 为每年发放的股利（假设固定不变），则普通股的筹资成本 K_1 的计算公式为

$$K_1=D/V_0(1-F)$$

由于向投资者分配利润（股利）是在缴纳所得税以后进行的，所以投资性筹资发生的筹资成本不能减少应纳税所得额。尽管利用发行股票的形式不能获得税收上的好处，并且筹资成本也比较大，但是通过发行股票筹得的资金不需要偿还，可以为企业长期占用，加之股份公司涉及投资者多影响面大，所以有越来越多的企业都选用这种筹资方式。

3. 债务性筹资与纳税的关系

假设企业经批准以发行债券的形式筹资，按照现行所得税法规定，发行长期债券筹集资金所支付的利息可以在税前列支。设 I 为债券年利息，B 为债券筹资额，K 为债券年利息率，T 为所得税税率，F 为筹资费用，则公司债券的实际成本 K_2 的计算公式为

$$K_2=I(1-T)/B(1-F)=K(1-T)/(1-F)$$

在其他条件既定的情况下，由于债务性筹资可以在计提所得税以前列支债务性利息支出，所以 K_2 要小于 K，故可以增加公司的股东权益。

九、通过企业的分立减少纳税

企业分立是指一个企业依照法律规定，将部分或全部业务分离出去，分化成两个或两个以上新企业的法律行为，它或者是解散原企业成立新企业，或者是由原有企业分出一部分成立新的企业，原企业仍然存续。利用企业的分立，也是纳税筹划的一条途径。

当企业所得税采用累进税率时，通过分立使原本适用高税率的企业，分化成两个或两个以上适用低税率的企业，就可使整体税负得以减轻。从所得税方面看，我国现行企业所得税规定，一般企业采用比例税率 25%，对年内应纳税所得额在 10 万元以下的企业，按应纳税所得额的大小，分别按较优惠的税率 20%征收。这种税率结构相当于全额累进税率，这就为企业通过分立实现节税提供了可能。

从流转税方面看，增值税的两类纳税人即一般纳税人和小规模纳税人的计税方法和税率是不同的，这也为企业分立减轻纳税提供了可能，使原本不能满足税收优惠的企业或产品得到改善，从而满足税收核算上的要求，降低税负。

通过分立减轻纳税只是从税收这一个因素来进行考虑，由于企业分立会给企业在管理上、经营上带来不少问题，使其他成本上升，有时节税的后果反而会得不偿失。因此，节税、省税只是企业经营过程中的一个环节，真正科学的决策则是只有在全面分析企业整体现状和未来趋势后才能作出的。

十、通过企业的合并减少纳税

企业合并是指两个或两个以上的企业，依据法律规定或合同的约定，合并为一个企业的法律行为，它包括被合并企业将其全部资产和负债转让给另一家现存或新设企业（简称合并企业），为其股东换取合并企业的股权或其他财产，实现两个或两个以上企业依法合并的情况。

当合并企业支付给被合并企业股东价款的方式不同时，其所得税的处理也不同。合并企业支付给被合并企业或其他股东的收购价款中，除合并企业股权以外的现金、有价证券和其他资产不高于所支付的股权票面20%的，经税务机关审核确认，当事各方可选择下列规定进行所得税处理：

（1）被合并企业不确认全部资产的转让所得或损失，不计算缴纳所得税。被合并企业合并以前的全部企业所得税纳税事项由合并企业承担，以前年度的亏损，如果未超过法定弥补期限，可由合并企业继续按规定用以后年度实现的与被合并企业资产相关的所得弥补。

（2）合并企业接受被合并企业全部资产的计税成本，须以被合并企业原账面净值为基础确定。

第五节 电网企业营业税筹划

营业税是对在我国境内提供交通运输、建筑、金融保险等劳务服务和转让无形资产及销售不动产的单位和个人征收的一种税。

营业税税收优惠不多，但可以利用，尤其是应利用结合新的经济形势作出的税收优惠政策。

一、转让无形资产

转让无形资产是指转让无形资产的所有权或使用权的行为，包括转让土地使用权、转让商标权、转让专利权、转让非专利技术、转让著作权等。本来转让无形资产执行5%的税率，但以无形资产投资入股、参与接受投资方的利润分配、共同承担投资风险的行为不征收营业税。

二、销售不动产

销售不动产是指有偿转让不动产所有权的行为，它包括销售建筑物和销售其他土地附着物。在销售不动产时，连同不动产所占土地的使用权一并转让的行为，比照销售不动产征收营业税。以不动产投资入股参与被投资方利润分配、共同承担投资风险的行为不征收营业税。

电网企业可以在进行投资时充分利用以上税收优惠，进行营业税的税收筹划。

第六节 电网企业个人所得税筹划

在个人所得税的 11 个征税项目中，它们的费用扣除标准和适用税率不太一样，这就给人们提供了筹划的空间。

个人所得税纳税筹划的思路如下：

（1）充分考虑影响应纳税额的因素。影响个人所得税的应纳税额的因素有应纳税所得额和税率两个。因此，要降低税负，无非是运用合理又合法的方法降低应纳税所得额，或通过周密的设计和安排，使应纳税所得额适用较低的税率。

（2）充分利用个人所得税的税收优惠政策。

一、把握年终奖临界点筹划

《税法》规定：纳税人取得全年一次性奖金，单独作为一个月工资、薪金所得计算纳税，自2005年1月1日起按以下计税办法，由扣缴义务人发放时代扣代缴：

（1）先将雇员当月内取得的全年一次性奖金，除以12个月，按其额数确定适用的税率和速算扣除数。如果在发放年终一次性奖金的当月，雇员当月工资薪金所得低于《税法》规定的费用扣除额，应将全年一次性奖金减除“雇员当月工资、薪金所得与费用扣除标准的差额”后的余额，按上述办法确定全年一次性奖金的适用税率和速算扣除数。

（2）将雇员个人当月内取得的全年一次性奖金，按上述适用税率和速算扣除数计算征税，计算公式如下：

1）如果雇员当月工资薪金所得高于（或等于）《税法》规定的费用扣除额的，适用公式为

应纳税额=雇员当月取得全年一次性奖金×适用税率−速算扣除数

2）如果雇员当月工资薪金所得低于税法规定的费用扣除额的，适用公式为

应纳税额=(雇员当月取得全年一次性奖金−雇员当月工资薪金所得与费用扣除标准的差额）×适用税率−速算扣除数

（3）雇员取得除全年一次性奖金以外的其他各种名目奖金，如半年奖、季度奖、加班奖、先进奖、考勤奖等，一律与当月工资、薪金收入合并，按《税法》规定缴纳个人所得税。

例如，2006年，王先生每月工资为4500元，该年王先生的奖金预计共有36 000元，现有如下五种发放奖金的方式，试问年终奖金应如何发放才是最好的。奖金按月发放，每月发3000；年中7月份发放一次半年奖10 000元，年末再发放一次全年奖26 000元；年终一次性发放36 000元；年中7月份发放一次半年奖12 000元，年末再发放一次全年奖24 000元；奖金分13次发，其中每月发1000元，年末再发一次全年奖24 000元。

解：方式一：　王先生每月应纳税额＝(4500+3000−1600)×20%−375=805（元），则

年应纳税额＝805×12＝9660（元）

方式二：除7月份外，王先生每月应纳税额=(4500−1600)×15%−12=310（元），则

7月份应纳税额=(10 000+4500−1600)×20%−375=2205（元）

年终奖应纳税额=26 000×15%−125=3775（元）

年应纳税额=310×11 +2205 +3775=9390（元）

方式三：王先生每月应纳税额=(4500−1600)×15%−125=310（元），则

年终奖应纳税额=36 000×15%−125=5275（元）

年应纳税额=310×12+5275=8995（元）

方式四：除 7 月份外，王先生每月纳税额=(4500−1600)×15%−125=310（元），则

7 月份应纳税额=(12 000+4500−1600)×20%−375=2605（元）

年终奖应纳税额=24 000×15%−125=2375（元）

年应纳税额=310×11+2605+2375=8390（元）

方式五：王先生每月应纳税额=(4500+1000−1600)×15%−125=460（元），则

年终奖应纳税额=24 000×15%−125=2375（元）

年应纳税额=460×12+2375=7895（元）

从这几个方案可以看出，最后一个方案是最佳选择。为降低税负，应改变原先采用的“奖金分期付款”筹划方式，而回归发放半年奖、年终奖的方式进行纳税筹划。要通过合理分配奖金，在尽可能降低年终一次性奖金适用税率的同时，应该注意每月的适用税率。在月收入适用税率不低于年终奖金适用税率条件下，只要不使年终奖的适用税率提升一级，就应尽量将各种奖金都放入年终奖金一起发放。但如果月收入适用税率本身已低于年终奖金适用税率，那又可以将奖金调换入工资收入。

二、非货币支付筹划法

我国政府在对纳税人工资、薪金所得征税时，只按固定的费用扣除标准做相应的扣除，工资越高，缴纳的税金也越高，并不考虑纳税人的实际支出水平，纳税人用税后工资支付生活必需支出是不能抵减个人所得税的。

为此，在筹划思路上，可以考虑由企业替职工支付，再以实物的形式提供给职工，相应降低职工的名义工资。这对企业来说，并没有增加其额外的税收负担，相反还可以把这些支出作为费用减少企业应纳税所得额。对个人来说，在消费水平不变的前提下，名义工资虽然下降，但减少了部分个人所得税税款，实际工资水平却没有下降。

三、劳务报酬所得的费用转移法

《税法》规定：个人提供劳务报酬所得应缴个人所得税，但却没有明文规定一定要获得收入的个人缴纳，因而在劳务报酬合同中，可以规定由支付报酬者缴纳，也可以由获得报酬者个人缴纳。为他人提供劳务的个人，可以考虑由对方提供一定的福利和某些不可避免的开支，将本应由自己承担的费用改由对方承担，同时适当降低自己原有的报酬。筹划的结果是名义上降低报酬额，实际上会增加净收入。

四、个人所得税捐赠扣除筹划

《税法》规定：个人将其所得通过中国境内的社会团体、国家机关，向教育和其他社会公益事业及遭受严重自然灾害地区、贫困地区的捐赠，只要捐赠额未超过申报的应纳税所得额 30%的部分，可以从其应纳税所得额中扣除。在纳税筹划中，纳税人需要关注的问题有以下两点。

（1）纳税人对外捐赠须按应纳税所得额的一定比例进行扣除，其前提必须是纳税人当期取得一定的收入，未取得收入的捐赠，则不能享受这种扣除。所以，纳税人应选择在有收入的当期捐赠，对外捐赠多少，应当取决于当期收入的多少，若捐赠额超过当期应纳税所得额的30%，可选择在限额内捐赠，差额部分可安排在下期收入中捐赠。

（2）如果本期取得多项收入，捐赠额应恰当地在各项收入中分摊，以最大可能享受捐赠扣除。

五、参加社会保险

根据规定，企业和个人按照国家和地方政府规定的比例提前并向指定金融机构实际缴付的住房公积金、医疗保险金、基本养老保险金，不计入个人当期的工资、薪金收入，免予征收个人所得税。个人领取原提存的住房公积金、医疗保险金、基本养老保险金时，免予征收个人所得税。

按照公积金有关文件规定，职工个人与其所在单位，按照职工月工资总额的一定比例，按月缴存住房公积金。职工个人每月缴存额等于职工每月工资总额乘以个人缴存率，单位每月缴存额等于该职工每月工资总额乘以个人缴存率，两笔资金全部存入个人账户，归职工个人所有。

《个人所得税法》规定，个人每月住房公积金缴存额可从工资总额中作税前扣除，免纳个人所得税。根据以上条件，在不增加企业负担的情况下，在法定的范围内，提高公积金比例，减少个人所得税应纳税额，从而提高职工的实际收入水平。通过这种操作，职工的实际收入提高了，并且住房公积金存款利息免税。因此，还可获得高出普通银行存款20%的收益。再进一步考虑，职工购房时获得的住房公积金贷款额度与职工个人的公积金存款金额近似正相关，而住房公积金的贷款利率是低于商业银行住房贷款的，所以这块利息差额也应算为职工的潜在收益。

第七节 电网企业其他税费筹划

电网企业的房产税在全部上缴税款中所占比重不大，但从企业管理和纳税筹划的角度来看，企业利益无小事，开源节流两手抓，两手都要硬。房产税的筹划要点就在于精打细算，摒弃某些粗放式做法。

一、房产核算筹划

房产税是以房产为征税对象，按照房产原值或房产的租金收入征收的一种税。因此，房产价值的认定至关重要。根据《税法》规定，独立于房屋之外的建筑物不征房产税，但与房屋不可分割的附属设施需要并入房屋原值计征房产税。这就要求电网企业在核算房屋原值时，必须把工作做细。例如，企业在核算变电室工程时，如果未将变电塔、水塔、烟囱、围墙、绿化及其他构筑物单独核算，而是全部并入房产原值，则会导致以后若干年度多交房产税。房产税的税率看上去比较低，在实际执行过程中，一般是每年按照房产原值的0.84%征收，但积少成多，假如房产的使用年限为50年，那么这50年缴纳的房产税就占房产原值的42%。

二、房屋中央空调设备是否计入房产原值筹划

财政部、国家税务总局《关于对房屋中央空调是否计入房产原值等问题的批复》（财税地字[1987]28号）规定，新建房屋交付使用时，如中央空调设备已计算在房产原值之中，则房产原值应包括中央空调；如中央空调设备作单项固定资产入账，单独核算并提取折旧，则房产原值不应包括中央空调设备。电网企业对于旧房安装空调设备，一般都应作单项固定资产入账，不应计入房产原值，以降低房产税的税基。

三、土地价款筹划

根据《企业会计制度》规定，企业购入或以支付土地出让金方式取得的土地使用权，作为无形资产核算，并按本制度规定的期限分期摊销。企业因利用土地建造自用项目时，将土地使用权的账面价值和在建工程分别计算，土地价款仍作无形资产进行摊销。

四、房屋出租筹划

电网企业有时为了充分利用资源，把闲置或有意空置的房屋出租，以获取理想的收益。出租房屋也涉及缴纳房产税的问题。

出租房屋的租金应包括出租的房屋及其不可分割、不单独计价的各种附属设施及配套设施的租金收入。对租金中包含的水电费、电话费、煤气费等，凡单独计价的可予以扣除；凡不单独计价或计价明显偏高以及划分不清的，由税务部门核定予以扣除。出租的房屋，凡有与之配套的相对独立的机器设备及露天停车、仓储等用地的，其租金部分，可由当地主管地方税务机关核准，在计算租金时予以扣除。

根据以上政策规定，电网企业在对外出租房屋时，在房产税规定的范围内，应尽可能地对租金收入进行细化，以达到少缴房产税的目的。

第十二章

电网企业财务预警管理和财务风险控制

在市场经济条件下，任何组织形式的企业，都处在一种瞬息万变的、日趋激烈的竞争环境中，都面临着不同的机遇与挑战，不同的经营风险和前进道路上的困惑、挫折、陷阱等，随时会使企业出现各种危机。随着电力体制改革的不断深化，电力买方市场的日渐形成与成熟，已迫使县供电企业有必要转变观念，居安思危。重新审视自己，重视并加强自己的预警管理机制，做到“惧”者生存。在危机中把握机遇，科学地发展企业。

第一节　电网企业危机与危机预警

一、电网经营企业面临主要危机及其成因

1. 外部危机

随着以电力供需矛盾的缓解为重点的电力市场形势的变化和电力体制改革的不断深化，社会各界对电力行业，特别是供电企业的要求越来越高。也就是说，随着卖方市场向买方市场的转变和形成，电力消费者在电能质量、服务质量、电力设施的维护抢修、业扩报装等诸方面向县供电企业提出了新的挑战和更加“优质、规范、方便、快捷、真诚”的服务要求。观念的转变、工作作风的转变和服务方式的转变已成为县供电企业首要的课题。否则，必将会被激烈的市场竞争所淘汰。随着以“厂网分开、竞价上网”为主要内容的电力体制改革的实质性进展以及地方小火电的不断上马，县供电企业开始面临着市场竞争的日趋白热化。国家对电力行业的宏观调控政策，也必将对企业产生较大的影响。随着电力物资市场的逐步放开和价格的竞争，县供电企业依靠主业发展起来的一些多种经营项目，盈利、发展、生存空间越来越小，一度依靠多经企业反哺主业的日子很快就会消失，不会越过越好。

电网经营企业面临的市场风险主要来自电价和售电量两方面。当前对电网经营企业电价产生推高效应的主要因素有：独立发电企业投入巨资进行环保改造等引起上网电价上涨；国家电价体系中新增输、配电价；贴费取消后输配电网络建设资金缺口很大；多年来累积下来的巨额欠费风险尚未释放；城乡电网改造的巨额投资贷款尚在还本付息；城乡居民实行“一户一表”后的运行维护、劳动定员和人工成本、商业投保等费用增加；以及国家要求逐年增加利润和调高电力税收等政策的影响。在电价形成机制尚未理顺的过渡时期，电价仍然是由国家管制的，如果电价水平低于电网经营企业正常的运营成本，企业风险会巨大而深远。以湖北省电力公司为例，2003 年实际单位供电成本已达 0.095

元/kWh，而国家批复的电价中每千瓦时只核定了 0.04 元，供电成本严重不足，每年冲减 18～20 亿元的利润。

由于电能的需求弹性较小，现阶段可能导致电网企业售电量下滑的主要影响因素有地方经济不景气、营业区划转或大用电客户转向独立发电企业直接购电等。例如，宜昌市政府设定了方圆 $10km^2$ 的载电工业园区，并由地方电力管理部门下文指定由葛洲坝电厂直接供电，葛洲坝电厂以自用电方式向外售电，电价 0.24 元/kWh。目前已落户 10 余家企业，用电装接容量达 60 000kVA，对宜昌地区正常的供用电秩序造成了很大的冲击。

2. 内部危机

长期以来，由于人们处在计划经济体制下，企业内部粗放的管理模式还没有真正得到转变，管理层素质低下，企业管理基础仍然比较薄弱。企业内部管理还没有从根本上走向市场，许多管理误区和管理死角依然存在。企业管理层和员工（包括多经企业）的危机意识、市场意识、成本意识、效率效益意识普遍比较淡薄，尤其在成本控制上，依然大手大脚。

近年来，投资兴建的一些多经企业主动走向市场，研究、开发市场的力度明显不够。同时，技术含量低、内部管理差，加之新产品、新技术开发能力不够，企业发展后劲不足，生存能力较差。

从风险管理本身来看，县供电企业除了供电以外，其他企业（多种类的多经企业）的对象具有不确定性；企业内部也没有建立起一整套的预测控制系统，识别、防范风险的能力不够。从本质上看，外部危机的影响只是一种外在条件，在它的挑战和冲击下，避免使县级供电企业陷入困境的，更重要的是取决于企业内部是否有较强的应变能力和能否不断地、及时地调整产品结构、经营战略。

目前来看，县供电企业当前所面临重大的风险与威胁尽管不太明显，但渐进式的挑战、风险与威胁还是日渐突出的。最大的风险与困境就在于内部本身缺乏危机意识，这也正是企业内部最大的危机，即“生于忧患，死于安乐”。在电力体制改革不断深化和电力市场发生巨变的今天，县供电企业要保持企业的长久不衰、持续发展，最重要的是转变观念、居安思危，正确地、及时地识别企业风险、困境、危机与挑战，时时刻刻面视着危机随时就会到来，用冷静的目光重新审视企业，并及时采取有效的预控措施，将其转为发展的动力。这也是保持一个企业具有长期生命力的根本所在。

（1）电网安全风险。电网企业的安全风险主要表现在大面积停电、缺电两个方面。近两年持续的电力供应紧张，给国民经济和人民生活带来的巨大损失有目共睹。由于我国电源建设相对不足和电网结构总体上较为薄弱，一旦发生大面积停电事故，会进一步给国民经济带来重大损失。

（2）电力欠费风险。当前电网经营企业遇到的最大问题是电费回收困难。以湖北省电力公司为例，截至 2004 年 6 月底，累计电力欠费 8.04 亿元，其中当年欠费约 1.17 亿元，历年欠费 6.87 亿元。累计电力欠费约是 2003 年湖北省电力公司全年销售利润 3100 万元的 26 倍。巨额电力欠费造成电网经营企业虚赢实亏、资金周转困难，形成了很大的财务风险。欠费大户始终是破产或濒临破产的国有大中型企业。比如，对国家电网公司来说，主要欠电费集中在冶金、化工、煤炭、有色和建材行业，其合计欠费占总欠费的比例70%左右。在基层供电营业所的欠费用户中，欠费者更是形形色色：一是中小企业借改制逃费；二是催讨不及时导致用户欠费；三是各种政府背景用户欠费；四是村电工挪用偷逃欠费。巨额电力欠费的形成，有着用电企业经营困难、社会法制不完善等外部原因，特别是近年来，一些国有企业以破产、改制方式“金蝉脱壳”偷逃电费的情况十分严重。此外，被解聘的农村电工大量拖欠电费甚至携款外逃现象也时有发生。从内因看，长期以来实行以资金结零“硬指标”考核电费回收，忽视了对电费回收过程的规范管理，因而瞒报欠费、垫交电费、挪用电费等违规行为屡禁不止，这也是造成电力欠费居高不下的重要原因。

（3）窃电及电能损耗风险。窃电已经成为电网经营企业效益流失的主要原因之一。据湖北省电力公司2004年工作会议透露，全省平均每年约有3.4亿kWh的电量被窃取，经济损失达1.36亿元。窃电之所以成为电网经营企业的顽疾，主要是对窃电分子的打击力度不够，使窃电具有“低风险—高收益”的诱惑。一般来说，窃电损失可以归于电能损耗管理的范畴。当前电网经营企业的电能损耗风险，突出表现在基层单位电能损耗指标不够真实上。其主要原因是在于基层单位电能损耗考核点计量装置配置不足或误差超标，供、售电量统计和抄表时间上的不对应，电能损耗率“四分”考核不落实，为完成上级电能损耗考核指标而人为造假等。

（4）“两改一同价”的相关风险。主要有产权移交后增加的安全风险和两网改造的资金还贷风险等。以河南省电力公司为例，近年该公司仅城乡电网改造和主网建设就贷款264亿元，每年还本付息和运行维护的费用约需47亿元，除去每年收取的13亿元农网还贷资金外（0.02元/kWh），每年还有34亿元的缺口，还本付息压力巨大。随着农村电力资产的移交和城市居民“一户一表”的推行，供电企业的安全责任也随着产权延伸，因触电人身伤亡等电力事故对电网经营企业的索赔会越来越多，一次赔偿少则几万元，多则十几万甚至几十万、上百万元。此外，电力设施的外力破坏和设施被盗事故也时有发生。如湖北省电力公司2004年上半年因外力破坏引发的事故障碍26次，占总事故障碍的31%，不仅给电网带来了安全事故隐患，而且给公司造成较大的经济损失。

（5）电力职工的人身安全风险。近几年来，基层电力职工因抄表收费、查处窃电以及停电催费等工作，受到谩骂、围攻、殴打等人身威胁和伤害事件呈上升趋势。为此，基层营销职工普遍呼吁加强电力执法工作。

（6）法律风险。近年来，政府主管部门不断加大对电网经营企业的电价检查、审计监督和行业监管的力度，电网经营企业也在不断开展内部自查和内部审计。但是，出于利益驱动、本位主义以及侥幸心理，电网企业内部违规经营的行为仍然时有发生，给电网企业的正常经营埋下了较大的法律风险。比如，国家发展和改革委员会在对陕西省电力物资总公司农网物资招标采购、陕西省岚皋县、河北省肥乡县三个项目的稽查中，发现了诸如建设项目高估冒算、高套项额、虚报工程、财务信息失真及竣工验收“走过场”

等性质严重的一系列问题。

二、电网企业危机原因浅析

从本质上说，电网企业经营风险的形成可以归纳为两方面的原因：① 从内部看，企业管理体制的不适应以及经营管理的粗放，引发安全稳定破坏风险、欠费风险、窃电及电能损耗风险、法律风险等，这是下一步电网经营企业自身努力的主要方向；② 从外部看，宏观经济、法制环境和国家电力改革相关政策的影响，也给电网经营企业带来潜在的市场风险、“两改一同价”相关风险、电力职工人身伤害风险等，这需要社会各界共同努力来克服。电网经营企业防范经营风险的主要对策是强化企业战略管理，增强核心竞争力意识。电网经营企业应高度重视企业发展战略的研究、制订和实施，确立电网建设和电力市场营销作为核心业务的战略地位，大力培育核心竞争力。企业决策层要彻底改变“重发、轻供、不管用”思维定势，树立从电网规划、设计到电网调度及运行都为市场营销服务的“大营销”观念，加大对营销部门的现代化投入，提高营销人员整体素质和待遇，以不断提高营销工作质量，推进电力市场营销的机制创新、技术创新和管理创新。

三、电网企业危机预警原则

电网企业危机预警原则，即企业要经常列出生产经营管理、营销服务、财务管理等各方面可能发生的风险、危机因素，未雨绸缪。

（1）系统性原则。根据县级供电企业的特点，对企业管理的各个环节，进行全面地、系统地整合分析，保证预警管理的准确性和科学性。

（2）指标化原则。定期进行有关经济技术指标、财务指标的分析，分层次确定必要的警戒线。在具体工作中，人们把全国一流标准作为各项经济技术指标的预警线，定期进行分析。

（3）制度化原则。建立良好的预警管理机制和必要的规章制度，定期开展工作，并实行有效的考核。

（4）动态化原则。根据变化着的、不确定的各种不利因素，适时调整预警方案，实行预警动态管理。

（5）营救性原则。根据了解和掌握的预测情报和不可避免的风险、危机，精心制订各种应急预警方案，如企业经营战略、营销方式、内部管理、资金管理等有关营救措施等。

四、电网企业危机预警

通过多种形式，教育员工增强危机意识和忧患意识，提高广大员工参与企业预警管理的自觉性。针对长期以来受垄断行业影响，员工中形成的惯性思维模式，尤其要强化企业管理层的忧患意识，建立和完善预测、防范机制。对员工要开展经常性的预警教育和培训，使广大员工从顺利和喜悦中清醒过来，逐渐培养和形成具有较强危机承受能力和应变能力的企业管理新局面。

组建企业内部预警管理小组，除企业决策层直接参与预警管理外，从各职能部门抽调精干人员，组成企业预警管理小组，定期对企业进行常规性的预警调查、分析和研究。

建立工作制度，明确预警管理程序，预警管理小组每年都要拟订预警管理计划。计划的内容可按照部门职责分工，明确各部门如何调查和研究企业各个领域内可能发生的困难、困境、危机等征兆。

定期搜集和分析企业内外部环境对企业造成的困难、困境、危机等方面的信息和原因，对可能发生的危机因素进行编制和定量、定性的条理化分析，并列出清单，定期发布预报，预先予以警示。

开展经常性的预警管理模拟训练，也就是说，当危机来临之前，如何指定和执行预警管理计划、采取什么样的防范措施，企业向什么样的方向发展等，都要有一套完整的应急方案，且符合企业实际，一旦危机来临，能够随时应变，保障企业持续、健康发展。

实行预警管理的方式方法有：一是经常性的危机预控，是预控的主体；二是带有应急性的预控。这就是说，企业已经发现了警报，但危机还没有来临。要坚持预先控制和全员控制相结合，形成决策层以预先控制为主，员工群策群力的预警管理模式。

预警管理的层面有：一是从测试企业财务风险度入手。通过“三表”（资产负债表、资金流量表、损益表）分析对比，发现企业风险、危机因素。二是从观察企业内部管理入手。根据管理缺点、经营战略、经营方式等方面发现的问题，分析不利因素。三是从分析企业市场状态入手。要定期分析市场变化因素、可能发生的市场危机、产品变化、消费者需求等。

总之，企业无论是在顺利发展，还是可能或者已经面临危机，实施预警管理都是有必要的。它是企业自我加压，开拓创新、在激烈的市场竞争中保持持续、快速、健康发展，确保经济效益稳步增长的、重要的、科学的管理方法。

因此，任何一个企业，特别是刚刚走向市场的县级供电企业，更应该把预警管理贯穿于企业管理全过程。

第二节　电网企业财务危机与财务预警

一、财务危机

财务预警，具体地说就是财务危机的预测与警报。所以说，提到财务预警，首先需明确财务危机的含义。财务危机是财务风险的一种极端表现，对财务危机的含义及财务危机供电公司的界定问题，财务理论界及实务界一直争论不休，目前并无统一的说法。

任何公司在其生存和发展过程中，都会遇到各种各样的风险。若供电公司抵御风险的能力较弱，或不能对风险采取有效的化解措施，很可能会陷入财务危机的境地。可见，财务危机是财务风险积聚到一定程度的产物，它同财务风险一样，是在不断运动变化着的。不同供电公司财务风险与财务危机有不同的表现形式，即使是同一供电公司，在不同时点其财务风险与财务危机也会有所不同。

显然，陷入财务危机的供电公司必然面临着较大的财务风险，而具有财务风险的供电公司不一定陷入了财务危机。因为，财务风险是客观存在的，任何公司必然面对，而财务危机是财务风险发展到一定程度的产物，是财务风险加剧的表现。供电公司若能在有效期间内采取化解措施，就能降低财务风险，摆脱财务危机；若供电公司面对危机束手无策，或措施不力，很可能会进一步加剧财务危机，甚至导致破产厄运。

二、财务预警

如何改善我国供电公司的状况，遏制其财务恶化，扭转大面积亏损的现状，是现代财务理论界急于解决的问题。而建立完善的财务危机预警系统，是供电公司降低财务风险的关键所在。

预警是度量某种状态偏离预警线的强弱程度，发出预警信号的过程。所谓财务危机预警系统，是指为了防止企业财务系统运行偏离预期目标而建立的报警系统。

一个良好的财务危机预警系统，作为一种成本低廉的诊断工具，能提早发现问题并告知企业经营者，从而能有效地防范与解决问题、回避财务危机的发生。具体来说，一个有效的财务危机预警系统具有以下作用：

（1）正确评价企业当前的财务状况，当危害企业财务状况的关键因素出现时，发出警告，提醒经营者早作准备，或采取对策以减少财务损失；

（2）能描述企业财务状况变动的轨迹，并承担短期财务分析的任务；

（3）能及时反映财务政策的执行效果，判断经营者的决策是否运用恰当，是否起到了改善财务状况的效果等。

此外，通过这样的预警系统，借贷者可以避免贷款的风险；投资者能够在证券价格大跌前就获得财务风险的警报；审计师可以准确判断企业是否经营良好，当某公司持续经营存在大量问题时，避免因未能正确披露其经营失败而招致法律诉讼等等。因此，建立适合我国供电公司的财务危机预警系统具有重要的现实意义。

第三节　电网企业财务预警系统设计

财务预警是由预警不断演绎而形成的一个新的概念。预警，顾名思义就是提前报警的意思，它最初是被运用于战争系统中，并由此出现了军事预警系统。经济学家模拟军事预警系统构建经济预警系统，通过对宏观经济的景气分析，从各个方面预先报告经济运行在未来可能出现的警情，使宏观经济有效运行。如果从企业这个微观层次来研究经济预警就是企业预警，进一步将此概念细化，从财务角度来进行企业预警，就产生了财务预警概念。由此可知，财务预警就是通过对企业财务活动运行状态进行监控，预先告知企业即将发生的警情，并采取一定的措施，排除警情，保证企业财务活动安全运行的管理行为。

根据警情界定程度的不同，可将其分为广义和狭义的财务预警。其中，广义的财务预警是对所有可能引起企业财务活动波动的因素进行研究，只要引起企业财务活动产生不利因素就进行预警。它与财务风险控制的区别主要在于它更偏重于研究如何规避影响企业财务运转正常的那些风险所带来的不利因素，目的只在于保证企业生存。而财务风险控制还要研究影响企业盈利的那些风险，目的还在于发展和获利。

狭义的财务预警偏重于研究财务危机，实际上就是财务危机预警。财务危机主要表现为企业财务状况恶化，丧失了偿还到期债务的能力，企业的净现金流量小于企业需偿还的到期债务。它是一个时期的概念，从技术性失败到公司破产都属于财务危机过程，并且有程度轻重之分。它与财务风险紧密相连，实质上就是财务风险规模化、高强度化的集中爆发。

通常所认为的财务预警系统主要有以下观点：

（1）财务预警系统是以企业财务信息数据为基础，以财务指标体系为中心，通过对财务指标的综合分析、预测及时反映企业经营情况和财务状况的变化，并对企业各环节发生或将可能发生的经营风险发出预警信号，为管理当局提供决策依据的监控系统。

（2）财务预警系统是以企业信息化为基础，以财务数据为主要监控对象，对企业在经营管理活动中潜在风险进行实时监控的系统。

（3）财务预警系统就是通过对企业财务报表及相关经营资料的分析，利用及时的财务数据和相应的数据化管理方式，将企业所面临的危险情况预先告知企业经营者和其他相关利益关系人，并分析企业发生危机的原因和企业财务运营体系隐藏的问题，以提早做好防范措施的财务分析系统。

以上三种观点都存在一定的局限性。第一种观点过分强调财务指标分析预警方法，但实际上指标分析只是预警分析方法中的一种。第二种观点强调了预警系统的风险控制职能，风险控制虽然是财务预警的主要职能，但并不能就以此来界定财务预警系统。第三种观点比较全面，是现行被引用最多的一个定义，它涵盖了财务预警系统全部的工作流程和功能。

根据系统论的原理，系统之所以为系统，是因为它是由若干相互联系、相互作用的部分组成，在一定环境中具有特定功能的有机整体。它具有整体性、开放性和动态性的特点，所以财务预警系统的建立不仅能保证财务管理这个子系统的功能处于可控状态，还应能通过与其他系统相互作用影响企业管理系统这个大系统的运行，使企业生产经营活动处于“安全、可靠”运行状态。因而，财务预警系统不应仅具备分析监控职能，也应具备决策、组织和控制三大管理职能，所以这个系统还应包括组织机制和其他管理机制的建立。

人们可以将财务预警系统定义为：财务预警系统就是依托建立的组织体系，通过对企业财务活动进行监控、预测，采用各种分析方法，使企业能够预知即将面临的危险处境，并分析产生经营波动和财务危机的原因及企业财务运营体系隐藏的问题，相应提出排警对策，促使企业财务运转正常，为管理当局提供决策和控制依据的一个管理系统。

财务预警模型是根据财务预测的结果，判断企业财务是否处于危机之中，并根据危机严重程度，发出报警信号的一种实证方法。它通过科学的定量分析方法，事先发现企业财务危机的迹象或征兆，向企业领导和决策者发出警报，提醒其采取有效的防范与调整措施，使企业避免财务危机的威胁、转危为安。

一、建立财务预警模型流程

（1）对所研究的预警活动进行深入分析，选择模型中包含的变量，并根据预警理论和样本数据所显示的变量间关系，确立预警模型的结构，建立理论模型。

（2）进行样本数据的收集，在选择时必须同时考虑数据的可得性和可用性，要求数据具有完整性、准确性、可比性和一致性。

（3）根据选用的理论模型，选择相应的方法来确定模型的参数。

（4）为了确定模型能否起到预警的效果，在最后一步需要对模型进行检验。如检验通过，模型正式建立；如检验不通过，则需要重新进行第一步。

二、财务预警模型作用

（1）微观上，财务预警模型在预警系统中起着基础性和关键性作用。

由于我国关于财务预警设计的研究起步较晚，在研究方法上还是相对比较落后的，长期以来传统的研究方法在我国理论和学术界代表了主流，尤其缺少实证定量的研究，从某种程度上制约了我国财务预警研究的发展。现在关于财务预警系统的研究越来越多的采取实证研究，通过科学的统计方法，分析数据，建立财务预警模型，预测危机。因此，财务预警模型是财务预警系统的基础和关键。

（2）宏观上，有效的财务预警模型具有重要的理论价值和实际作用。

我国资本市场的建立与发展只有 10 余年的历史，大量的实证研究认为，中国股市正处于弱式效率阶段，尚未达到次强效率，这意味着投资者尚未充分利用有关的公开信息，难以看穿公司的信息披露方式，市场价格并未充分反映公司价值。同时，大部分的投资者缺乏应有的专业素养，没有能力进行自发的信息分析。因此，较为准确的、有效的财务预警模型可以充当财务信息汇总、阐析者的角色，帮助投资者识别公司质量，及时调整投资组合，降低投资风险，提高投资收益；同时也可以帮助政府监管者体察市场风险，确定兼管重点。

第四节　电网企业财务预警运用

无疑，财务危机预警既需从数量上比较分析、模型描述、趋势把握和实证分析，也需要分析者对供电公司财务状况具有敏锐的洞察力，包括对整个宏观经济走势的判断和把握。由此，对供电公司财务危机预警的分析，还应结合有经验的分析人员分析会计报表后依据其经验凭直觉作出的定性判断，将纯粹量化的预警分析和定性的财务危机预警分析并重。

实际上，上述提及的定性财务危机预警分析，就是试图将定量分析与定性分析相结合的尝试。

按照图 12-1 所示的意思，供电公司应当根据自己所处行业和生产经营的实际情况，选择适合自己的财务危机预警模型，在其生产经营过程中，随时测试自己的财务状况，如果发现有财务危机的征兆存在，则进一步运用各种定量分析和定性的分析方法，全面检查公司的财务状况，找出处于恶化趋势的项目和发生恶化的原因，然后及时调整其财务活动，控制出现的偏差，制订新的措施，有效地阻止和抑制不利事态的发展，将公司的财务危机降到可控范围，或较小的损失程度，保证其生产经营活动正常进行，并且以这些财务分析资料为依据，评价、指导电网公司未来的财务管理行为，制订今后财务管理的方向和措施。同时，对于已经发生的危机，要建立财务风险档案，总结财务风险管理的经验教训，以避免同类危机继续发生。

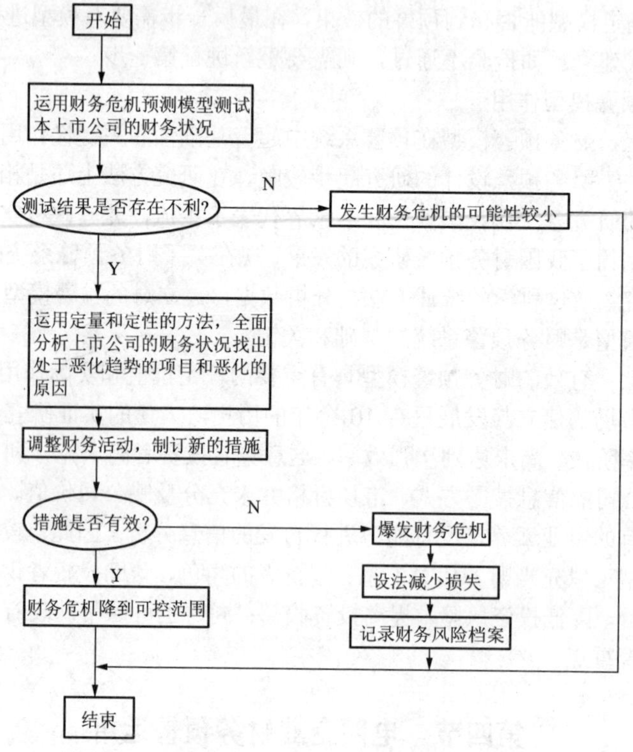

图 12-1 财务危机预警系统操作流程图

第五节 电网企业财务风险控制基本框架

一、财务风险预防

任何危机管理最有效的状况应该是有效的预防，而不是等到出了事再去预警。在一定意义上，预防是预警的前一道屏障，预防手段的合理和有效，将会大大减轻预警的压力。当然，从一个整体的意义上来看，广义的预警系统应该也包含企业财务危机的预防性措施和手段，且这对于企业财务危机预警系统的有效性是具有重要影响的。一般而言，财务危机的基本预防手段主要有以下几方面。

1. 树立风险意识和正确的财务观念

首先要对企业的领导和全体员工进行广泛的风险意识的教育，确立正确的财务管理的观念，防止好大喜功、不顾成本和不看市场的盲目管理行为。如果每个管理者和员工都深知，人们始终生活在一个可能随时面临破产的环境之中，那么风险意识就是一种自然而然的观念，而不是外在强加的。

2. 建立科学的预算管理和财务监控制度

这既是最重要又是最基础的工作，当然企业的预算管理和财务监控制度是全方位的，它包括日常的营运资金管理、中长期筹资和资本结构管理、成本和费用监控、投资预算和投资资金监管、盈利水平和现金流量等有效监控。

3. 确定切合实际的经营战略和实施有效管理

将完善的风险意识和财务理念贯彻到具体经营决策中，就是要确定切合企业实际的经营战略，而建立科学的预算管理和财务监控制度的目的，就是要实施有效的经营和财务管理。正确的企业定位和科学战略方针，既是确保企业成功和立于不败之地的关键，更是预防企业财务危机出现的最重要保障。然而，正确的决策往往依赖于有效的管理来实现，所以对企业经营和财务活动全过程实施有效的控制和监管，在企业的财务危机预防中往往起到至关重要的作用。

二、财务风险预防与财务预警关系

如果人们将企业财务危机预警系统的功能作更深入的研究，就会发现，其实企业财务预警系统有帮助企业管理层了解财务危机产生诱因，起到有效预防企业财务危机产生的功能。企业财务预警的作用，看似在企业的财务危机征兆出现后，它才会发挥作用，其实由于企业建立了财务预警系统，事先已明确了各种可能导致企业财务危机的诱因和监控指标，所以在实际上，它已经起到了一种先导的预防功能，能使企业的财务危机征兆在其预警信号尚未形成之时，就被有效地得以防止和克服。

财务危机的预防必须要与财务危机预警系统的建立紧密地相结合，在建立企业有效的财务危机预警系统的过程中，实际就是有效地宣传正确的理财概念，提升公司管理层和所有员工的风险意识和实施企业有效预防财务危机的过程。财务危机的预防和财务预警系统的本质是一致的，许多财务控制的手段和财务状况不佳的表现特性，其可能既是财务危机预防内容，也是财务预警系统的信号。

总之，财务危机预防和财务危机预警实际是一个问题的不同层面的表述，可以讲财务危机预防是财务危机预警的基础，而财务危机预警系统是建立在较完善的财务危机预防的基础之上，也是其发展的必然结果。

三、财务风险处理与控制

一个完整和有效的企业财务危机预警系统，不是仅仅简单地预示企业财务危机的警示信号，而应该对这种预警信号做出充分的解释和说明，不但要尽可能地说明其产生财务危机的原因，更应提出如何有效处理和应对各类财务危机的有效措施。因此，具有针对性地提出相应的财务危机处理措施，是顺理成章和理所当然的。这就对企业的财务危机预警系统提出了更高的要求，它的职能不单单是一种简单的信号系统，同时也是一项重要的发现和对策系统。企业财务危机处理可以从以下几个方面入手。

1. 有效处理不良债务和债权

企业出现财务危机，最直接的反映是债权人要求企业安全归还到期的债务本息，所以有效地处理好各项债务关系，制订恰当的债务重整计划是至关重要的。企业应该及时地与银行、税务、供货商等各类债权人进行联系和沟通，向他们充分说明企业目前面临的财务困境以及已经制订有效的债务重整计划，尽可能地取得他们的理解和支持，如允许本企业适度延长债务偿还期、暂缓支付利息，减免部分债务本金和利息、将短期借款转换为长期借款、延迟税款的交纳、为企业提供必要的短期周转性贷款等等。同时，应加速企业各类应收账款的回收，有效清收各种单位和个人等的欠款，及时与债务人交涉，充分说明企业现在所面临的困境，获取他们的同情和支持，尽可能在最短的时期内，收回企业应收的各类款项，有效改善企业的现金状况。

2. 有效处理呆滞存货和不良资产

在企业出现一定的财务危机时，及时进行呆滞存货和不良资产的清理，往往是处理财务危机的重要方面之一。它包括企业一段时期占用的原料、零部件、在制品和完工产品等，如果其已确实丧失其实际使用价值了，企业应及时进行有效的处理。存货虽然属于流动资产，但其变现仍需要一定的时间。库存的物资毕竟不是现金，而且会占用一定的现金。因此，在财务危机发生时，应尽可能减少存货数量，降低存货的资金占用。同时，应有效处理各种不良资产，如出售和出租企业闲置的设备和场地等，尽快地收回各项对外投资、变现所有的有价证券、贴现应收票据等等。

3. 最大程度节约企业的各种开支

最大程度地节约企业的各类成本和费用的开支，是企业管理层与员工同心同德，能够共渡难关的重要对策。严格控制成本和厉行节约、节省、压缩或控制有关支出是必要的，如关闭某些无效的生产线，适度减少对外采购，削减各种行政管理费用，暂停支付某些福利费，甚至暂缓支付工资等等。另外，适度地裁减人员和裁并亏损部门以及许多不必须的辅助部门，停产没有竞争力的产品，关闭部分子公司等等，都是企业在出现财务危机时能较大幅度降低成本开支的有效手段。

4. 扩展有效融资渠道

企业出现财务危机往往是由于资金的严重短缺所导致，所以有效地扩展有效的融资渠道，往往是应对危机最重要的方法之一。例如，进一步争取供应商继续其信用赊销，与其进行深入和恳切的谈判，力争按企业销货的一定百分比来支付应付账款等等；如企业销售不佳，也可以一定的退货来抵消部分应付的货款；与企业股东进行商洽增资的可能，使股东认识到只有支持企业，才能使其损失降到最低点，股东只有尽力与企业共渡难关，才能最大程度地保护他们的财富等。

5. 及时调整经营与财务的组织和战略

企业财务危机的出现，往往是企业经营和财务管理水平较低或控制制度不健全等原因所导致的。为了不让这种错误继续下去，企业应及时调整企业的经营、财务的组织管理和战略方针，及时调整企业经营和财务的组织结构和管理部门，更换部门负责人直至高层负责人，改善生产程序，完善企业的营销方式和渠道，严格控制制度，全面加强核算和监控，建立完备的预算管理体系和实施定期考评等等。

第六节　电网企业资本结构决策

一、电网企业资本结构现状

1. 资产负债率高

对国家电网公司和中国南方电网公司这两大电网公司 2004 年度财务状况分析，国家电网公司资产约为 12 000 亿元，中国南方电网公司资产 2600 亿元，两大电网公司的资产负债率分别为 63.5%和 60.60%，并且每年都以较快速度增长。净资产收益率约为 1.5%左右，远较电信、石油等其他行业低。国家电网公司下辖华北、华中、华东、东北、西北五大区域电网公司经营状况也较差，其中西北电网公司从 2003 年开始连续三年全网亏损，青海、新疆两省（区）电力公司亏损很大；全国省（区）、市电网公司一般的资产负债率达 70%～75%左右，负债结构中尤以长期负债的比例为高，长期负债尤以银行贷款为主。以福建省电力公司为例，截至 2002 年底，该公司拥有资产总计约 315 亿元，资产负债率 56.1%。

2. 股权结构单一

各电网企业资本结构较为简单，资本来源主要为银行长期借款和国网公司的单一股本（包括实收法人资本及资本公积、盈余公积）。仍以福建省电力公司为例，纵向分析结果显示，近 3～4 年来，在企业总资产快速增长的同时，企业负债、企业长期负债则分别以近 2 倍、3 倍的增长率在增加，2003 年该公司资产负债率为 64.5%，2003 年底长期负债占到总资产的 45%以上，所有者权益比重同时进一步下降。

3. 电网企业优化资本结构的原则

电网在电力市场上作为一个中间环节而存在，同时接受发电企业和零售企业或用户的委托按要求提供输电服务。因此，对发电企业，电网是下游瓶颈；对供电企业或零售商，电网又是上游瓶颈，同时由于电力产品不可存储的特性，电网建设必须超前于经济建设速度。基于电网企业这种特殊的行业特点和特定的经济地位，综合考虑我国的经济发展速度，在确定我国电网企业最优资本结构时，应当根据具体情况，遵循以下原则。

（1）发展原则。

企业所确定的资本结构首先应满足生产经营活动的资金需求，当企业迅速扩大规模时，不可避免地会遇到资金严重短缺的问题。此时，企业为了能筹集到资金，往往需要付出较大的代价，承担较高的资本成本，但企业又不能仅为了保持“资本小、成本低”而放弃良好的发展规划。电网企业承担着国计民生的重要职能，是电力市场的载体和物质基础，确保电网的良性发展，满足国家电力市场公平公开的竞争，必然要建设坚强强大的电网。国家电网公司提出的“一强三优”目标，是需要付出巨大的资金成本代价的，根据国家“十五”和“十一五”期间的电源建设投资规划，电网配套投资分别高达5800亿元和9000亿元左右。其中，国家电网公司的投资分别为4700亿元和7200亿元，相应的资本余流要940亿元和1940亿元。仅靠电网公司自身积累，远不能满足巨大的电网投资需求。此时，电网企业不能死搬硬套，在自有积累及股权资本均不足的现状下，依照现代资本结构理论中保持“资本小、成本低”的资本结构优化目标，减少负债而放弃发展电网建设规划，成为限制社会经济发展的“瓶颈”。

电网建设所需资金的来源由两部分组成，一是权益资本（资本金）；二是债务资本。我国从1996年开始，对固定资产投资项目试行资本金制度，投资项目必须先落实资本金后才能进行建设，国家对电力项目要求的资本金比例为20%及以上。通俗地说，就是保证基本建设有“本钱”，没有一定的资本金作保证，就不可能筹集到债务资本，因此资本金规划就成为确定电网企业资本结构首先要考虑的问题。同时，为防止企业债务负担过重，无力清偿到期债务，必须保证有足够的权益资本作后盾，国家电网公司作为国有独资企业，承担着国计民生的重任，虽然不能清偿的破产风险几乎为零，但是作为逐步市场化的现代企业，仍须科学地安排债务结构，避免过高的财务风险。

（2）效益原则。

企业在筹资时，应以盈利为出发点，力求调整资本结构，使负债经营所获收益尽可能多地超过负债经营成本，进而提高所有者投入的资本收益率。电网企业经营的最终目的虽不是谋求企业价值最大化，但是肩负着国有资产保值增值的重任，以目前电网经营的结果看，国有资产保值增值的目标困难重重。2003年，国家电网公司的资产回报率和销售利润率分别为0.49%和1%，远远低于发电公司的7.1%和18.9%，也低于全国工业的平均水平，国家电网公司2003年的净资产收益率仅为0.8%，2004年的净资产收益率虽有所提高，但也仅有1.5%。因此，电网企业在筹资时，一方面应努力降低筹资成本，力求调整资本结构，使负债经营所获收益尽可能多地超过负债经营成本；另一方面还须争取国家政策，加大资本金的投入力度，从而提高资本收益率，也即国有资产保值增值率。

（3）弹性原则。

企业的盈利水平、经营管理状况、资产结构及宏观经济政策等因素，都或多或少地影响着其资本结构的确定。这些因素并非一成不变，而是处于不断变化之中，资本结构也理应作出适当的调整。日前电网公司的资本结构普遍表现为自有资本严重不足、负债比例过高、债务结构（债务期限结构、债务来源结构与债务使用结构）不当、不良债务大量存在。出于电力企业长期的垄断性，几乎是政府一直在行使企业所有者的双重职能，并且由于电力企业投入大、回收期长的特性，导致筹资结构单一、负债率普遍偏高。因此，电网企业在筹资决策时，应选择一些弹性较大的筹资方式，为资本结构再调整留有余地。

依照上述三项基本原则，在考虑电网企业资本结构的优化路径时，有必要借鉴西方资本结构优化理论中关于风险的概念，关于企业产权安排、企业治理等内部因素，以及企业相关利益主体行为、利益冲突和决策环境等外部因素对企业资本结构优化影响的理论，从以下四方面进行考虑：

（1）进一步理顺产权关系；

（2）优化股权结构；

（3）调整负债结构；

（4）扩大直接融资。

二、电网企业资本结构决策及对策

1. 理顺产权关系

国有企业改革的目的就是要理顺各种产权关系，落实经营权、保障所有权，实现所有权与经营权的分离，建立资本金制度，保证国有企业完成现代企业制度的建立。所谓产权，是指所有权人依法对自己的财产享有占有、使用、收益和处分的财产所有权，包括所有者与所有者之间的关系、所有者与经营者之间的关系、经营者与经营者之间的关系等。而企业不同资金来源所形成的价值比例关系及其所反映的经济关系，就是企业的资本结构，根据企业融资方式的不同，企业的资本结构包括内部资本和外部资本的比例关系、股权资本和债务资本之间的比例关系、股权结构、债务结构等内容，其中最主要的资本结构关系就是企业全部资金来源中权益资本与债务资本之间的比例关系。M-M 理论认为，在完全竞争的金融市场假定的前提下，企业融资方式、资本结构和股利政策等对企业的价值不产生任何影响，这是极不完全的。事实上，在现实经济中，企业的融资方式通过影响各利益相关主体的激励和行为而影响企业的收益和价值，如增加债务融资就能减少企业的税收义务，从而发生从政府向股东的价值转移；又如，出于企业的管理者和外部投资者之间存在信息不对称，企业管理层对企业的盈利前景、项目的投资收益等方面比对外部投资者有信息优势，从而导致融资方式及资本结构的变化影响外部投资者对企业的投资信心，进而影响企业融资的数量和金额。可见，所有者和经营者如何在公司治理中发挥作用，直接影响到股权和债务在公司的控制。反之，企业通过股权和债务两种融资方式向外筹集资金以及由此而引起的资本结构变化，又会对企业利益相关主体间对企业的作用产生影响。因此，西方现代资本结构理论中把权衡难题转化为结构和制度设计问题的思路，对电网企业优化资本结构有着重要的借鉴意义，即理顺产权关系、实现所有权与经营权的分离量化到财务结构上则必然要求确立合理的资本结构。

电力行业国有企业高度集中，电网企业中的国有成分为 99%，发电企业中的国有企业成分约为 90%。因此，加快公司制改造，形成有效的公司治理结构，或者科学的法人治理结构，是包括电力企业在内的国有企业的共同课题。国务院国有资产监督管理委员会计划到 2007～2008 年，完成对国有企业的公司治理结构的改革，重点是董事会的改革，到 2010 年，要建立现代企业制度，最终实现市场化配置资源。而多年来电力工业受传统的计划经济体制影响较深，运营效率低、资源消耗大的问题比较严重，发展方式粗放，产权不清、集团内部间互相参股、主辅不分、利益分配不均的矛盾和现象格外突出，电力企业的产权结构和组织形态还不能很好地适应市场竞争的需要。因此，清查与核实企业资产、进一步明晰资产所有权、经营权，特别是尽快解决厂网分开后发电和电网企业之间的资产和产权等问题，尽快按照国家关于主辅分离，剥离企业办社会的要求，建立起明晰的产权关系，建立起成本约束机制和风险约束机制，建立完整的公司治理结构，是电网企业发展战略的首要任务。只有在产权明晰的前提下，打破垄断进行资产重组、厂网分开才有现实的意义，也只有在产权明晰的前提下，以产权关系为基础从事企业的资本经营与管理，才能真正参与市场竞争，并推动下属公司的经营，使电网企业能够作为一个有机的整体，有效地协调运营并迅速扩张，实现企业资本结构的优化，实现电网企业“一强三优”的目标。

2. 优化股权结构

党的十六届三中全会决议明确提出：“为适应经济市场化不断发展的趋势，进一步增强公有制经济的活力，大力发展国有资本，集体资本和非公有资本等参股的混合所有制经济，实现投资主体多元化，使股份制成为公有制的主要实现形式。”我国是社会主义国家，其基本经济制度是公有制为主体，多种所有制共同发展，股份制表现为同一公有性质（如中央、地方、国有企业）的资本相互持股和融合，也表现为不同性质（国有、集体、个人）资本相互持股和融合。

在电力行业的发电侧，已经实施了中央、地方国有电力企业相互控股、参股，共同投资建设股份制发电厂，少数私人资本也参加进来，创造了我国电源建设蓬勃发展的大好局面。相比之下，我国电网企业仍保持国有独资，集中垄断管理的体制，必然陷入资金短缺，财务状况恶化，发展滞后的严重困境。解脱电网企业财务困境的唯一出路，就是必须和电源企业一样走投资多元化、产权股份化、管理公司化的道路。股权多元化不但可以打开筹资渠道，使电网企业有足够的资金，摆脱建设资金短缺的局面，而且有助于促进电网企业自身管理水平的提高，促使电网和电源得到协调发展，推动我国电力工业走上健康发展的轨道。

3. 调整负债结构

由于资本结构是指企业全部资金来源中权益资本与债务资本之间的比例关系，因此仅仅关注权益资金和负债资金的比例关系以及权益资金内部的结构是不够的。因为即使权益资金和负债资金的结构合理，如果负债资金内部结构不合理，同样也会引发财务危机。为此，企业还要关注短期负债，要权衡长、短期负债，从而既发挥债务的财务杠杆作用，又规避短期不能支付的风险。

4. 扩大直接融资

公司直接融资是相对于传统的银行贷款间接融资方式而言，由公司直接在资本市场上通过发行股票、债券等证券筹集资金的融资形式。西方资本结构优化理论中关于公司控制权的理论对资本结构和公司控制权之间的关系进行了论证，该理论认为证券持有者通过影响投票权（也即决策权）而影响资本结构的变化。对缺乏自我激励和监督机制的国有企业，特别是处于垄断地位的电网企业而言具有重要的借鉴意义。针对电网公司目前存在的资本结构简单、资产负债率较高、资金需求量大、时间长等特点，利用当前我国资金充裕的资本市场进行直接融资，是优化企业资本结构、有效控制长期风险、降低资金成本的有效手段。

第七节 电网企业信用风险管理

长期以来，供电企业绝大多数是采用“先用电，后付费”的电费回收模式，客户也理所当然地认为是“先用电，后付费”。当前，各地供电企业不同程度地存在着“滚雪球”似的巨额拖欠电费，许多欠费已经成了“呆账”、“坏账”甚至是“死账”，巨额欠费使供电企业的负担不断加重，成为影响和制约电力支柱产业正常运转乃至可持续发展的瓶颈和包袱。电费回收是供电企业经营成果的最终体现，关系到企业的发展。电力体制改革以后，由于电力客户法律意识的淡薄、供电企业管理机制的缺陷以及电费计量等科技手段的落后，导致电费回收成为困扰供电企业的一大难题。

一、造成电费回收难原因

1. “银货”交换不同期

电力销售“先用电，后付费”的传统销售方式，使电力商品在供用双方交易中出现了“银货”交换不同期的现象，“货”和“银”在交易中产生的时间差，为一些信誉不好的客户提供了拖欠电费的条件，给电费回收带来了一定程度的困难。

2. 地方行政干预

个别地方政府或财政部门进行行政干预，增加了供电企业回收电费的难度。一些企业欠费严重，某些地方的行政部门不断施加压力，使得旧欠电费不能收回，新欠电费不断增加。在发展农村经济中，不少地方政府制定了扶持地方重点工业的政策，当受扶持的企业遇到经营困难时，电费就成了无偿贷款。

3. 某些客户法制观念不强

个别客户恶意拖欠电费，是供电企业最为头疼的事。少数大工业企业因效益不好以及不少承包企业、个体经营户法制观念不强，对交纳电费重视不够，甚至还有谩骂、殴打电费回收人员的情况，造成了不良的社会影响，增加了电费回收的难度。

二、规避欠费风险对策

要保证电网企业应收账款的及时回收，就要对客户进行信用管理，针对不同的信用度客户采用不同的回收政策和供电政策。

（1）以客户为中心。供电企业应主动贴近客户，根据时代的变化发展，将传统的“四勤”精神扩大到“五勤”：勤服务、勤问候、勤交流、勤督促、勤跑腿，从小事做起，用优质、方便、规范、真诚的服务促进电费回收工作，在服务过程中与客户建立良好的合作关系，争取客户对电费回收工作的理解和支持。

（2）要了解掌握客户的生产经营动态，以便采取相应的措施及时回收电费。对经营不善，有可能产生“呆账”、“死账”和电费滞留的企业，降低其信用度，尽量做到早知道、早采取措施，并建立开放式的客户服务中心，健全电费回收工作保障体系，制订严格的电费回收管理和考核办法，从而确保电费及时回收。

（3）要深入调查，掌握客户的经营情况，密切注意濒临破产、停产企业的动态，对高耗能企业实行预交电费制度，降低电费回收风险，对信誉度差、常拖欠电费的客户严盯死守，必要时用法律手段解决，把电费损失降到最低。

（4）加大电费回收政策的宣传力度，充分利用媒体广泛宣传有关电力法律、法规及国家有关电费政策，让全社会树立起按期交付电费的责任意识，不断营造良好的电费回收工作环境。

（5）逐步完善《供用电合同》，以法律形式将客户交纳电费的时间、付款方式规范化，供电企业要与客户签订《电费交纳承诺协议》，督促客户及时足额交纳电费。同时，加强《供用电合同》的签订与管理工作，依法明确供用电双方的权利和义务，与各类用电客户分类逐项签订《供用电合同》，明确产权分界、计结算方式、执行电价、交费时间及相关责任。

（6）强化营销管理，推出星级客户经理管理办法，根据业务素质和技术水平评出的三星级、二星级和一星级客户经理，分别承包特大客户、重要客户和一般客户，进行跟踪服务和定向收费，工作业绩与奖金直接挂钩，使客户经理自加压力，使客户经理能够及时了解到客户的信用变动情况，以保证公司应收账款的回收。

（7）继续加大电费抹账、抵账的力度，对于信用度不高的客户，要及早防范，及早准备，可以贷款、产品与电费相抵，提前实施资产抵押，防止企业借改制、重组之机恶意欠费或逃费的现象。

第十三章

电网企业经济活动分析

第一节　电网企业经济活动分析概述

随着市场经济的进一步深入发展，企业的经营活动日趋多元化，企业结构日益复杂，通过财务分析，有效地利用财务数据信息实现正确的经营决策显得尤其重要。

有效的财务分析，能确保财务预测、计划、决策和控制的准确性；能正确评价财务活动，考核财务业绩，挖掘内部潜力，提高经济效益。

企业的财务活动情况及经营成果虽然反映在财务报告及其他有关资料上，但这些资料仅是对财务活动及其结果的浅层次的描述，未能揭示其本质特征和内在联系，所以有必要对这些资料进行分析研究，使它们转化为决策和管理更直接、更有用的相关信息。

一、做好财务分析工作重要意义

1. 财务分析为企业加强和改善内部管理提供依据

通过财务分析可以评价企业财务状况的好坏，揭示企业财务活动中存在的矛盾、总结财务管理工作的经验教训，从而采取措施改善经营管理，挖掘潜力，实现企业的理财目标。

另外，通过财务分析能够检查出，企业内部各职能部门和单位对于分解落实的各项财务指标完成的情况，考核各职能部门和单位的业绩，以利于合理进行奖励，加强企业内部责任。

2. 财务分析为企业投资者、债权人和其他有关部门及人员的投资决策提供依据

通过财务分析可以为投资者、债权人和其他有关部门和人员提供正确、完整的财务分析资料，便于他们更加深入地了解企业的财务状况经营成果和现金流量情况，为他们作出经济决策提供依据。同时，可以检查财务法规制度的执行情况，促进企业正确处理各方面的财务关系，维护各方面的合法权益。

3. 财务分析为政府经济管理部门实施宏观调控提供依据

政府经济管理部门通过对汇总的企业财务分析资料掌握经济运行的情况和质量及存在问题，并据以制定经济政策和措施，管理和调控国民经济运行。

二、财务分析内容

财务分析的不同主体，出于不同的利益考虑，在对企业进行财务分析时有着各自不同的要求，使得他们的财务分析内容既有共性又有不同的侧重。

1. 企业所有者

所有者或股东，作为投资人，必然高度关心其资本的保值和增值状况即对企业投资的回报率极为关心，对于一般投资者来说，可能更关心企业提高股息、红利的发放，而

对于拥有企业控制权的投资者考虑更多的是如何增强竞争实力，扩大市场占有率，降低财务风险和纳税支出，追求长期利益的持续稳定增长。

2. 企业债权人

由于债权人能参与企业剩余收益分配，因此债权人必须对其投资的安全性予以关注，债权人在进行企业财务分析时，最关心的是企业是否有足够的支付能力，以保证其债务本息能够及时足额地得以偿还。

3. 企业经营决策者

为满足不同利益主体的需要、协调各方面的利益关系，企业经营者必须对财务的各个方面包括营运能力、偿债能力、盈利能力及发展能力的全部信息予以详尽地了解和掌握以及时发现问题采取对策，规划和调整市场定位战略，进一步挖掘潜力，为经济效益的持续稳定增长奠定基础。

4. 政府

政府兼具多重身份，既是宏观经济管理者又是国有企业的所有者和重要的市场参与者。因此，政府对企业财务分析的关注点，因身份的不同而异，政府对国有企业投资的目的，除关注投资所产生的社会效应外，还必然对投资的经济效益予以考虑，在谋求资本保全的前提下，期望能够同时带来稳定增长的财政收入。因此，政府考核企业经营理财状况不仅需要了解企业资金占用的使用效率，预测财政收入增长情况，有效地组织和调整社会资源的配置。而且，还要借助财务分析，检查其是否存在违法、违规、浪费国家财产的问题。最后，通过综合分析对企业的发展后劲及对社会的贡献程度进行分析。

尽管不同利益主体进行财务分析有着各自的侧重点，但就企业总体来看财务分析可归纳为偿债能力分析、营运能力分析、盈利能力分析和发展能力分析四个方面。其中，偿债能力是财务目标实现的稳健保证；营运能力是财务目标实现的物质基础；盈利能力是前两者共同作用的结果，同时也对两者的增强起着推动作用；发展能力是企业壮大实力的潜在能力。四者相辅相成共同构成了企业财务分析的基本内容。

三、财务分析分类

财务分析的种类很多，按照不同的标志可以将财务分析分为以下几类。

1. 按分析的主体来划分

财务分析按分析的主体来划分，可以分为内部分析和外部分析两种。

（1）内部分析是企业内部管理部门对本企业生产经营过程中的财务状况所进行的分析。这种财务分析，不仅要利用财务会计所提供的会计资料，也要利用管理会计和其他方面所提供的经济资料，是对整个生产经营活动的全面分析。通过这种分析，可以了解企业的财务状况是否良好，生产经营活动有无效率，存在什么问题，从而为今后的生产经营提供决策依据。

（2）外部分析是企业外部的利益集团根据各自的要求对企业进行的财务分析，这种分析因各自的目的不同，分析的范围也不同。它可以是对企业某一方面进行局部的财务分析，也可以是对整个企业的各方面进行全面的财务分析。

2. 按财务分析的对象来划分

按财务分析的对象来划分，可以分为资产负债表分析、损益表分析和现金流量表分析三种。

（1）资产负债表分析是以资产负债表为对象进行的财务分析，通过资产负债表可以分析企业资产的流动状况、负债水平、偿还债务能力、企业的经营风险等财务状况。

（2）损益表分析是以损益表为对象进行的财务分析，在分析企业的盈利状况和经营成果时，必须从损益表中获取财务资料，而且分析企业的偿债能力也应结合损益表，因为一个企业的偿债能力同其获利能力是密切相关的。一般而言，获利能力强，偿还债务的能力也强。因此，现代财务分析的中心正逐渐由资产负债表转向损益表。

（3）现金流量表分析是以现金流量表为对象进行的财务分析，通过对现金流量表的分析，可以了解到企业现金的流动状况和企业财务状况变动的全过程。可以有效地评价企业的偿付能力。

3. 按财务分析的方法来划分

按财务分析的方法来划分，可以分为比率分析法和比较分析法两种。

（1）比率分析法是将财务报表中的相关项目进行对比，从而得出一系列财务比率，以此来揭示企业的财务状况。

（2）比较分析法是将企业本期的财务状况同以前不同时期的财务状况进行对比，从而揭示出企业财务状况的变动趋势。这是纵向比较，也可以进行横向比较，即把本企业的财务状况与同行业的平均水平或其他企业进行对比，以了解本企业在同行业中所处的水平以及财务状况中存在的问题。

4. 按财务分析目的来划分

按财务分析的目的来划分，可分为偿债能力分析、获利能力分析、营运能力分析、发展趋势分析和综合分析等五种。

四、财务分析程序

如前所述，财务分析无论是对企业的经营管理者来说，还是对投资者、债权人来说都是至关重要的。那么如何才能使财务分析更有效。这就要遵循科学的财务分析程序，进行财务分析的步骤一般如下：

1. 确定财务分析的范围，搜集有关资料

财务分析的范围取决于财务分析的目的。它可以是企业经营活动的某一方面也可以是企业经营活动的全过程。如债权人一般只关心企业的偿债能力，因此他往往只对企业的偿债能力进行分析；而企业的经营管理者则要进行全面的财务分析。财务分析的范围一经确定，那么需要收集哪些资料也就确定了。

2. 选择适当的分析方法进行对比作出评价

常用的财务分析方法有比率分析法、比较分析法等。这些方法各有特点，如何选用，要视财务分析的目的和范围而定。一般情况下局部财务分析可单独选用某一种方法；全面财务分析则应综合运用各种方法，以便进行对比作出客观全面的评价。

3. 进行因素分析抓住主要矛盾

通过财务分析可以找出影响企业经营活动的各种因素，在诸多因素中，有企业外部因素，也有企业内部因素；有有利因素，也有不利因素。在对这些因素进行分析时，必须抓住影响企业生产经营活动的主要因素，采取有效措施改善经营管理。

4. 为经营决策提供依据

财务分析的最终目的是为经营决策提供依据。通过上述的比较分析，可以针对经营中存在的问题，提出各种改进方案，然后对比从中选出最佳方案。

第二节　电网企业营业收入完成情况分析

电力行业作为一种特殊的行业，长期以来一直处于垄断经营的状态或者靠一种非市场化、不公平的竞争规则获取着利润。电力职工从不考虑也不需要考虑产品生产和销售问题，也不需要考虑决定企业发展的市场问题。因为在垄断的市场机制体制下，没必要考虑、研究和分析市场情况，也没必要分析和研究其市场环境，电力职工尽情地享受着特殊体制带给自己的特殊恩惠。但是，随着电力体制改革的进一步深化，电力企业改制，厂网分开，网内模拟市场的建立，主辅分离、主多分离即将实施，终端能源市场的竞争，使得末端电力市场管理企业必须重视电力市场营销分析工作，在质量上拓展市场空间，在市场经营中寻找和发现新的效益增长点。

随着电网管理企业转制的不断深入，供电企业主营业务利润最大化是供电企业追求的最终目的，要达此目的，必须弄清楚影响企业利润增长的制约因素，并进行最广泛的因素联系，进行最深入的因素细化，进行严谨的、科学的研究分析，通过研究和分析现有市场，在管理中挖掘漏洞，寻找利润增长的潜力，提高市场营销的质量，通过研究和分析现有市场，在需求中寻找和发现新的销售点、利润点和增长点，保持电力市场营销管理工作与时俱进，确保供电企业不断向前发展。

电网经营管理企业转制后，要提高电网企业的收入，市场营销是公司一项十分重要的工作，直接关系到最终利润的取得。而营销分析是反映、评价和反馈市场营销工作的一面透视镜，是发现问题、寻找缺陷、制订对策的最佳途径，是公司领导进行营销决策的重要依据。因此，必须加强领导，采取措施，建立以市场为导向、以效益为中心的市场营销分析体系，提升电力市场营销分析水平，使分析资料真正具有参考和决策价值。

提高公司系统主营业务的收入是提高利润的一个重要环节。要实现利润增大，关键还在于努力增大售电量。各电网公司应结合公司实际，努力做好几项工作：一是鉴于直供电量与趸售电量对公司利润的边际贡献不同，要努力提高地市公司直供售电量，强化增供扩销；二是要及时、准确、合理核定趸售结构，确保趸售均价正确合理；三是对非盈利公司严格控制成本支出；四是不论地市公司还是县公司，都要珍惜第二次煤电联动带来的电价机遇，确保电价执行到位，努力提高公司的整体盈利水平。

电价是电网企业的生命线，要严格执行电价政策，规范电价管理，加强对电价指标完成情况的在线监控，强化内部监督检查，确保完成电价指标。电费是电网企业经营的最终体现，要加强电费回收工作，坚持依法催收，防止发生新欠，避免发生呆坏账，确保完成电费回收的任务。营业管理是电网企业的中心工作，要进一步规范营业管理，强化电费抄、核收管理力度，完善报装接电业务流程，依法规范经营。要推广警企合作经验，坚持“打防结合”原则，实现依法供电，依法管理。计量是电网企业经营的一杆秤，要规范计量管理，积极推进电能计量检定机构改革，完善电能计量授权，理顺关系，减少各环节的跑、冒、滴、漏。

第三节 电网企业成本完成情况分析

成本管理是企业永恒的主题，成本控制更是各电网的企业财务部门最主要的职责和任务之一，也是各电网公司在做大售电量发展出实力的基础上，通过管理出实力最具体、最有效的措施之一。

一、制订科学合理的成本控制目标

谈起成本控制，大家普遍就会想到降低成本，这是各单位领导以及业务部门讨厌谈论的话题，自然也是财务部门最为头痛的事情。

认为控制成本就是降低成本的观点其实是对成本控制目标的一种误解。成本控制目标应该是一种动态目标，应随着企业所处发展阶段及其采取的发展战略而改变。如在一个新生的或快速发展的供电企业，有必要采取差异化战略以迅速满足顾客需要，抢占电力市场，成本控制的目标就不应是一味降低成本，而是筹措资金，满足市场需要；相反，在增长缓慢、相对成熟的供电企业，机构臃肿、效率低下是这一发展阶段的主要特征，企业效益的增长主要靠苦练内功、深挖潜力、开源节流，降低成本成为成本控制的主要目标；但到了衰退期，既无开源潜力，也无节流措施，要完成企业的二次创业，有必要进行变革管理，实现战略转型。变革成本是本阶段的主要支出，调整成本结构成为本阶段的成本控制目标。

另外，也不能简单认为成本控制目标只要死守发展阶段和发展战略就行了。成本控制的目标要具体问题具体分析，关键是分解成本性态，根据“量本利”分析方法明确成本控制的具体目标。

供电企业一般把成本费用划分为变动成本和固定成本、可控成本与不可控成本。购电费是变动成本，是可控的；设备成本（如折旧费、修理费、材料费等）、人工成本（如工资、福利费、社保费用等）以及其他费用是固定成本，其中折旧、工资及相关费用对供电局而言是不可控的，修理费、材料费和其他费用是可控的。变动成本的变动基本上是线性的，一般随着购电量、售电量变动而同比例变动；固定成本相对一定规模的售电量是固定的，也是必须发生的（不管售电量是否增长其同样发生），但相对其作业量同样是线性变动的，在不同售电量规模之间就会显现一种非线性变动态势，如阶梯状跳跃等。因此，制订成本控制目标就不能一味地认为固定成本（包括可控的和不可控的）就应保持不变，而是要做好成本控制的基础工作，合理估计作业量。只要其作业量发生了增长，其总成本就必然增长。

因此，制订成本控制目标不仅要考虑企业发展战略和利润目标，更要合理估计作业量规模，确保成本控制目标的合理性和可操作性。目前各供电企业制订成本控制目标出现的主要问题就是固定成本目标制订没有业务量基础，固定成本的制订只能按“可控固定成本＝总收入–目标利润–购电费（变动成本）–不可控固定成本”这一公式倒推，而未考虑可控固定成本的实际作业量，制订出来的可控固定成本目标远远无法满足日常正常的生产、经营、管理需要，甚至最终为完成指标而编造指标，出现弄虚作假行为。

二、成本完成分析

根据电网内模拟市场的运行规则，供电公司应当把购电成本与销售利润提高到同一重视程度，合理的购电成本是供电企业取得营销利润大小的前提条件，模拟市场条件下的购电价格不是商品价值的真实反映，要想取得合理的利润，就必须对购电价格进行测算分析。对购电成本的分析包括：实际完成情况与购电测算成本比较分析；购电成本变化与本区域行业用电结构变化的对比分析；购电成本与售电价格变化关系；与兄弟单位的横向比较分析；购电成本变化对营销利润影响分析。通过分析测算确认购电价格的合理性，以便提前采取措施。

输配电成本是指电网经营企业为输送和提供电能在输配环节所发生的成本支出。电网经营企业为输配电业务发生的全部成本支出计入输配电成本，包括共用网络服务成本、专项服务成本（包括接网服务成本、专用服务成本及联网服务成本）和辅助服务成本。电网经营企业应当分业务核算，合理划分输配电业务成本与电网企业经营的其他业务成本之间的界限。

购入电力费管理，应做好电量和电价两方面的工作。在购入电量上，一是要做好计量准确度的管理，使购入电量准确无误；二是要做好质的管理，各种技术指标均应符合标准，尤其是电压和功率因素等，对不合格电量不予以认可和结算。在购入电价的管理上，要坚持高质低价，推行峰谷上网电价，以经济手段调节发电侧电价。供电企业可以根据管理会计的保本点法，计算出两个指标，一个是保本购入电，二是最低盈利电价，以供调度部门和经营管理部门在经济调度和经营管理决策时参考。

对电网企业成本完成情况的分析，一要高度重视降低电能损耗工作。这既是适应建设节约型社会的需要，也是提高公司效益的一个重要方面。从理论电能损耗计算的结果和各供电公司电能损耗实际完成情况来看，结合各电网趸售电量占总售电量 1/3 还强的实际，反映出在电能损耗管理上仍较粗放，表明在降低综合电能损耗率上还有较大潜力和空间。降低电能损耗应从改进技术和完善管理两方面下功夫。技术措施包括从电网规划与设计、调度运行、设备管理等各个环节入手，对全网及局部电网的无功分层、分区平衡优化，分区控制无功窜流，降低无功环流，降低技术电能损耗；从经济性、可靠性出发，减少因变压器配置不合理造成的重负荷、轻负荷现象；积极推广应用先进节能产品和技术，在配网系统推广应用节能变压器或非晶合金变压器替代老旧变压器及中压深入负荷中心等技术，在管理上，要进一步全面推进分区分压考核和台区承包，实行责任到人，考核到位；巩固规范员工用电的成果，防止反弹和计量收费不到位情况发生；建立用电抄核收效能监察长效机制，严厉打击社会窃电行为和内外勾结盗窃电能行为；加大配网改造力度，提高配网管理的科技含量，重点完善计量改造，在配网改造和计量改造时，要妥善处理好配网可靠性和方便开展台区承包考核的矛盾，改变以前片面重视高可靠性，实行环靠环、手拉手，而计量改造不到位，造成台区考核仅能限于分析，而难以考核落实到人的现象，不断完善电能损耗管理和考核工作；针对一些地区城市居民密集区，老城区线网交错、老化，电压低，电能质量差，配电网损耗居高不下的现状，学习江苏省苏州供电公司的经验，推广使用在美国、日本大量采用的体积小、质量轻并可单杆挂设，高压仅需两根导线的单相变压器，缩短供电半径，提高电压质量，降低线路损耗。在特定区域使用单相变压器供电，可取得空负荷损耗下降，低压电能损耗降低，电压质量提高，提升供电可靠性，改造方便、节省投资和降低噪声，优化环境等六大优势。

还要提高成本管理水平，严格控制费用支出。要严格成本管理办法，明确成本管理原则，规范成本开支范围，层层落实成本管理责任。研究建立标准成本管理体系，制定定额标准，推行成本定额管理。

第四节　电网企业重要经营指标分析

电网企业重要经营指标有供电量、售电量、电能损耗率、应收账款和平均电价等指标，现分别予以分析如下。

一、供电量分析

电力工业的发展，是国民经济发展的基础和保证。从20世纪70年代后期随着国民经济的增长至2006年底，中国发电装机总容量达到6.22亿kW，年发电量累计达到28 344亿kWh，基本上满足了国民经济发展的需要。最近几年来，随着电力工业的发展和国民经济产业结构的调整，电力供求矛盾初步得到了缓解，全国发电量增长速度有所减缓，局部地区还出现发电装机容量过剩，用电负荷需求增长缓慢的局面。这并不等于说，电力供求矛盾得到了根本性缓解。根据国家国民经济发展战略计划，21世纪前10年全国GDP发展速度还要保持在7%以上，这就要求电力发展必须保持适当的发展速度。当前不少电网结构比较薄弱，在一定程度上限制了电力消费。随着国家加大城网、农网改造的力度，电网薄弱的状况将得到很大程度的改变，这将使电网输配电的能力大大加强，那部分被抑制的电力需求将逐步释放出来。因此，做好供电量的分析和预测是保证电力工业发展的前提条件。

供电量的不断增长是电力工业发展的根据。供电量的分析和预测是为了保证无条件供应国民经济各部门及人民生活以充足的电力需求，也是电力工业自身健康发展的需要。供电量的分析和预测，是电力规划工作的重要组成部分和基础。供电量的分析结果能反映电力工业的发展水平、发展速度、能源动力资源的需求量。供电量的分析和预测为电力建设规模、电力工业布局、能源资源平衡等提供可靠的依据。

供电量受多方面因素的影响，既受国民经济发展的影响，又受各用电部门和用电设备的用电特性和用电方式的变化的影响，同时还受气候条件变化的影响。例如，工业用电在行业之间就存在着差别，同样的用电设备容量下连续生产企业比三班制生产企业用电量大，三班制生产企业又比二班制生产企业用电量大。农业用电，在排灌期用电量就比其他时期大。城乡居民的生活用电又受人均收入水平、家用电器的普及率等因素的影响。另外供电量还受电价的影响。在影响供电量的多种因素中，许多因素具有很大的不确定性，如政治经济条件，天气变化等往往难以准确预料，这就给供电量的分析和预测带来很大的难度。虽然偶然因素的影响不可小视，但从一段时间上来看却具有一定的规律性。

二、售电量分析

售电量是供电企业一个重要的指标，是供电企业的主营业务，其完成情况直接影响着另外两个重要指标即电能损耗和利润的完成，供电企业必须作为重点进行分析。其分析的主要内容包括以下几个方面：

（1）售电市场常规用电结构分析，以行业、电压等级或售电区域细分为原则，基本以社会发展变化、产业政策及客户需求为主要分析因素，分析售电市场不同属性用电特点、增长比例、贡献率和增长趋势，对增长较快的行业我们要给以重点关注，对增长较快的、区域的、某一电压等级的客户群我们可进一步对比城网负荷分配，是倒路、还是改造，以保证售电市场需求。

（2）售电市场增长点的分析，基本上以需求侧管理措施和报装接电为主要分析因素，通过售电量增长与需求侧管理措施、报装接电量及接电率的挂钩，分析我们内部营销工作开展的效率，以便制订措施，改进流程，提高售电收益。

（3）大用电客户用电情况、特点和趋势分析。在基层供电公司售电结构中，如果有占本公司售电量 5%以上的大用电客户，它的一举一动直接影响公司售电量的波动，因此，对大用电客户要及时沟通，了解其生产状况及计划检修情况，与电网互动配合，达到最佳售电收益。

（4）售电制约因素的分析，主要以供电企业内部生产与营销的配合工作、内部管理工作为主要分析内容，包括计划检修、故障停电、带电作业、报装接电配合作业、计量不准、窃电、电费差错等因素。通过分析可以纵向比较，找出差距，严细管理，以便采取相应的对策与措施，及时调整服务的重点。

三、售电量管理

售电量指标对供电企业来说是一个龙头指标，其对供电企业的经济效益起着决定性作用。千方百计提高售电量是供电企业的根本任务，如何科学管理售电量有不少方法，首先从宏观上管好售电量，一是要占领市场，在行政区内，合理布局电力网络，在周边地区扩大覆盖面，逐步形成在本企业供电区域内市场无其他电力商插足之地，并尽量占领周边市场；二是积极配合政府引资办厂，提高电网利用率，增加售电量；三是加快城乡电网改造，解决过负荷问题，使人民可以敞开用电，从而提高电气化水平，增加售电量；四是积极搞好宣传，推行优质服务，使电能以干净、快捷、方便的优势成为居民首选的优质能源。除了在宏观上采取增供扩销、优质服务外，还可以用科学考核指标来管理售电量，可以用年售电量、年售电量增长率、人均售电量和万元资产售电量指标来管理售电量。

为了管理方便，还可以用坐标系图示法来管理售电量指标，这样可以达到比较直观的分析电增减变化，找出影响因素，提出管理意见的目的。具体方法是以横坐标表示月份，纵坐标表示售电量，分别作出上年度月份售电量变化曲线和本年底计划月份售电量曲线，根据实际再做出实际完成情况曲线。通过图示可直观的找出实际完成情况和上年差别以及计划售电量的差距。该曲线可以做一个供电公司的总曲线，也可做分公司售电量曲线，还可以按售电量行业、类别、甚至某一大用户做曲线图，通过曲线图可以发现同上年及计划的差距，对变化较大的月份，进一步按影响因素分解，可以发现是哪个分公司、行业、企业的什么因素影响了售电量的增减变化，以便总公司提出科学的管理策略。总之，一切与时间变化相关的指标均可以使用这种方法，并可以根据指标的需要进一步细分或叠加比较。

四、电能损耗率分析

电网电能损耗（简称线损）是电能从发电厂传输到客户过程中，在输电、变电、配电和营销各环节中所产生的损耗和损失。电能损耗率是综合反映电网规划设计、生产运行和经营管理水平的主要经济技术指标。为此，2003 年国家电网公司为了规范供电企业电能损耗管理，提高电网经济运行水平，依据国家有关法律、法规，专门制定了《国家电网公司电力网电能损耗管理规定》。在供电企业电网损耗管理分析中，应该抓好电能损耗管理措施分析、电能损耗指标管理分析、关口计量（供电量）分析、营销管理（售电量）分析、电能损耗分析报告分析五个环节。

1. 电能损耗管理措施

供电企业电能损耗管理是在国家电网公司的统一领导下、采取省、地、县分级管理的方式，各省、地、县电力企业计划部门、生产技术部门、市场营销部门、农电管理部门、财务部门、调度中心等部门分工负责，对电能损耗实行全过程、全方位的管理。电能损耗管理措施分析的重点是：首先，要查供电企业是否建立健全了电能损耗管理领导小组，其成员是否配齐，看企业的电能损耗管理制度是否完备，是否分解下达了电能损耗率指标，是否制订了近期和中期的电能损耗率控制目标；其次，要查各部门电能损耗管理职责是否明确，看有无相互之间推诿责任的现象发生；最后，要查电能损耗管理日常工作的归口管理部门，是否设置电能损耗管理岗位，配备专责人员，检查所属各单位执行电能损耗管理制度的情况。

电能损耗管理措施分析，是电能损耗分析工作的开始。搜集和熟悉企业电能损耗管理的各种制度、规定、细则，掌握各级供电单位对电能损耗管理工作的具体要求，是搞好下一步电能损耗分析工作的基础。这一环节的分析，主要以翻阅文件、看记录为主。

要把电能损耗率降低到合理的水平，必须要有健全的电能损耗管理组织体系和各部门明确的具体职责来做保证。

2. 电能损耗指标管理分析

各省供电单位在确保完成国家电网公司下达年度电能损耗率计划指标的前提下，要将年度电能损耗率指标分解下达到各地（市）供电公司及省调度中心。各地（市）供电公司要将电能损耗率计划指标向各县供电公司作进一步的分解。各供电企业要定期组织负荷实测，进行电能损耗理论计算，35kV及以上输电网每1年1次，10kV及以下配电网每2年1次，为电能损耗率指标的下达提供依据。电能损耗计划指标是分析各级供电单位是否完成电能损耗任务的重要依据，电能损耗指标管理分析的重点，首先要查年初电能损耗计划下达的科学性，看年中有无调整电能损耗计划的文件，调增或调减电能损耗指标对完成全年计划电能损耗率的影响程度；其次要查供电量（电厂上网电量、电网外购电量、电网输入电量、电网输出电量）、售电量（所有终端客户的抄见电量）统计的方法，看电能损耗率计算方法是否正确；最后比较各供电单位的电能损耗率完成情况，看各供电企业是否建立电能损耗小指标内部统计与考核制度。电能损耗指标管理分析，在于确定各供电单位的电能损耗指标是否科学与符合实际，它将直接影响基层单位完成电能损耗指标计划的积极性。这一环节的分析，主要以搜集、整理被分析单位近几年电能损耗指标下达的依据，看有无“鞭打快牛”现象。

3. 关口计量（供电量）分析

关口计量是否合理、准确，是计算电能损耗率指标的关键。在售电量一定的前提下，供电量越大，电能损耗率越高。关口计量点的确定，直接关系着各供电单位供电量的正确与否，关口计量点是指与各电网经营企业贸易结算电量及企业内部考核结算的电量计量分界点。为此关口计量分为贸易结算电量与企业内部考核结算电量两个指标。关口计量（供电量）分析重点，首先，查关口计量点的个数，看中途有无换电度表的记录，是否存在丢失电量或虚增电量的现象；其次，查关口表计所在母线电量平衡，看220kV及以上电压等级和110kV及以下电压等级母线电量不平衡率是否分别控制在±1%和±2%以内；最后，查各供电单位月、季及年度加计汇总的供电量与上一级供电单位的加计汇总的供电量是否相同，看有无加计错误或人为调整供电量的现象。关口计量（供电量）分析，是电能损耗分析的重要环节，供电量的真实与否不仅关系到供电企业电能损耗率的高低，而且关系到与各发电企业的贸易结算电量，关系到供电企业的购电成本。这一环节的分析，主要以核实各关口计量点是否合理，抄录电量是否准确，各级供电单位加计汇总的供电量有无差错。

4. 营销管理（售电量）分析

营销管理由营业报装、日常营业、电能计量、抄核收管理、管理电能损耗、财务管理（应收、实收、欠费的管理）和财务监督组成。各供电企业必须加强电力营销管理，建立健全营销管理岗位责任制，减少内部责任差错，防止窃电和违章用电，充分利用高科技手段进行防窃电管理，坚持开展经常性的用电检查，对发现由于管理不善造成的电量损失应采取有效措施，以降低管理电能损耗。营销管理（售电量）分析的重点，首先核对计划部门、市场营销部门等部门的报表采用的售电量数据是否一致；其次检查是否制定抄表制度，看所有客户的抄表例日是否固定，有无人为调整抄表例日、调整售电量的现象；其三查看抄表记录，看动力用户、照明用户的抄表率是否达到规定的要求；最后查看低压电能损耗分台变（区）管理，看是否制定低压电能损耗分台变（区）的考核管理制度，是否对分台变（区）电能损耗管理实施了全过程管理。营销管理（售电量）分析，是电能损耗分析的关键环节，售电量的真实与否不仅关系到电能损耗率的高低，而且对电费收入也影响很大。这一环节的分析，主要以抽查岁末年初的抄表记录、抽查大工业客户的抄表记录、查看分台区的低压电能损耗报表为主，确定售电量的真实程度。

5. 电能损耗分析报告分析

各供电单位每年都要做好年度降损项目的经济效益分析，对出现的问题特别要加强定量分析。对本单位电能损耗情况应该每季度进行一次分线、分压、分区和电能损耗率波动大的原因的分析，每半年进行一次小结。从理论上讲，只要用电客户比较均衡地用电，各单位在规定的时间内抄录供、售电量，计算上不出现差错，也无“跑、帽、滴、漏、窃”的现象发生，电能损耗率应该是在一个很好的水平直线上。但在实际工作中，各单位电能损耗率指标完成的情况总是千差万别，有时每个月实际完成的电能损耗率波动很大，只要人们用坐标图去分析各单位电能损耗率的走向，就会发现“高山”或“低谷”的现象。如果人们不加强分析，对存在的问题不采取措施，要完成全年的电能损耗指标，那只是一句空话。电能损耗分析的重点，首先查各级供电单位有无电能损耗分析报告，看对电能损耗管理中存在的问题，是否提出了解决问题的对策和下一步工作的重点措施；其次查电能损耗指标完成情况的分析资料，看各基层单位电能损耗率完成情况对上一级电能损耗指标完成情况的影响程度；最后查电能损耗构成情况分析，看综合电能损耗率、网损率、地区电能损耗率、电压等级电能损耗率、扣除无损电量、趸售电量的电能损耗的分析，量化到造成电能损耗率升、降的原因和影响程度。电能损耗分析报告分析，可以帮助分析人员发现被审单位在电能损耗管理工作中存在的问题。这一环节的分析，主要以分析数据、查看工作质量为主。电能损耗分析报告质量的高低，对努力降低电能损耗，完善电能损耗的管理工作，具有实际指导意义。

在分析实践中，上述五个环节的分析工作不分先后顺序，它们相互交叉，相互补充，在实际分析工作中，要根据具体情况，合理的应用分析方法，抓住每个分析环节的重点，力争不漏项。对省、地、县、站（所）四级供电单位的电能损耗管理分析的重点也不相同，上层供电单位主要以核对数据来源、叠加数据是否准确，各部门之间统计供、售电量的口径是否一致。对主基层供电单位主要以分析管理电能损耗为主，既要分析全年的电能损耗指标完成情况，又要分析每月、每季的实际电能损耗率，既要分析分区、分压、分线的电能损耗率，更要分析分台区的380V低压电能损耗率，既要分析理论电能损耗率计算是否正确，更要分析管理电能损耗是否到位。总之，电能损耗率指标是一项反映供电企业管理水平高低的指标，是供电企业一项综合性很强的电力指标，一个供电单位完成电能损耗率的好坏，直接关系到这个单位的利润指标的完成，直接反映这个单位的供用电管理水平高低。电能损耗管理分析和其他分析项目一样，有它自身的规律可循，只要广大内部分析人员，认真的总结电能损耗管理分析的经验，相信我们一定能为建设电能节约型企业作出我们应有的贡献。

6. 电能损耗管理方法

电能损耗管理可以从技术和管理两方面入手。

（1）在技术方面上，一是装设高精度、低损耗设备；二是通过经济技术论证，尽量采用高一级电压输电；三是在计量设施上配备高精度表计；四是在无功补偿上采取有力措施，在电力调度上要求各发电厂按比例给电网输送无功电量支撑电网，在高压部分和低压部分分别安装一部分无功补偿设备。

（2）在管理方面上，一是要根据电力潮流进行经济调度，减少迂回供电；二是要加强设备修试和电能表的定期校验，使设备始终处于良好的工作状态；三是要组织一支技术力量强和具有强烈责任感的电力反窃电队伍，对电力用户进行专业性检查，为了克服执法检查的片面性，每年至少开展两次大规模的营业检查工作，推行电能损耗营业管理责任制；四是规范电量监抄制度，除管理人员每月抄收电量外，另派用电检查人员对大用户进行电量监抄，及时掌握用户的电量变化，通过分析用户用电情况和用电量，对产生疑点的用户实行重点跟踪监察。

在供电企业的工作中，电能损耗完成指标往往体现了该单位或部门的管理情况，但由于电能损耗受供电量、负荷率、售电结构、电力网络状况、电力设施参数、管理力度等众多因素的影响，因此如果挑选合理的电能损耗分析方法、如果对电能损耗情况进行准确分析关系到该部门降损工作的实际效果。

下面就供电企业常用的九种电能损耗分析方法进行简单说明，希望能对公司各单位电能损耗分析起到一定作用。

1. 剖析法

剖析法即人们工作中最常使用的，将分析范围划分为若干个子单位进行细分析的方法。拿某公司为例，以每一个变电站为一单位，即可对电网损耗情况进行剖析，判断电网耗损产生的范围和原因；以供电所为单位情况进行分析可了解每个供电所的电能损耗情况；再细则可按供电线路，对某线路分支、每台变压器、每个管理人员等进行细分，该方法可以按各部门的不同分工进行不同的配置。

2. 无损分析法

无损分析法即排除去无电能损耗电量的用户因素后，进行电能损耗分析的方法。拿某公司为例，正大水泥厂对该公司 10kV 电能损耗降损中就起到较大作用，因为该用户为变电站 10kV 母线计量，中间的 10kV 电能损耗基本上可为零，在统计过程中只造成供电量增加，电能损耗电量不变。因此在实际电能损耗分析过程中，应将供电量中无损电量扣除，再进行电能损耗率的重新计算，方可得出较准确的电能损耗情况。

3. 同期比较法

同期比较法即通过对时间条件相似的月份进行比较的方法对电能损耗进行分析。通过对往年同时期电能损耗情况进行比较，可分析出电能损耗的实际管理情况。

4. 平均分析法

平均分析法即通过某短时期的电能损耗与之前某段较长时间的平均电能损耗进行比较，分析出电能损耗的真实管理情况。通过该方法将某月的电能损耗与上年累计电能损耗情况（平均电能损耗）进行比较，可得出该电能损耗是否超出电能损耗正常范围。在公司电能损耗较高的情况下，当年度每月的电能损耗均应低于上年的平均电能损耗。

5. 统计电能损耗与理论电能损耗比较法

统计电能损耗与理论电能损耗比较法，是比较客观地体现了某范围内管理人员对电能损耗的管理情况。通过与理论电能损耗进行比较，人们能够准确分析某时间内某些管理人员电能损耗管理的状况如何，统计电能损耗偏离理论电能损耗过高或过低均不正常。但由于理论电能损耗计算复杂，且受时间、温度、负荷、线径、线距、线质等因素影响，数值有一定变化，因此并不作为进行电能损耗分析的常用方法。

6. 负荷平衡法

在供电线路上，三相负荷平衡率对电能损耗率高低起到重要影响。由于电能损耗率的高低与三相不平衡率的平方成正比，即三相不平衡率提高 1 倍，电能损耗率增大为 4 倍。因此，负荷平衡分析可作为电能损耗分析的一重要部分进行重点分析。某供电公司各供电所均较多公变台区管理人员均存在这方面的管理误区，均以为将负荷集中到一相，将降低其他两相的电能损耗电量。按电能损耗管理方法来说，负荷越低、三相平衡率越高，电能损耗率越低。

7. 分相分析法

分相分析方法是在负荷平衡法的基础上建立起来的，必须在三相负荷基本平衡的前提下进行分析。在三相负荷基本平衡的前提下，可以对三相供电线路中各项进行对比分析，可对窃电、线路运行状况进行分析，发现问题及时解决。

8. 横向分析法

横向分析法即对供电环境（电量、网络情况等）相当的，管理水平较为领先的供电企业进行横向比较，可及时发现自身不足，挖掘自身降损潜力。

9. 理论计算分析法（定性分析法）

理论计算分析法（定性分析法），即通过对某时间内各项参数进行理论电能损耗计算，得出电能损耗管理的真实情况。

供电公司各供电所可在以上九种电能损耗分析方法中选择合适的电能损耗方法进行横向和纵向比较，对照和查找自身管理中的不足，以提高电能损耗分析和电能损耗管理工作水平。

五、应收账款分析

对电网企业而言，应收账款主要是指电费。在市场经济条件下，各种企业成了自主经营、自负盈亏的主体，在受到产业政策、加入世贸、市场开放等外部经营环境的冲击时，很多企业不能及时调整经营策略，内部管理不善，欠费矛盾日益尖锐，更有甚者拿电费作流动资金滚动经营，当然欠费情况十分复杂，已对供电企业的正常工作造成了相当大的影响，出现了大量的欠账、呆账和坏账，供电企业不得不将欠费催交工作放到了重要的议事日程上，但还不能建立有效的催收体系，其根本原因是没有建立电费拖欠分析预警机制。

电费分析预警体系包括以下几个方面：

（1）电费拖欠的原因分析，一是需求方因素分析：用电客户原因造成的欠费，但大多数情况不是客户没有资金，而是没有交电费的资金，或者挪作他用，也就是说有无意欠费和有意欠费。通过这方面的分析可以掌握拖欠电费客户的构成，建立电费信用等级，对有欠费可能的客户提前采取措施，加大催收力度，保证电费及时回收。二是金融体系因素分析：这个因素大多是假欠费，现在收取电费的银行数量较多，只要认真总结分析，就可以找出问题的根源，多与银行协商沟通，问题就可以在动态的收费过程中化解。三是供电企业自身的因素分析：它包括催费人员素质、经验、责任心以及管理制度、考核制度、奖惩兑现等情况。如果是催费人员自身问题，那么可以不断地加强培训，交流经验，提高催费技巧和催费责任意识；如果是制度缺陷，进一步完善制度。

（2）欠费回收情况的分析：对催收欠费哪些措施更有效，催收效果如何，是否对特殊欠费有针对性，对多数欠费户有借鉴的普遍性。

（3）建立欠费分析预警机制：期末欠费进行多梯次分析预测，对可能达到不同的数量等级，报告不同层次的领导，引起重视，动员必要的力量，采取有效措施，确保期末电费回收。

电费是“电”商品价值的货币表现，由于历史原因，用户先用电后交费，对电力是商品的意识一直淡薄，部分效益低下、企业信用度差、无支付能力，使供电企业欠费已经到了十分严重的地步。如何改变这种现象，应从五方面入手：首先，应加大电是商品的宣传，在全社会树立起用电是权利、交费是义务的概念，以理服人，搞好优质服务，以情感人，并可与金融部门联系，由用户在银行开设电费资金账户，用户先交钱后用电，交多少钱，用多少电，但真正把电费回收工作落到实处，还得电力企业和全体营业人员坚持不懈的努力；第二，收费工作应引起各级领导的高度重视，必要时寻求政府支持，协调回收电费；第三，制定一套严格的电费回收奖惩办法，发扬三千精神，调动营业人员的收费积极性，及时回收电费；第四，灵活变通，多渠道回收电费，如帮用户推销产品，使其及时回收货款，或采取物资兑换、房产抵押等办法冲抵电费等，都不失为回收电费的有效途径；第五，拿起法律武器，依法催收电费，对那些赖账户、难缠户等恶意欠费用户，依法提起诉讼，通过法律程序使其交费。

六、售电单价分析

售电平均单价是影响营销利润的又一个重要因素。由于历史的原因，我国的电价构成非常复杂，又由于电价是国家价格政策的重要组成部分，电价的政策性很强，其随时调整的可能性不是完全市场化，要分析好并非易事。

对电价的分析包括以下几个方面。

1. 实际电价执行情况分析

各行业、电压等级、区域电价执行结果的变化，对总平均电价的影响因素及影响量的分析，比如一个行业电价增长很大，对总平均电价的影响量或贡献率很大，是什么因素带来的，它包括：① 峰谷电价执行情况，不同行业、电压等级、区域峰谷电价的变化及执行到位率分析；② 功率因数调整电费执行情况，不同行业、电压等级、区域功率因数调整电费的变化及执行到位率分析；③ 基本电费执行情况，大工业需量与容量、不同电压等级、区域基本电费的变化及执行到位率分析；④ 不同行业、电压等级、区域违约用电查处量的变化及执行到位率分析。

通过分析人们可以发现，对平均电价影响比较大的因素，如果是峰谷电价执行不到位，就可以筛选出来应当执行峰谷电价却还没有安装峰谷电表的客户，如果是功率因数调整电费执行不到位，就可以筛选出来应当执行功率因数调整电费却还没有安装无功电表的客户等。通过细分可以找出缺陷，使工作进一步到位，确保供电公司合理的回收受益。

2. 不同用电结构变化对平均电价影响的分析

可以分析出不同属性的客户群电量比重的变化造成平均电价变化的量，其根源是售电量，进一步分析的内容同售电量分析。

3. 政策调价因素影响的分析

按照电价种类明细电价调整量与各种类售电量所占比重，分析出对总平均电价的影响量，在人们分析本公司平均电价增长时进行扣除，还原为可比口径，以便分析出公司售电平均电价的真实水平。

4. 电力市场营销最优促销电价的测定分析

在购电成本相对固定的情况下，售电量越大，供电成本就越高，况且所有增加的售电量并不都是高于平均电价的电量，因此就有必要测算出一个最优促销价格区间，一旦增长电量部分的价格低于这个区间，说明人们的工作没有意义，甚至造成利润下降，当然高于这个区间的情况非常少，那就是需要大量的投入，这时可以争取地方政府的支持。

5. 平均售电单价管理

平均售电单价管理，主要应从内部管理入手，因为平均电价核算复杂，管理难度较大，如果供电企业政策管理水平低，对某一企业应适用较高电价可能会核定为较低电价，营业人员的谋私行为，也可能故意定错价，加之某些分公司为了完成电能损耗考核指标，人为将高电价电量折成低电价，导致电价水平降低等，这些都会影响平均电价降低。如何管好平均电价？笔者以为，一是加强对抄、核、收人员的培训，提高其业务素质和政策水平，避免用电分类中的失误；二是加强教育，对一些以电谋私的供电营销人员处以重罚，达到警示教育；三是加强营业普查力度，定期开展电价大检查，准确执行电价。

第五节　电网企业经济活动综合分析

如果用财务指标对企业的经济活动进行综合分析，就需要将各项财务指标作为一个整体，系统、全面、综合地对企业财务状况和经营情况进行剖析，解释和评价，说明企业整体的财务状况和效益的好坏。

综合分析的方法有很多，其中主要的有杜邦财务分析体系、沃尔比重评分法等。

一、杜邦财务分析体系

杜邦分析法利用几种主要的财务比率之间的关系来综合地分析企业的财务状况，据此建立财务比率分析的综合模型来综合分析和评价公司财务状况和经营成果的方法。采用这一方法，使分析的层次更为清晰、条理更为突出，是来评价公司赢利能力和股东权益回报水平，从财务角度评价企业绩效的一种经典方法。其基本思想是将企业净资产收益率逐级分解为多项财务比率乘积，这样有助于深入分析比较企业经营业绩。

1. 杜邦分析法概念

杜邦分析法（The Du Pont System）利用几种主要的财务比率之间的关系来综合地分析企业的财务状况，这种分析方法最早由美国杜邦公司使用，故名杜邦分析法。杜邦财务分析体系是一种比较实用的财务比率分析体系。这种财务分析方法从评价企业绩效最具综合性和代表性的指标——净资产收益率出发，层层分解至企业最基本生产要素的使用，成本与费用的构成和企业风险，从而满足通过财务分析进行绩效评价的需要，在经营目标发生异动时经营者能及时查明原因并加以修正，同时为投资者、债权人及政府评价企业提供依据。

2. 杜邦分析法特点

杜邦模型最显著的特点是将若干个用以评价企业经营效率和财务状况的比率按其内在联系有机地结合起来，形成一个完整的指标体系，并最终通过权益收益率来综合反映。采用这一方法，可使财务比率分析的层次更清晰、条理更突出，为报表分析者全面仔细地了解企业的经营和盈利状况提供方便。

杜邦分析法有助于企业管理层更加清晰地看到权益资本收益率的决定因素，以及销售净利润率与总资产周转率、债务比率之间的相互关联关系，给管理层提供了一张明晰的考察公司资产管理效率和是否最大化股东投资回报的线路图。

3. 杜邦财务分析图

杜邦分析法利用各个主要财务比率之间的内在联系，建立财务比率分析的综合模型，来综合地分析和评价企业财务状况和经营业绩的方法。采用杜邦分析图将有关分析指标按内在联系加以排列，从而直观地反映出企业的财务状况和经营成果的总体面貌。

杜邦财务分析体系，如图 13-1 所示。

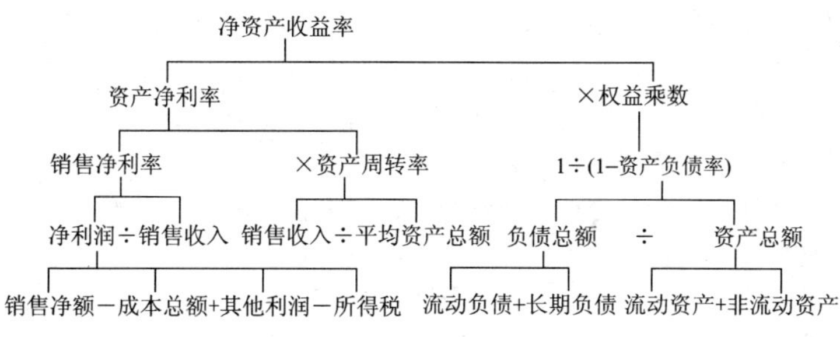

图 13-1 杜邦财务分析体系图

从图 13-1 所示的各财务指标之间的关系可以看出，杜邦分析法实际上从两个角度来分析财务，一是进行了内部管理因素分析；二是进行了资本结构和风险分析，即

净资产收益率=资产净利率×权益乘数

权益乘数=1÷(1−资产负债率)

资产净利率=销售净利率×总资产周转率

销售净利率=净利润÷销售收入

总资产周转率=销售收入÷总资产

资产负债率=负债总额÷总资产

杜邦分析图提供了下列主要的财务指标关系的信息：

（1）净资产收益率是一个综合性最强的财务比率，是杜邦分析系统的核心。它反映所有者投入资本的获利能力，同时反映企业筹资、投资、资产运营等活动的效率，它的高低取决于总资产利润率和权益总资产率的水平。决定净资产收益率高低的因素有权益乘数、销售净利率和总资产周转率三个方面。权益乘数、销售净利率和总资产周转率三个比率分别反映了企业的负债比率、盈利能力比率和资产管理比率，这样分解之后，可以把净资产收益率这样一项综合性指标发生升降变化的原因具体化，比只用一项指标更能说明问题。

（2）权益乘数主要受资产负债率影响。负债比率越大，权益乘数越高，说明企业有较高的负债程度，给企业带来较多的杠杆利益，同时也给企业带来了较多的风险。对权益乘数的分析要联系销售收入，分析企业的资产使用是否合理，联系权益结构分析企业的偿债能力。在资产总额不变的情况下，适当开展负债经营，可以减少所有者权益所占的份额，从而达到提高净资产收益率的目的。

（3）资产净利率也是一个重要的财务比率，综合性也较强。它是销售净利率和总资产周转率的乘积，因此要进一步从销售成果和资产营运两方面来分析。

销售净利率反映了企业利润总额与销售收入的关系，从这个意义上看提高销售净利率是提高企业盈利能力的关键所在。要想提高销售净利率：一是要扩大销售收入；二是降低成本费用。而降低各项成本费用开支是企业财务管理的一项重要内容。通过各项成本费用开支的列示，有利于企业进行成本费用的结构分析，加强成本控制，以便为寻求降低成本费用的途径提供依据。

资产周转率是反映运用资产以产生销售收入能力的指标。资产周转率受资产总额制约影响，资产总额由流动资产与长期资产组成，它们的结构合理与否将直接影响资产的周转速度。一般而言，流动资产直接体现企业的偿债能力和变现能力；非流动资产体现企业的经营规模和发展潜力。两者之间应有一个合理的结构比率，如果企业持有的现金超过业务需要，就可能影响企业的获利能力；如果企业占用过多的存货和应收账款，则既要影响获利能力，又要影响偿债能力。为此，就要进一步分析各项资产的占用数额和周转速度。对流动资产应重点分析存货是否有积压现象、货币资金是否闲置、应收账款中分析客户的付款能力和有无坏账的可能；对非流动资产应重点分析企业固定资产是否得到充分的利用。

4. 杜邦分析法的局限性

从对企业经营活动评价的角度来看，杜邦分析法只包括财务方面的信息，不能全面反映企业的实力，有很大的局限性，在实际运用中需要加以注意，必须结合企业的其他信息加以分析。其主要表现在以下几点：

（1）对短期财务结果过分重视，有可能助长公司管理层的短期行为，忽略企业长期的价值创造。

（2）财务指标反映的是企业过去的经营业绩，衡量工业时代的企业能够满足要求。但在目前的信息时代，顾客、供应商、雇员、技术创新等因素对企业经营业绩的影响越来越大，而杜邦分析法在这些方面是无能为力的。

（3）在目前的市场环境中，企业的无形知识资产对提高企业长期竞争力至关重要，杜邦分析法却不能解决无形资产的估值问题。

二、沃尔比重分析

在进行财务分析时，人们常遇到一个主要困难是在计算出各项财务比率后，无法判定其是偏高还是偏低。将所测算比率与本企业的历史水平或计划、定额标准相比，也只能看出本企业自身的变化，很难评价其在市场竞争中的优劣地位。为了弥补这些缺点，亚历山大•沃尔在本世纪初出版的《信用晴雨表研究》和《财务报表比率分析》中提出了信用能力指数的概念，他选择了 7 个财务比率即流动比率、产权比率、固定资产比率、存货周转率、应收账款周转率、固定资产周转率和自有资金周转率，分别给定各指标的比重，然后确定标准比率（以行业平均数为基础），将实际比率与标准比率相比，得出相对比率，将此相对比率与各指标比重相乘，得出总评分，从而对企业的财务状况做出评价。一般认为，总评分接近 100，说明企业的整体财务状况良好；总评分远远低于 100，说明企业整体财务状况较差。

沃尔比重评分法的基本步骤包括以下几点：

（1）选择评价指标并分配指标权重。

通常应该选择能够说明问题的重要指标，在每一类指标中，还应选择有代表性的重要比率，如盈利能力、偿债能力和发展能力比率指标。其中，盈利能力的主要指标是资产净利率、销售净利率、净资产报酬率。偿债能力的主要指标是资产负债率、流动比率、应收账款周转率、存货周转率。发展能力的主要指标是销售增长率、净利增长率、资产增长率。

各项比率的重要性系数之和应该等于 1、重要程度的判定，可以根据企业的经营状况、管理要求、发展趋势和分析的目的等具体情况而定。一般认为盈利能力、偿债能力和发展能力之间可大致按照 5:3:2 来分配权重。盈利能力指标三者的比例约为 2:2:1，偿债能力指标和发展能力指标中各项具体指标的重要性大体相当。

（2）确定各项比率指标的财务比率标准值和实际值。

进行财务比率分析，必须选定财务比率标准值作为比较的标准。财务比率标准值是指特定的国家、特定的行业、特定的时期的财务比率指标体系在本企业现时条件下的最理想的数值。行业平均比率通常作为标准财务比率，有了财务比率标准值就可以作为评价电网企业财务指标优劣的参照物。然后根据企业会计报表，分项计算各项指标的实际值。

（3）计算关系比率。

各指标实际值与标准值的比率，成为关系比率或相对比率。计算关系比率的公式为

关系比率=实际值/标准值

（4）计算各项比率指标的综合指数及合计数

各项比率指标的综合指数是关系比率和评分值的乘积，其合计数可作为评价企业财务状况的依据。一般而言，综合评分合计数如果为 100 或接近 100，表明其财务状况基本符合要求，否则表明企业财务状况偏离标准要求。

沃尔比重评分法存在两个缺陷：一是所选定的指标缺乏证明力；二是当某项指标严重异常时，会计对总评分产生不合逻辑的重大影响。

通常认为，在选择指标时，偿债能力、运营能力、获利能力和发展能力指标均应当考虑到，除此之外还应当适当选取一些非财务指标作为参考。

第十四章

电网企业财务战略

第一节　电网企业财务战略概述

财务战略是指理财主体（企业）根据理财环境的变化和发展趋势，为实现理财目标，对影响企业全局的重大财务问题，所制订的具有方向性的谋略。财务战略管理是对财务战略的制订和组织实施方面的管理，是企业财务管理的关键。实行财务战略管理将使企业分清战略性财务问题和非战略性财务问题，提高管理的效率，改进财务管理工作。

企业财务战略是企业整体经营战略的组成部分，可成为一个相对独立的分战略包含在整体之中。因此，财务战略具有经营战略的一般属性，具有全局性、长远性、方向性等特点。

一、企业财务战略特点

1. 全局性

财务战略是以全局及整体经营活动中的财务活动为研究对象，是为谋求企业良好的财务状况和财务成果作出的筹划，并从全局上规定企业的财务行为，使之与企业的整体行动相一致，保证企业经营目标的实现。所以，凡是关系到企业全局的财务问题，如资本结构、投资方案、利润分配、财务政策等，都是财务战略要研究的问题。财务战略的研究必须根据上述要求，从整体上分析和评价企业的战略管理活动。

2. 长远性

财务战略的着眼点即在于企业长远的发展。所以，财务战略应研究长期资金筹集和使用、企业积累的形成等方面的问题，要在预测分析的基础上，提出长期财务战略方案。

3. 方向性

从内容上看，财务战略具有方向性的特点。财务战略是对企业生存和发展的支持，所以必须从财务管理的角度分析评价企业的发展方向，研究如何把有限的资金投放到有利于企业发展的项目上，或为调整企业经营方向提出调整资金投放的谋略。

4. 从属性

企业财务战略必须服从企业经营战略总体发展目标，必须服从企业总体发展的方向。

5. 风险性

由于企业的理财环境变化不定，国内外政治经济形势、价格波动、税率变更、投资环境、技术水平等诸因素的影响，都将会使企业制订财务战略发生困难。企业财务战略如何适应企业理财环境中的不可控因素，主要依靠财务决策者的知识、经验和判断力来决定。科学合理的财务战略一旦实现，就会给整个企业带来生机和活力，使企业得以迅速发展。反之，则会给企业带来较大损失，甚至使企业陷入困境。

二、财务战略要素

从财务战略的形成过程及组成内容看，财务战略有战略总目标、战略分析、战略具体目标、战略重点、战略阶段、战略对策等六个要素组成。

1. 战略总目标

财务战略目标可分为财务战略总目标和财务战略具体目标。财务战略总目标是制订和实施财务战略的指导思想，也是企业财务活动的核心部分。财务战略总目标突出了企业战略特点，要求高瞻远瞩，放眼未来，积极进取，运筹全局。财务战略总目标不仅影响财务战略的制订，而且还指导财务战略的实施。所以，能否正确确定财务战略总目标，对财务战略的制订和实施是至关重要的。

2. 战略分析

战略分析是事前对影响企业财务战略的因素进行系统的预测分析，从而确定企业财务战略的具体目标。战略分析是企业财务战略形成过程中的一个重要环节，战略分析的准确程度，直接影响财务战略的质量。进行战略分析时应从外部因素和内部因素两方面考虑。

（1）外部因素的分析。

外部因素分析的目的是在于确认有限的、可以使企业受益的机会和企业应当回避的威胁。外部因素分析，并不是要列举无穷多的所有会影响企业财务战略的因素。只是要确认那些关键的、值得作出反应的变化因素。通过制订可以利用外部机会或减轻潜在威胁的战略，企业能够对这些因素作出或进攻性、或防御性的反应。

外部因素可以大致地包括五类：① 经济因素；② 社会、文化、人类和环境因素；③ 政治、政府和法律因素；④ 技术因素；⑤ 竞争因素。

识别和评价外部机会与威胁可以使企业能够制订明确的财务战略，设计实现长期目标所需的战略，以及制订实现年度目标所需要的政策。

（2）内部因素的分析。

所有企业在某些领域都有优势与弱点，内部优势与弱点加上外部机会与威胁，共同构成建立企业财务战略的基础。建立企业财务战略的出发点是要利用内部优势和克服内部弱点。这些内部因素包括管理、营销、财务会计、生产作业、研究开发、计算机信息系统。

3. 财务战略具体目标

财务战略具体目标是为实现总目标而制定的目标，它具体包括投资战略目标、融资战略目标和股利分配目标。财务战略具体目标是财务战略总目标的具体化，它既规定财务战略行动的方向，又是制订理财策略的依据，在财务战略中居于核心地位。财务战略具体目标正确，能取得筹资、投资的成功，增强盈利能力和积累能力，促进企业的发展；财务战略具体目标错误，可能使筹资、投资失败，恶化财务状况，丧失盈利能力，造成企业经营危机。所以，财务战略具体目标制订得正确与否，直接关系到企业的财务成果和经营的兴衰成败。

4. 财务战略重点

财务战略重点是指实现财务战略具体目标过程中，必须予以解决的重大的而又薄弱的环节和问题。在制订财务战略具体目标时，一般都要充分利用企业外部的机会和内部的优势，但也不能完全回避外部威胁和内部劣势所潜伏的威胁性影响。外部威胁和内部劣势正是实现战略目标的薄弱环节，如它们对实现战略目标有重大影响，或有长期影响，则如何转化和解决此薄弱环节就是战略重点。一般来说，筹资中的风险、投资中的风险往往会使筹资、投资环节成为财务战略重点；企业产品市场的变化，盈利能力的下降，资产负债率的升高等会使企业的劣势增大，也都会成为战略重点。

5. 财务战略阶段

财务战略阶段是为实现战略目标而划分的阶段。财务战略的规划期一般是 5 年、10 年，或更长一些。要在较长的时期内实现战略目标，必须要经过若干阶段。为使财务战略方案能有序地执行，必须分期规定各阶段的具体任务和目标，才能保证届时实现财务战略目标。因此，在制订财务战略时，必须根据现有条件和对理财环境变化和发展趋势的分析，划分财务战略阶段，提出各财务战略的时间、任务、目标及措施，明确各财务战略阶段的重点，使财务战略趋于完整。

6. 财务战略对策

财务战略对策是保证战略目标实现的一整套重要方针、措施的总称，是保证财务战略实现的手段。财务战略对策是仅仅围绕财务战略目标这个中心而提出的，所以它不同于一些解决非战略性问题的具体措施，而是与实现财务战略目标有密切联系的、重大的基本方针与措施。

财务战略对策是财务战略的实施部分，也可称之为战术。在研究财务战略对策时，必须以企业的财务状况和盈利能力为分析基础，注意造成自己的优势，才能在选择对策时保持主动权。

综上所述，财务战略的六大要素，组成一个完整的财务战略，其中财务战略总目标是导向；财务战略分析是基础；财务战略具体目标是核心；财务战略重点是关键；财务战略阶段是步骤；财务战略对策是措施。这六大财务战略要素相互依存，相互制约，相互促进，缺一就不能成为完整的财务战略。

第二节 电网企业投资战略

一、投资战略是企业总体战略中高层次综合性战略

在激烈竞争的市场经济社会中，企业投资的正确与否直接关系到企业的生死存亡。如何运用有限的资金来获取预期或者最大效益，是企业和企业家的首要任务。企业投资作为一项全方位工作，它不仅包含了企业经济活动的方方面面，而且涉及目前企业资源的运用，以及对未来资源配置的合理性和优化程度。企业投资战略作为企业总体战略中

的一个子战略，它是企业经营战略的实用化和货币表现，它影响着其他子战略的制订和实现，从这个意义上讲，它是企业总体战略中高层次综合性战略。

二、影响企业投资战略因素和决策

在我国目前市场经济条件下，影响企业选择投资战略的因素很多，但从客观的角度归纳起来可划分为五个方面：① 国家的经济形势、经济政策以及企业投资自主权的大小；② 企业所属行业或即将进入行业的技术结构、技术水平、竞争结构差异及平均利润率水平；③ 企业自身的生产经营状况；④ 产品市场需求及企业开发新产品的能力；⑤ 企业筹资及调配资源的能力。

由于企业的投资战略最终要落实到项目上才能实现，所以决定了任何一级投资主体的投资决策系统都将分为投资战略决策、投资结构决策和投资项目决策三个层次。在投资决策系统的三个层次中，上一级决策决定下一级决策，下一级决策又为上一级决策服务。

投资战略决策依据投资主体的发展方向来确定投资总规模；投资结构决策则是依据投资总规模将人力、物力、财力、资金等资源有效地分配到各个投资方向；投资项目决策则是在确定的投资结构下如何有效地实现战略目标所确定的投资项目。例如，在技术进步投资战略下，其投资规模确定之后，即可确定企业内部技术开发、技术创新、技术进步、技术改造等各项投资比例，进而通过每一项技术项目的实施来保证技术进步投资战略的实现。

投资形成的渠道可以从两种含义上理解：一是以社会总产品价值中各构成部分包括国际资本流入部分为分析对象的投资价值源流；二是指能够使潜在投资资源真正得到动员、最终进入社会投资领域的、与一定的经济主体或融资系统相关联的原始供给渠道。

在讨论后一种意义的投资形成渠道及其结构优化问题时，以下两点无疑应是战略设计者要考虑的重点：

（1）保证投资按预期战略目标形成的融通渠道完善问题。这属于投资形成结构要素优化的范畴。目前我国的投资融通渠道已多元化，但近年来随着市场经济发展产生的新渠道大多尚不够通畅或容量相当有限，其功能尚无法充分释放；同时还有一些在市场经济国家普遍运用的投资融通方式在我国尚未规模化、规范化地出现。这样一种存在诸多空白和缺陷的融资系统如果不能得到充分的改善，既有的投资潜量也就不可能得到充分动员，这本身也是导致我国长期以来实际投资要素供给能力不足的基本原因之一。在未来的投资战略选择中，扩大我国投资融通渠道包括工具体系，形成功能强大的融资系统的目标，予以专门的规划，并设计出强有力的推进措施，无疑是投资形成战略中需要着重研究部署的问题。

（2）不同融资渠道在社会投资形成中的地位及其相互间比例关系的合理确定问题。面对新世纪发展需要的融资系统是建立在经济运行市场化基础之上的，因而其结构的优化在保证投资形成战略目标的同时，也必须能够全面适应市场经济高效、有序发展的内在要求。

一方面，资金市场本身是一个庞杂的体系，它们所提供的不同的服务对投资形成的意义显然不尽相同。同时，不同的市场部分在发展、培育的条件与难度上也存在很大差异，这就需要进行充分的分析研究，确定出应着重发展的市场类型。另一方面，由于新世纪人们将面临大幅度的经济推进要求，而我国的特定国情，决定了某些必不可少的投资领域在经由市场导向时有可能得不到足够的支持，政府可以直接动员的投资资源显然也必须保持相当的比重。但是，如果政府对社会财力的集中过度，或多或少都会对培育企业投资主体、强化市场配置资源的功能产生影响。因此，如何确立市场形成投资与政府直接动员投资之间的最优动态比例包括其实现的保障，就需要结合不同投资主体的分工范围、投资结构战略、体制改革的客观要求及市场机制发育的实际状况来慎重考虑。

三、投资战略基本类型及选择

在企业总体战略的几大类型中，可以概括为创新发展战略和稳定发展战略两种基本战略。相应的企业投资战略也可界定为创新发展型投资战略和稳定发展型投资战略两种基本战略。

企业选择哪种类型的投资战略，取决于企业的市场前景和企业态势，而企业选择投资战略方向与确定投资战略态势的具体内容正是企业经营战略的核心，它构成了企业经营战略的前提。企业投资有投资战略类型选择、投资时机选择和投资规模选择三种选择，最后通过综合选择，实现投资项目的优化组合。

企业投资战略类型选择依赖于企业地位、市场时机和市场占有率三种因素。企业的地位可划分为主导、强势、尚可、弱势四个层次；市场及市场占有率即企业的收益和成长可界定为高、中、低三个档次。企业可根据以上界定对投资战略进行定位和选择。

在上述两种基本投资战略中，创新发展型投资战略的核心是企业发展，它能够使企业规模、经营领域、产品品种、经营利润等迅速扩大和增加。一个成功的企业，在企业特定的历史时期，都会实施创新发展型投资战略，借以实现企业的迅速发展，从而大大缩短企业从小到大、由弱变强的发展进程。企业投资时机的选择可依据企业自身的特点和经营总战略，针对企业所处的历史阶段而不同。

要根据企业具有开发实力且创新意识强；企业实力不足，力求稳定又要迅速盈利；企业综合实力强又跨行业生产；企业开发能力强而生产能力弱等综合分析来选择投资时机，一般将多种产品在生命周期的不同阶段进行组合或选择某种模式的变型，作为投资时机的选择是一个成功企业的普遍选择。

企业投资规模选择包括单个项目投资规模确定和企业总体投资规模确定两个层面。企业的物质技术条件决定着企业能够达到的规模，社会需要（市场需求）决定着投资项目所需要达到的规模，而经济效益则决定着投资项目实际达到的规模。

第三节　电网企业融资战略

健全电网企业融资体制，提高其可持续发展能力是电力体制改革重点之一。但在扩宽融资渠道、增加资金投入时，还应注意解决以下问题。

一、财务机制改革

电网企业要按照现代财务管理体系要求构建严密、高效的财务控制机制，能有力调控电网成本，改善企业财务状况。财务改革主要内容是变分散型财务管理为集约式财务管理，变与其他业务分隔的孤岛型财务管理为集成式财务管理，变局限于账户反映的核算型、事后型财务管理为管理型、全过程财务管理。

二、降低融资成本与风险

降低融资成本、规避融资风险是资本多元化的关键问题。根据资本结构理论，企业存在最佳资本结构，即资金成本最小、财务风险最小。在电网企业资本多元化融资时，必须合理地安排资本结构，并在融资风险和企业利益之间寻求均衡：① 该套资金结构综合成本高低；② 该套融资方案所带来的财务杠杆利益与融资风险的大小；③ 该套方案下投资收益与资金成本的比较。

三、清晰产权

现代企业制度的基础与前提是现代产权制度，而产权多元化是建立现代产权制度的关键。国有大型电网企业产权结构单一，制约着企业经营机制转换和治理结构改革。虽然电网企业都进行了公司制改革，但是依然都是国有投资，不是按现代企业制度运行的公司制企业。

电网企业实现产权多元化的途径有以下几种：

（1）减持国家股，吸收多元主体的投资；

（2）发行股票，既广泛吸收资金，又让国家在电网企业出现危机时掌握大局；

（3）对电网资产从增量和存量两方面实行重组，将电网资产与资本市场联系起来，建立电力资本市场，实行电网融资体制改革。

四、主辅分离

主辅分离，精干主业，突出核心，进而形成利润，吸引投资者。通过主辅分离，电网企业与关联企业可采用相互持股关系建立资本纽带，一方面可以实现电网企业投资主体多元化，另一方面可以实现电网企业投资的横向多元化，分散投资风险。

实现主辅分离的途径包括以下几个方面：

（1）将多种经营的企业进行公司制改造，使其进入市场，成为市场主体，自主经营，自负盈亏；

（2）将设计、施工、科研单位改组，面向市场，进行股份制或民营化，与主业脱钩，可成立发电企业技术中心和电网企业技术中心等；

（3）分离主业社会职能单位，学校、医院等按照相关文件交给地方政府管理，行业协会要改组成社会中介组织，其经费可来源于会费、赞助和有偿服务。

五、推进电价机制改革

低的资产回报率不能吸引社会资金。建立独立、规范的输配电价机制，保证电网企业收入稳定、回报合理，才能发挥资本收益对投资的引导作用，才能吸引各类资本。电力体制改革过渡阶段可采取提高输配电价占销售电价比例，使其占终端销售电价比例逐步接近合理水平，最终要建立发电、输配电和售电三段式电价体系。三段式电价应按合理确定收益、依法计税原则核定，使电力生产各环节电价比例适当、合理。电价体制改革可增强企业盈利能力，保证电网企业的持续发展。

通过上述分析可以看出，电网企业资本结构的优化问题，不仅仅是企业自身财务管理和运作所能实现的，由于电网企业生产经营的特点和产业地位的特殊性，实现优化债务股权比例和优化结构制度设计问题，必须要国家合理规划国民经济结构、产业结构，解决目前电网建设规划滞后社会经济发展的现状；开放资本市场，从根本上破除电网建设资金瓶颈问题，降低电网经营风险。

我国作为全球第二大电力市场，也是发展最快的电力市场，蕴涵着巨大的发展空间，大量的投资主体已跻身其中。利用资本市场解决电力行业发展中存在的一些矛盾，把资本市场作为电力行业改革和发展的突破口，加快电力市场化的进程。

随着电力体制改革的不断深化，越来越多的电力企业经营者已经深刻认识到资本运营的重要性，已从传统的生产经营转变为生产经营与资本运营并重。

借助资本市场，通过资本运营，可以对电力工业发展起到促进作用：

一是可以提高融资效率，吸纳、整合社会零散资本，将社会资金有效转化为电力长期投资，实现企业规模的快速扩张，破除电力瓶颈约束，为经济发展提供可靠的能源保障。

二是可以优化资源配置，按优势互补的原则整合不同类型的电力资产，进而促进国有资产流动和重组，实现电力工业结构和布局的调整。针对当前电、煤“打架”状况，要从体制上打破条块分割的行业壁垒，积极推进煤电合营，降低电与煤的交易成本，允许和鼓励煤电资本的相互持股、参股和控股，利用不同资本的融合、兼并、重组，实现混合经营。

三是可以加快电力企业实现股权多元化，促进公司治理结构的完善和转换企业经营管理机制，提高企业整体素质，巩固在市场竞争中的优势地位。

四是可以促进形成科学的电力监管体制，投资者的监督和期望将使电力企业面临资本市场的压力，这种压力可传导到监管部门，使电力行业监管手段和方式更能适应电力工业市场化发展的需要。

总之，利用资本市场、开展资本运营可以促进电力企业加快实现大公司大集团战略，促进电力行业改革，推动电力工业的市场化进程。

电力体制改革虽然已经完成了厂网分开的初步改革，但是电力企业有其自身发展的特殊性，电厂、电网建设仍须是统一的，不能完全割裂，电厂建设必须在电网合理规划的基础上，电网建设必须在国民经济合理规划的基础上。制订科学、完整的电力发展规划，健全电力监管体制，是促进电力行业和电力市场协调、可持续发展的必要前提。

第一，科学合理规划。党的十六大提出 2020 年 GDP 翻两番的宏伟目标，达到 4 万亿美元，届时发电装机容量需达到 8～9 亿 kW，应在现有基础上再增加 4.5～5.5 亿 kW，电力投资发展面临巨大的机遇，但必须与经济社会发展统筹考虑，电力工业规划必须是科学的、完整的体系。规划要突出可持续发展的理念，要符合技术、经济、安全要求，符合环境生态要求，符合市场要求。

第二，注重协调发展。电力建设要在规划引导下，处理好当期供应与长远发展的关系。要充分考虑目前经济增长中重工业比重较高的特点，以及居民生活用电快速增加的趋势，坚持电力建设适当超前的原则，保证电力系统有足够的备用容量，满足经济增长的需要；要做到电源与电网发展相协调，改变输、配电网相对薄弱的状况；要注重电力发展与能源开发和环境保护相协调。

第三，健全监管体制。未来电力工业发展，必须转变传统的发展方式，借鉴国际上成功的电力体制改革经验，加快电力体制改革步伐，健全电力监管体制，推进电力工业市场化进程，促进电力行业和电力市场的协调、可持续发展。否则，不仅经济后果难以估量，而且资源环境也难以承受。要适应电力市场主体多元化的形势，避免过去外延式粗放发展存在的高投入、低产出现象。

实现电网企业融资是一项系统工程，涉及国家投资、国有资产管理和垄断行业改革等诸多方面问题，其可行性尚需在实践中进一步验证，现实中许多政策法规障碍和不利因素也需要进一步明晰和克服，实现途径和对策还需要进一步地论证和完善。

第四节 电网企业财务发展战略

随着我国电力工业体制改革的逐步深入，组建区域电网公司。推进区域电力市场建设的进行，新的电力企业格局正在逐步形成，给电力企业提供了空前的发展机遇，同时传统的计划经济体制下的电力企业，也已经面临着严峻的挑战。中国正在建立一个在政府监管下的政企分开、公平竞争、开放有序、适应市场经济需要的健康发展的电力市场体系，随着外资的增加、投资主体的多元化和企业兼并重组浪潮的兴起，会对传统的电力企业产生强烈的冲击波。电力企业必须经受这次剧烈的阵痛，重新修整战略，树立竞争意识，尽快实现计划垄断型向竞争开放型的跨越式转变。没有战略创新，就没有电力企业的发展。作为核心战略一部分的财务战略，是电力企业经营者首先要研究和确定的战略。

一、完善财务管理信息系统

财务管理信息系统（FMIS ）是企业重要的决策支持系统。电网企业要充分利用信息革命和科技的成果，提升财务管理水平，走现代化财务管理的道路，必须加快财务管理信息系统建设，推动财务管理现代化，要采用先进的管理思想，利用计算机、网络和现代通信技术，争取实现三个达到：① 达到实时反映，实现业务信息与财务信息在时间上的基本同步，使会计核算从事后达到实时，财务管理从静态走向动态；② 达到远程控制，实现业务信息与财务信息在空间上的基本同步，在确保财务信息的真实性与及时性的基础上，在技术上实现“过程的控制”功能；③ 达到协调统一，实现以财务信息为核心的各种业务信息的集成，推进集中式财务管理，充分满足企业决策需要。对对外报告的财务会计信息，要把握真实性、时效性、重要性和决策相关性的原则。这些原则对满足企业决策层和管理层的财务管理信息同样适用。

总体而言，电力企业的账务处理系统，是比较完善的。但也应认识到现实工作中存在的不足，如企业的各种专项业务信息不能实现及时的共享和传递，信息在集团内部缺乏必要的集中和控制，表现在包括财务信息在内的各种业务信息数据按纵向和横向分割，形成诸多信息的孤岛。人们所要求的是一个开放的财务管理信息系统，它不是财务部门唱独角戏能完成的，因此必须建立内外约束机制，规范会计信息失真；实现财务信息与业务信息畅通融合的集中式的财务管理；财务信息系统的功能将会从事后的核算发展到实现全面管理、控制、评价和优化；财务信息系统将会以财务资金的活动为核心，贯穿企业的整个经营活动的全过程。电力企业应该以财务信息系统为核心，建立“企业资源管理系统 （ERP）”，这是电力企业面临的一个挑战。

二、完善内部经营指标评价体系

计划经济体制下的企业往往把生产指标或者非价值量指标放在主要地位，而把价值量指标放在次要地位。

近几年来，一般的企业在财务管理或资产经营方面的重心似乎全部放在价值量指标上，而没有很好地处理好与非价值量的关系。

20 世纪 90 年代以来，西方管理会计的发展，发现纯粹的价值量指标管理的缺陷。认为它只重视财务指标或价值量指标的管理，强化了企业的短期行为，忽视了企业发展的后劲，不利于各个专业部门的协调。一个被称为“平衡计分卡”的管理工具应运而生。它实际上是主要涉及企业管理四个战略领域并互相关联的指标体系，包括财务、营销、生产和培训四个方面。企业可以根据自身的特点增加其他战略领域的指标，并设计可以操作的指标体系。

“平衡计分卡”被西方奉为企业衔接战略目标和战略措施、协调各个部门行动、传播企业战略意图的战略管理工具。它的设计不是在于要囊括所有指标，而是在于要设计几个关键指标，确定企业关键控制点；不是在于让企业某几个部门或几个人了解，而是在于使企业的各个层面都知道各自对企业战略目标的贡献。设计合理的“平衡计分卡”能够平衡财务指标和非财务指标、目标和手段、短期目标和远期目标。它的使用也强化了无形资产的管理，因为它把实现企业战略目标的员工发展和培训作为企业的一个战略方面。

为电力企业设计一个符合电力企业生产经营特点的“平衡计分卡”，就是要设计一个互相关联的内部经营指标评价体系。很明显，按照“平衡计分卡”原理设计的内部经营指标评价体系，将会促进电力企业实现其战略目标的整体能力。

三、建立新的会计核算和财务管理体系

如何确定公司本部和其所属分公司或子公司之间的核算和财务关系，是区域电网公司和发电公司重组过程中的一个重大问题。这个问题的解决将为公司重组后的规范化运作奠定一个良好的基础。

对分公司在财务上的定位，首先必须考虑以下两个问题：

其一，分公司是成本中心，还是内部利润中心（当然还可以扩展为投资中心）；

其二，是实行收支两条线，还是允许坐收坐支。

第一个问题的两种模式和第二个问题的两种模式可以形成组合。选择何种组合，实质是集权或分权管理、现金流量控制和财务监督的力度问题。支撑这些组合的后面，必须有一个科学的财务预算管理体系、及时准确的责任会计信息体系和严格有效的经济责任考核体系。与对分公司的会计核算和财务管理而言，对子公司是间接的。

会计制度明确地规定了财务会计核算关系，但仍有充足的手段加强会计核算和财务管理。可以在法律的框架下，通过委派董事和监事，加强子公司对母公司和其他股东财务报告的频度和明细度，规范其管理会计体系，强化对其资金运作的监管。母公司应当明确所委派董事和监事在这方面的责任，实行定期述职制度和财务问题联络制度。对于没有小股东制衡的全资子公司，母公司更易实施其在子公司的财务战略。

对于区域电网公司，适应新的监管机制和电价机制，应当建立输电网和配电网的内部独立的会计核算，以全面预算管理为核心的财务管理体系。新组建的电网公司，只能通过开源节流、加强内部管理、提高资源的运行效率来增加效益。其中一个紧迫的财务工作，就是要建立资本纽带关系，为实施财务战略奠定基础。

四、推进公司法人治理结构建设

公司法人治理结构一词起源于西方经济学，是指由一套组织结构严密的自然人来治理公司而形成的组织结构体系。在现代公司中，股东大会、董事会、监事会和执行机构（经理层）四部分各司其职，各负其责，相互制衡，共同组成公司法人治理结构。它涉及企业权力结构和责任两个最为基本的问题，对于公司而言，权力结构主要是指股东会、监事会和董事会的建立以及经理层的聘任；责任是指企业对谁负责的问题：① 狭义对股东负责；② 广义对包括股东在内的各利益团体负责。无论对谁负责，都有要求企业要确保会计信息合法、合规、真实和公允，并保证企业价值最大化和其他团体利益。

建立科学合理的公司治理结构，不仅关系到国有公司自身的效益，也是影响国有公司社会职能发挥的重要问题。在法律许可的条件下，很大程度上股权结构和出资人性质，决定了法人治理结构的差异。新改组后的电力企业，是以国有资本、法人资本和集体资本为基础；随着改革的深入，股份制资本的比重将逐步扩大。因此，新组建的电力企业在内部不同的层面上，法人治理结构是多样化的；从某种程度上讲，电力企业改革是公司法人治理结构的改革，以提高电力企业及其成员的竞争能力和效率。

要建立产权清晰、权责明确、政企分开、管理科学的现代企业制度，实现公司制度改革的初衷，从根本上解决国有企业的困境，就必须要克服企业改制过程中和改制后的公司法人治理结构失衡的现象，建立和完善权力分立、相互制衡的现代公司法人治理结构。

五、建立一支高素质的财会人员队伍

培养和造就一批德才兼备的高素质的财会队伍，是迎接重组后电力企业财务工作的迫切需要。建立一支高素质的财会人员队伍，应该纳入企业人力资源战略。

一要为财会人员的任用和选拔，创建一个公平、公正和公开的竞争环境，减少或杜绝拉关系和暗箱操作。

二要加快财务岗位之间的轮岗锻炼，以轮岗代培训，应制订硬性轮岗时限和轮岗锻炼所应达到的目标。长期使财务人员固化一个工作岗位，容易导致处理问题能力下降，积极性挫伤、舞弊等弊端。

三要创造机会让财会人员在生产、基建等其他专业上锻炼，培养复合性财会人员，是加强企业管理会计工作的需要。

四要敢于给有潜力的财会人员压担子，同时创造一个与工作任务相适应的工作环境。

五要鼓励财会人员加强本专业和相关专业的学习，这是提升管理会计水平、适应财会制度与国际接轨的迫切需要。

在财会人员选拔和培养的过程中，还有以下问题应该引起重视：

其一，应该考虑引入外部公正的力量参与对优秀财会人员的选拔。

其二，公开财会岗位的竞争条件，并客观评价参加竞争的在岗人员和非在岗人员的能力。

其三，真正地选拔实干型的人才，把财会专业作为一门科学的、有深度的专业。

附　录

附录一

企业财务通则

（2006年12月4日，财政部令第41号）

根据国务院《关于〈企业财务通则〉、〈企业会计准则〉的批复》（国函［1992］178号）的规定，财政部对《企业财务通则》（财政部令第4号）进行了修订，修订后的《企业财务通则》已经部务会议讨论通过，现予公布，自2007年1月1日起施行。

第一章　总　　则

第一条　为了加强企业财务管理，规范企业财务行为，保护企业及其相关方的合法权益，推进现代企业制度建设，根据有关法律、行政法规的规定，制定本通则。

第二条　在中华人民共和国境内依法设立的具备法人资格的国有及国有控股企业适用本通则，金融企业除外。

其他企业参照执行。

第三条　国有及国有控股企业（以下简称企业）应当确定内部财务管理体制，建立健全财务管理制度，控制财务风险。

企业财务管理应当按照制定的财务战略，合理筹集资金，有效营运资产，控制成本费用，规范收益分配及重组清算财务行为，加强财务监督和财务信息管理。

第四条　财政部负责制定企业财务规章制度。

各级财政部门（以下通称主管财政机关）应当加强对企业财务的指导、管理、监督，其主要职责包括：

（一）监督执行企业财务规章制度，按照财务关系指导企业建立健全内部财务制度。

（二）制订促进企业改革发展的财政财务政策，建立健全支持企业发展的财政资金管理制度。

（三）建立健全企业年度财务会计报告审计制度，检查企业财务会计报告质量。

（四）实施企业财务评价，监测企业财务运行状况。

（五）研究、拟订企业国有资本收益分配和国有资本经营预算的制度。

（六）参与审核属于本级人民政府及其有关部门、机构出资的企业重要改革、改制方案。

（七）根据企业财务管理的需要提供必要的帮助、服务。

第五条　各级人民政府及其部门、机构，企业法人、其他组织或者自然人等企业投资者（以下通称投资者），企业经理、厂长或者实际负责经营管理的其他领导成员（以下通称经营者），依照法律、法规、本通则和企业章程的规定，履行企业内部财务管理职责。

第六条 企业应当依法纳税，企业财务处理与税收法律、行政法规规定不一致的，纳税时应当依法进行调整。

第七条 各级人民政府及其部门、机构出资的企业，其财务关系隶属同级财政机关。

第二章 企业财务管理体制

第八条 企业实行资本权属清晰、财务关系明确、符合法人治理结构要求的财务管理体制。

企业应当按照国家有关规定建立有效的内部财务管理级次。企业集团公司自行决定集团内部财务管理体制。

第九条 企业应当建立财务决策制度，明确决策规则、程序、权限和责任等。法律、行政法规规定应当通过职工（代表）大会审议或者听取职工、相关组织意见的财务事项，依照其规定执行。

企业应当建立财务决策回避制度。对投资者、经营者个人与企业利益有冲突的财务决策事项，相关投资者、经营者应当回避。

第十条 企业应当建立财务风险管理制度，明确经营者、投资者及其他相关人员的管理权限和责任，按照风险与收益均衡、不相容职务分离等原则，控制财务风险。

第十一条 企业应当建立财务预算管理制度，以现金流为核心，按照实现企业价值最大化等财务目标的要求，对资金筹集、资产营运、成本控制、收益分配、重组清算等财务活动，实施全面预算管理。

第十二条 投资者的财务管理职责主要包括：

（一）审议批准企业内部财务管理制度、企业财务战略、财务规划和财务预算。

（二）决定企业的筹资、投资、担保、捐赠、重组、经营者报酬、利润分配等重大财务事项。

（三）决定企业聘请或者解聘会计师事务所、资产评估机构等中介机构事项。

（四）对经营者实施财务监督和财务考核。

（五）按照规定向全资或者控股企业委派或者推荐财务总监。

投资者应当通过股东（大）会、董事会或者其他形式的内部机构履行财务管理职责，可以通过企业章程、内部制度、合同约定等方式将部分财务管理职责授予经营者。

第十三条 经营者的财务管理职责主要包括：

（一）拟订企业内部财务管理制度、财务战略、财务规划，编制财务预算。

（二）组织实施企业筹资、投资、担保、捐赠、重组和利润分配等财务方案，诚信履行企业偿债义务。

（三）执行国家有关职工劳动报酬和劳动保护的规定，依法缴纳社会保险费、住房公积金等，保障职工合法权益。

（四）组织财务预测和财务分析，实施财务控制。

（五）编制并提供企业财务会计报告，如实反映财务信息和有关情况。

（六）配合有关机构依法进行审计、评估、财务监督等工作。

第三章 资 金 筹 集

第十四条 企业可以接受投资者以货币资金、实物、无形资产、股权、特定债权等形式的出资。其中，特定债权是指企业依法发行的可转换债券、符合有关规定转作股权的债权等。

企业接受投资者非货币资产出资时，法律、行政法规对出资形式、程序和评估作价等有规定的，依照其规定执行。

企业接受投资者商标权、著作权、专利权及其他专有技术等无形资产出资的，应当符合法律、行政法规规定的比例。

第十五条 企业依法以吸收直接投资、发行股份等方式筹集权益资金的，应当拟订筹资方案，确定筹资规模，履行内部决策程序和必要的报批手续，控制筹资成本。

企业筹集的实收资本，应当依法委托法定验资机构验资并出具验资报告。

第十六条 企业应当执行国家有关资本管理制度，在获准工商登记后 30 日内，依据验资报告等向投资者出具出资证明书，确定投资者的合法权益。

企业筹集的实收资本，在持续经营期间可以由投资者依照法律、行政法规以及企业章程的规定转让或者减少，投资者不得抽逃或者变相抽回出资。

除《公司法》等有关法律、行政法规另有规定外，企业不得回购本企业发行的股份。企业依法回购股份，应当符合有关条件和财务处理办法，并经投资者决议。

第十七条 对投资者实际缴付的出资超出注册资本的差额（包括股票溢价），企业应当作为资本公积管理。

经投资者审议决定后，资本公积用于转增资本。国家另有规定的，从其规定。

第十八条 企业从税后利润中提取的盈余公积金包括法定公积金和任意公积金，可以用于弥补企业亏损或者转增资本。法定公积金转增资本后留存企业的部分，以不少于转增前注册资本的25%为限。

第十九条 企业增加实收资本或者以资本公积、盈余公积转增实收资本，由投资者履行财务决策程序后，办理相关财务事项和工商变更登记。

第二十条 企业取得的各类财政资金，区分以下情况处理：

（一）属于国家直接投资、资本注入的，按照国家有关规定增加国家资本或者国有资本公积。

（二）属于投资补助的，增加资本公积或者实收资本。国家拨款时对权属有规定的，按规定执行；没有规定的，由全体投资者共同享有。

（三）属于贷款贴息、专项经费补助的，作为企业收益处理。

（四）属于政府转贷、偿还性资助的，作为企业负债管理。

（五）属于弥补亏损、救助损失或者其他用途的，作为企业收益处理。

第二十一条 企业依法以借款、发行债券、融资租赁等方式筹集债务资金的，应当明确筹资目的，根据资金成本、债务风险和合理的资金需求，进行必要的资本结构决策，并签订书面合同。

企业筹集资金用于固定资产投资项目的，应当遵守国家产业政策、行业规划、自有资本比例及其他规定。

企业筹集资金，应当按规定核算和使用，并诚信履行合同，依法接受监督。

第四章 资 产 营 运

第二十二条 企业应当根据风险与收益均衡等原则和经营需要，确定合理的资产结构，并实施资产结构动态管理。

第二十三条 企业应当建立内部资金调度控制制度，明确资金调度的条件、权限和程序，统一筹集、使用和管理资金。企业支付、调度资金，应当按照内部财务管理制度的规定，依据有效合同、合法凭证，办理相关手续。

企业向境外支付、调度资金应当符合国家有关外汇管理的规定。

企业集团可以实行内部资金集中统一管理，但应当符合国家有关金融管理等法律、行政法规规定，并不得损害成员企业的利益。

第二十四条 企业应当建立合同的财务审核制度，明确业务流程和审批权限，实行财务监控。

企业应当加强应收款项的管理，评估客户信用风险，跟踪客户履约情况，落实收账责任，减少坏账损失。

第二十五条 企业应当建立健全存货管理制度，规范存货采购审批、执行程序，根据合同的约定以及内部审批制度支付货款。

企业选择供货商以及实施大宗采购，可以采取招标等方式进行。

第二十六条 企业应当建立固定资产购建、使用、处置制度。

企业自行选择、确定固定资产折旧办法，可以征询中介机构、有关专家的意见，并由投资者审议批准。固定资产折旧办法一经选用，不得随意变更。确需变更的，应当说明理由，经投资者审议批准。

企业购建重要的固定资产、进行重大技术改造，应当经过可行性研究，按照内部审批制度履行财务决策程序，落实决策和执行责任。

企业在建工程项目交付使用后，应当在一个年度内办理竣工决算。

第二十七条 企业对外投资应当遵守法律、行政法规和国家有关政策的规定，符合企业发展战略的要求，进行可行性研究，按照内部审批制度履行批准程序，落实决策和执行的责任。

企业对外投资应当签订书面合同，明确企业投资权益，实施财务监管。依据合同支付投资款项，应当按照企业内部审批制度执行。

企业向境外投资的，还应当经投资者审议批准，并遵守国家境外投资项目核准和外汇管理等相关规定。

第二十八条 企业通过自创、购买、接受投资等方式取得的无形资产，应当依法明确权属，落实有关经营、管理的财务责任。

无形资产出现转让、租赁、质押、授权经营、连锁经营、对外投资等情形时，企业应当签订书面合同，明确双方的权利义务，合理确定交易价格。

第二十九条 企业对外担保应当符合法律、行政法规及有关规定，根据被担保单位的资信及偿债能力，按照内部审批制度采取相应的风险控制措施，并设立备查账簿登记，实行跟踪监督。

企业对外捐赠应当符合法律、行政法规及有关财务规定，制订实施方案，明确捐赠的范围和条件，落实执行责任，严格办理捐赠资产的交接手续。

第三十条 企业从事期货、期权、证券、外汇交易等业务或者委托其他机构理财，不得影响主营业务的正常开展，并应当签订书面合同，建立交易报告制度，定期对账，控制风险。

第三十一条 企业从事代理业务，应当严格履行合同，实行代理业务与自营业务分账管理，不得挪用客户资金、互相转嫁经营风险。

第三十二条 企业应当建立各项资产损失或者减值准备管理制度。各项资产损失或者减值准备的计提标准，一经选用，不得随意变更。企业在制定计提标准时可以征询中介机构、有关专家的意见。

对计提损失或者减值准备后的资产，企业应当落实监管责任。能够收回或者继续使用以及没有证据证明实际损失的资产，不得核销。

第三十三条 企业发生的资产损失，应当及时予以核实、查清责任，追偿损失，按照规定程序处理。

企业重组中清查出的资产损失，经批准后依次冲减未分配利润、盈余公积、资本公积和实收资本。

第三十四条 企业以出售、抵押、置换、报废等方式处理资产时，应当按照国家有关规定和企业内部财务管理制度规定的权限和程序进行。其中，处理主要固定资产涉及企业经营业务调整或者资产重组的，应当根据投资者审议通过的业务调整或者资产重组方案实施。

第三十五条 企业发生关联交易的，应当遵守国家有关规定，按照独立企业之间的交易计价结算。投资者或者经营者不得利用关联交易非法转移企业经济利益或者操纵关联企业的利润。

第五章 成 本 控 制

第三十六条 企业应当建立成本控制系统，强化成本预算约束，推行质量成本控制办法，实行成本定额管理、全员管理和全过程控制。

第三十七条 企业实行费用归口、分级管理和预算控制，应当建立必要的费用开支范围、标准和报销审批制度。

第三十八条 企业技术研发和科技成果转化项目所需经费，可以通过建立研发准备金筹措，据实列入相关资产成本或者当期费用。

符合国家规定条件的企业集团，可以集中使用研发费用，用于企业主导产品和核心技术的自主研发。

第三十九条 企业依法实施安全生产、清洁生产、污染治理、地质灾害防治、生态恢复和环境保护等所需经费，按照国家有关标准列入相关资产成本或者当期费用。

第四十条 企业发生销售折扣、折让以及支付必要的佣金、回扣、手续费、劳务费、提成、返利、进场费、业务奖励等支出的，应当签订相关合同，履行内部审批手续。

企业开展进出口业务收取或者支付的佣金、保险费、运费，按照合同规定的价格条件处理。

企业向个人以及非经营单位支付费用的，应当严格履行内部审批及支付的手续。

第四十一条 企业可以根据法律、法规和国家有关规定，对经营者和核心技术人员实行与其他职工不同的薪酬办法，属于本级人民政府及其部门、机构出资的企业，应当将薪酬办法报主管财政机关备案。

第四十二条 企业应当按照劳动合同及国家有关规定支付职工报酬，并为从事高危作业的职工缴纳团体人身意外伤害保险费，所需费用直接作为成本（费用）列支。

经营者可以在工资计划中安排一定数额，对企业技术研发、降低能源消耗、治理“三废”、促进安全生产、开拓市场等作出突出贡献的职工给予奖励。

第四十三条 企业应当依法为职工支付基本医疗、基本养老、失业、工伤等社会保险费，所需费用直接作为成本（费用）列支。

已参加基本医疗、基本养老保险的企业，具有持续盈利能力和支付能力的，可以为职工建立补充医疗保险和补充养老保险，所需费用按照省级以上人民政府规定的比例从成本（费用）中提取。超出规定比例的部分，由职工个人负担。

第四十四条 企业为职工缴纳住房公积金以及职工住房货币化分配的财务处理，按照国家有关规定执行。

职工教育经费按照国家规定的比例提取，专项用于企业职工后续职业教育和职业培训。

工会经费按照国家规定比例提取并拨缴工会。

第四十五条 企业应当依法缴纳行政事业性收费、政府性基金以及使用或者占用国有资源的费用等。

企业对没有法律法规依据或者超过法律法规规定范围和标准的各种摊派、收费、集资，有权拒绝。

第四十六条 企业不得承担属于个人的下列支出：

（一）娱乐、健身、旅游、招待、购物、馈赠等支出。

（二）购买商业保险、证券、股权、收藏品等支出。

（三）个人行为导致的罚款、赔偿等支出。

（四）购买住房、支付物业管理费等支出。

（五）应由个人承担的其他支出。

第六章　收　益　分　配

第四十七条　投资者、经营者及其他职工履行本企业职务或者以企业名义开展业务所得的收入，包括销售收入以及对方给予的销售折扣、折让、佣金、回扣、手续费、劳务费、提成、返利、进场费、业务奖励等收入，全部属于企业。

企业应当建立销售价格管理制度，明确产品或者劳务的定价和销售价格调整的权限、程序与方法，根据预期收益、资金周转、市场竞争、法律规范约束等要求，采取相应的价格策略，防范销售风险。

第四十八条　企业出售股权投资，应当按照规定的程序和方式进行。股权投资出售底价，参照资产评估结果确定，并按照合同约定收取所得价款。在履行交割时，对尚未收款部分的股权投资，应当按照合同的约定结算，取得受让方提供的有效担保。

上市公司国有股减持所得收益，按照国务院的规定处理。

第四十九条　企业发生的年度经营亏损，依照税法的规定弥补。税法规定年限内的税前利润不足弥补的，用以后年度的税后利润弥补，或者经投资者审议后用盈余公积弥补。

第五十条　企业年度净利润，除法律、行政法规另有规定外，按照以下顺序分配：

（一）弥补以前年度亏损。

（二）提取10%法定公积金。法定公积金累计额达到注册资本50%以后，可以不再提取。

（三）提取任意公积金。任意公积金提取比例由投资者决议。

（四）向投资者分配利润。企业以前年度未分配的利润，并入本年度利润，在充分考虑现金流量状况后，向投资者分配。属于各级人民政府及其部门、机构出资的企业，应当将应付国有利润上缴财政。

国有企业可以将任意公积金与法定公积金合并提取。股份有限公司依法回购后暂未转让或者注销的股份，不得参与利润分配；以回购股份对经营者及其他职工实施股权激励的，在拟订利润分配方案时，应当预留回购股份所需利润。

第五十一条　企业弥补以前年度亏损和提取盈余公积后，当年没有可供分配的利润时，不得向投资者分配利润，但法律、行政法规另有规定的除外。

第五十二条　企业经营者和其他职工以管理、技术等要素参与企业收益分配的，应当按照国家有关规定在企业章程或者有关合同中对分配办法作出规定，并区别以下情况处理：

（一）取得企业股权的，与其他投资者一同进行企业利润分配。

（二）没有取得企业股权的，在相关业务实现的利润限额和分配标准内，从当期费用中列支。

第七章 重 组 清 算

第五十三条 企业通过改制、产权转让、合并、分立、托管等方式实施重组，对涉及资本权益的事项，应当由投资者或者授权机构进行可行性研究，履行内部财务决策程序，并组织开展以下工作：

（一）清查财产，核实债务，委托会计师事务所审计。

（二）制订职工安置方案，听取重组企业的职工、职工代表大会的意见或者提交职工代表大会审议。

（三）与债权人协商，制订债务处置或者继承方案。

（四）委托评估机构进行资产评估，并以评估价值作为净资产作价或者折股的参考依据。

（五）拟订股权设置方案和资本重组实施方案，经过审议后履行报批手续。

第五十四条 企业采取分立方式进行重组，应当明晰分立后的企业产权关系。

企业划分各项资产、债务以及经营业务，应当按照业务相关性或者资产相关性原则制订分割方案。对不能分割的整体资产，在评估机构评估价值的基础上，经分立各方协商，由拥有整体资产的一方给予他方适当经济补偿。

第五十五条 企业可以采取新设或者吸收方式进行合并重组。企业合并前的各项资产、债务以及经营业务，由合并后的企业承继，并应当明确合并后企业的产权关系以及各投资者的出资比例。

企业合并的资产税收处理应当符合国家有关税法的规定，合并后净资产超出注册资本的部分，作为资本公积；少于注册资本的部分，应当变更注册资本或者由投资者补足出资。

对资不抵债的企业以承担债务方式合并的，合并方应当制订企业重整措施，按照合并方案履行偿还债务责任，整合财务资源。

第五十六条 企业实行托管经营，应当由投资者决定，并签订托管协议，明确托管经营的资产负债状况、托管经营目标、托管资产处置权限以及收益分配办法等，并落实财务监管措施。

受托企业应当根据托管协议制订相关方案，重组托管企业的资产与债务。未经托管企业投资者同意，不得改组、改制托管企业，不得转让托管企业及转移托管资产、经营业务，不得以托管企业名义或者以托管资产对外担保。

第五十七条 企业进行重组时，对已占用的国有划拨土地应当按照有关规定进行评估，履行相关手续，并区别以下情况处理：

（一）继续采取划拨方式的，可以不纳入企业资产管理，但企业应当明确划拨土地使用权权益，并按规定用途使用，设立备查账簿登记。国家另有规定的除外。

（二）采取作价入股方式的，将应缴纳的土地出让金转作国家资本，形成的国有股权由企业重组前的国有资本持有单位或者主管财政机关确认的单位持有。

（三）采取出让方式的，由企业购买土地使用权，支付出让费用。

（四）采取租赁方式的，由企业租赁使用，租金水平参照银行同期贷款利率确定，并在租赁合同中约定。

企业进行重组时，对已占用的水域、探矿权、采矿权、特许经营权等国有资源，依法可以转让的，比照前款处理。

第五十八条 企业重组过程中，对拖欠职工的工资和医疗、伤残补助、抚恤费用以及欠缴的基本社会保险费、住房公积金，应当以企业现有资产优先清偿。

第五十九条 企业被责令关闭、依法破产、经营期限届满而终止经营的，或者经投资者决议解散的，应当按照法律、法规和企业章程的规定实施清算。清算财产变卖底价，参照资产评估结果确定。国家另有规定的，从其规定。

企业清算结束，应当编制清算报告，委托会计师事务所审计，报投资者或者人民法院确认后，向相关部门、债权人以及其他的利益相关人通告。其中，属于各级人民政府及其部门、机构出资的企业，其清算报告应当报送主管财政机关。

第六十条 企业解除职工劳动关系，按照国家有关规定支付的经济补偿金或者安置费，除正常经营期间发生的列入当期费用以外，应当区别以下情况处理：

（一）企业重组中发生的，依次从未分配利润、盈余公积、资本公积、实收资本中支付。

（二）企业清算时发生的，以企业扣除清算费用后的清算财产优先清偿。

第八章 信 息 管 理

第六十一条 企业可以结合经营特点，优化业务流程，建立财务和业务一体化的信息处理系统，逐步实现财务、业务相关信息一次性处理和实时共享。

第六十二条 企业应当逐步创造条件，实行统筹企业资源计划，全面整合和规范财务、业务流程，对企业物流、资金流、信息流进行一体化管理和集成运作。

第六十三条 企业应当建立财务预警机制，自行确定财务危机警戒标准，重点监测经营性净现金流量与到期债务、企业资产与负债的适配性，及时沟通企业有关财务危机预警的信息，提出解决财务危机的措施和方案。

第六十四条 企业应当按照有关法律、行政法规和国家统一的会计制度的规定，按时编制财务会计报告，经营者或者投资者不得拖延、阻挠。

第六十五条 企业应当按照规定向主管财政机关报送月份、季度、年度财务会计报告等材料，不得在报送的财务会计报告等材料上作虚假记载或者隐瞒重要事实。主管财政机关应当根据企业的需要提供必要的培训和技术支持。

企业对外提供的年度财务会计报告，应当依法经过会计师事务所审计。国家另有规定的，从其规定。

第六十六条 企业应当在年度内定期向职工公开以下信息：

（一）职工劳动报酬、养老、医疗、工伤、住房、培训、休假等信息。

（二）经营者报酬实施方案。

（三）年度财务会计报告审计情况。

（四）企业重组涉及的资产评估及处置情况。

（五）其他依法应当公开的信息。

第六十七条 主管财政机关应当建立健全企业财务评价体系，主要评估企业内部财务控制的有效性，评价企业的偿债能力、盈利能力、资产营运能力、发展能力和社会贡献。评估和评价的结果可以通过适当方式向社会发布。

第六十八条 主管财政机关及其工作人员应当恰当使用所掌握的企业财务信息，并依法履行保密义务，不得利用企业的财务信息谋取私利或者损害企业利益。

第九章 财务监督

第六十九条 企业应当依法接受主管财政机关的财务监督和国家审计机关的财务审计。

第七十条 经营者在经营过程中违反本通则有关规定的，投资者可以依法追究经营者的责任。

第七十一条 企业应当建立、健全内部财务监督制度。

企业设立监事会或者监事人员的，监事会或者监事人员依照法律、行政法规、本通则和企业章程的规定，履行企业内部财务监督职责。

经营者应当实施内部财务控制，配合投资者或者企业监事会以及中介机构的检查、审计工作。

第七十二条 企业和企业负有直接责任的主管人员和其他人员有以下行为之一的，县级以上主管财政机关可以责令限期改正、予以警告，有违法所得的，没收违法所得，并可以处以不超过违法所得 3 倍、但最高不超过 3 万元的罚款；没有违法所得的，可以处以 1 万元以下的罚款。

（一）违反本通则第三十九条、四十条、四十二条第一款、四十三条、四十六条规定列支成本费用的。

（二）违反本通则第四十七条第一款规定截留、隐瞒、侵占企业收入的。

（三）违反本通则第五十条、五十一条、五十二条规定进行利润分配的。但依照《公司法》设立的企业不按本通则第五十条第一款第二项规定提取法定公积金的，依照《公司法》的规定予以处罚。

（四）违反本通则第五十七条规定处理国有资源的。

（五）不按本通则第五十八条规定清偿职工债务的。

第七十三条 企业和企业负有直接责任的主管人员和其他人员有以下行为之一的，县级以上主管财政机关可以责令限期改正、予以警告。

（一）未按本通则规定建立健全各项内部财务管理制度的。

（二）内部财务管理制度明显与法律、行政法规和通用的企业财务规章制度相抵触，且不按主管财政机关要求修正的。

第七十四条　企业和企业负有直接责任的主管人员和其他人员不按本通则第六十四条、第六十五条规定编制、报送财务会计报告等材料的，县级以上主管财政机关可以依照《公司法》、《企业财务会计报告条例》的规定予以处罚。

第七十五条　企业在财务活动中违反财政、税收等法律、行政法规的，依照《财政违法行为处罚处分条例》（国务院令第 427 号）及有关税收法律、行政法规的规定予以处理、处罚。

第七十六条　主管财政机关以及政府其他部门、机构有关工作人员，在企业财务管理中滥用职权、玩忽职守、徇私舞弊或者泄露国家机密、企业商业秘密的，依法进行处理。

第十章　附　　则

第七十七条　实行企业化管理的事业单位比照适用本通则。

第七十八条　本通则自 2007 年 1 月 1 日起施行。

二〇〇六年十二月四日

附录二

某省电网公司应收账款管理案例

一、电网企业应收账款概述

多年来，电费回收工作一直是电力经营企业的一项重要工作，电费回收的好坏，直接关系到电力企业的经济效益。电费回收不上来，等于电力企业卖丢了电，无异于商家做生意赔了本；电费不按时上交，电网企业无法正常运转，发电企业无法正常发电，一系列的恶性循环，最终将影响到全社会的正常用电，影响到广大客户的切身利益。因此，电力经营企业一直非常重视电费回收工作，面对不同特点、不同性质、不同困难的用电客户，制订多项政策，谋划各种策略，来促进和保证电费的回收。

但是，通过对现行各种管理方法和对策的分析，发现了诸多的问题，迫使我们不得不重新审视和思考。

1. 双赢策略

双赢的英文名称 WIN-WIN，人们把它简称为 WW，是继 CI 战略（企业形象战略）和 CS 战略（客户满意战略）之后导入中国的你赢我也赢的战略，是知识经济和网络经济条件下的必然新趋势，是当今人们生存发展的哲学与方法，是当今中外成功企业、事业单位、成功人士广泛应用的战略和策略。

对欠费的客户采取停电的措施，或是其他一些强制性手段迫使其缴纳未缴的电费，这是一种事后的控制，可能对电费追收会有一定的效果。但是，人们知道，停电首先使用电客户产生损失，满足不了用电需要、停工停产造成损失、因停电造成物资储运方面的损失等等。其次停电本身就是降低了供电企业的电能销售量，即营业额，对供电企业自身也是一种不小的损失。从这个角度上来讲，这是一种双输的局面。

要采取双赢策略，即：一是要保证用电客户用上电，满足其用电需要；二是要保证客户用电以后能够足额缴纳电费。

2. 事前控制

目前供电企业电费回收工作的难点和核心是对陈欠电费的追讨，即产生欠费后对应收账款的管理。加强应收账款的管理，是保证资金回笼、避免经济损失的重要举措，同时也是建立在已经发生欠费这一基础之上的无奈之举。

在送电之前进行事前管理，开展风险控制管理工作，应该说相对简单很多，成本低的很多。形成拖欠以后的追讨工作，则要复杂很多，成本会高得惊人。所以，应该把信用管理的重点放在对客户赊销前的管理，即事前控制上。如果能找到一种避免形成电费拖欠的管理办法，就可以节省出可观的追讨成本，抑制电费的拖欠，从而大大简化电费的回收工作。

二、基于信用评级应收账款回收管理

由于客户是一个集人、财、物等多种因素于一体的复杂系统，它具有多目标性、多属性的特征。因此，在进行评价时，要采用系统评价的思想。

系统评价是系统工程中的一个基本处理方法，也是系统分析的一个重要环节。系统评价的主要目的是系统地揭示被评价对象系统的状态和发展规律，为科学决策提供信息。电力企业对客户进行信用评级的基本步骤如下。

（1）确定评价对象，明确评价目标。

在进行系统评价时，首先要确定评价对象和评价目标。评价对象和目标不同，评价的内容和方法也不相同。这是整个评价工作的基础。对于电力企业来说，评价之前对客户进行分类是至关重要的。虽然都是同样的用电，但它们的类型各不相同，不能眉毛胡子一把抓、做相同处理。不同的客户用电的情况也各不相同，都有其特点，作为供电部门的客户，它们对供电部门的重要性也各不相同，产生欠费的可能性、可能的欠费金额以及可能产生的危害均不相同，所以首先要对用户进行划分归类。一般来说，电力用户首先可以划分为生产用电和非生产用电两大类。对于生产用电可以分为大型企业、中型企业、小型企业，又可细分为大中型国有企业、大中型私营企业、小型私人企业；非生产用电可以分为公共设施用电、行政事业单位用电、普通居民生活用电等等。

（2）分析系统要素。

根据评价的对象和目标，集中收集有关的资料和数据，对组成系统的各个要素及系统的性能特征进行全面分析，找出影响系统的有关因素。

（3）建立评价指标体系。

指标是衡量系统总体目标的具体标志。评价指标体系是被评价对象系统的结构框架，指标体系的选择要视被评价系统的目标和特点而定。为了从整体上反映被评价对象的状态和便于操作，必须科学地、客观地、尽可能全面地考虑各种因素。建立指标体系时，一般采用专家主观评定和数据统计分析相结合的方法。

电力企业对客户的信用评级也有其自己的具体指标。指标的选取标准由企业自身来决定，企业对用户的各项指标进行对比，选取自己认为对其信用度影响较大的一些指标进行评判。例如，客户的平均用电量、行政事业单位的财务状况、企业业绩、普通居民用户的收入情况、拖欠电费额、拖欠电费的次数或者说频率、供电部门为追讨电费所耗费的费用等等。

（4）评判指标与用户的匹配。

选定了指标并对用户进行了分类以后，可以发现，并不是所有的指标都适合所有的用户类别。这就牵扯到一个指标与用户的匹配问题。比如说，一共选出了 10 个指标，对于大型国有企业可以选择其中 5 个指标作为评判标准，但对于普通居民来说，这 5 个指标就不那么合适了，就要另外选取几个。其次，不同的指标对不同的客户要设定不同的权重。比如，一项指标对大型国有企业来说比较重要，给它设权重为 0.6，但这一指标对小型私有企业来说不是非常重要，那么应该给它设权重为0.2。

（5）指标数据的模糊化处理。

用模糊评判法分析，必须对量化的数据进行模糊处理，比如把用电量定性为很大、较大、一般、较少等。另外，企业要根据自身的需要及不同的专业背景适当的选取5～20人组成专家评判小组，各小组成员都各自对指标作出独立的判断。

（6）构造评价模型，实施评价。

指标体系的建立是系统的一种“拆零”，而综合则是一种“组装”，但不是机械地叠加和拼凑。需要按评价问题的性质和指标的含义选取适宜的合并原则，构造综合评价模型。按照评价标准，在单项评价的基础上，利用综合评价模型和各种资料，从系统的整体观点出发，从不同的观点和角度对系统进行全面的评价。

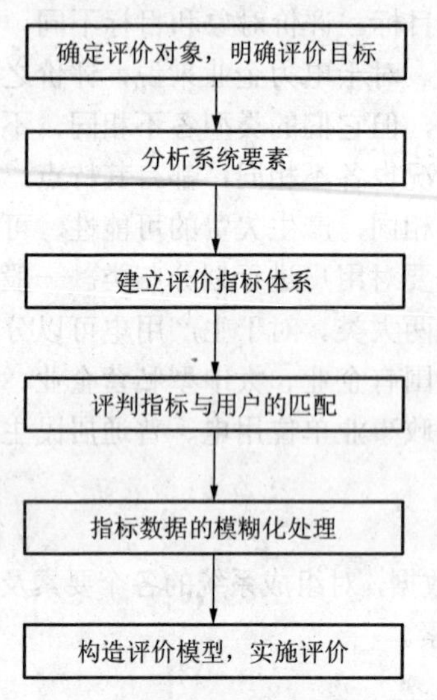

附图2-1　对客户的信用评级步骤

综上所述，对客户的信用评级步骤，如附图2-1所示。

我国的经济已经由过去的卖方市场进入买方市场，在以买方市场为主的竞争格局中，信用交易已成为企业获取市场竞争力的必要手段和经营方式。我国信用问题突出表现在企业与企业、企业与银行之间贷款或贷款的拖欠，拖欠问题始终是困扰我国经济发展的一大顽症。拖欠问题的背后反映的是信用风险问题，它源于外部环境和内部管理两个方面，其中内部管理起决定作用。在企业内部管理机制中，市场营销、财务管理、信息管理和信用管理相互交叉，缺一不可，而信用管理是现代企业管理的核心内容。在市场经济发达国家中，信用管理被认为是企业的生命，没有一个完善、有效的信用管理制度，企业将缺少足够的市场竞争力，将失去防范信用风险的能力，最终将会被市场无情地淘汰。我国企业间账款拖欠现象的产生，其根本原因是企业内部管理机制不健全，缺少专门的信用风险管理制度。

企业信用风险是银行信用风险的源头，有效防范信用风险必须首先加强企业信用管理。在决定采用“赊销”来销售货物时，必须要明白此点：发货时间与实现利益的时间存在时间差，也即存在着风险，故此，必须要以“不能回收贷款或只能回收部分贷款”来思考。然而交易又不能放弃，所以必须要采取一切手段，来防止我们受到风险的损害。

若企业采用赊销，又没有制订相关的赊销管理方案，这就好比盲人骑瞎马，危险大。如果说“现金是企业的血液”，那么没有管理的赊销，就像是让企业不断流血的伤口，如果人们不及时地将血止住的话，企业迟早会将流动资金花光，那就只有破产一途了。

电力企业由于受到电力商品特殊性的制约，必须采取特定的销售模式赊销，客观上决定了其销售的风险性，电费拖欠成为制约供电企业正常经营的主要问题。加强对应收账款的管理是目前供电企业电费回收的主要工作，但是要从根本上解决电费拖欠的难题，应该从源头上想办法，采取事前控制尽量避免拖欠的形成来规避风险。

加强客户信用风险管理是规避客户信用风险的基础。在供电企业收费中的风险管理研究中，笔者提出采用信用评级的方法，划分客户的信用等级，依据其信用等级采取分类管理的办法，在形成电费拖欠以前，降低其形成的可能性，这样一方面可以减轻由于电费拖欠造成的资金流动方面的压力，另一方面可以减轻欠账追收工作中的负担。

对于客户信用等级的评定，某电网企业采用的是模糊综合评价的方法。模糊综合评价的方法就是利用模糊数学从多个方面对事物隶属度等级状况进行整体、全面的评价。对电力客户的信用等级评价要选取适当的指标体系，在这些指标中，有一些是量化的，有一些是不能量化的，但是量化与非量化的指标都是同等重要的，而且需要同时作用于信用等级的评定。

供电企业对于电费回收的风险防范以及应收账款的追收是一项长期而复杂的工作，采取有效的应对措施是保证企业正常经营的保证。某电网企业所尝试的基于客户信用等级的管理方法是解决供电企业目前严峻的电费回收形式的一种思考，理论上可行的方法也必须接受实践的检验，必须在实际工作中不断加以完善。对于实践中发现的一些问题和不足之处，还需要在工作中进一步研究。

附录三

某省电网公司存货管理案例

因历史原因，电网企业的存货管理混乱现象十分严重。近几年因大量的基建投资、技术改造，以及为确保电网日常运行高安全对事故备品储备等的需求，又不可回避地带来新的剩余物资。存货管理混乱给电网企业带来了系列问题——诸如资金滞压、仓库占用、物资损失、管理费用加大、资产不实等等，加强存货管理显得十分重要和迫切。

目前，我国电网已进入超高压、远距离、大容量、交直流输电并存的发展阶段，电力生产建设对电力物资质量的要求不断提高。与此同时，电力物资供应市场发生了较大变化，部分专业电力设备生产厂家出现生产饱和现象，产品供不应求，小范围的卖方市场已经形成。

电力工业资金密集型的行业特征，决定了其与装备技术联系密切，电力物资采购工作的好坏直接影响到电力生产成本和电力建设工程造价，关系到电力生产的安全稳定与经济运行，关系到电力企业的整体经济效益。在当前电力非常紧缺的形势下，一方面，电力生产建设对电力物资需求的“质”与“量”的要求不断提高，电力物资供应的任务十分繁重；另一方面，外部市场环境的复杂多变，物资采购相关法律环境的约束与保护薄弱，执法手段的不过硬，缺乏社会整体诚信体系，致使物资采购风险不可避免。

一、存货采购风险控制

电网企业存货采购是一种有形采购（采购包括购买、租赁、借贷、交货等方式），区别于技术、服务、工程发包等无形采购，指购买电力生产、技改、基建、科技项目、电力营销所需原料、辅助材料、工具和备件等物资的行为。电网企业存货采购风险是指物资采购的预期目标与实际结果出现偏差的可能性。

电网企业存货采购风险是广义的概念，采购风险贯穿于整个采购过程的各个环节，涉及采购计划的制订、供应商选择、采购决策、订单处理、采购运输、验收入库、直到使用寿命结束为止的过程中所面临的各种风险。而不仅限于向供应商购买物品的过程。

通过对电网企业存货采购风险的分析可以看出，电网企业存货采购风险管理主要分为两类：① 处于高风险区的一级风险，包括供应商风险、计划风险和采购订货风险；② 处于中、低风险区的二级风险，包括意外风险、市场风险、政策风险、决策风险、运输风险、验收风险和存量风险。因此，电网企业存货采购风险宜实施分级管理，其重点工作在于以下几点。

（1）切实加强电力物资采购中供应商风险、计划风险和采购订货风险的管理，严格供应商的准入与考核，加强采购制度的建设，消除这些最为重要的采购风险因素；

（2）加大对运输风险、存量风险和验收风险的分析和研究，严格规范行为并加大监督力度；加强意外风险、市场风险和社会风险的预警机制，总结既往经验与教训，采取合适的应对措施；加强对物资采购业务人员的业务技能和思想道德教育，规避人员因素风险的影响。

电网企业存货采购核心风险应对的办法如下：

供应商风险、计划风险和采购风险是电网企业存货采购风险的主体，成为风险管理中的监控焦点。针对电力物资采购运作的实际情况，拟采取如下应对方法。

（1）供应商风险应加强对供应商的选择和考核，实施质量风险控制，用 ISO9000 标准规范供应商行为，制订出一套可操作的供应商管理办法和流程。首先，严把供应商准入关，对供应商的质量体系和质量保证能力进行调查、审核和择价，到现场进行生产能力和技术水平的实地考察，并结合供应商的业绩和同行评价，确定合格供应商名录。其次，在合同履行的同时，要建立完善设备监造、催交协调机制，加大设备催交力度，及时协调解决设备催交催运中发生的问题。最后，要开展对合格供应商的考评和动态管理。按 ISO9000 标准要求对年内合同供货质量、合同履约率、准时交货率、来料批次合格率、价格水平、合作态度、售后服务等进行综合评价，实施对合同供应商名录的动态管理。

（2）计划风险应对。物资计划管理工作是物资管理工作的主线，是实施物资归口管理、集中采购和集约经营的龙头。物资采购必须实行计划管理，所有物资采购应有计划并严格按计划执行。根据下达的生产、技改、基建项目计划，会同工程建设和生产运营等项目管理部门，按年、季准确、及时地编制和上报本单位存货需求计划。同时，因项目或计划变更，由变更单位按照程序对原报需求计划进行修订，报上级审核调整后方可执行。

（3）采购订货风险的应对。存货采购供应遵守招标采购、比质比价和技术与商务分离的原则，确保采购信息公开、采购政策合理、采购程序规范、评标过程公平，“公平、公正、公开”地确定供货厂家和产品价格，尽量消除人为因素对采购决策的影响，做到技术上可靠，经济上合理。严格订货合同管理，规避合同订货风险。所有存货采购均应按审批的存货招标结果和采购计划，进行技术经济谈判，及时签订合同。在合同谈判中发生的对技术方案、数量、价格、交货期有重大变动的，应及时向职能管理部门汇报，在得到明确书面答复后，方可签订合同。合同签订应严格执行国家法律法规和企业内部合同管理有关规定执行，并按流程进行合同审核，所签合同应按分级管理原则进行鉴证。

二、存货物资最佳采购量管理

假设，某电网企业每年需耗用 A 材料 45 000 件，单位材料年存储成本 20 元，平均每次进货费用为 180 元，A 材料全年平均单价为 240 元。假定不存在数量折扣，不会出现陆续到货和缺货的现象，其要求如下：

（1）计算 A 材料的经济进货批量。

（2）计算 A 材料年度最佳进货批数。

（3）计算 A 材料的相关进货成本。

（4）计算 A 材料的相关存储成本。

（5）计算 A 材料经济进货批量平均占用资金。

解：（1）A材料的经济进货批量＝$\sqrt{\dfrac{2\times45\,000\times180}{20}}$＝900（件）。

（2）A材料年度最佳进货批数＝$\dfrac{45\,000}{900}$＝50（次）。

（3）A材料的相关进货成本＝50×180＝9000（元）。

（4）A材料的相关存储成本＝$\dfrac{900}{2}$×20＝9000（元）。

（5）A材料经济进货批量平均占用资金＝$\dfrac{240\times900}{2}$＝108 000（元）。

附录四

某省电网公司固定资产投资决策案例

某电网公司正在研究是否更新现有的计算机系统。现有系统是5年前购置的，目前仍可使用，但功能已显落后。如果想长期使用，需要在未来第二年末进行一次升级，估计需要支出3000元，升级后可再使用4年。报废时残值收入为零。若目前出售可以取得收入1200元。

预计新系统购置成本为60 000元，可使用6年，6年后残值变现收入为1000元。为了使现有人员能够顺利使用新系统，在购置时需要进行一次培训，预计支出5000元，新系统不但可以完成现有系统的全部工作，还可以增加处理市场信息的功能。增加市场信息处理功能可使公司每年增加销售收入40 000元，节约营运成本15 000元，该系统的运行需要增加一名计算机专业人员预计工资支出每年30 000元；市场信息处理费每年4500元。专业人员估计该系统第三年末需要更新软件，预计支出4000元。

假设，按照《税法》规定，对计算机系统可采用双倍余额递减法计提折旧，折旧年限为5年，期末残值为零。该公司适用的所得税率为40%，预计公司每年有足够的盈利，可以获得折旧等成本抵税的利益，公司风险投资的必要报酬率为10%（税后）。为简化计算，假设折旧费按年计提，每年收入、支出在年底发生（每一问题的最终计算结果保留整数，金额以“元”为单位）。

（1）计算更新方案的零时点现金流量合计。

解：1）继续使用旧设备的情况：

旧设备已经使用5年，而折旧年限为5年，期末残值为零。所以，目前旧设备的账面价值为零，如果变现则产生收益＝1200–0＝1200（元），则

收益纳税＝1200×40%＝480（元）

因此，继续使用旧设备零时点的现金流量＝–(1200–480)＝–720（元）。

2）更换新设备的情况：

职工培训支出计入管理费用，抵减当期所得税，税后现金流出＝5000×(1–40%)＝3000（元），则

更换新设备零时点的现金流量＝–60 000–3000＝–63 000（元）

差量净现金流量＝–63 000–（–720）＝–62 280（元）

（2）计算折旧抵税的现值。

解：第一年折旧额＝60 000×(2/5)＝24 000（元）

第二年折旧额＝(60 000–24 000)×(2/5)=14 400（元）

第三年折旧额＝(60 000–24 000–14 400)×(2/5)=8640（元）

第四年折旧额=(60 000−24 000−14 400−8640)/2=6480（元）

第五年折旧额=(60 000−24 000−14 400−8640)/2=6480（元）

折旧抵税的现值=24 000×40%×(P/S,10%,1)+14 400×40%×(P/S,10%,2)
+8640×40%×(P/S,10%,3)+6480×40%×(P/S,10%,4)
+6480×40%×(P/S,10%,5)
=9600×0.909 1+5760×0.826 4+3456×0.751 3+2592×0.683 0
+2592×0.620 9
＝19 464（元）

（3）使用贴现现金流量法进行分析，并回答更新系统是否可行。

解： 解法一：如附表 4-1 所示。

附表 4-1　　**解　法　一**

项　目	现　金　流　量	时间	系数	现值
继续使用旧设备：				
旧设备变现价值	−1200	0	1.000 0	−1200
旧设备变现收益纳税	480	0	1.000 0	480
系统升级付现成本	−3000×(1−40%)＝−1800	2	0.826 4	−1487.52
现值合计				−2208
更换新设备：				
新系统购置成本	−60 000	0	1.000 0	−60 000
税后培训付现支出	−3000	0	1.000 0	−3000
税后收入	40 000×(1−40%)＝24 000	1～6	4.355 3	104 527.2
税后付现成本	(−30 000+15 000−4500)×(1−40%)=−11 700	1～6	4.355 3	−50 957.01
税后更新软件成本	−4000×(1−40%)=−2400	3	0.751 3	−1803.12
折旧抵税				19 464
残值收入	1000	6	0.564 5	564.5
残值净收益纳税	−1000×40%＝−400	6	0.564 5	−225.8
现值合计				8570

由于购置新设备的净现值高于继续使用旧设备的净现值，所以应该选择购置新设备。

解法二：把旧设备变现收入作为购置新设备的现金流入，旧设备变现收益纳税作为购置新设备的现金流出，如附表 4-2 所示。

附表 4-2　　解　法　二

项　目	现　金　流　量	时间	系数	现值
继续使用旧设备：				
系统升级付现成本	−3000×(1−40%)=−1800	2	0.826 4	−1487.52
现值合计				−1488
更换新设备：				
项目投资	−60 000+1200−480=−59 280	0	1.000 0	−59 280
税后培训付现支出	−3000	0	1.000 0	−3000
税后收入	40 000×(1−40%)=24 000	1～6	4.355 3	104 527.2
税后付现成本	(−30 000+15 000−4500)×(1−40%)=−11 700	1～6	4.355 3	−50 957.01
税后更新软件成本	−4000×(1−40%)=−2400	3	0.751 3	−1803.12
折旧抵税				19 464
残值收入	1000	6	0.564 5	564.5
残值净收益纳税	−1000×40%＝−400	6	0.564 5	−225.8
现值合计				9290

由于购置新设备的净现值高于继续使用旧设备的净现值，所以应该选择购置新设备。

解法三：差量现金流量法，如附表 4-3 所示。

附表 4-3　　解　法　三

项　目	现　金　流　量	时间	系数	现值
售旧购新：				
差量投资	−60 000+(1200−480)=−59 280	0	1.000 0	−59 280
税后培训付现支出	−3000	0	1.000 0	−3000
税后收入	40 000×(1−40%)=24 000	1～6	4.355 3	104 527.2
税后付现成本	(−30 000+15 000−4500)×(1−40%)=−11 700	1～6	4.355 3	−50 957.01
节约的旧系统升级付现成本	3000×(1−40%)=1800	2	0.826 4	1487.52
税后更新软件成本	−4000×(1−40%)=−2400	3	0.751 3	−1803.12
折旧抵税				19 464
残值收入	1000	6	0.564 5	564.5
残值净收益纳税	−1000×40%＝−400	6	0.564 5	−225.8
现值合计				10 777

由于售旧购新净现值大于 0，所以应该选择购置新设备。

附录五

某省电网公司职工薪酬管理案例

一、南方某省电网公司概况

南方某省电网公司是中国南方电网有限责任公司下属的子公司，主营：电网经营，电力生产；投资建设和经营管理省属所辖电网，经营相关的输配电业务；从事电力购销业务；从事电力建设（含电力勘测、设计、施工、调试、安装、修造、工程监理、工程总承包），管理省电网电力调度机构，负责调度管辖范围内的调度业务；经批准，从事国内外投融资业务；经批准，开展外贸流通经营、国际合作、对外工程承包和对劳务合作等业务；兼营：物资设备购销、技术开发、试验研究、信息通信、教育培训、咨询服务、宾馆等。

该省电网公司共分二级，除母公司外，共有子公司 28 家、分公司 12 家、事业单位 1 家、某省电力行业协会挂靠某省电网公司本部，省公司主要组织结构为直线职能制，下属的三级及以上单位有 48 个。

二、某省电网公司薪酬设计

1. 薪酬体系设计指导原则

企业薪酬体系设计要在国家和地方法律、政策的指导下，在行业规定的前提下，具有激励性、可操作性、公平性、合理性，主要有以下几个指导原则：

第一，公平第一原则。薪酬设计应该实现每一位员工的责任、权利、义务的对应，体现真正合理的岗位价值、给每个人的贡献以合理的薪酬回报。

第二，具有激励性。电网公司是国有企业，员工缺乏有效地激励措施。“大锅饭”现象严重。这次薪酬设计要达到激励员工提高效率和工作业绩的目的。

第三，可操作性。电网公司毕竟是由政府机关改制而来的国企，人员素质参差不齐，部分年龄偏大的员工其素质已远远不能适应目前企业发展的需要，但是为了企业和社会的稳定，还应该适当给予一定的倾斜。

2. 薪酬体系设计

不同的劳动岗位，其劳动环境、劳动强度、劳动者的责任大小以及劳动的难度都有较大区别，劳动岗位的界定在一定程度上已经客观地体现了劳动者付出的多少和对社会、对企业的贡献大小。所以，劳动岗位成为确定劳动者报酬的重要依据。检验一项薪酬制度是否科学、合理，应以其是否促进完成企业战略目标为依据，员工的薪酬水平也必须与企业经济效益挂钩浮动。因此，首先简单了解一下历史上曾经出现的几种典型的薪酬体系。

（1）几种典型的薪酬体系模式。

从前面关于薪酬决定要素的论述中可以看出，对薪酬四大决定要素（职位、业绩、技能和市场价格）的不同组合就形成了不同的薪酬体系。历史上，先后出现了三种典型的薪酬体系：① 职位工资体系；② 业绩工资体系；③ 以职位、业绩和技能为基础的工资体系。

1）职位工资体系。

职位工资体系就是以职位相对于组织目标的重要性来作为确定工资级别的唯一因素，并由此而形成的职位工资等级系列。在这种工资体系中，获取报酬的高低完全取决于职位（岗位）级别的大小。它的基本思路是以职位作为构建薪酬体系的基础，并根据职位相对于组织的相对重要性来确定职位的级别，进而确定薪酬级别，员工薪酬的构成只有固定工资这块（岗位工资）。它的构建原理是基于职位形成的原理，如附图 5-1 所示。

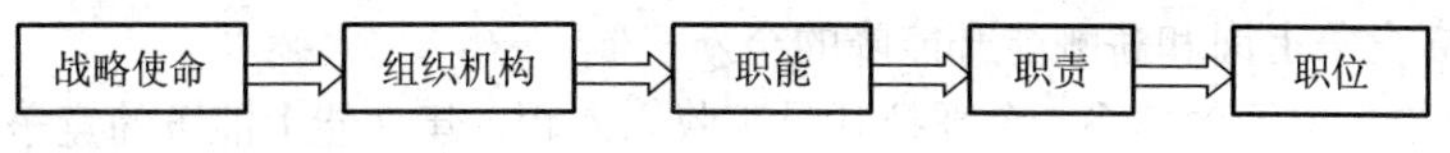

附图 5-1　职位形成的原理

2）业绩工资体系。

业绩工资体系是在前面职位工资体系基础上的一种创新，它把职位和业绩作为确定员工工资的重要依据，员工的报酬由职位工资和业绩工资两部分组成。职位工资的确定与前面职位工资体系中关于职位工资的确定一样，而业绩工资则是根据企业效益和员工工作绩效的好坏来确定。

业绩工资体系解决了职位工资体系不能解决的企业对员工完成组织目标的要求和有效地激励员工为更好地完成组织目标而付出更大努力。从而使得组织目标的实现有了激励机制的保障。在这种薪酬体系下，员工工作成果或成绩的衡量是通过设立一套考核指标来实现的。

业绩工资体系在确定员工工资时不仅考虑职位的重要性，还把员工工作成果和对组织的贡献大小作为付薪的重要依据，比仅以职位等级大小作为付薪依据的职位工资体系更具有科学性，是薪酬体系发展的一大进步。

3）以职位、业绩和技能为基础的现代薪酬体系。

以职位、业绩和技能为基础的现代薪酬体系是综合考虑职位、业绩和技能等薪酬决定因素来确定付酬的多少。它是在上述两种薪酬体系的基础上发展起来的，这种薪酬体系解决了职位工资和业绩工资对于激励员工自觉提高知识和技能，鼓励其学习的动力无能为力的问题。它适应了现代企业自身发展和员工个人发展的要求，是目前国内外许多先进企业普遍采用的一种薪酬体系。

通过上面对三种典型薪酬体系的介绍，现结合电网公司自身的特点及员工行为模式特点来选择适合公司的薪酬体系。某电网公司是一家电力运行、销售企业，基于电力技术的不断进步和营销观念的日益加强，公司对先进技术和新的管理理念的掌握是十分重要的。因此，在进行公司的薪酬设计时，应该考虑职位、业绩、技能和市场需求变化等薪酬决定因素。充分考虑薪酬的四大决定因素构建的薪酬体系能够解决薪酬的内部一致性和外部竞争性问题。

（2）进行薪酬改革的目的。

1）传递改革信号。

某电网公司员工原有的薪酬分配中“铁饭碗”、“大锅饭”、“干不干都一样”的观念根深蒂固，与市场经济和现代企业制度“岗位靠竞争，收入凭贡献”、“在什么岗位就拿什么薪酬”的要求相差甚远。通过试行新的岗位分配机制，旨在促进员工观念的转变，让员工自觉认识到“铁饭碗”终将被打破，“大锅饭”吃不成了，“今天工作不努力，明天努力找工作”，从而增强并树立竞争意识，努力提高自身素质，爱岗敬业，多作贡献，从而提高企业效益和个人收入。

2）建立竞争上岗和薪酬能升能降的全新机制。

通过新的岗位绩效体系，合理拉开员工收入差距，建立能上能下的竞争上岗和薪酬能升能降的新机制，把员工的薪酬收入同单位经济效益、劳动岗位、个人技能、实际贡献挂钩，变身份管理为岗位管理，有效地调动员工的积极性。

3）符合国家对建立现代企业基本薪酬制的要求。

党中央、国务院以及有关部委相继出台了多个文件，对建立现代企业薪酬收入分配制度提出具体和明确的要求。国务院办公厅《国有大中型企业建立现代企业制度和加强管理的基本规范（试行）》（国办发［2000］64 号）中明确要求“建立以岗位薪酬为主要形式的薪酬制度，明确岗位职责和技能要求，试行以岗定薪、岗变薪变，岗位薪酬标准应与企业经济效益挂钩，效益下降时相应降低岗位薪酬标准。调整员工收入分配结构，薪酬收入与企业效益和员工实际贡献挂钩，形成收入能增能减的机制。”要求建立多形式的薪酬收入分配制度体系。1999 年 9 月中国共产党第十五届中央委员会第四次全体会议通过的《中共中央关于国有企业改革和发展若干重大问题的决定》，提出：“建立与现代企业制度相适应的收入分配制度”的主要含义就是“在国家政策指导下，实行董事会、经理层等成员按照各自职责和贡献取得报酬的办法；企业员工薪酬水平，由企业根据当地社会平均薪酬和本企业经济效益决定；企业内部实行按劳分配原则，适当拉开距离，允许和鼓励资本、技术等生产要素参与收益分配。”

3. 某省电网公司薪酬体系结构

针对该省电网公司的实际情况，项目组认为采用以岗位为基础的按照岗位不同、技能高低来确定薪酬的方式比较适合。这是一种以劳动岗位为对象，按照劳动岗位的责任大小、工作难度、劳动强度和工作环境四要素确定岗位所得分数，进行分级，以员工劳动绩效考核结果为依据，支付劳动报酬的弹性薪酬分配制度。它冲破了国有企业薪酬增量只靠薪酬升级的桎梏，摒弃了计划经济体制下薪酬分配的刚性模式，确立了在社会主义市场经济条件下企业薪酬分配的弹性体制，可以逐步理顺薪酬关系，提高企业经济效益，建立现代企业内部收入分配机制的要求。在这种薪酬体系中，员工的薪酬分为薪酬和福利两大部分，其中薪酬部分由固定工资和浮动工资组成，福利由内部福利和社会保险组成。

固定工资又由基础工资、年功工资、岗位固定工资和津贴组成。其中，基础工资是根据当地的最低生活保障标准来确定，它能给下岗的职工提供最低生活标准。年功工资主要依据员工对公司服务时间的长短来发放。岗位固定工资体现岗位在企业中的相对价值，根据岗位价值评价的结果来确定岗位工资的多少。

浮动工资由岗位浮动工资和绩效工资组成，岗位浮动工资由岗位评价和员工绩效评价确定，绩效工资体现的是公司的整体绩效和各岗位的岗位价值，其中公司整体绩效由上级管理部门对其进行考核后确定的上年度结算工资总额体现，各岗位的对整体绩效的贡献大小由岗位薪点在全公司薪点总和中所占比例决定，绩效工资与员工个人表现及对企业的贡献、企业整体经济效益挂钩，这部分收入与员工的绩效挂钩，是员工多劳多得的体现。

福利包括内部福利和社会保险两部分，其中内部福利包括执行《劳动法》规定的公休假、法定休假，按照国家相关规定为员工缴纳住房公积金；社会保险是指按照国家相关规定为员工缴纳养老保险、失业保险、医疗保险、工伤保险以及生育保险等，其薪酬结构如附图 5-2 所示。

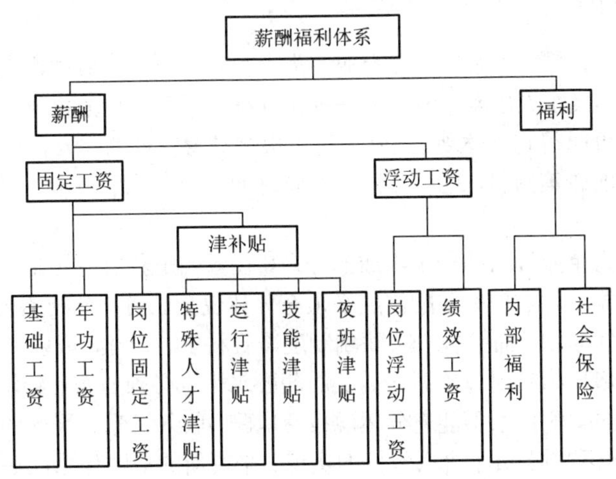

附图 5-2 某省电网公司薪酬结构图

4. 某电网公司薪酬体系特点

（1）体现了按劳分配的观点。每个劳动者都应尽自己的能力为社会提供有效的劳动，社会做必要的扣除后，以劳动为尺度，分配每个人的消费品，多劳多得，少劳少得，不劳不得。这就是说，劳动是分配的唯一尺度，是实施按劳分配的基本前提。劳动可分为具体劳动和抽象劳动，作为计量劳动量的时间是反映抽象劳动的社会必要劳动时间，而社会化大生产客观要求实行劳动分工，劳动分工的表现形式是岗位劳动。因此，薪酬只有反映岗位劳动差别，才能实现劳动量的合理计量，最终达到按劳分配的目的。

（2）强化了劳动岗位在报酬中的地位。不同的劳动岗位、劳动环境、劳动强度、劳动者的责任大小以及对劳动者的技能要求都有较大区别，劳动岗位在一定程度上已客观地体现了劳动者付出的多少和对社会、对企业的贡献大小。由于企业的经济效益和劳动力市场价格是一个变量，如果将薪酬标准以绝对值的形式固定化，这不仅给劳动者一个僵化的固定薪酬概念，而且与“以效定资”的原则相悖。所以，薪酬标准以点数表示各岗位之间的薪酬差别，有利于“以效定资”，以便于操作。薪酬作为劳动力价值或价格的转化形式，是企业对劳动者付出劳动回报的货币反映，每个劳动者实得薪酬多少，必须与员工个人的实际贡献挂钩。以完善的岗位考核制度为保障，通过量化考核，确定员工个人薪酬，做到在其岗、负其责、尽其力、得其薪。

（3）体现贡献回报一致的原则。由于薪酬是根据劳动岗位综合评价制定的，对岗不对人。在什么岗拿什么薪酬，工作质量和效率高低同样影响薪酬，基本做到了岗薪相符、贡献和回报相符，体现了按劳分配的原则。

（4） 同岗分级。同一个岗位，不同员工的熟练程度、承担责任、工作业绩也会不同。根据这一不同，每一个合适的岗位进行分级，分级标准在岗位说明书中体现出来。通过岗位分级，确实做到了根据在岗人员素质和技能的差异，及其带来的工作结果的不同来获取报酬。

（5）适应面广、导向性强。虽然企业各类人员各有不同的劳动特点、劳动条件、劳动环境、劳动内容及个人因素，但岗位评价充分综合了各岗位的特点，各个岗位的特点都在岗位调查评价时得到了体现。而且还可以根据经营管理的需要在一些重点要素中增加权重或做相应的政策倾斜，还可以根据不同时期的社会分配水平，按一定的导向适当加以调整。

薪酬管理作为企业战略的一个组成部分，其任务就是获取、发掘和发展实现企业战略所需要的战略能力。合理的薪酬制度必须充分体现企业内部分配的公平性、激励性、合法性以及可行性原则。而检验一项薪酬制度是否科学、合理，应以其是否促进企业经济效益提高、战略目标实现为依据，员工的薪酬水平也必须与企业经济效益挂钩浮动。某电网公司原有的薪酬体系不能充分体现按劳取酬、收入贡献相平衡的原则，不利于企业目标的实现，也不利于员工个人价值的实现。采用新的薪酬体系以后，可以给岗位一个合理的评价，给员工业务技能、个人奉献一个满意的回报。“责、权、利”相一致，充分调动员工的工作积极性，使员工在个人价值得到实现的同时实现企业的目标。

附录六

某省电网公司全面预算管理案例

某省电网公司为推动管理现代化的要求，顺利开展全面预算工作，保证预算的编制质量，建立科学、高效、有序的预算管理体系，参照《中国南方电网有限责任公司预算管理办法》等有关规定，以现金流量控制为基本手段，大力推行全程式管理，强化基础工作，严格偏差管理，通过对现金流的控制带动对物流的控制，形成物流、现金流相辅相成、齐头并进的态势。该省电网公司全面预算管理的实施着力于预算编制的可靠性、合理性和预算控制的有效性。现结合该省电网实际，制定了实施细则。

一、定义及内容

本实施细则所称的全面预算是指以价值形式反映的企业经营计划，全面预算管理是指对各项财务收支、资金筹集及运用的全过程管理。

全面预算管理是指以预算为工具，主要内容包括全面预算管理原则，预算管理的组织体系，预算的编制、审批、执行和控制、调整、分析、监督和考核等。

二、预算管理基本任务

（1）确定预算目标并组织实施；

（2）明确内部各部门的管理责任和权限；

（3）对经营活动进行控制、监督和分析；

（4）保证预算的全面完成。

三、预算管理实施原则

（1）量入为出，综合平衡；资金安排要坚持适度从紧，量力而行，留有余地。在确保企业经营目标的前提下，合理安排各项支出。

（2）强化效益，防范风险；预算管理要坚持以经济效益为中心，优化资金投向，降低资金成本，控制经营过程，确保经济目标的实现，不断改善财务状况。

（3）目标控制，分级实施；预算管理要坚持预算管理委员会控制目标，预算项目负责部门和实施部门分级实施，确保预算目标的实现。

（4）权责明确，规范管理；坚持财权集中统一、财权与事权相分离。

（5）与内部利润承包方式衔接原则。

四、预算管理组织机构说明表

预算管理组织机构说明，如附表 6-1 所示。

五、预算管理委员会具体成员构成

预算管理委员会主任由总经理担任；

预算管理委员会副主任由党组书记、副总经理、三总师担任；

附表 6-1 预算管理组织机构说明表

组织机构	定位	主要成员	主要职责
预算管理委员会	预算管理委员会主要是制定预算管理制度，审议并决策预算方案，协调解决预算编制和执行过程中出现的问题，督促预算方案的实施	总经理、党组书记、各分管副经理、总会计师、副总工程师等，职能部门或责任单位主任	（1）决定企业预算管理制度； （2）提出企业预算管理目标； （3）审议并批准企业预算方案； （4）协调解决预算编制和执行过程中出现的问题； （5）督促企业预算方案的实施； （6）组织审计、考核预算的执行情况； （7）总会计师指导本单位的预算，审核预算草案
预算管理办公室（委员会日常办事机构）	预算管理办公室主要是负责建立和健全内部预算管理制度，组织本企业预算编制、审查、汇总、平衡、上报、下达、修订、分析、控制、考核、报告等具体工作，向预算管理委员会提交预算报告草案以及其他日常工作	财务部主任、职能部门副主任及预算相关专职人员	（1）负责建立和健全企业内部预算管理制度，组织制定财务预算管理办法，经预算管理委员会批准后组织实施； （2）在启动每年财务预算时，提出预算编制组织意见和改进方案，报局预算委员会批准后组织实施； （3）对各部门申报的年度预算初步方案、指标体系进行预审，审核这些方案和指标是否符合公司的方针、目标，是否充分展示发展前景和管理潜力，财务和其他经济数据与指标是否达到基本要求，讨论通过或驳回重编，在此基础上，形成初步确立的结论，报预算委员会审议； （4）在预算执行过程中，及时搜集情况，提供预算推进中的各种动态分析报告，在规定的权责范围内处理相关问题； （5）按照规定的要求向预算管理委员会报告工作，包括年度经营目标提案；汇总的年度预算初步方案；每月的预算执行反馈总体情况；预算考评方案；预算委员会指定的其他需要报告的工作； （6）对有关部门提出的预算修改、调整方案做出初步判断并提出意见； （7）组织预算的培训工作； （8）向预算编制、执行部门提供技术支持，提出改进预算工作的意见； （9）负责预算管理的其他日常管理工作
预算责任部门	预算责任部门主要是负责本部门或本单位分管预算的编制、执行、分析、控制等工作，并对预算的执行情况进行分析、检查和考核等工作	各职能部门或内部单位主任及预算专职人员	负责本部门或本单位分管业务、指标预算编制、执行、分析、控制等工作，并配合财务部做好企业总预算的综合平衡、分析、控制、考核等工作
作业单位	作业单位主要是为预算编制提供基础数据，是预算的具体执行部门，并参与预算的执行情况分析、检查和考核等工作	业务部门、车间班组负责人及有关人员	提供预算编制的基础数据，参与预算草案编制，控制、考核和分析本部门预算执行情况，并配合业务部门、财务部做好企业总预算的综合平衡、分析、控制和考核等工作

预算管理委员会成员由副总工程师及财务部负责人、局办公室负责人、计划发展部负责人、生产技术部负责人、市场开发及营销管理部负责人、工程建设部负责人、安全监察部负责人、农电管理部负责人、政治工作部负责人、人事部负责人、纪检监审部负责人、局工会负责人担任。

预算管理委员会组织分工，如附图 6-1 所示。

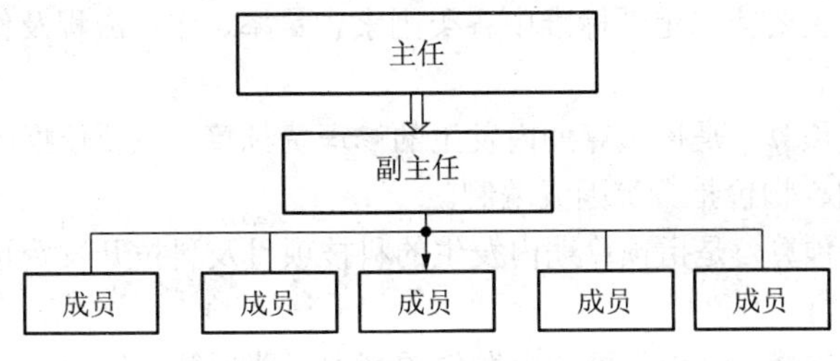

附图 6-1 预算管理委员会组织分工图

六、预算编制

预算内容要全面准确、真实完整、资料齐全，各项预算之间应协调统一，相互优化，严密衔接。各单位要根据长远发展规划编制中长期预算，并结合各年度实际目标分解编制年度预算。中长期预算引导年度预算，年度预算根据外部市场变化和内部资源配置动态平衡优化中长期预算。

从预算编制的内容上看，分为业务预算编制、资本预算编制、融资预算编制和财务预算编制。编制预算应当按照先业务预算、资本预算、融资预算，后财务预算的流程进行。

预算编制的内容形成预算草案，预算草案包括预算编制说明和预算报表。

企业预算目标，主要包括企业的生产经营目标、获利能力、发展能力、偿债能力和抗经营风险能力等企业经营重大事项的安排。

预算编制的说明，是指对主要指标、数据增减变动的说明。

企业经营活动中存在的问题和薄弱环节，是指管理体制、经营机制、政策法规、配套制度、生产经营、外部市场、内部管理等方面的内容。

拟采取的对策，是指企业为完成经营目标，针对存在的问题和困难所采取的措施和建议。

预算报表编制包括以下几类。

1. 业务预算

业务预算是反映预算期内企业生产经营活动的预算，可根据实际情况具体编制，其主要包括以下几点：

（1）电力产品销售预算，是指预算期内销售电力产品预计实现销售量及其收入的预算，主要依据年度预算目标、市场预测、电力产品结构及价格编制。

（2）购电预算，是指预算期内购买网内和外购电形成的购电量、电费及购电成本的预算，主要依据电能损耗预测、外购电市场情况、来水情况、购电结构及购电单价编制。

（3）电能损耗预算，是指预算期内在购销电量的过程中产生线路损耗的预算，主要依据电网建设情况、售电增长情况、售电结构变化、设备情况及管理水平编制。

（4）工资及福利费预算，是指预算期内发生的工资、福利费预算，主要依据人员情况、工资基数、工资发放及各类计算比率进行编制。

（5）材料预算，是指预算期内在生产过程中发生的汽油、工器具、生产维护材料、单项电能表预算，主要依据定额标准中各类因素含量率、作业流程及作业量、物价指数等因素编制。

（6）大修项目预算，是指预算期内发生的修理费预算，主要依据固定资产状况、定额标准、检修计划、物价指数等因素编制。

（7）科技项目预算，是指预算期内发生的科技项目及科技开发费预算，主要依据科技立项依据、定额标准编制。

（8）其他费用预算，是指预算期内发生的管理经费预算，包括可控管理费和非可控管理费。在预算编制时可根据费用类别分为日常经费和专项经费，其中日常经费依据人员情况、历史水平、定额标准、物价水平来确定；专项经费依据工作计划、内容、方式、定额标准、市场价格水平编制。

（9）税金预算，是指预算期内发生的税金费用预算，主要依据历史税收缴纳情况、预计的销售收入及税率编制。

（10）折旧费用预算，是指预算期内发生的固定资产折旧预算，主要依据固定资产状况、折旧政策编制。

2. 资本预算

资本预算是企业在预算期内进行资本性收支活动的预算，主要包括资本性资金来源预算、电网建设投资预算、技改投资预算、科技项目预算、对外投资预算等，主要依据发展规划、年度投资计划编制。

3. 融资预算

融资预算是企业在预算期内需要新借入长短期借款、对原有借款还本付息的预算，主要依据企业有关资金需求决策资料、期初借款余额及利率等编制。

4. 财务预算

财务预算是以业务预算为基础，以价值形式集中反映企业生产经营活动的预算，主要包括以下几点：

（1）预计资产负债表，是对企业一定时期有关资产、负债和所有者权益的预算，反映企业预算期末资产、负债及所有者权益总量及结构变动情况。可根据损益预算、资本预算及现金流量预算综合编制。

（2）预计损益表，是对企业一定时期的收入、成本、利润的预算，反映企业预算期内的利润目标及构成要素的财务安排，可根据业务预算进行编制。

（3）现金预算，是对企业未来一定时期的现金流入、流出进行规划并加以平衡的预算，反映企业预算期内现金流入、现金流出及其利用状况的财务安排。现金流量预算主要内容包括现金收入、现金支出、现金融通，其中现金融通是指根据现金节余情况向银行借款，在现金融通时要考虑满足正常周转需用的现金存量金额。因此，可根据业务预算、资本预算、融资预算等预算进行编制。

（4）资本性收支预算，是关于企业长期资产投资与更新改造的预算，反映企业预算期内资本性来源及资本性支出的财务安排，可根据融资预算、预计资产负债表及损益预算进行编制。

七、预算编制程序和时间

预算编制程序和时间，如附表6-2所示。

附表6-2　　预算编制程序和时间

预算阶段	时间进度	管理组织	工作任务
预算准备	10月13～19日	预算管理委员会及办公室	拟订工作计划，分解预算编制工作，并报预算管理委员会审定实施
预算编制（初步预算）	10月20～25日	各职能部门或内部单位	各费用使用部门编制初步预算
预算编制	10月25～30日	各职能部门或内部单位	编制电量、电费回收、电价、成本、资本性支出预算
预算初审	10月31日～11月5日	预算管理办公室	审核预算，提出修改意见
预算编制及修改	11月6～8日	各职能部门或内部单位	编制资产指标、长期借款及财务费用情况、劳动生产率及人员构成情况预算，修改编制电量、电费回收、电价、成本、资本性支出预算
预算审核	11月9～10日	预算管理办公室	审核预算，提出修改意见
预算修定	11月11～12日	各职能部门或内部单位	修定预算
预算确定	11月13日	预算管理委员会	审定
预算公布	11月14～15日	预算管理办公室	组织打印装订（含基础资料），上报正式预算

八、预算执行和控制具体要求

为将省电网公司下达的年度财务预算管理办法，依据省电网公司下达的年度财务预算与企业上报的年度财务预算形成企业内部利润预算，并编制企业自安排计划；根据省公司下达的年度财务预算及企业自安排计划编制企业年度执行预算、月度执行预算，确保预算的执行与控制。年度预算一经确定，就具有内部法定效力，必须严格执行。任何部门和个人不得超越权限调整、变动预算。

所属部门根据公司批复的年度预算，必须按责任部门进行分解落实，最终到岗位、个人，明确各自的目标和责任，形成全方位的预算执行责任体系（即执行预算），同时按季度、月度进行分解，并严格贯彻执行。

财务部应实时监控预算执行情况，对未纳入年度预算或虽列入预算但支付内容发生变化的支出不予办理。财务部应建立严格的资金支付程序和内部控制制度，预算内项目未按规定程序审核、批准的不得付款。

建立严格的预算控制体系，保证预算的执行。

预算跟踪控制系统，是指建立相应的事前、事中、事后的预算控制体系。通过预算执行过程中的日常记录、计算和积累的有关数据，在规定时间编制责任报告，将实际发生数与预算数进行比较分析，揭示成绩及问题。

预算反馈控制系统，是指根据跟踪系统揭示的成绩及问题，分析原因，及时总结经验，对存在的问题采取有效措施加以纠正。

九、预算调整具体要求

预算项目调整的申请、上报、审批、下达流程与预算编制的流程相同。利润预算、现金流量预算调整不突破年度预算的，由供电企业预算管理委员会审批；超过年度预算的利润预算、现金流量预算，资本性支出预算调整、资本性支出预算增减项目调整，由供电企业预算管理委员会提出申请，报省电网公司预算管理委员会批准。

预算原则上每年调整一次，特殊原因由预算委员会决定增加调整次数。预算在执行中，遇有重要因素影响，由作业单位提出变更或调整方案，经归口业务管理部门审核，报供电局预算管理办公室提交供电预算管理委员会审批调整执行预算，同时将影响上级下达预算指标的报上级预算管理机构及相关业务部门要求调整预算指标。预算执行中遇到下列预算调整因素，遇有调整因素的作业单位应于每年 7 月底前提出并编制预算调整申请表由预算管理归口管理部门提出调整意见，经预算管理办公室审查，报供电企业预算委员会审批。

国家政策变化、不可抗力因素、市场形势发生重大变化，对预算收入或支出产生重大影响。

公司内部体制改革、经营战略进行重大调整或发生重大财务事项。

公司各有关部门提出且经预算管理委员会审议的其他调整事项。

十、预算分析

建立健全预算分析制度，定期召开预算分析会，对预算执行情况进行全面分析，查找存在的问题，采取相应的措施，确保完成预算目标。

预算分析采取定期分析和不定期专项分析相结合的办法。预算管理委员会办公室及各业务归口管理部门对预算的执行情况按季度进行分析，着重分析利润预算、资本性支出预算、现金流量预算的完成情况，对当期实际发生数与预算数之间存在的差异，都要认真分析其成因，而且要写明拟采取的改进措施。定期分析是对预算执行情况进行的例行分析，包括月度分析、季度分析和年度分析。各单位可根据企业管理需要、预算执行过程中出现的特殊情况或重大问题组织专项分析。预算分析会可结合经济活动分析会进行，也可单独进行。

建立预算执行情况分析报告制度，各部门应定期报告预算执行情况。所属各部门要按时报送月度、季度和年度分析报告。月度、季度分析报告于月度、季度终了 10 日内报送财务部。年度分析报告随年度会计决算报告同时上报财务部，财务部对公司预算执行情况进行定期分析，并向预算管理委员会汇报。对预算执行过程中出现的重大问题应及时向预算管理委员会报告。

预算分析由有关职能部门和财务部共同完成。有关职能部门负责分管业务预算执行情况的专业分析；财务部在专业分析的基础上，进行预算总体执行情况分析，撰写分析报告。

预算分析主要内容包括：① 企业预算执行情况及存在的主要问题；② 企业经营方针、经营战略、重要经营措施对损益预算的影响；③ 企业的投融资方案对资本性收支预算的影响；④ 企业外部经营环境变化对企业预算完成的影响；⑤ 影响预算完成的其他因素；⑥ 解决预算执行偏差的措施；⑦ 对全年预算完成情况的预测。

预算分析职责分工，如附表 6-3 所示。

附表 6-3　　　　预算分析职责分工

部门	分析内容	备注
市场营销部	分析电量、电费、平均电价、电费回收完成情况及影响内部利润的特殊因素	
	分析供、购、售电量的增减变动及电量结构变化对销售收入、购电成本的影响，电价调整对销售收入、购电成本影响；分析应收电费的回收以及应收电费余额增减变动情况；对电能损耗采取的管理措施	
	经营中存在的主要问题，有关改进措施和建议	
计划发展部	分析修理及材料费、小型基建项目完成情况及影响内部利润的特殊因素	
	对修理及材料费用采取的管理措施	
	经营中存在的主要问题，有关改进措施和建议	
生产技术部	分析基建项目、技改项目、科技项目完成情况及影响内部利润的特殊因素	
	对降低工程成本采取的管理措施	
	经营中存在的主要问题，有关改进措施和建议	
财务部	分析其他费用、基数工资、福利费、进项税、承兑汇票贴息、营业外收支、其他业务收支、财务费用完成情况及影响内部利润的特殊因素	
	对供电成本（尤其可控供电成本）、财务费用等采取的管理措施	
	对成本增长过快的项目和超成本预算的项目要进行深入细致的分析，并提出下一步的改进措施	
	经营中存在的主要问题，有关改进措施和建议	
	总体经营情况分析	

十一、预算监督与考核

审计部门应对预算全过程进监督，采取全面审计、抽样审计、不定期审计和专项审计相结合的方法，审计结束形成审计工作报告，作为预算调整、纠正预算执行中存在问题，改进企业经营管理和预算考核的参考。建立预算的约束机制，使预算刚化。对预算编报的及时性和准确性及预算的执行情况进行严格的考核。因预算指标多为年度指标，但其执行好坏完全取决于过程的控制，因此将实行季度考核，年度清算的方式，加强对全面预算重视及对执行偏差的过程纠正，确保控制的有效性。没有考核，预算工作无法执行，预算管理变得毫无意义。

预算考核总的原则是，围绕效益实绩，考核预算结果，兑现奖惩。以公司战略发展目标确定的年度预算为依据，以部门责任预算为目标成本，以事前事中事后的财务监督为财务控制手段，以经济效益为目的，贯彻“个人收益与工作业绩挂钩”的原则，坚持“不迁就、不照顾、不讲情面”的原则，建立奖惩严明、责任明确的目标责任制考核体系，促进公司的发展，使公司社会价值最大化。建立良好的预算考核制度，不断改善经营管理，提高经济效益。

在不断完善预算编制的情况下，加强了预算跟踪和分析；建立以季度为考核周期、年终综合评比的奖惩制度。同时把预算指标分解到部门，便于各部门进行二次考核，考核到部门，责任到人。各部门在明确了目标后，都会尽力地采取一切措施去完成，通过事后综合评价与分析，促使责任部门调查分析差异原因，不断整改，积累经验，确保预算编制的不断完善。

在预算执行过程中，各责任部门（成本中心）在其权利所能调节和控制的范围内，对费用支出方案进行比较选择，把对成本控制由事后分析转变为事前控制，合理适时地开支费用。全面预算管理突出事前策划和过程中的事中控制，责任考核则是对预算管理成效的评价，起到事后监督的作用，也为日后预算管理工作积累经验。

1. 预算考核内容

预算管理委员会办公室及各业务归口管理部门负责对预算执行情况进行考核，考核的内容包括预算完成情况、预算编制准确性与及时性等指标。预算考核应以公司各级预算执行主体为考核对象，以预算目标为考核标准，以预算完成状况的考察为考核核心。通过预算实际执行情况与预算目标的比较，确定差异并查明产生差异的原因，进而据以评价各级责任单位和个人的工作业绩，并与其相应的激励制度挂钩，使其利益与相应的工作业绩紧密相关，以充分调动各级责任单位和个人的工作积极性，促进公司整体效益的提高。

预算考核包括期中及期末预算考核两种形式。期中预算考核是指在预算执行过程中进行的、依照公司全面预算内容对预算实际执行情况和预算指标进行考核、比较，发现其间的差异及造成差异的原因，为公司生产经营过程中的纠偏和事中控制提供及时可靠的依据。而期末考核是指在预算期末对各预算执行主体的预算完成情况进行分析评价。目前，公司的预算考核多以期末预算考核为主，期末预算考核多以成本费用、利润及投资报酬率等财务指标的考核为主。

2. 预算考核程序

预算考核工作通常按照以下程序进行：

（1）广泛收集相关的信息资料。在进行预算考核之前，首先要收集到考核所需要的全部相关资料，包括各种数据指标。准确、齐备的关于预算执行情况的相关资料是科学进行预算考核工作的基础和先决条件。

（2）比较预算与实际执行情况，合理确定预算差异。比较确定预算差异是预算考核工作中的一项重要工作，它可以具体掌握差异形成的原因和责任，以便采取相应的措施，消除不利差异，发展有利差异，实现对预算的有效控制，确保预算目标的实现，提高公司的经济效益。

（3）分析差异形成的原因，明确相关经济责任。对预算执行结果实际差异的分析，应侧重于对重点差异的分析，遵循重要性原则。分别针对不同的差异分析其产生的原因，采取应对的措施。在分析过程中，一定要特别注意那些潜在的隐患，以防止盲目乐观。对差异的分析一定要细致，尽量做到防患于未然，及早指出其危害，使之对公司全面预算整体目标实现所产生的危害降到最低。

3. 预算考核办法

预算考核由预算管理委员会领导，各责任中心将具体情况上报预算管理委员会。预算管理办公室及各业务归口管理部门负责对预算情况进行考核，考核的内容包括预算完成情况、预算编制准确性与及时性等指标。财务部（预算管理办公室）负责上报各责任中心预算编制及时性、准确性以及预算执行结果（节约额、超支额）；各责任中心上报本责任中心在预算管理中所做的工作以及其他责任中心不按规定程序、时间办事给本责任中心预算管理工作造成的困难。预算管理委员会根据各责任中心上报资料对相关责任中心按规定进行奖惩。考核采取记分制，各责任中心基础分为100分，加上（或减去）各责任中心考核得分，就是各责任中心总分。各责任中心考核得分直接与年终绩效奖挂钩。在预算完成情况考核中，预算的实际完成数每超过或低于预算数一定的百分比则给予一定分数的处罚或奖励。最终根据实际取得的分数划分不同的档次，分档次确定给予多少奖金或扣减多少经营风险抵押金。预算编制准确性与及时性考核的方法与预算完成情况考核相类似，最终也是按实际分数所在的档次来确定奖惩。

附录七

某省电网公司业绩评价案例

按照国家 2002 年确定的电力体制改革方针，××省电网公司实行了电网资产和发电资产的分离，主营业务由原来的“发（电）、输（电）、配（电）、售（电）”转变为以电力的生产和供应、销售、服务等为主（输电、配电、售电），各市供电企业也改制为某省电网公司的分公司，变成了省电网公司的核心业务单位。某省电网公司几年来，通过深化内部管理改革，不断推进企业管理进步，提升企业综合管理水平，使市供电企业的绩效得到很大程度的改进；与此同时，利用比较科学的绩效评估方法对市供电企业业绩进行评估，取得了较好的效果。

某省电网公司在绩效评估的实践中，不断探索和改进市供电企业的绩效评估方法，先后采用了创一流常态管理法、目标管理法、“3-1”业绩评估等方法对市供电企业进行绩效评估，并不断加以改进和完善，形成了一套具有企业特点的绩效评估系统。

根据某省电网公司对市供电企业目前绩效评估工作中存在的一些问题，在深入分析市供电企业本身特点、借鉴本行业企业绩效评估先进经验基础上，结合××市供电企业目前绩效评估现状，采取关键绩效指标（KPI）体系理论的思路和方法，构建××市供电企业绩效评估体系。目的是改进目前的绩效评估方法，建立一套适合供电企业自身特点的绩效评估体系，使省电网公司对市供电企业的绩效评估更加科学、合理。具体的做法是：

（1）对××市供电企业的特性进行认真分析、筛选，确定体现市供电企业绩效水平的绩效评估指标；

（2）依照德尔斐法对绩效评估的权重进行确定，建立××市供电企业绩效评估体系；

（3）收集××省 17 个市供电企业 2005 年的相关绩效指标数据，利用构建的绩效评估体系对市供电企业 2005 年的绩效水平进行评估，将评估结果与采用现有绩效评估办法取得的评估结果进行比较、分析，并对绩效评估体系的实施过程中可能遇到的情况进行分析，提出绩效评估体系实施的相关保障措施。

一、业绩评价设计思想和支持体系

关键业绩评估体系主要是在企业的人力资源管理领域运用，在建立市供电企业的业绩评价指标时，将这种思想运用于业绩评价指标体系的建立过程中，能建立起切合××市供电企业实际、便于操作的业绩评价体系。

市供电企业业绩评价指标确定以后，这些指标能否运用于市供电企业业绩评价，进而产生省电网公司预期的效果，还取决于省电网公司和市供电企业是否建立一套完善的支持体系，通过省电网公司、市供电企业的共同努力才能达到预期的目的。

（1）以绩效为导向的企业文化支撑。某省电网公司一直注重企业文化建设，已将企业文化建设融入公司的中心工作。通过省电网公司培育的企业文化，形成市供电企业追求优异绩效的核心价值观，通过企业文化来约束省电网公司、市供电企业员工的行为，建立绩效导向的组织氛围；通过省电网公司的企业文化，化解市供电企业绩效评估过程中可能出现的矛盾与冲突。

（2）管理者承担起业绩管理任务。省电网公司的经理层（决策层）也必须承担业绩评估的责任，实际操作中可由省电网公司的决策层委托省电网公司各职能部门，分解与制订业绩评估指标，对相应的绩效指标负责评估，提供准确科学的指标数据，而人力资源部门在这一过程中则提供专业咨询与服务功能。

（3）保证绩效沟通的制度化。某省电网公司将业绩评价指标设计过程中的沟通制度化，指标分解与制订过程既是自上而下约束，也是自下而上的承诺，省电网公司通过绩效指标设计中的上下沟通，保证业绩评价指标的挑战性。

（4）设计业绩评价的激励与约束体系。激励体系主要表现在将市供电企业的业绩评估结果与省电网公司进行的价值分配挂钩，两者挂钩程度与市公司业绩评估效果呈现正相关关系。约束体系主要包括绩效评估投诉机制、评估档次的比例控制、省电网公司审核和主管负责的二级评估体制等。省电网公司需要建立这些激励体系与约束体系，并有效发挥作用，才能使省电网公司对市供电企业以业绩评价指标为核心的业绩评估真正发挥作用。

二、业绩评价指标确定

1. 选取方法

业绩评价指标是××省电网公司对市供电企业生产、管理过程中关键成功要素的提炼和归纳。市供电企业的业绩评价指标一般具有以下特征：

（1） 与省电网公司战略结合紧密。将××省电网公司的远景、战略通过业绩评价指标，与市供电企业的战略和管理紧密相连，并层层分解、层层支持，使市供电企业的绩效成为省电网公司实现绩效的保障。

（2）与省电网公司客户价值相连。省电网公司的内外部客户是由市供电企业提供产品和服务的，将市供电企业的业绩与省电网公司的内外部客户的价值相连接，使实现客户的价值成为省电网公司、市供电企业的共同目的。

（3）体现市供电企业的核心价值。业绩评价指标的设计是基于省电网公司的发展战略与流程，但不能过于宏观和抽象，也应体现市供电企业本身的核心价值。

所以业绩评价指标把市供电企业目标与省电网公司战略紧密联系起来，就更具有长远的战略意义，因为业绩评价指标体系是通过集中测量市供电企业的绩效行为，来保证省电网公司绩效目标的实现。

××市供电企业业绩评价指标设定，借鉴关键绩效指标体系方法，按照从宏观到微观的顺序，依次建立各级业绩评价指标。首先按照省电网公司的战略目标，明确市供电企业的分目标，找出市供电企业目前的业务重点，确定这些重点业务领域的业绩评价指标，从而建立市供电企业的一级业绩评价指标，然后按照每个一级业绩评价指标的具体内涵，进行细化，分解为更细的二级和三级绩效评估指标。

2. 确定业绩评价指标

首先结合实际情况，依据省电网公司近期的战略重点，考虑省电网公司推进的管理重点，确定了6个一级评估指标，分别为安全管理、营销服务、资产经营、电网运行、电网建设、管理水平。然后根据各一级评估指标的具体内涵对其进行了分解，确定了对应的二级指标和三级指标。确定的具体业绩评价指标，如附表7-1所示。

附表7-1　　××市供电企业业绩评价指标表

一级指标	二级指标	三级指标
安全管理	轻伤及以上人身事故	
	一般误操作、继电保护“三误”事故	
	一般及以上设备事故次数	
	安全指标控制情况	
营销服务	市场指标	6个，包含市场占有率、市场占有率增量、客户新增数、客户新增比率、客户新增容量、客户新增容量比率
	服务指标	3个，包含服务承诺兑现情况、电压合格率、供电可靠性
	效益指标	7个，包含购网电量增量、购网电量增长率、销售电量增量、销售电量增长率、当年电费回收率、综合电能损耗率、应收电费余额占当年应收电费比例
资产经营	资产效率	2个，包含人均贡献毛益、万元资产销售收入
	成本控制	5个，包含单位电量供电成本、生产性成本占供电成本比重、人均非生产性成本、供电成本占销售收入比重、万元资产供电成本
	资产质量	2个，包含应收账款周转率、固定资产周转率
	发展能力	3个，包含主营收入增长率、收入效益指标、资产边际产出率
电网运行	电网调度	4个，包含继电保护正常动作率、电压合格率、故障录波完好率、日均负荷预测准确率
	220kV系统	4个，包含架空线路非计划停运率、变压器非计划停运率、断路器非计划停运率、母线非计划停运率
	110kV系统	4个，包含架空线路非计划停运率、变压器非计划停运率、断路器非计划停运率、母线非计划停运率
电网建设	质量指标（工程优良率、达标投产率）	
	工期指标（工程计划完成率）	
	造价指标（工程造价与批准概算比率）	

续表

一级指标	二 级 指 标	三 级 指 标
管理水平	人力资源	4 个，包含全员劳动生产率、高级技能人才比例、人才密度、全员培训率
	创新能力	2 个，含省部级创新项目获奖、公司级创新项目获奖情况
	党风廉政建设	
	党建及精神文明建设	

3. 采用德尔斐法确定绩效评估指标体系权重

考虑对市供电企业经营情况的熟悉性，兼顾专家的代表性，选取专家的范围考虑电网企业（供电企业）、政府管理部门、高校的专家、发电企业几个方面的人员。这些专家体现了比较广泛的代表性，对供电企业的生产、管理和经营等方面的业务比较熟悉，有较丰富的知识和经验，有较高的权威性，同时他们对供电企业绩效评估都比较感兴趣。

为了让专家易于将自己的真实思想更加直观的表达出来，在调查表的设计过程中，主要考虑在以下几个方面对调查表进行简化：

（1）对每一层次的指标都只按照总分 100 分进行权重分配，这样在二级、三级指标分配权重时，使单个指标的权重更加直观，利于比较，减少了指标权重计算的过程，将对指标权重的计算放在后期统计中进行；

（2）在每一级的每项指标后都留出一些空间，允许专家根据自己的观点对初步确定的建议指标进行增删和调整；

（3）表格设计的简明扼要，填表方式简单，用量化的数字即可表示专家的评估意见。

三、省电网公司绩效评估体系建立

在××省电网公司业绩评价指标选取的过程中，全面收集相关业绩评价信息，将现有业绩考核方法中的数据进行梳理，并广泛征求了省电网公司相关业务领域专家意见，在此基础上确定了××省电网公司的业绩评价指标。因此，此次采用的德尔斐法过程中取消了第一轮的征求意见，直接进入第二轮。

按照各位专家反馈指标权重相同的原则，对专家反馈的每个指标权重计算平均值，得出的结果作为该指标的权重。通过对专家第二轮反馈的业绩评价指标的权重进行统计和分析，发现专家的意见比较趋同，一级指标和二级指标与计算出的平均值离散程度较小，所以就不再进行第三轮的业绩评价指标体系反馈，只对个别三级绩效指标结合专家的意见进行微调，对一些绩效评价指标的权重，按照取比较接近整数的原则进行了适当的修正，将调整和修正后的业绩评价指标体系作为最终的××省电网公司业绩评价指标体系。

第二轮专家反馈后调整的三级指标有：将营销服务指标（一级指标）中增加了一个三级指标“综合电能损耗率”；将电网运行指标（一级指标）中，删除一个三级指标“AVC 系统投运率”。

四、业绩评价结果应用

业绩评价结果的应用是业绩管理体系中的重要组成部分，某种程度上也决定了某省电网公司业绩管理能否顺利实施；而业绩管理的成功实施的基础是业绩评价环节工作的成功与否。

根据市供电公司的业绩评价结果，××省电网公司在以下方面对业绩评价结果进行运用：

（1）制订绩效改进计划。绩效改进是省电网公司业绩评价的一个重要环节，也是业绩评价的出发点。省电网公司传统业绩评价的目的是通过对市供电企业的工作业绩进行评估，将评估结果作为确定市供电企业管理层人员薪酬、奖惩、升降的标准。而省电网公司现在的业绩评价目的绝不仅限于此，市供电企业综合能力的提高以及绩效的不断持续改进才是其根本目的。市供电企业的绩效改进工作成功与否，是决定省电网公司业绩评价工作成功与否的关键。

（2）修订人力资源计划。业绩评价工作是省电网公司和市供电企业制订人力资源需求计划的基础，业绩评价的结果与其有着密切关系。省电网公司的业绩评价可以应用到市供电企业人力资源计划的各个环节中。比如，提供市供电企业的人力资源信息、预测人员需要、清查内部人力资源状况、决定招聘内容。

（3）完善员工培训计划。市供电企业的业绩评价结果为其人力资源开发与培训提供了依据，使人力资源开发与培训发挥重要作用，增强市供电企业员工培训计划的针对性。同时，业绩评价结果可以作为检测市供电企业人力资源开发和培训的效果，进一步强化了对人力资源开发和培训的管理，提高培训开发活动的质量，使省电网公司和市供电企业的人力资源资本投资最大化。

（4）完善激励机制。通过业绩评价结果，对市供电企业的激励机制进行完善，制订目标导向明确的激励机制，引导市供电企业及其员工不断改进工作和绩效，以达到提升市供电企业总体绩效的目的。

××省电网公司业绩评价体系实际上提供的是一种对市供电企业的科学管理方法和操作平台，它应符合省电网公司和市供电企业的实际情况、适应其管理需求。市供电企业业绩评价本身并不是目的，其价值应体现在为省电网公司和市供电企业本身相应的管理决策提供科学依据，所以市供电企业业绩评价结果综合应用水平也决定了构建××省电网公司业绩评价体系的必要性。

附录八

某省电网公司财务战略案例

电力体制改革归根到底反映为电力企业的财务问题。电网企业要找准自己在电力市场化进程中的着力点，着眼于国家重大政策措施的出台，勾画财务战略，在市场中抢得先机。为企业长远发展打下良好基础。中国南方电网有限责任公司下属××省电网公司制订了以下财务战略规划。

一、立足国家投资体制改革政策，解决好电网建设的资金问题

根据国家“十一五”期间电源建设投资规划，电网配套投资将高达 10 000 亿元左右，相应的资本金需要 2000 亿元。巨大的资金需求对电网的投融资能力是一个严峻考验。因此，应当考虑采用多元化的筹融资渠道和多样化的筹融资工具，为企业提供一个具有弹性的融资体系。

1. 电网企业实行股改上市，直接融资筹措资本金

以前，国家电网建设主要是靠发行债券和银行贷款融资。但是电网建设资金需求巨大，单靠债务融资不能解决全部需求。同时大规模的举债，使企业背上了沉重的债务包袱，不仅有还本付息的资金压力，而且要承担巨大的财务费用负担。电网建设项目要求必须配置 20%左右的资本金，而电网企业的自有资金严重不足。现实的压力迫使电网企业作出选择，电网公司必须充分利用资本市场的巨大融资能力，实现融资手段的多元化，最有效的创新手段应是实行电力企业股份制改造，引入社会资本，实行上市融资。

值得注意的是，由于电网公司一直属于涉及国家安全的领域，因此其上市问题仍在国家政策限制之列。但是随着“十一五”电力市场化改革的深入，电网主辅分离将会尽快实施，输配电价行将到位，电网企业经营不确定性的主要因素即将排除，电力投资者对电网投资的信心将很快建立起来。只要国家清除电网投资市场准入的障碍，电网企业上市将不再是纸上谈兵的空话。

2. 发行企业债券

一般而言，债券筹资的优越性表现为以下三点：

首先，债券比同等金额的银行负债更能规避风险，因为风险可转移到数量更多的投资者那里，由他们共同承担。

其次，对于债券发行者来说，可得到银行负债所不能提供的特别机会。例如，发行可转换债券，发行者有机会将债券转换为普通股票，因此企业借款时（发行债券时）也可以享受股本筹资的好处。

第三，融资成本低。国家电网公司 2005 年企业债券利率为 4.98%，五年以上银行贷款利率 6.12%，以发行额 0.8%计算手续费等费用，还可节约利息 0.34 个百分点。

3. 资产证券化

资产证券化指将一组流动性较差的资产经过一定的组合，使这组资产能产生可预计且稳定的现金流收益，再通过一定的中介机构的信用加强，把这些资产的收益权转变为可在金融市场上流动的、信用等级较高的债券型证券的过程。其实质是融资者将被证券化的资产的未来现金收益权转让给投资者，而资产的所有权则不一定转让。

资产证券化作为一种融资方式具有以资产收入为导向、表外融资、低成本等特点。据有关资料显示，资产证券化交易的中介机构收取的总费用率比其他融资方式的费用率要低。

电力欠费一直是困扰电网企业的一个老大难问题，一方面占用了企业资金；另一方面降低了资产质量。截至 2005 年 7 月，国家电网公司应收电费就达 160 亿元，这还是近四年核销大量应收账款坏账后留下来的。电网公司可以采用资产证券化这一新的金融工具，来解决巨额应收电费引起的资金占用问题：以预期可获得现金收入的应收电费资产出售给专业操作资产证券化的特殊目的载体，经过担保和评级机构的信用评级，向投资者发行证券、筹集资金，并将日后获得的电费回收付给投资者，从而实现电网企业筹集资金，投资人获取回报的目的。

4. 融资租赁

融资租赁，也称金融租赁，在西方发达国家是仅次于银行信贷的金融工具，目前全球近 1/3 的投资通过这种方式完成。融资租赁把商业信用与银行信用紧密结合，融资与融物紧密结合，在现代金融产业中，租赁占据着与银行、保险、信托、证券同样重要的地位。以资金为纽带、以物为载体的融资租赁把金融、贸易、生产、消费四者紧密结合，将银行信用、商业信用、消费信用有效增加，是实现资源优化配置的重要方式。融资租赁的功能，从微观上讲，具有表外融资、扩大投资、节税、盘活存量、推动技术改造、缓解债务负担、增加资产流动性和强化资产管理等项功能。正是由于诸多的功能，使其日益受到企业的青睐。

5. 银行贷款

银行贷款是电网企业传统的融资方式。电网公司因建设电网向银行贷款，每贷必准。电网公司在各家银行眼里简直就是一块金字招牌，具有很高的信用。电网公司往往可以利用自身优势，在银企合作中占据有利地位。一方面可以要求银行按国家基准利率下浮 10%，另一方面可以根据企业现金盈余推迟借款、提前还贷，节约大量财务费用。

二、着眼于国家输配电价办法，调整电网成本结构

1. 尽快消化历史包袱，提高资产质量，轻装上阵

虽然经过 2004 年大规模的清产核资，但是各单位也有未清查出的漏网之鱼，以及近两年新发生的一些不良资产，要将其尽快消化在成本中。输配电价一经确定，这些不良资产就会成为电网公司以后的包袱。

2. 认真搞好主辅分离工作，剔除无效成本

主辅分离，是今明两年电力体制改革的一项重点工作。过去电网主业在经营过程中

或多或少地存在着一些补贴辅业单位的情况。但是在输配电价核定的原则中，这不属于准许成本的范畴，电网企业无法就此类成本从输配电价中获得补偿。

3. 明晰电网主业成本管理，客观反映生产成本水平

由于近几年电网主业加大了资产经营责任制考核的力度，基层单位盲目进行减人增效，向多经公司摊派成本，造成主业成本反映不实。从人们近期进行成本调研的结果来看，基层供电公司和专业生产单位大都实行主业、多经一套人马、两块牌子，主业成本不够，就由多经负担，工资基金不够，就由多经发放，有的单位甚至存在一把手不在主业发工资而在多经拿工资的怪现象。电网主业的成本信息严重失真。如果不还其本来面目，不仅搞乱了管理，还将在输配电价的核定上吃大亏。

4. 加快电网投资建设，形成有效资产

输配电价中准许收益与资产规模明确挂钩。准许收益等于有效资产乘以加权平均资金成本。有效资产包括固定资产净值、流动资产和无形资产三部分，不含应当从电网经营企业中分离出去的辅业、多经及三产资产。在建工程投资按上年实际有效投资计入有效资产；电网投资形成的固定资产增加了当期的折旧成本，折旧属于准许成本的范围。如果电网企业不形成一定资产规模，在核定输配电价中准许成本和准许收益必然受损。

5. 加强电网主营业务成本与其他成本费用的分类管理

《输配电成本核算办法（试行）》明确提出了电网经营企业应当分业务核算，合理划分输配电业务成本与电网企业经营的其他业务成本之间的界限。在输配电价单独核价之前，各项成本混淆在一起无关大局，因为电网企业主要靠销售电价和购电价之间的差额盈利，核算体制与之无直接关系。但是新的输配电价形成机制出台，电网企业就得算算清楚，不能一笔糊涂账。

随着电力市场化的不断发展，国家对输配电价成本加收益的定价模式也会逐步被更加科学的定价模式所取代。为保证电网适度超前建设，必须尽快建立合理的电价形成机制，使电网企业在国家监管下取得合理的利润，具备自我发展能力，使电网建设具有吸引社会投资的能力。电网企业必须跟踪和适应输配电价形成机制的变化。实质上，在电价管制方面，国外早有成熟经验，即效率优先。在输配电价的定价方法上，完全可以采取最高限价的方式，在利润空间方面给电网企业松绑，即监管部门在经过调查和核算的基础上，制定一个多方都基本能接受的价格，在这个价格之下，电网企业除获得规定的收益之外，还可以通过提高运营效率降低成本，降低的成本就转化为电网企业的利润。由于电网企业获利的空间富于弹性，将使输配电价改革形成多页的局面。在这种模式下，电网企业必须加强成本控制，降低成本，增大利润，使企业盈利能力增强，从而缓解资金紧张等一系列经营压力。

三、理顺电网企业内部财务关系，按照现代企业制度塑造合格市场主体

随着电力体制改革的深入，售电市场要逐步引入竞争。大用户电厂直购直接对电网企业售电市场构成威胁。“十一五”后期配售分开后，售电商具有向电厂直购或向其他配电网购电等多种选择，使电网企业直接面对竞争的市场。除此之外，来自政府和社会公众的声

音，要求具有垄断性质的企业提高效率、降低成本，电网企业也将承受巨大的压力。解决这一矛盾的方法就是电网企业按照现代企业制度的要求，把自己塑造成为一个合格的市场主体，确立成本领先的优势，提升市场竞争力和社会形象。电网企业建立现代企业制度，最集中的矛盾体现在财务关系上。只有理顺了电网企业内部财务关系，以现代化的财务管理总揽经营工作全局，一系列复杂问题才能迎刃而解，现代企业制度才能真正立足。

首先要明晰财务管理界面，理顺与多经公司的财务关系。

电网企业的多经公司以减人增效为初始目标，大都背靠电网主业，形成了安置型、福利型的经营框架。除少数单位能够脱离主业，独立迈入市场竞争外，绝大部分还离不开电网主业的光环。特别是在县级供电公司和其他基层生产单位，主业和多经就似一对连体姐妹，密不可分。为了达到上级单位职工定员和资产经营责任制的要求，基层单位将多经公司视为转移工资负担和生产成本的一个渠道。多经公司经营还需主业支持，领导的官帽还在主业领导手里，只有乖乖就范。同时，主业的成本也不规范地流向多经企业。一个技改工程和大修理工程，按上级下达的预算一次就总包给多经公司，多经公司再去安排生产或分包。如此等等，不一而足。电网主业和多经公司这种成本交叉占用、交叉补贴的关系使得真正的成本信息难以获得，成本管理和控制的措施也难以推行。电网企业要符合产权清晰、权责明确的现代企业制度的要求，就必须对主业和多经的这种藕断丝连的关系实施手术，斩断两者之间成本互通渠道。主业和多经能否成功分离是一个复杂的系统工程，涉及人、财、物等诸多方面。电网企业不下定决心解决这一问题，建立现代企业制度就会成为一句空话。

其次要建立现代化的财务管理体系，带动电网企业现代企业制度的建立和完善。

管理科学的现代化财务要求电网企业构建严密、高效的财务控制机制，要能够有力调控电网成本，增强企业成本领先的市场竞争能力。财务改革的主要内容是变分散型的财务管理为集约式的财务管理，变与其他业务分隔的孤立型财务管理为集成型财务管理，变局限于账户反映的核算型、事后型财务管理为管理型、全过程财务管理。当然要达到这一目标不是一朝一夕就能完成的，需要广大财务人员转变观念，多思考，多学习，持之以恒。人们要不断适应电力监管形势的变化，充分考虑电网企业的特点，在管理体制、人才培养、信息化建设等方面寻求突破，构建以确保资本保值增值为核心的出资人财务管理体制和确保企业利润最大化为核心的经营者财务管理体系，逐步对资金、举债、会计核算及重大投资等实行集约管理。

从操作层面讲，××省电网公司认为当前要继续完善全面预算管理体系和资金集约管理体系，建设先进、适用、统一的财务信息系统，推进财务决策管理和财务规划管理，适时启动财务预警管理、资本运营管理和目标成本管理研究。

参 考 文 献

[1] [美] 萨特.亨特. 《电力市场竞争》. 北京：中信出版社，2004
[2] 白蔚秋，潘秀丽主编. 财务管理学. 北京：经济科学出版社，2005
[3] 荆新等主编. 财务管理学. 北京：人民大学出版社，2006
[4] 薛玉莲，李全中主编. 财务管理学. 首都经济贸易大学出版社，2006
[5] 王遐昌主编. 财务管理学（案例与训练）. 北京：立信会计出版社，2004
[6] 王卫星编著. 新编现代财务管理学. 北京：北京大学出版社，2006
[7] 天津市电力公司编. 电网企业管理规范使用手册. 北京：中国电力出版社，2005

附表 《电网企业管理岗位培训教材（试用）》使用对照表

适用类别	适用专业	课程类别	培训教材名称	适用层级
生产运行类	生产技术管理	专业基础课	电网生产运行基础　上册	B 级（主管级、科级）；C 级（一般管理人员）
			电网生产运行基础　下册	
			高压直流输电基础	
			电力通信与信息基础	
			电力系统运行分析基础	
		岗位主修课	电网生产运行管理	
			变电运行与检修管理	
			输电线路运行与检修管理	
			配网生产运行管理	
			电网二次系统与继电保护管理	
			电网调度与通信管理	
			电网安全监督管理	
			农电生产技术管理	
	安全监督管理	专业基础课	电网生产运行基础　上册	B 级（主管级、科级）；C 级（一般管理人员）
			电网生产运行基础　下册	
			高压直流输电基础	
			电力通信与信息基础	
			电力系统运行分析基础	
		岗位主修课	电网安全监督管理	
	调度管理	专业基础课	电网生产运行基础　上册	B 级（主管级、科级）；C 级（一般管理人员）
			电网生产运行基础　下册	
			高压直流输电基础	
			电力通信与信息基础	
			电力系统运行分析基础	
		岗位主修课	电网二次系统与继电保护管理	
			电网调度与通信管理	

续表

<table>
<tr><th>适用类别</th><th colspan="2">适用专业</th><th>课程类别</th><th>培训教材名称</th><th>适用层级</th></tr>
<tr><td rowspan="16">生产运行类</td><td colspan="2" rowspan="4">通信管理</td><td rowspan="3">专业基础课</td><td>电网生产运行基础　上册</td><td rowspan="4">B 级（主管级、科级）；
C 级（一般管理人员）</td></tr>
<tr><td>电网生产运行基础　下册</td></tr>
<tr><td>电力通信与信息基础</td></tr>
<tr><td>岗位主修课</td><td>电网调度与通信管理</td></tr>
<tr><td colspan="2" rowspan="4">信息管理</td><td rowspan="3">专业基础课</td><td>电网生产运行基础　上册</td><td rowspan="4">B 级（主管级、科级）；
C 级（一般管理人员）</td></tr>
<tr><td>电网生产运行基础　下册</td></tr>
<tr><td>电力通信与信息基础</td></tr>
<tr><td>岗位主修课</td><td>电网调度与通信管理</td></tr>
<tr><td colspan="2" rowspan="8">农电管理</td><td rowspan="4">专业基础课</td><td>电网生产运行基础　上册</td><td rowspan="8">B 级（主管级、科级）；
C 级（一般管理人员）</td></tr>
<tr><td>电网生产运行基础　下册</td></tr>
<tr><td>电力通信与信息基础</td></tr>
<tr><td>电力系统运行分析基础</td></tr>
<tr><td rowspan="4">岗位主修课</td><td>电网生产运行管理</td></tr>
<tr><td>电网安全监督管理</td></tr>
<tr><td>变电运行与检修管理</td></tr>
<tr><td>农电生产技术管理</td></tr>
<tr><td rowspan="4">基建规划类</td><td colspan="2" rowspan="2">基建</td><td>专业基础课</td><td>电网企业工程项目基础</td><td rowspan="4">B 级（主管级、科级）；
C 级（一般管理人员）</td></tr>
<tr><td>岗位主修课</td><td>电网企业工程项目管理</td></tr>
<tr><td colspan="2" rowspan="2">规划</td><td>专业基础课</td><td>电网企业发展规划基础</td></tr>
<tr><td>岗位主修课</td><td>电网企业发展规划管理</td></tr>
<tr><td rowspan="9">经营管理类</td><td rowspan="9">电力营销</td><td rowspan="3">电力营销</td><td>专业基础课</td><td>电力营销基础</td><td rowspan="3">B 级（主管级、科级）；
C 级（一般管理人员）</td></tr>
<tr><td rowspan="2">岗位主修课</td><td>电力营销管理　上册</td></tr>
<tr><td>电力营销管理　下册</td></tr>
<tr><td rowspan="3">营销稽查</td><td>专业基础课</td><td>电力营销基础</td><td rowspan="3">B 级（主管级、科级）；
C 级（一般管理人员）</td></tr>
<tr><td rowspan="2">岗位主修课</td><td>电力营销管理　上册</td></tr>
<tr><td>电力营销管理　下册</td></tr>
<tr><td rowspan="3">用电检查</td><td>专业基础课</td><td>电力营销基础</td><td rowspan="3">B 级（主管级、科级）；
C 级（一般管理人员）</td></tr>
<tr><td rowspan="2">岗位主修课</td><td>电力营销管理　上册</td></tr>
<tr><td>电力营销管理　下册</td></tr>
</table>

续表

适用类别	适用专业		课程类别	培训教材名称	适用层级
经营管理类	电力营销	客服管理	专业基础课	电力营销基础	B级（主管级、科级）；C级（一般管理人员）
			岗位主修课	电力营销管理 上册	
				电力营销管理 下册	
		电能计量	专业基础课	电力营销基础	B级（主管级、科级）；C级（一般管理人员）
			岗位主修课	电力营销管理 上册	
				电力营销管理 下册	
	审计	审计管理	专业基础课	电网企业内部审计基础	B级（主管级、科级）；C级（一般管理人员）
			岗位主修课	电网企业内部审计管理（B级）	B级（主管级、科级）
				电网企业财务审计管理（C级）	C级（一般管理人员）
				电网企业营销审计管理（C级）	
				电网企业风险审计管理（C级）	
				电网企业工程审计管理（C级）	
				电网企业经济效益审计管理（C级）	
				电网企业经济责任审计管理（C级）	
				电网企业内部控制审计管理（C级）	
				电网企业信息审计管理（C级）	
		经营审计	专业基础课	电网企业内部审计基础	B级（主管级、科级）；C级（一般管理人员）
			岗位主修课	电网企业内部审计管理（B级）	B级（主管级、科级）
				电网企业财务审计管理（C级）	C级（一般管理人员）
				电网企业营销审计管理（C级）	
				电网企业经济效益审计管理（C级）	
				电网企业经济责任审计管理（C级）	
		内部审计	专业基础课	电网企业内部审计基础	B级（主管级、科级）；C级（一般管理人员）
			岗位主修课	电网企业内部审计管理（B级）	B级（主管级、科级）
				电网企业内部控制审计管理（C级）	C级（一般管理人员）
		工程审计	专业基础课	电网企业内部审计基础	B级（主管级、科级）；C级（一般管理人员）
			岗位主修课	电网企业内部审计管理（B级）	B级（主管级、科级）
				电网企业工程审计管理（C级）	C级（一般管理人员）

续表

<table>
<tr><th>适用类别</th><th colspan="2">适用专业</th><th>课程类别</th><th>培训教材名称</th><th>适用层级</th></tr>
<tr><td rowspan="20">经营管理类</td><td rowspan="3">审计</td><td rowspan="3">信息审计</td><td>专业基础课</td><td>电网企业内部审计基础</td><td>B级（主管级、科级）；C级（一般管理人员）</td></tr>
<tr><td rowspan="2">岗位主修课</td><td>电网企业内部审计管理（B级）</td><td>B级（主管级、科级）</td></tr>
<tr><td>电网企业信息审计管理（C级）</td><td>C级（一般管理人员）</td></tr>
<tr><td rowspan="10">物流</td><td rowspan="2">物流（物资）</td><td>专业基础课</td><td>电力物资物流基础</td><td rowspan="2">B级（主管级、科级）；C级（一般管理人员）</td></tr>
<tr><td>岗位主修课</td><td>电力物资物流管理</td></tr>
<tr><td rowspan="2">物资计划</td><td>专业基础课</td><td>电力物资物流基础</td><td rowspan="2">B级（主管级、科级）；C级（一般管理人员）</td></tr>
<tr><td>岗位主修课</td><td>电力物资物流管理</td></tr>
<tr><td rowspan="2">物资采购</td><td>专业基础课</td><td>电力物资物流基础</td><td rowspan="2">B级（主管级、科级）；C级（一般管理人员）</td></tr>
<tr><td>岗位主修课</td><td>电力物资物流管理</td></tr>
<tr><td rowspan="2">物资统计与分析</td><td>专业基础课</td><td>电力物资物流基础</td><td rowspan="2">B级（主管级、科级）；C级（一般管理人员）</td></tr>
<tr><td>岗位主修课</td><td>电力物资物流管理</td></tr>
<tr><td rowspan="2">物资储配运</td><td>专业基础课</td><td>电力物资物流基础</td><td rowspan="2">B级（主管级、科级）；C级（一般管理人员）</td></tr>
<tr><td>岗位主修课</td><td>电力物资物流管理</td></tr>
<tr><td rowspan="6">财务</td><td rowspan="6">财务管理</td><td rowspan="2">专业基础课</td><td>电网企业财务会计基础　上册</td><td rowspan="2">B级（主管级、科级）；C级（一般管理人员）</td></tr>
<tr><td>电网企业财务会计基础　下册</td></tr>
<tr><td rowspan="4">岗位主修课</td><td>电网企业财务会计管理（B级）</td><td>B级（主管级、科级）</td></tr>
<tr><td>电网企业财务会计管理（C级）　上册</td><td rowspan="3">C级（一般管理人员）</td></tr>
<tr><td>电网企业财务会计管理（C级）　中册</td></tr>
<tr><td>电网企业财务会计管理（C级）　下册</td></tr>
<tr><td>法律</td><td>企业法律顾问</td><td>岗位主修课</td><td>电网企业法律法规管理</td><td>B级（主管级、科级）；C级（一般管理人员）</td></tr>
<tr><td rowspan="8">行政党群和人力资源类</td><td colspan="2" rowspan="2">行政管理</td><td>专业基础课</td><td>电网企业行政实务基础</td><td rowspan="8">B级（主管级、科级）；C级（一般管理人员）</td></tr>
<tr><td>岗位主修课</td><td>电网企业行政实务管理</td></tr>
<tr><td colspan="2" rowspan="2">党务党群</td><td>专业基础课</td><td>电网企业党务党群基础</td></tr>
<tr><td>岗位主修课</td><td>电网企业党务党群管理</td></tr>
<tr><td colspan="2" rowspan="2">人力资源</td><td>专业基础课</td><td>电网企业人力资源基础</td></tr>
<tr><td>岗位主修课</td><td>电网企业人力资源管理</td></tr>
<tr><td colspan="2" rowspan="2">纪检监察</td><td>专业基础课</td><td>电网企业纪检监察基础</td></tr>
<tr><td>岗位主修课</td><td>电网企业纪检监察管理</td></tr>
<tr><td colspan="3" rowspan="3">公共课程类</td><td rowspan="3">必修课</td><td>企业管理认知与沟通　上册</td><td rowspan="3">C级（一般管理人员）</td></tr>
<tr><td>企业管理认知与沟通　中册</td></tr>
<tr><td>企业管理认知与沟通　下册</td></tr>
</table>